应用技能型院校"十四五"规划教材·会计精品系列
校企合作项目化教材·课程思政系列教材
配套国家高等教育智慧教育平台首批国家级优质课程

财务管理实务

CAIWU GUANLI SHIWU

主　编　谭亚娟　杨秀琼　廖　丽
副主编　黄　惠　余　静　颜锋翅　钟明婧

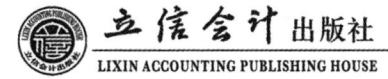

图书在版编目(CIP)数据

财务管理实务 / 谭亚娟，杨秀琼，廖丽主编. —上海：立信会计出版社，2024.1
ISBN 978-7-5429-7559-1

Ⅰ.①财… Ⅱ.①谭… ②杨… ③廖… Ⅲ.①财务管理-高等职业教育-教材 Ⅳ.①F275

中国国家版本馆CIP数据核字(2024)第013619号

策划编辑　　孙　勇　毕芸芸
责任编辑　　孙　勇　沈奕冰
美术编辑　　北京任燕飞工作室

财务管理实务
CAIWU GUANLI SHIWU

出版发行	立信会计出版社
地　　址	上海市中山西路2230号　　邮政编码　200235
电　　话	(021)64411389　　传　真　(021)64411325
网　　址	www.lixinaph.com　　电子邮箱　lixinaph2019@126.com
网上书店	http://lixin.jd.com　　http://lxkjcbs.tmall.com
经　　销	各地新华书店
印　　刷	常熟市人民印刷有限公司
开　　本	787毫米×1092毫米　　1/16
印　　张	21.5
字　　数	565千字
版　　次	2024年1月第1版
印　　次	2024年1月第1次
书　　号	ISBN 978-7-5429-7559-1/F
定　　价	48.00元

如有印订差错，请与本社联系调换

前　言

牛顿曾经说过：如果说我比别人看得更远些，那是因为我站在了巨人的肩上。我们学习财务管理这门学科，就是站在许多巨人的肩上，因为该学科包含了很多诺贝尔奖获得者的理论。在本书的编写过程中，编者认真探究了读者应该了解的知识，并淡化了一些理论问题，尽量用简单的文字和计算解释这门学科。因此，本书理论知识通俗易懂，实践性强，适用于高职专科、高职本科"财务管理实务"课程的教学。

本书的编写考虑了职业教育的人才培养需要，遵循了"三基"（基本理论、基本知识、基本技能）、"五性"（思想性、科学性、先进性、启发性、适用性）及"三特定"（特定目标、特定对象、特定限制）的原则；充分吸纳了会计行业专家的建议和学生的意见；融入了习近平新时代中国特色社会主义思想、社会主义核心价值观及会计职业道德等；体现了校企"双元合作"育人机制。

本书配有丰富的数字化教学资源，包括智慧职教、职教云平台上的"财务管理实务"在线开放课程，含教学视频、习题、讨论、案例等，有利于教师开展线上线下混合教学，促进学生自主学习、个性化学习。

本书根据财务管理相关领域实际工作的需要，遵守初学者的认知规律，坚持"循序渐进、突出基础"的原则进行项目化设计，包括财务管理概述、财务管理的价值观念、筹资管理、项目投资管理、证券投资管理、营运资金管理、收益分配管理、全面预算、财务控制、财务分析10个项目。每个项目按照思维导图—学习目标（知识目标—技能目标—素养目标）—任务—知识检测—知识应用—项目小结与自我评价—项目综合训练—延伸阅读（二维码）的逻辑链条进行设计。项目下设的各学习任务按照案例导入—任务正文（含牛刀小试）—知识检测（理论知识检测）—知识应用（解决实际问题）的逻辑进行设计。

本书特定页面设有旁批栏,编者结合具体知识点,精心设计了新手提示、知识链接、知识延伸、寓德于技、想一想等内容。新手提示栏目帮助学生规避学习陷阱;知识链接与知识延伸栏目帮助学生了解不同学科知识之间的关联,构建学生的知识框架;寓德于技栏目以习近平新时代中国特色社会主义思想为指导,将传统文化、法制教育、社会主义核心价值观、爱国情怀、职业道德等融入教材,帮助学生在掌握专业知识的同时提升思想政治素质;想一想栏目引导学生进行深入思考。

本书由一线"双师双能型"骨干教师与注册会计师共同编写,团队成员包括高级会计师、副教授、高级经济师,教学经验丰富、实践能力强。本书由重庆科创职业学院的谭亚娟、廖丽老师和重庆财经职业学院的杨秀琼老师担任主编,由重庆财经职业学院的黄惠老师、重庆科创职业学院的余静老师、重庆建筑科技职业学院的钟明婧老师和广东省外语艺术职业学院的颜锋翅老师担任副主编。具体分工如下:项目一由广东省外语艺术职业学院的颜锋翅老师编写,项目二由重庆财经职业学院的陈鹏老师编写,项目三由廖丽老师和重庆城市管理职业学院的吴鑫老师编写,项目四由重庆科创职业学院的谢娇老师编写,项目五由杨秀琼老师编写,项目六由钟明婧老师编写,项目七由重庆科创职业学院的伍启凤老师编写,项目八由黄惠老师编写,项目九由谭亚娟老师编写,项目十由余静老师编写,全书由谭亚娟老师统稿。在本书的编写过程中,重庆康华会计师事务所(特殊普通合伙)的注册会计师吕武勇从会计人才能力需求角度对教材结构、内容等方面提出了宝贵意见,并参与了教材整体设计工作;重庆科创职业学院财务科科长黄寿芳老师承担了教材部分表格的制作及审稿工作。

非常感谢立信会计出版社和重庆科创职业学院的支持。在编写过程中,编者借鉴和参考了大量国内外的相关书籍和教材,在此,谨向相关作者表达诚挚的谢意。由于编者水平有限,书中如有疏漏与不周之处,望广大读者提出宝贵的意见和建议(编者邮箱:357883418@qq.com),以便我们进一步修订和完善本书。

编者
2024 年 1 月

目 录

项目一　财务管理概述 ··· 1
    任务一　财务管理的内容与环节 ··· 2
    任务二　财务管理的目标与原则 ··· 7
    任务三　财务管理环境 ··· 12

项目二　财务管理的价值观念 ·· 20
    任务一　资金时间价值 ··· 20
    任务二　投资风险价值 ··· 29

项目三　筹资管理 ··· 40
    任务一　企业筹资概述 ··· 41
    任务二　资金需要量预测 ·· 47
    任务三　权益资金的筹集 ·· 54
    任务四　债务资金的筹集 ·· 61
    任务五　资本成本 ·· 69
    任务六　杠杆效应 ·· 79
    任务七　资本结构 ·· 88

项目四　项目投资管理 ·· 98
    任务一　项目投资概述 ··· 99
    任务二　项目投资的现金流量估算 ···································· 101
    任务三　项目投资决策的评价指标 ···································· 107
    任务四　项目投资决策方法的应用 ···································· 118

项目五　证券投资管理 ··· 128
    任务一　证券投资概述 ·· 129
    任务二　债券投资 ··· 132
    任务三　股票投资 ··· 136
    任务四　证券投资组合 ·· 141

项目六　营运资金管理 ··· 151
    任务一　营运资金管理概述 ·· 152

任务二　现金管理 ·· 156
　　任务三　应收账款管理 ·· 163
　　任务四　存货管理 ·· 173
　　任务五　流动负债管理 ·· 180

项目七　收益分配管理 ··· 189
　　任务一　收益分配概述 ·· 190
　　任务二　股利政策 ·· 195
　　任务三　股票股利、股票分割与回购 ······················ 202

项目八　全面预算 ·· 211
　　任务一　全面预算概述 ·· 212
　　任务二　预算的编制方法与程序 ···························· 215
　　任务三　预算编制 ·· 223
　　任务四　预算的执行与考核 ·································· 240

项目九　财务控制 ·· 248
　　任务一　财务控制概述 ·· 249
　　任务二　责任中心 ·· 253
　　任务三　内部结算 ·· 267

项目十　财务分析 ·· 280
　　任务一　财务分析概述 ·· 281
　　任务二　财务指标分析 ·· 292
　　任务三　财务综合分析 ·· 311

附录　资金时间价值系数表 ······································· 328
　　附表一　复利终值系数表 ····································· 328
　　附表二　复利现值系数表 ····································· 330
　　附表三　年金终值系数表 ····································· 333
　　附表四　年金现值系数表 ····································· 335

参考文献 ·· 338

项目一

财务管理概述

思维导图

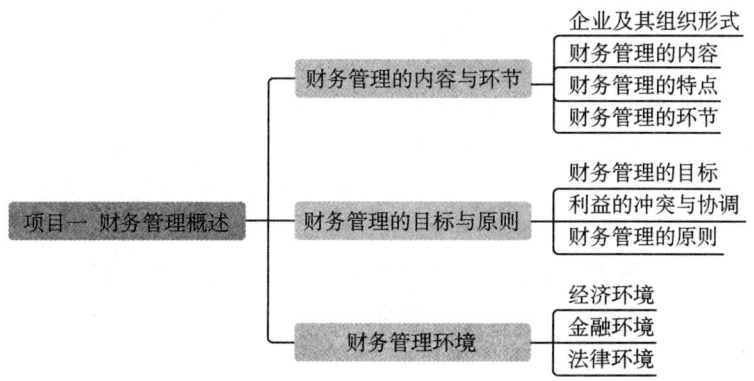

学习目标

1. 知识目标

(1) 熟悉企业财务活动,了解企业财务关系。
(2) 理解财务管理的目标。
(3) 熟悉企业财务管理的环境。

2. 技能目标

(1) 能组织财务活动,处理财务关系。
(2) 能确立财务管理目标。
(3) 能分析财务管理环境。

3. 素养目标

(1) 学会对接触的各种信息进行处理,学会自我学习。
(2) 学会在与人交流、与人合作中解决问题。
(3) 敢于尝试革新与创新。

微课:走进理财——初识财务管理

任务一　财务管理的内容与环节

> **案例导入**

佳丽公司的财务管理问题

张霞是某高校会计专业的应届毕业生,她按照学校的要求到一家中型五金零配件生产企业——佳丽五金零配件有限责任公司(以下简称佳丽公司)进行毕业顶岗实习。张霞深入企业一线,经过一个月的观察和了解,发现佳丽公司存在以下主要问题:①公司大量招聘、使用临时工,没有签订正式劳务合同;②公司没有预算管理,没有编制业务预算和财务预算;③公司采购行为无计划和审批程序,导致一些存货积压时间过长,而其他存货则出现缺货现象,影响生产进度;④公司对产品质量控制不严格,部分工序没有质量检验程序;⑤公司没有建立投资管理制度,投资决策存在"一言堂"现象;⑥公司产品销售大多采用赊销形式,应收账款收账期远远高于同类企业;⑦公司筹资存在随意性现象,资金周转困难时就通过向银行贷款或者民间借贷解决;⑧公司所得税税款缴纳不及时,时常要支付滞纳金。

你知道佳丽公司的上述问题中哪些属于财务管理问题吗?

> **拓展阅读一**
> 《中华人民共和国公司法》(以下简称《公司法》)。

一、企业及其组织形式

(一)企业的含义及特征

企业是一个契约性组织,它是从事生产、流通、服务等经济活动,以生产或服务满足社会需要,实行自主经营、独立核算、依法设立的一种营利性的经济组织。企业的目标是创造财富(或价值)。

企业通常具有以下五个特征:①企业是经济组织;②企业在经营上是独立的;③企业是以盈利为目的的;④企业属于独立的民事主体,能够依法以自己的名义从事民事活动;⑤企业具有完整的组织架构。

(二)企业的组织形式

企业按投资人的出资方式和责任形式不同,可划分为个人独资企业、合伙企业和公司制企业,其中,公司制企业又分为有限责任公司和股份有限公司;企业按规模不同,可划分为特大型企业、大型企业、中型企业、小型企业和微型企业。

二、财务管理的内容

企业生产经营的过程一般从购买生产要素开始。接着,企业将生产要素投入生产过程,生产出中间产品和最终产品。然后,进入销售过程,将产品售出后取得销售收入和利润。完成生产经营的循环后,企业可能进行规模的扩张,进入下一个再生产过程。这是一个资金不断运动、变化的过程,也就是企业财务活动的过程。资金是企业财务活动的基本要素,企业财务活动的基础是资金的运动。资金的运动过程及内容决定了企业财务活动的内容,而企业财务活动的内容,也是企业财务管理的内容。

财务管理是企业组织财务活动、处理财务关系的一项综合性的管理工作。一般认为,财务管理的对象是资金及其流转。企业的财务管理是基于企业在生产过程中客观存在的财务活动和由此产生的财务关系而进行的。因此,财务管理的内容包括企业财务活动和企业财务关系两个方面。企业财务活动如图1-1所示。

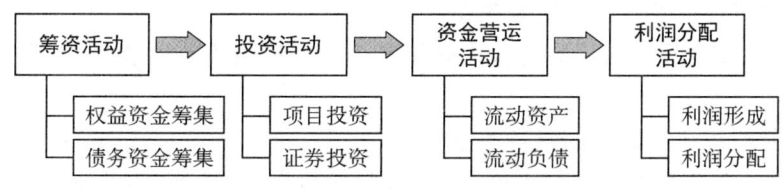

图1-1 企业财务活动

(一) 企业财务活动

1. 筹资活动

在商品经济条件下,企业从事经营活动,必须筹集一定数量的资金。企业通过发行股票、发行债券、吸收直接投资等方式筹集资金,表现为企业资金的收入;企业偿还借款,支付利息、股利,以及付出各种筹资费用等,则表现为企业资金的支出。这种因为资金筹集而产生的资金收支,便是由企业筹资而引起的财务活动。

2. 投资活动

企业筹集资金的目的是把资金用于生产经营活动以便取得盈利,不断增加企业价值。企业把筹集到的资金投资于企业内部,用于购置固定资产、无形资产等,便形成企业的对内投资;企业把筹集到的资金用于购买其他企业的股票、债券或与其他企业联营,便形成企业的对外投资。企业无论是购买内部所需各种资产,还是购买各种证券,都需要支出资金。而当企业变卖其对内投资的各种资产或收回其对外投资时,则会产生资金的收入。这种因企业投资而产生的资金的收支,便是由投资而引起的财务活动。

3. 资金营运活动

企业在正常的经营过程中会发生一系列的资金收支。首先,企业要采购材料或商品,以便从事生产和销售活动,还要支付工资和其他营业费用;其次,当企业把产品或商品售出后,便可取得收入,收回资金;最后,如果企业现有资金不能满足企业经营的需要,还要采取短期借款方式来筹集所需资金。上述各方面都会产生企业资金的收支,属于企业经营引起的财务活动,也叫经营活动。

4. 利润分配活动

企业在经营过程中会产生利润,也可能会因对外投资而分得利润,这表明企业有了资金的增值或取得了投资报酬。企业的利润要按规定的程序进行分配。首先,要依法纳税;其次,要用来弥补亏损,提取公积金、公益金;最后,要向投资者分配利润。这种因利润分配而产生的资金收支便属于由利润分配而引起的财务活动。

(二) 企业财务关系

企业在处理各项财务活动的过程中会与有关各方发生经济利益关系,这种关系

知识链接

《中华人民共和国企业所得税法》第十八条规定:企业纳税年度发生的亏损,准予向以后年度结转,用以后年度的所得弥补,但结转年限最长不得超过5年。

发生亏损应该报税务机关审查批准,经税务机关确认符合条件的可以用以后年度的税前利润弥补亏损,弥补期不超过5年。

任何财务活动都必须遵守《中华人民共和国企业所得税法》《中华人民共和国公司法》等法律规范。

练一练

企业购买原材料进行产品生产属于( )。
A. 筹资活动
B. 资金营运活动
C. 投资活动
D. 利润分配活动

称为企业财务关系。处理好企业财务关系是企业理好财的保障。企业财务关系主要包括以下几个方面。

1. 企业与政府之间的财务关系

这主要是指政府作为社会管理者,通过收缴各种税款的方式与企业形成的经济关系。

2. 企业与投资者之间的财务关系

这主要是指因投资者向企业投入资金和企业向投资者支付投资报酬而形成的经济关系。

3. 企业与债权人之间的财务关系

这主要是指企业因向债权人借入资金,并按合同的规定按时支付利息和归还本金而与债权人形成的经济关系。

4. 企业与受资者之间的财务关系

这主要是指企业以购买股票或直接投资的形式向其他企业投资而与其他企业形成的经济关系。

5. 企业与债务人之间的财务关系

这主要是指企业将其资金以购买债券、提供借款或商业信用等形式出借给其他企业而与其他企业形成的经济关系。

6. 企业与供货商、企业与客户之间的财务关系

这主要是指企业在购买供货商的商品或接受其劳务,以及企业向客户销售商品或提供劳务过程中与供货商、客户形成的经济关系。

7. 企业内部的财务关系

企业内部的财务关系主要包含两方面内容:一是企业内部各单位之间的财务关系;二是企业与职工之间的财务关系。前者主要是指企业内部单位之间的资金结算等经济关系,后者主要是指企业向职工支付劳动报酬过程中形成的经济关系。

牛刀小试

想一想:你所熟悉的公司所需处理的财务关系有哪些?试着用图形表示出来。

三、财务管理的特点

企业生产经营活动的复杂性决定了企业管理包括多方面的内容,如生产管理、技术管理、劳动人事管理、设备管理、销售管理、财务管理等。各项工作既相互联系、紧密配合,又有科学的分工,具有各自的特点。财务管理的特点有如下几个方面。

(一)财务管理是一项综合性的管理工作

企业管理在实行分工、分权的过程中形成了一系列专业管理,有的侧重于使用价值的管理,有的侧重于价值的管理,有的侧重于劳动要素的管理,有的侧重于信息的管理。社会经济的发展要求财务管理运用价值形式对经营活动实施管理,即通过价值形式,把企业的一切物质条件、经营过程和经营结果都合理地加以规划和控制,达到企业效益不断提高、财富不断增加的目的。财务管理是企业管理的一个部分,也是一项综合性管理工作。

(二) 财务管理与企业各方面具有广泛联系

在企业中,一切涉及资金的收支活动都与财务管理有关。事实上,企业内部各部门与资金不发生联系的现象是很少见的。因此,财务管理的触角常常伸向企业经营的各个角落。其他部门都会通过资金的使用与财务部门发生联系,其他部门也都要在合理使用资金、节约资金支出等方面接受财务部门的指导,受到财务制度的约束。

(三) 财务管理能迅速反映企业生产经营状况

在企业管理中,决策是否得当、经营是否合理、技术是否先进、产销是否顺畅,都可迅速地在企业财务指标中得到反映。例如,如果企业生产的产品适销对路、质量优良可靠,则可带动生产发展,实现产销两旺,加快资金周转,增强盈利能力,这一切都可以通过各种财务指标迅速地反映出来。这也说明,财务管理工作既有其独立性,又受整个企业管理工作的制约。财务部门应通过自己的工作,向企业领导及时通报有关财务指标的变化情况,以便把各部门的工作都纳入提高经济效益的轨道,努力实现财务管理的目标。

四、财务管理的环节

财务管理环节是指财务管理的工作步骤与一般工作程序。一般而言,财务管理包括以下几个环节。

(一) 财务预测

财务预测是指根据财务活动的历史资料,考虑现实的要求和条件,对企业未来的财务活动和财务成果作出科学的预计和测算。它是财务管理的环节之一,是进行财务决策的基础,是编制财务预算的前提。财务预算是以财务决策确立的方案和财务预测提供的信息为基础编制的,是财务预测和财务决策的具体化,是控制财务活动的依据。

(二) 财务计划

财务计划是指根据企业整体战略目标和规划,结合财务预测的结果,对财务活动进行规划,并以指标形式落实到每一计划期间的过程。

(三) 财务预算

财务预算是指运用科学的技术手段和方法,对未来财务活动的内容及指标所进行的具体规划。

(四) 财务决策

财务决策是指对财务方案、财务政策进行选择和决定的过程,其目的在于确定最为令人满意的财务方案。只有确定了效果好并切实可行的方案,财务活动才能取得好的效益,完成企业价值最大化的财务管理目标。

财务决策是企业财务管理的核心。财务预测是财务决策的基础与前提,财务决策是对财务预测结果的分析与选择,财务决策是一种多标准的综合决策。

(五) 财务控制

财务控制是指对企业的资金投入及收益过程和结果进行衡量与校正,目的是确保企业目标以及为达到此目标所制订的财务计划得以实现。实行财务控制是落实财务预算、保证预算实现的有效措施,也是责任绩效考评与奖惩的重要依据。

(六) 财务分析

财务分析是指根据核算资料,运用特定方法,对企业财务活动过程及其结果进行分析和评价的一项工作。通过财务分析,企业可以掌握各项财务计划的完成情况,评价财务状况,研究企业财务活动的规律性,改善财务预测、决策、预算和控制水平,改善企业管理水平,提高企业经济效益。财务分析既是本期财务活动的总结,也是下期财务预测的前提,具有承上启下的作用。

(七) 财务考核

财务考核是指将报告期实际完成数与规定的考核指标进行对比,确定有关责任单位和个人完成任务的过程。

练一练

在财务管理环节中,按照财务战略目标的总体要求,利用专门的方法对各种备选方案进行比较和分析,从中选出最佳方案的过程称为( )。
A. 财务计划
B. 财务决策
C. 财务控制
D. 财务分析

牛刀小试

请根据以上知识,分析财务管理内容与工作环节的关系。

知识检测

一、单项选择题

1. 财务管理的基础是( )。
   A. 财务预测　　　　B. 财务决策　　　　C. 财务分析　　　　D. 财务控制
2. 在市场经济条件下,财务管理的核心是( )。
   A. 财务预测　　　　B. 财务决策　　　　C. 财务分析　　　　D. 财务控制
3. 财务管理的特点是侧重于( )管理。
   A. 使用价值　　　　B. 价值　　　　　　C. 劳动要素　　　　D. 实物量

二、多项选择题

1. 企业财务活动主要包括( )。
   A. 投资活动　　　　　　　　　　　　　B. 筹资活动
   C. 经营活动　　　　　　　　　　　　　D. 利润分配活动
2. 下列各项中,属于财务管理环节的有( )。
   A. 财务预测　　　　B. 财务决策　　　　C. 财务分析　　　　D. 财务控制
3. 筹资活动的内容包括( )。
   A. 发行股票　　　　　　　　　　　　　B. 发行债券
   C. 吸收直接投资　　　　　　　　　　　D. 向所有者分配利润
4. 财务活动主要包括( )。
   A. 资金的筹集　　　　　　　　　　　　B. 资金的投放与使用
   C. 资金的收回与分配　　　　　　　　　D. 人才与技术引进

三、判断题

1. 财务管理的内容是相互联系、相互作用的。　　　　　　　　　　　　　　( )
2. 财务管理就是对资金的管理。　　　　　　　　　　　　　　　　　　　　( )

> **知识应用**

以游戏的形式随机或按照自由组合的方式将班级学生分成若干小组，不同的小组分别扮演财务预测、财务计划、财务预算、财务决策、财务控制、财务分析与财务考核工作岗位的角色，并完成以下任务。

（1）组织讨论，分析各自小组所面临的财务活动和财务关系，以及如何履行本工作岗位的职责。每位同学都要参与。

（2）每个小组推荐一位代表汇报本组讨论情况，并说明解决相关问题的方法。班级其他同学对其汇报情况进行评分。

（3）角色互换，完成上述工作。

任务二　财务管理的目标与原则

> **案例导入**

雷曼兄弟破产与公司财务管理目标

2008年9月15日，拥有158年悠久历史的美国第四大投资银行——雷曼兄弟（Lehman Brothers）公司正式申请依据以重建为前提的美国《破产法》第11章所规定的程序破产，即破产保护。雷曼兄弟公司作为曾经在美国金融界叱咤风云的巨人，在金融危机中无奈破产，这不仅与过度的金融创新和乏力的金融监管等外部环境有关，也与雷曼兄弟公司本身的财务管理目标有着某种内在的联系。

股东财富最大化是指企业通过合理经营，为股东带来最多的财富。当雷曼兄弟公司选择股东财富最大化为其财务管理目标之后，公司迅速从一个名不见经传的小店发展成闻名于世界的华尔街金融巨头，但同时，由于股东财富最大化的财务管理目标利益主体单一（仅强调了股东的利益）、适用范围狭窄（仅适用于上市公司）、目标导向错位（仅关注现实的股价）等原因，雷曼兄弟公司最终也无法在此次百年一遇的金融危机中幸免于难。股东财富最大化对于雷曼兄弟公司来说，颇有"成也萧何，败也萧何"的意味。

公司该如何确定其财务管理的目标，以及如何在不同经济发展周期选择不同的财务管理策略呢？结合雷曼兄弟案例，你认为以股东财富最大化作为企业财务管理的目标可能会导致什么后果？

（案例来源：https://baijiahao.baidu.com/s?id=1728709099688594789&wfr=spider&for=pc。）

一、财务管理的目标

企业财务管理目标是企业财务管理活动要实现的结果，可以用于评价企业的财务活动是否有效，也是企业财务管理工作的行为导向。企业财务管理目标主要有利润最大化、股东财富最大化、企业价值最大化及相关者利益最大化这几种具有代表性的观点。

（一）利润最大化目标

利润最大化目标的相关内容如表1-1所示。

表1-1 利润最大化目标

含义	以实现利润最大为目标
衡量	利润＝收入－成本费用
优点	有利于企业资源的合理配置，有利于企业整体经济效益的提高
缺点	①没有考虑利润实现时间和资金时间价值；②没有考虑风险问题；③没有反映创造利润与投入资本之间的关系；④可能导致企业短期财务决策倾向，影响企业长远发展

利润最大化的另一种表现方式是每股收益最大化，除了反映创造利润与投入资本之间的关系，每股收益最大化与利润最大化目标的缺点基本相同。

（二）股东财富最大化目标

股东财富最大化目标的相关内容如表1-2所示。

表1-2 股东财富最大化目标

含义	以实现股东财富最大为目标，是各种财务管理目标的基础
衡量	在上市公司，股东财富是由其所拥有的股票数量和股票市场价格两方面决定的。在股票数量一定时，股票市场价格达到最高，股东财富也就达到最大
优点	①考虑了风险因素；②在一定程度上能避免企业短期行为；③对上市公司而言，股东财富最大化目标比较容易量化，便于考核和奖惩
缺点	①通常只适用于上市公司，非上市公司难于应用；②股价受众多因素影响，股价不能完全准确反映企业财务管理状况；③它强调得更多的是股东利益，而对其他相关者的利益重视不够

（三）企业价值最大化目标

企业价值最大化目标的相关内容如表1-3所示。

表1-3 企业价值最大化目标

含义	以实现企业的价值最大为目标
衡量	企业价值可以理解为企业所有者权益和债权人权益的市场价值，或者是企业所能创造的预计未来现金流量的现值
优点	①考虑了取得报酬的时间，并用时间价值的原理进行了计量；②考虑了风险与报酬的关系；③将企业长期、稳定的发展和持续的获利能力放在首位，能克服企业在追求利润上的短期行为；④用价值代替价格，克服了过多外界市场因素的干扰，有效地规避了企业的短期行为
缺点	①过于理论化，不易操作；②对于非上市公司而言，只有对企业进行专门的评估才能确定其价值，而在评估企业的资产时，由于受评估标准和评估方式的影响，很难做到客观和准确

> **寓德于技**
> 习近平总书记提出的"一带一路"倡议、构建人类命运共同体理念其实是相关者利益最大化的升级版，只有"你好、我好、大家好"，我们才能早日实现伟大的中国梦。

（四）相关者利益最大化目标

相关者利益最大化目标的相关内容如表1-4所示。

表1-4 相关者利益最大化目标

观点	股东作为企业的所有者，在企业中拥有最大的权利，并承担着最大的义务和风险，但是债权人、员工、企业经营者、客户、供应商和政府也为企业承担风险。因此，在确定企业财务管理目标时，不能忽视这些相关利益群体的利益。该目标强调股东的首要地位

(续表)

衡量	相关者利益(指标体系);股东可以使用股票市值;债权人可以寻求风险最小、利息最大;员工可以考虑工资福利;政府可考虑社会效益等
优点	①有利于企业长期稳定发展;②体现了合作共赢的价值理念,有利于实现企业经济效益和社会效益的统一;③这一目标本身是一个多元化、多层次的目标体系,较好地兼顾了各利益主体的利益;④体现了前瞻性和现实性的统一
缺点	过于理想化,难以操作

牛刀小试

根据所学内容分析,各财务管理目标分别适合哪些企业?

二、利益的冲突和协调

将企业价值最大化作为企业财务管理目标的首要任务就是协调相关利益群体的关系,化解利益冲突。在所有的利益冲突中,所有者和经营者、所有者和债权人的利益冲突又至关重要。

(一) 所有者与经营者的冲突与协调

所有者和经营者的主要矛盾在于,经营者希望在提高企业价值和增加股东财富的同时,能更多地增加享受成本;而所有者或股东则希望经营者以较小的享受成本带来更高的企业价值或更多的股东财富。协调这一矛盾的通常措施有解聘、接收、激励等。

1. 解聘

这是一种所有者约束经营者的办法。所有者对经营者予以监督,如果经营者未能使企业价值达到最大,就解聘经营者。

2. 接收

这是一种通过市场约束经营者的办法。如果经营者经营决策失误、经营不力,未能采取一切有效措施使企业价值提高,该公司就可能被其他公司强行接收或吞并,相应的经营者也会被解聘。为此,经营者为了避免这种接收,必须采取一切措施提高股票市价。

3. 激励

这是一种通过将经营者的报酬与其绩效挂钩,以使经营者自觉采取能满足企业价值最大化的措施。所有者可以采取的激励措施有很多,如股票期权、绩效股等。

(二) 所有者与债权人的冲突与协调

其一,所有者可能要求经营者改变举债资金的原定用途,将其用于收益更大、风险更高的项目,这会增大偿债风险。其二,所有者可能在未征得现有债权人同意的情况下,要求经营者举借新债,偿债风险相应增大而使原有债权的价值降低。所有者与债权人的上述利益冲突,可以通过以下方式解决。

1. 限制性借债

限制性借债是指权人在借款合同中加入某些限制性条款,如规定借款的用途、借款的担保条款和借款的信用条件等。

2. 收回借款或停止借款

当债权人发现企业有侵蚀其债权价值的意图时,可以采取收回债权或不再给予新的借款等措施以保护自身权益。

> **牛刀小试**
> 除了上述冲突,企业利益相关者之间还有哪些矛盾?你能找到解决的方法吗?

三、财务管理的原则

财务管理原则也称理财原则,是指企业组织财务活动和协调处理财务关系的基本准则,是体现理财活动规律性的行为规范,是对财务管理的基本要求。

(一) 系统性原则

财务管理是企业管理系统的一个子系统,它本身又由筹资管理、投资管理、营运管理和分配管理等子系统构成。

(二) 风险—收益平衡原则

风险是指企业经营活动的不确定性所导致财务成果的不确定性。风险是客观存在的,人们无法消灭它,但是可以通过技术分析、规范操作,达到规避风险、降低风险对财务决策负面影响的目的。由此可见,在财务管理活动中,权衡风险与收益是每个财务管理主体必须认真面对的课题。通常,企业为了获得较多的收益,往往不得不冒较大的风险;相反,不想冒风险,则收益必然较小。风险—收益平衡原则要求企业不能只顾收益最大而不顾风险,应当在风险与收益的比较中作出正确而谨慎的抉择,趋利避害,确保财务管理目标的实现。

(三) 成本—效益权衡原则

成本—效益权衡原则要求财务管理主体在开展财务管理活动时讲求投入和产出的比较,要求以尽可能少的资源创造出尽可能多的财富。财务管理的内容包括资金的筹措、运用和分配,其中每一项都要充分考虑成本和效益的权衡。财务管理要在讲求经济效益的基础上,减少资金的占用和降低费用,不断增加产出,不断提高经济效益和社会效益。提高经济效益是企业财务管理的目的,而加强财务管理是企业提高经济效益的重要手段。

(四) 现金收支平衡原则

财务管理贯彻的是收付实现制,而非权责发生制,财务管理活动中做到现金收入和现金支出在数量上、时间上达到动态平衡。

(五) 利益关系协调原则

正确处理利益关系是现代财务管理学的基本内容之一,企业要恰当地处理好利益关系,应当从权利与责任的安排和利益分配两个方面着手。权利与责任的安排体现在企业内部经营管理职能的划分和由现代产权制度引发的财产权与经营权的划分上。利益分配主要体现在财务成果的分配上,即将财务成果在国家、企业、投资者、劳动者等相关利益主体之间进行合理的分配。

知识检测

一、单项选择题

1. 下列各项中,属于各种财务管理目标基础的是( )。
   A. 利润最大化　　　　　　　　B. 股东财富最大化
   C. 企业价值最大化　　　　　　D. 相关者利益最大化

2. 下列各项中,不属于股东财富最大化目标优点的是( )。
   A. 考虑了风险因素
   B. 在一定程度上能避免企业追求短期行为
   C. 有利于量化非上市公司的股东财富
   D. 对上市公司而言,股东财富最大化目标比较容易量化,便于考核和奖惩

3. 下列各项中,不属于企业价值最大化目标优点的是( )。
   A. 考虑了资金的时间价值
   B. 考虑了投资的风险价值
   C. 有效地规避了企业的短期行为
   D. 股票价格客观真实地反映了企业价值

4. 下列各项中,属于协调所有者和经营者矛盾的方法是( )。
   A. 限制性借债　　B. 停止借款　　C. 解聘　　D. 收回借款

5. 下列各项中,不能协调所有者与债权人之间矛盾的方式是( )。
   A. 市场对公司强行接收或吞并　　　B. 债权人通过合同实施限制性借款
   C. 债权人停止借款　　　　　　　　D. 债权人收回借款

6. 下列各项中,不可用于协调所有者与经营者矛盾的措施是( )。
   A. 所有者解聘经营者　　　　　　　B. 激励
   C. 公司被其他公司接收或吞并　　　D. 事先在借款合同中规定借款用途

二、判断题

1. 利润最大化、股东财富最大化、企业价值最大化及相关者利益最大化等各种财务管理目标,都以股东财富最大化为基础。( )

2. 在协调所有者与经营者利益冲突的方法中,"接收"是一种通过所有者约束经营者的方法。( )

3. 在激烈竞争的环境下,对于一个利润处于较低水平的公司,不需要承担社会责任。( )

知识应用

以游戏的形式随机或按照自由组合的方式将班级学生分成若干小组,不同的小组分别扮演企业所有者、经营者和债权人等角色,并完成以下任务。

(1) 组织讨论,分析各自小组的利益预期及与其他利益相关者的冲突,并从自身利益出发,确定合理的财务管理目标。每位同学都要参与。

(2) 每个小组推荐一位代表汇报本组讨论情况,并说明解决利益冲突的思路和方法。班级其他同学对其汇报情况进行评分。

(3) 角色互换，完成上述工作。

任务三　财务管理环境

> **案例导入**

钢铁企业利用财务环境增效

钢铁行业产业链长，涉及面广。随着产业结构持续调整，我国钢铁需求结构发生了较为明显的变化。新能源汽车消费升温、出口扩大，带动国内汽车用钢需求稳步增长，风电、光伏等基础设施建设增长明显，带动了板材及品种钢需求增长，船舶、家电等行业需求也较为旺盛。与此同时，建筑用钢需求有所下滑，制约了钢铁消费。此外，当前在融资、授信、利率、差别电价、环保及绿色低碳项目审批等方面，仍受到"行业属性"的困扰。面对市场供需的变化，不少企业积极降本增效，改善生产经营。

中国宝武钢铁集团旗下子公司宝钢股份提出"产线效率最大化""算账经营""库存共享"等八大运行机制，2023年上半年实现利润总额65.2亿元。德龙钢铁集团的铁矿石库存一般维持在25～30天。2023年以来，维持在10～15天。中国宝武钢铁集团努力提高资产、资金、资源与能源利用等方面效率，坚持按照"有订单的生产、有边际的产量、有利润的收入、有现金的利润"组织生产经营。

企业财务管理的环境有哪些？如何才能更好地适应财务管理环境的变化？

（案例来源：https://www.gov.cn/yaowen/liebiao/202309/content_6905011.htm。）

财务管理环境又称理财环境，是对企业财务活动和财务管理产生影响的企业内外各种条件的统称，主要包括经济环境、金融环境和法律环境。财务管理环境是企业财务决策难以改变的内外部约束条件，企业财务决策要适应它们的要求和变化。

一、经济环境

财务管理的经济环境是指对企业财务管理有重要影响的一系列经济因素，一般包括经济体制、经济周期、宏观经济政策、社会通货膨胀水平和市场竞争等。在影响财务管理的各种外部环境中，经济环境是最为重要的。

（一）经济体制

经济体制是一定社会制度下生产关系的具体形式及组织、管理和调节国民经济的体制、制度、方式方法的总称。在市场经济条件下，企业的一切财务活动都要面向市场，根据自身情况开展。经济体制决定了企业的经营方式，从而影响了企业的财务行为和财务决策。

（二）经济周期

在市场经济条件下，经济发展总是带有一定的波动性，即经济周期。经济周期中的不同阶段对财务管理决策的影响是不同的。经济周期中的具体经营管理策略如表1-5所示。

表1-5 经济周期中的经营管理策略

序号	复苏	繁荣	衰退	萧条
1	增加厂房设备	扩充厂房设备	停止扩张	建立投资标准
2	实行长期租赁	继续建立存货	出售多余设备	保持市场份额
3	建立存货储备	提高产品价格	停产不利产品	压缩管理费用
4	开发新产品	开展营销规划	停止长期采购	放弃次要利益
5	增加劳动力	增加劳动力	削减存货	削减存货
6			停止扩招雇员	裁减雇员

(三) 经济发展水平

财务管理水平是和经济发展水平密切相关的,经济发展水平越高,财务管理水平也越高。财务管理水平的提高,将推动企业降低成本,提高效率,从而促进经济发展水平的提高;而经济发展水平的提高,将改变企业的财务战略、财务管理的模式及方法,促进企业财务管理水平的提高。财务管理应当以经济发展水平为基础,以宏观经济发展目标为导向,从业务工作角度保证企业经营目标和经营战略的实现。

(四) 宏观经济政策

不同的宏观经济政策对企业财务管理的影响不同。金融政策中货币的发行量、信贷规模都会影响企业投资的资金来源和投资的预期收益;财税政策会影响企业的资金结构和投资项目的选择等;价格政策会影响资金的投向和投资的回收期及预期收益等;会计制度的改革会影响会计要素的确认和计量,进而对企业财务活动的事前预测、决策及事后的评价等产生影响。可见,宏观经济政策对企业财务决策的影响是非常大的,这就要求企业财务人员必须把握经济政策,更好地为企业的经营理财活动服务。

> **知识延伸**
> 登录国家财政部、中国人民银行等官网,和讯网、金融界网站,了解最新的财税政策、金融政策等。

(五) 通货膨胀水平

通货膨胀对企业财务管理环境的影响是复杂的。一般而言,适度的通货膨胀有利于企业的发展,但是过度的通货膨胀则会产生负面作用,主要表现在:资金需求量迅速增加;筹资成本升高;筹资难度增大;利润虚增等。

(六) 市场竞争

在市场经济条件下,竞争无处不在,这是任何企业都无法回避的。为了提高竞争力,求得生存与发展,企业必须使自己的产品、服务质量等方面都优于其他企业,这就要求企业筹集足够的资金、加大新产品的开发力度、进行广告宣传、加强售后服务等。

二、金融环境

金融环境是指资金供应者和资金需求者通过某种形式进行交易而融通资金的市场环境。当企业需要资金时,可以在金融市场上选择合适的筹资方式筹集资金,当企业有暂时闲置的资金时,又可以在金融市场上选择合适的投资方式进行投资,从而提高资金的使用效率。金融机构、金融市场和利率共同构成了金融环境。

（一）金融机构

社会资金从资金供应者手中转移到资金需求者手中,大多要通过金融机构。金融机构主要包括银行和非银行金融机构。银行是指从事存款、放款、汇兑、储蓄等金融业务,充当信用中介的金融机构。银行的主要职能是充当信用中介、充当企业之间的支付中介、提供信用工具、充当投资手段和国民经济的宏观调控手段。我国银行主要包括：①中央银行,即中国人民银行；②国有商业银行,如中国工商银行、中国农业银行、中国银行和中国建设银行；③国家政策性银行,如中国进出口银行、中国农业发展银行、国家开发银行；④其他股份制银行,如交通银行、中信银行、广东发展银行、浦东发展银行、招商银行、光大银行等。非银行金融机构主要包括金融资产管理公司、信托投资公司、财务公司和租赁公司等。

（二）金融市场

金融市场是指资金供应者和资金需求者双方通过一定的金融工具进行交易而融通资金的场所。金融市场是金融环境中对企业财务管理最重要的影响因素。金融市场的分类如表1-6所示。

表1-6 金融市场分类

分类标志	类型	含义
期限	货币市场	又称短期金融市场,是指以期限在1年以内的金融工具为媒介,进行短期资金融通的市场,包括同业拆借市场、票据市场等
	资本市场	又称长期金融市场,是指以期限在1年以上的金融工具为媒介,进行长期资金交易活动的市场,包括股票市场和债券市场
功能	发行市场	又称一级市场,它主要处理金融工具的发行和最初购买者之间的交易
	流通市场	又称二级市场,它主要处理现有金融工具转让和变现的交易
融资对象	资本市场	以货币和资本为交易对象的交易市场
	外汇市场	以各种外汇金融工具为交易对象的交易市场
	黄金市场	集中进行黄金买卖和金币兑换的交易市场
所交易金融工具属性	基础性金融市场	以基础性金融产品为交易对象的金融市场,如商业票据、企业债券、企业股票的交易市场
	金融衍生品市场	以金融衍生产品为交易对象的金融市场,如期货、期权的交易市场等

（三）利率

利率也称利息率,是资金的增值额同投入资金价值的比率,是衡量资金增值程度的量化指标。从资金的借贷关系看,利率是一定时期资金这一资源的交易价格。资金作为一种特殊商品,以利率作为价格标准在资金市场上被买卖,其实质上是资金通过利率这个价格标准实现再分配。因此,利率在资金分配及企业财务决策中起着重要作用。

1. 利率的类型

利率可按照不同的标准进行分类。

（1）按利率之间的变动关系,分为基准利率和套算利率。

基准利率又称基本利率,是指在多种利率并存的条件下起决定作用的利率。起决定作用是指当这种利率变动时,其他利率也相应变动。因此,了解基准利率水平的变化趋势,就可了解全部利率的变化趋势。基准利率在西方通常是中央银行的再贴现率,在我国是中国人民银行对商业银行贷款的利率。

套算利率是指在基准利率确定后,各金融机构根据基准利率和借贷款项的特点而换算出的利率。例如,某金融机构规定,贷款 AAA 级、AA 级、A 级企业的利率应分别在基准利率基础上加 0.5%、1%、1.5%,加总计算所得的利率便是套算利率。

(2) 按债权人取得的报酬情况,分为实际利率和名义利率。

实际利率是指物价不变从而货币实际购买力不变条件下的利率,或者是在物价有变化时,扣除通货膨胀补偿后的利率。

名义利率是指包含对通货膨胀补偿的利率。两者之间的关系是:

$$名义利率 = 实际利率 + 预计通货膨胀率$$

(3) 按利率在信用期限内是否调整,分为固定利率和浮动利率。

固定利率是指在借贷期间内不做调整的利率。在整个借贷期限内,利率不随借贷的供求状况而变动,具有简单易算的优点。在借贷期限较短或预计借贷期限内市场利率变化不大的情况下,可采用固定利率。

浮动利率是指利率随市场利率的变化而定期调整的利率。调整期限的长短及以哪种利率作为参照利率来调整都是由借贷双方协定并记载在合约中的。在借贷期限较长或者预计借贷期限内市场利率会剧烈波动的情况下,可采用浮动利率。

(4) 按利率是否根据市场规律自由变动,分为市场利率和官定利率。

市场利率是指在金融市场上由借贷资金供求关系决定的利率。市场利率是金融市场借贷资金供求关系变化的指示器,当资金供给大于需求,即供大于求时,市场利率会呈现下降趋势;相反,当资金供给小于需求,即供不应求时,市场利率会呈现上升趋势。然而影响资金供求关系的因素非常多,因而市场利率的变动也非常频繁、灵敏和难以预测。

官定利率是指一国(或地区)的政府金融管理部门或中央银行确定的利率。官定利率是进行宏观调控的重要政策工具,不会随着资金供求关系的变化而自由波动,因此官定利率的高低是由政府金融管理部门或中央银行根据宏观经济运行情况而定的。

目前,世界上大部分国家都形成了市场利率和官定利率并存的局面,市场利率和官定利率会互相影响。当然,金融管理部门或中央银行在确定官定利率的时候,一般会以市场利率为重要依据。

2. 利率的一般计算公式

资金的利率通常由三部分组成:纯利率、通货膨胀补偿率(或称通货膨胀贴水)、风险报酬率。利率的一般计算公式可表示如下:

$$利率 = 纯利率 + 通货膨胀补偿率 + 风险报酬率$$

纯利率是指没有风险和通货膨胀情况下的资金供求均衡点的利率。由于持续的通货膨胀会不断降低货币的实际购买力,通货膨胀补偿率是指为补偿货币购买力损失而要求提高的利率。

风险报酬率又分为违约风险报酬率、流动性风险报酬率和期限风险报酬率三种。借款人无法按时支付利息或偿还本金会给投资人带来风险,债权人为了弥补这些风险而要求提高的利率属于违约风险报酬率;由于债务人资产的流动性不好,会给债权人带来风险,为补偿这种风险而提高的利率属于流动性风险报酬率;对于一项负债,到期日越长,债权人面临的不确定因素就越多,风险也越大,为弥补这些风险而要求提高的利率属于期限风险报酬率。

三、法律环境

财务管理的法律环境是指影响企业财务活动的各种法律、法规和规章制度等,主要包括企业组织法规、财务会计法规及税法等,如公司法、证券法、金融法、证券交易法、税法、企业财务通则、内部控制基本规范等。

市场经济是法治经济,企业的一些经济活动总是在一定法律规范内进行的。一方面,法律提供企业从事经济活动所必须遵守的规范,从而对企业的经济行为进行约束;另一方面,法律也为企业合法从事各项经济活动提供保障。

法律既约束企业的非法经济行为,也为企业从事各种合法经济活动提供保护。法律环境对企业的影响是多方面的,影响范围包括企业组织形式、公司治理结构、投融资活动、日常经营、收益分配等。由于不同时期、不同国家的法律存在差别,企业设立、经营和清算过程对财务管理的要求和繁简程度也不一样。

> **想一想**
> 哪些法律、法规会影响企业的财务管理活动?

牛刀小试

以自己熟悉的一家企业为例,分别从企业组织法规、税务法规和财务法规角度分析其所处的法律环境有哪些?

知识检测

一、单项选择题

1. 在经济繁荣时期,企业会考虑扩充厂房,在衰退期则会停止扩张,企业考虑的财务环境是(   )。

   A. 法律环境　　　　B. 金融环境　　　　C. 技术环境　　　　D. 经济环境

2. 下列各项中,不属于基本金融工具的是(   )。

   A. 票据　　　　　　B. 债券　　　　　　C. 股票　　　　　　D. 期货

二、多项选择题

1. 企业所采用的财务管理战略在不同的经济周期中各有不同。在经济繁荣时期,不应该选择的财务管理战略有(   )。

   A. 扩充厂房设备　　　　　　　　　　B. 继续建立存货
   C. 停止扩招雇员　　　　　　　　　　D. 停止长期采购

2. 以期限为标准,金融市场可以分为(   )。

   A. 货币市场　　　　　　　　　　　　B. 资本市场

C. 黄金市场　　　　　　　　　　D. 外汇市场

三、判断题

1. 在通货膨胀持续期，货币面临着贬值的风险，这时企业进行投资可以避免风险，实现资本保值。（　　）
2. 以融资对象为标准，可将金融市场分为资本市场、外汇市场和黄金市场。（　　）
3. 外汇市场以货币和资本为交易对象。（　　）
4. 金融衍生品市场是以基础性金融产品为交易对象的金融市场，如商业票据、企业债券等。（　　）
5. 通货膨胀主要表现为资金需求量迅速增加；筹资成本升高；筹资难度增大；利润虚增等。（　　）

知识应用

按照自由组合的方式将班级学生分成若干小组，并完成以下任务。

（1）各小组分别选择某一特定企业开展社会实践与调研，分析该企业面临的理财环境，并形成书面调研报告。预计完成时间为半个月。每位同学都要参与。

（2）每个小组推荐一位代表汇报本组调研情况与结果。班级其他同学对其汇报情况进行评分。

（3）每个小组将调研报告上交授课教师评阅。

项目小结与自我评价

本项目主要讲财务管理的内容与环节、目标与原则、环境等旨在让学生初步认识财务管理。同时，本项目重点介绍的是财务管理的内容和目标，让学生清楚学习财务管理的重要性和必要性。财务管理概述知识点汇总及自我评价如表1-7所示，请在自我评价栏对自己的知识掌握情况作出评价，并查漏补缺。

表1-7　财务管理概述知识点汇总及自我评价

任务名称		知识点	自我评价（得分）
任务一　财务管理的内容与环节	内容	企业财务活动、企业财务关系	
	特点	是一项综合性管理工作	
	环节	财务预测、财务决策、财务预算、财务控制和财务分析	
任务二　财务管理的目标与原则	目标	利润最大化、股东财富最大化、企业价值最大化、相关者利益最大化	
	原则	依法理财原则、风险收益平衡原则、成本效益原则、变现能力与盈利能力平衡原则、利益关系协调原则	
任务三　财务管理环境	经济环境	经济体制、经济周期、经济发展水平、宏观经济政策、通货膨胀水平、市场竞争	
	金融环境	金融机构、金融市场、利率	
	法律环境	企业组织法规、财务会计法规、税法	

(续表)

任务名称	知识点	自我评价(得分)
说明	掌握:经过课前预习、教师讲解、课后复习,能理解相关知识;10分。 基本掌握:在教师、同学的课后帮助下,能理解相关知识;5分。 模糊:在教师、同学的课后帮助下,仍然不能理解相关知识;0分。	
成绩		学生签字

项目综合训练

一、单项选择题

1. 下列各项中,符合企业相关者利益最大化财务管理目标要求的是(　　)。
   A. 强调股东的首要地位　　　　　　B. 强调债权人的首要地位
   C. 强调员工的首要地位　　　　　　D. 强调经营者的首要地位

2. 由企业经营引起的财务活动是(　　)。
   A. 投资活动　　　　　　　　　　　B. 筹资活动
   C. 资金营运活动　　　　　　　　　D. 分配活动

3. 企业价值最大化财务管理目标的优点是(　　)。
   A. 考虑到股东的权益　　　　　　　B. 考虑到取得报酬的时间
   C. 考虑到风险　　　　　　　　　　D. 考虑到社会效益

4. 如果股东投资资本不变,下列可用来衡量股东财富最大化的指标是(　　)。
   A. 每股收益　　　　　　　　　　　B. 企业价值
   C. 每股市价　　　　　　　　　　　D. 每股净资产

5. 下列有关财务管理目标的表述中,正确的是(　　)。
   A. 股东财富最大化会忽视其他利益相关者的利益
   B. 企业在追求自己的目标时,会使社会受益,因此企业目标和社会目标是一致的
   C. 财务管理的目标和企业的目标是一致的
   D. 企业只要依法经营就会从事有利于社会的事情

6. 作为财务管理目标,每股收益最大化相较利润最大化的优点是(　　)。
   A. 考虑了资金的时间价值
   B. 考虑了投资的风险价值
   C. 有利于公司提高投资效率,降低投资风险
   D. 反映了投入资本与收益的对比关系

7. 债权人为了防止其利益被伤害,通常采取的措施不包括(　　)。
   A. 激励　　　　　　　　　　　　　B. 规定贷款的用途
   C. 提前收回贷款　　　　　　　　　D. 限制发行新债数额

8. 货币市场的主要功能是保持金融资产的流动性,下列属于货币市场工具的是(　　)。
   A. 短期国债　　　　　　　　　　　B. 股票
   C. 公司债券　　　　　　　　　　　D. 银行长期贷款

二、多项选择题

1. 在某公司财务管理目标研讨会上,张经理主张"贯彻合作共赢的价值理念,做大企业的财富蛋糕";李经理认为"既然企业的绩效按年度考核,财务目标就应当集中体现当年利润指标";王经理提出"应将企业长期稳定的发展放在首位,以便创造更多的价值"。上述观点中,涉及的财务管理目标有(　　)。

   A. 利润最大化　　　　　　　　　B. 企业规模最大化
   C. 企业价值最大化　　　　　　　D. 相关者利益最大化

2. 所有者与债权人的矛盾解决方式有(　　)。

   A. 解聘　　　B. 限制性借款　　　C. 收回借款　　　D. 激励

3. 下列各项中,属于企业筹资引起的财务活动的有(　　)。

   A. 偿还借款　　　　　　　　　　B. 购买国库券
   C. 支付利息　　　　　　　　　　D. 发行股票

4. 为协调经营者与所有者之间的矛盾,可以采取的措施有(　　)。

   A. 所有者解聘经营者　　　　　　B. 所有者向企业派遣财务总监
   C. 所有者向企业派遣审计人员　　D. 所有者授予经营者"股票期权"

5. 按融资对象分类,金融市场可分为(　　)。

   A. 基础性金融市场　　　　　　　B. 资本市场
   C. 外汇市场　　　　　　　　　　D. 黄金市场

三、判断题

1. 每股收益最大化观点充分考虑了资金的时间价值和风险价值因素,因此,被认为是一个较为合理的财务管理目标。(　　)

2. 财务管理的核心工作环节是财务预测。(　　)

3. 企业价值最大化直接反映了企业所有者的利益,它与企业经营者没有直接的利益关系。(　　)

4. 利润最大化的优点包括有利于企业资源的合理配置和企业整体经济效益的提高。(　　)

5. 企业价值最大化就是以实现企业的价值最大为目标。(　　)

项目一延伸阅读——一家好企业与一家伟大企业的区别

项目二

财务管理的价值观念

思维导图

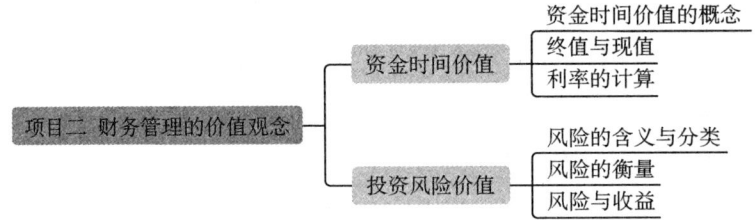

学习目标

1. 知识目标

(1) 理解资金时间价值。
(2) 掌握复利终值、复利现值的计算。
(3) 掌握年金终值、年金现值的计算。
(4) 了解风险报酬及其衡量办法。

2. 技能目标

(1) 能够熟练运用资金时间价值公式解决实际问题。
(2) 可以制定简单且合理的理财方案。
(3) 能够解释资本市场对股票收益率的影响。

3. 素养目标

(1) 树立正确的理财意识。
(2) 有较强的法律意识,保持清醒的经济头脑。
(3) 有识别风险、管理风险的意识和能力。

任务一 资金时间价值

案例导入

张霞的难题

张霞上班第一天,人事总监向张霞咨询以下问题:她有一个儿子,目前正读初中一年级,她打算 6 年后将其送到国外某重点大学就读,届时需要一笔为数不少的出国留学费,预计为 60 万元,她现在就需为以后孩子留学准备存款。如果按目前存款年利率 3% 给儿子存上一笔钱,以备上大学之需,现在要一次存入多少钱?如果每年存相同数额的钱,每年至少存多少钱?

如果你是张霞,该如何回答呢?

一、资金时间价值的概念

(一) 资金时间价值的含义

资金时间价值是指在没有风险和通货膨胀的情况下,货币经历一定时间的投资和再投资所增加的价值,也称货币时间价值。我们知道,在商品经济条件下,即使不存在通货膨胀,等量资金在不同时点上的价值量也不相等。现在的 1 000 元,比一年后的 1 000 元经济价值要大一些。为什么会这样呢?比如,若银行存款利率为 10%,我们将 1 000 元存入银行,一年后可得 1 100 元。这 1 000 元经过一年的投资增加了 100 元,这就是资金时间价值。

(二) 资金时间价值的表现形式

资金时间价值可以有两种表现形式:绝对数和相对数。绝对数即时间价值额,是指资金在生产经营过程中带来的增值额,如上例的 100 元;相对数即时间价值率,是指扣除风险报酬和通货膨胀后的平均资金利润率,如上例的 10%。在实际工作中,由于货币随时间的延续而增值,故不同时点上相同数额货币的价值不相等,不同时间的货币收入不宜直接进行比较,我们需要把它们换算到相同的时间上,然后才能进行大小的比较和比率的计算。

资金时间价值是客观存在的经济范畴,任何企业的财务活动,都是在特定的时空中进行的。离开了时间价值因素,就无法正确计算不同时期的财务收支,也无法正确评价企业盈亏。资金时间价值原理正确地揭示了不同时点上资金的换算关系,这是财务决策的基本依据,也是财务人员必须树立的基本的价值观念之一。

二、终值与现值

(一) 单利的终值和现值

终值又称将来值,是指现在一定量的货币折算到未来某一时点的价值,通常记作 F;现值,是指未来某一时点上一定量的货币折算到现在所对应的金额,通常记作 P。现实生活中,现值相当于本金,终值相当于到期的本利和,而终值与现值的差别就是利息。利息有单利和复利之分。单利是指只就本金计算利息、利息不再计算利息的计息方式。这里的"本金"是指贷款人贷给借款人收取利息的原本金额,"利息"是指借款人付给贷款人超过本金部分的金额。那么单利计息方式下就有:

$$I = P \times i \times n$$
$$F = P + I = P \times (1 + i \times n)$$
$$P = F \div (1 + i \times n)$$

式中,F 表示终值,P 表示现值,I 表示利息,i 表示每期利率(折现率),n 表示计算利息的期数(下同)。

【例2-1】 某人期望3年后取得本利和3 450元,用于某一项目投资。若银行存款年利率为5%,以单利计息。问此人现在需存入银行多少钱?

$$P = 3\ 450 \div (1 + 3 \times 5\%) = 3\ 000(元)$$

(二) 复利的终值和现值

1. 复利终值的计算

复利是指不仅本金要计算利息,利息也要计算利息的计息方式,也就是我们生活中常称的"利滚利"。复利终值是指一定量的本金按复利计算若干期后的本利和,其计算公式为:

$$F = P \times (1+i)^n$$

式中,$(1+i)^n$ 通常称作"复利终值系数"或"一元复利终值",用符号 $(F/P, i, n)$ 表示,其值可以直接查阅"复利终值系数表"。

【例2-2】 某人将100元存入银行,复利年利率为2%,求5年后的终值。

$$F = P \times (1+i)^n = 100 \times (1+2\%)^5 = 100 \times (F/P, 2\%, 5) = 110.41(元)$$

2. 复利现值的计算

复利现值是指今后某一特定时间收到或付出的一笔款项,按折现率 i 计算的现在时点价值。复利现值是复利终值的逆运算,其计算公式为:

$$P = F \div (1+i)^n = F \times \frac{1}{(1+i)^n} = F \times (1+i)^{-n}$$

式中,$(1+i)^{-n}$ 称为"复利现值系数",又称"一元复利现值",用符号 $(P/F, i, n)$ 表示,其值可以直接查阅"复利现值系数表"。

【例2-3】 某人为了5年后能从银行取出100元,在复利年利率为2%的情况下,求当前应存入的金额。

$$P = F \div (1+i)^n = 100 \div (1+2\%)^5 = 100 \times (P/F, 2\%, 5) = 90.57(元)$$

3. 复利现值和终值的关联性

(1) 复利终值和复利现值互为逆运算。

(2) 复利终值系数和复利现值系数互为倒数。

牛刀小试

1. 佳丽公司向银行借款100万元,年利率8%,期限为5年,若以复利计算,问5年后应偿还的本利和是多少?

2. 佳丽公司为了能在5年后从银行取出100万元,在年利率为5%的情况下,若以复利计算,现在应存入多少元?

(三) 年金终值的计算

年金是指间隔期相等的系列等额收付款,如间隔期固定、金额相等的分期付款赊购等。年金具有两个特点:一是金额相等;二是时间间隔相等。在年金中,间隔期间可以不是一年。例如,每季末等额支付的债务利息也是年金。年金按每次收付发生的时点不同,可分为普通年金、预付年金、递延年金、永续年金四种,对于永续年金而言,由于没有终点,它没有终值,只有现值。

1. 普通年金终值的计算

普通年金是年金最基本的形式,又称后付年金,是指从第1期起,在一定时期内,每期期末等额收付的系列款项。等额收付3次的普通年金如图2-1所示。图中序号代表的时间点是期末,例如,"2"代表的时点是第2期期末。需要说明的是,上期期末等额收付的系列款项,和下期期初是同一个时点,所以,"2"代表的时点也可以表述为第3期期初。普通年金终值是指其最后一次收付时的本利和,它是每次收付款项的复利终值之和。等额收付3次的普通年金终值的计算示意图如图2-1所示。

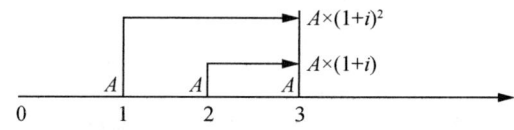

图 2-1　等额收付 3 次的普通年金终值

如图2-1所示,等额收付3次的普通年金终值为:

$$A + A(1+i) + A(1+i)^2$$

那么,若设每年的收付金额为 A,利率为 i,期数为 n,则按复利计算的年金终值 F 为:

$$F = A + A(1+i) + A(1+i)^2 + \cdots + A(1+i)^{n-1}$$

等式两边同乘 $(1+i)$,得:

$$(1+i)F = A(1+i) + A(1+i)^2 + A(1+i)^3 + \cdots + A(1+i)^n$$

上述两式相减,得:

$$(1+i)F - F = A(1+i)^n - A$$

经整理,得:

$$F = A \times \frac{(1+i)^n - 1}{i}$$

式中,$\frac{(1+i)^n - 1}{i}$ 称作"年金终值系数",记作 $(F/A, i, n)$,其值可直接查阅"年金终值系数表"。上式也可以写作 $F = A \times (F/A, i, n)$。

【例2-4】 李先生是一位热心于公益事业的人,自某年12月底开始,他每年年末都要向一位失学儿童捐款10 000元,帮助他读完九年义务教育。假设每年定期存款利率都是2%,则李先生9年的捐款在第9年年底相当于多少钱?

$$F = A \times (F/A, i, n) = 10\,000 \times (F/A, 2\%, 9) = 10\,000 \times 9.7546 = 97\,546(元)$$

牛刀小试

佳丽公司从2×23年开始,每年年底向银行存入10万元,年利率为5%,则2×27年年底存入最后一笔钱后的存款余额是多少?

2. 预付年金终值的计算

预付年金是指每期收入或支出相等金额的款项发生在每期的期初,而不是期末,也称先付年金或即付年金。预付年金的终值是其最后一期期末的本利和,是各期收付款项的复利终值之和。n 期即付年金与普通年金的付款次数相同,但由于其付款时间不同,n 期预付年金终值比 n 期普通年金终值多计算一期利息。因此,在 n 期普通年金终值的基础上乘以 $(1+i)$,就是 n 期即付年金的终值。等额收付 3 次的预付年金终值的计算如图 2-2 所示。

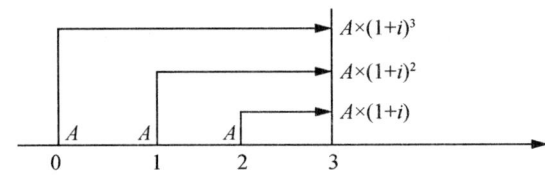

图 2-2 等额收付 3 次的预付年金终值

那么,n 期预付年金终值 $F=A\times(F/A,i,n)\times(1+i)$;当然 n 期预付年金终值也可以写成:$F=A\times(F/A,i,n+1)-A=A\times[(F/A,i,n+1)-1]$。

> **新手提示**
> 预付年金终值系数和普通年金终值系数的关系:期数加一,系数减一。

【例 2-5】 为给儿子上大学准备资金,王先生连续 6 年于每年年初存入银行 10 000 元。若银行存款利率为 5%,则王先生在第 6 年年末能一次取出本利和多少钱?

方法一:
$F=10\,000\times[(F/A,5\%,7)-1]=71\,420(元)$

方法二:
$F=10\,000\times(F/A,5\%,6)\times(1+5\%)=71\,420(元)$

【例 2-6】 佳丽公司打算购买一台设备,有两种付款方式:一种是一次性支付 500 万元,另一种是每年年初支付 200 万元,3 年付讫。由于资金不充裕,公司计划向银行借款用于支付设备款。假设银行借款年利率为 5%,复利计息。请问公司应采用哪种付款方式?

一次性付款 3 年年末的终值 $=500\times(F/P,5\%,3)=578.8(万元)$

分期付款 3 年年末的终值 $=200\times(F/A,5\%,3)\times(1+5\%)=662.03(万元)$

相比之下,公司应采用第一种支付方式,即一次性付款 500 万元。

3. 递延年金终值

递延年金是指间隔若干期后才开始发生的系列等额收付款项。递延年金的终值大小,与递延期数无关,故其计算方法与普通年金终值相同,只是计算期数不算递延期数。等额收付 3 次的递延年金终值的计算如图 2-3 所示。

因此,对于递延期为 m、等额收付 n 次的递延年金而言,其终值的计算公式如下:

$$F=A\times(F/A,i,n)$$

注意:式中"n"表示的是 A 的个数,与递延期无关。

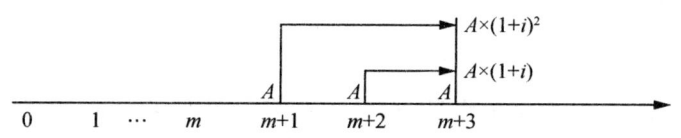

图 2-3 等额收付 3 次的递延年金终值

微课：树立财务管理观念——年金终值

（四）年金现值的计算

1. 普通年金现值的计算

普通年金现值是指普通年金中各期等额收付金额在第 1 期期初（0 时点）的复利现值之和。收付 3 次的普通年金现值的计算如图 2-4 所示。

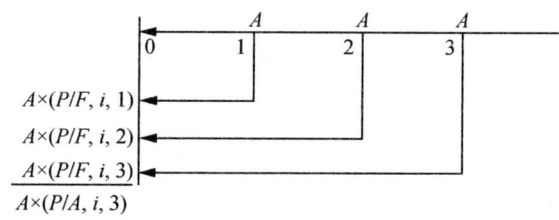

图 2-4 等额收付 3 次的普通年金现值

同样地，若设每年的收付金额为 A，利率为 i，期数为 n，则按复利计算的年金现值 P 为：

$$P = A(1+i)^{-1} + A(1+i)^{-2} + \cdots + A(1+i)^{-(n-1)} + A(1+i)^{-n}$$

等式两边同乘 $(1+i)$，得：

$$(1+i)P = A + A(1+i)^{-1} + A(1+i)^{-2} + A(1+i)^{-3} + \cdots + A(1+i)^{-(n-1)}$$

上述两式相减，经整理，得：

$$P = A \times \frac{1-(1+i)^{-n}}{i}$$

式中，$\frac{1-(1+i)^{-n}}{i}$ 称作"年金现值系数"，记作 $(P/A, i, n)$，其值可直接查阅"年金现值系数表"。上式也可以写作：$P = A \times (P/A, i, n)$。

【例 2-7】 某投资项目于 2×21 年年初动工，假设当年投产，从投产之日起每年年末可得收益 40 000 元。按年利率 6% 计算自当年开始的未来 10 年收益的现值。

$P = 40\,000 \times (P/A, 6\%, 10) = 40\,000 \times 7.3601 = 294\,404$（元）

牛刀小试

佳丽公司年初租入设备 1 台，每年年末需支付租金 10 000 元，年利率为 8%，问 5 年租金的现值是多少？

由于预付年金与普通年金的区别仅在于收付款的时点不同，普通年金发生在期末，而预付年金发生在期初。那么预付年金的现值可以表示为：

> **想一想**
> 预付年金现值系数和普通年金现值系数的关系是什么？
> 答案：期数减一，系数加一。

$$P = A \times (P/A, i, n-1) + A = A[(P/A, i, n-1) + 1]$$

或者，
$$P = A \times (P/A, i, n) \times (1+i)$$

【例2-8】 佳丽公司打算购买一台设备，有两种付款方式：一种是一次性支付500万元，另一种是每年年初支付200万元，3年付讫。由于资金不充裕，公司计划向银行借款用于支付设备款。假设银行借款年利率为5%，复利计息。请问公司应采用哪种付款方式？

一次性付款的现值＝500（万元）

分期付款的现值＝200×[(P/A, 5%, 2)+1]＝571.88（万元）

相比之下，公司应采用第一种支付方式，即一次性付款500万元。

微课：树立财务管理观念——年金现值

牛刀小试

佳丽公司采用分期付款方式购入设备，每年年初付款15万元，分10年付清。若银行年利率为6%，该项分期付款相当于现在一次性支付多少？

2. 递延年金现值的计算

递延年金现值是指递延年金中各期等额收付金额在第1期期初（0时点）的复利现值之和。递延年金现值可以按照下面的两种方法计算：

方法一：两次折现。

两次折现法下递延年金现值的计算如图2-5所示。

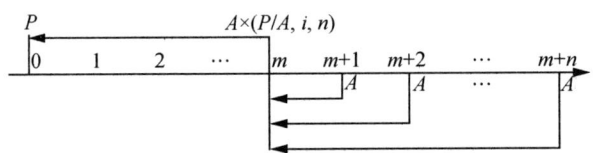

图2-5 两次折现法下递延年金现值

$$P = A \times (P/A, i, n) \times (P/F, i, m)$$

方法二：年金现值系数之差。

$$P = A \times (P/A, i, m+n) - A \times (P/A, i, m)$$
$$= A \times [(P/A, i, m+n) - (P/A, i, m)]$$

式中，m 为递延期，n 为连续收支期数，即年金期。

【例2-9】 某企业向银行借入一笔款项，银行贷款的年利率为10%，每年复利一次。银行规定前10年不用还本付息，但从第11年至第20年每年年末偿还本息5 000元。要求：用两种方法计算这笔款项的现值。

方法一：$P = 5\ 000 \times (P/A, 10\%, 10) \times (P/F, 10\%, 10) = 11\ 843.72$（元）

方法二：$P = 5\ 000 \times [(P/A, 10\%, 20) - (P/A, 10\%, 10)] = 11\ 845$（元）

牛刀小试

佳丽公司向银行借入一笔款项，年利率为10%，每年复利一次。银行规定前5年不用还款,但从第 6 年至第 15 年每年年末偿还本息 5 000 元。问这笔款项的现值是多少?

3. 永续年金现值的计算

永续年金是普通年金的极限形式,当普通年金的收付次数(n)为无穷大时即为永续年金。因此,永续年金的现值可以通过普通年金现值的计算公式推导出:

普通年金现值计算公式为:$P = A \times \dfrac{1-(1+i)^{-n}}{i}$

当 n 趋于无穷大时,由于 $(1+i)^{-n}$ 等于 0,$P = \dfrac{A}{i}$

即永续年金现值计算公式为:$P = \dfrac{A}{i}$

【例 2-10】 沈先生在外投资成为大老板后想支持家乡建设,专门在其祖籍所在县设立奖学金。奖学金每年发放一次,奖励每年高考的文理科状元各 10 000 元。奖学金的基金存在中国银行该县支行。银行一年的定期存款利率为 2%。请问沈先生要一次性存入多少钱作为基金,才能保证这一奖学金的成功运行?

$P = 20\,000 \div 2\% = 1\,000\,000(元)$

沈先生要一次性存入 1 000 000 元作为基金,才能保证这一奖学金的成功运行。

(五)年偿债基金和年资本回收额

年偿债基金是指为了在约定的未来某一时点清偿某笔债务或积聚一定数额的资金而必须分次等额提取的存款准备金。它也是为使年金终值达到既定金额的年金数额(即已知终值 F,求年金 A)。在普通年金终值公式中解出 A,这个 A 就是年偿债基金。

年资本回收额是指在约定年限内等额回收初始投入资本的金额。年资本回收额的计算实际上是已知普通年金现值 P,求年金 A。

【例 2-11】 某人拟在 5 年后还清 10 000 元债务,从现在起每年年末等额存入银行一笔款项。假设银行年利率为 10%,则每年需存入多少元?

$A = 10\,000 \times (A/F, 10\%, 5) = 10\,000 \times [1/(F/A, 10\%, 5)] = 1\,638(元)$

牛刀小试

佳丽公司计划在 5 年后还清 10 万元的债务,从现在起每年年末等额存入银行一笔款项,若银行年利率为 5%,则每年需存入多少元?

【例 2-12】 某企业借得 1 000 万元的贷款,在 10 年内以年利率 12% 等额偿还,则每年应付的金额为多少?

$A = 1\,000 \times (A/P, 12\%, 10) = 1\,000 \times [1/(P/A, 12\%, 10)] = 176.98(万元)$

三、利率的计算

复利的计息期可能是一年,也可能是按季度、月份和天数计算。当利息在一年内要复利几次时,给出的年利率即为名义利率,按照复利计算的年利息与本金的比值为实际利率。

寓德于技

诺贝尔奖是根据诺贝尔 1895 年的遗嘱设立的五个奖项,主要是为了表彰在物理学、化学、和平、生理学或医学以及文学方面对人类贡献大的人士。屠呦呦是 2015 年诺贝尔医学奖获得者,她在科研道路上埋头苦干、潜心钻研、坚忍不拔、持之以恒等精神值得我们共同学习。

新手提示

偿债基金和普通年金终值的计算互为逆运算;偿债基金系数和年金终值系数是互为倒数。

新手提示

年资本回收额与普通年金现值互为逆运算;资本回收系数与普通年金现值系数互为倒数。

寓德于技

我国《民法典》明确禁止高利放贷,借款的利率不得违反国家有关规定。但一些贷款平台,通过夸大宣传、诱导消费等形式,忽悠消费者购买自身经济实力无法承受的消费项目,签订诸如"校园贷""美容贷"等项目,这是违反法律要求的。我们应该增强防范意识,避免上当受骗。

假设本金为 100 元,年利率为 10%,一年计息 2 次,即一年复利 2 次,则每次复利的利率＝10%÷2＝5%;一年后的本利和(复利终值)＝100×(1+5%)²;按照复利计算的年利息＝100×(1+5%)²－100＝100×[(1+5%)²－1];实际利率＝100×[(1+5%)²－1]÷100＝(1+5%)²－1,用公式表示如下:

$$i = \left(1+\frac{r}{m}\right)^m - 1$$

式中,i 表示实际利率,r 表示名义利率,m 表示每年复利计息的次数。

从公式可以看出,在一年多次计息时,实际利率高于名义利率,并且在名义利率相同的情况下,一年计息次数越多,实际利率越大。

【例 2-13】 佳丽公司平价发行 5 年期的公司债券,债券票面利率为 10%,每半年付息一次,到期一次偿还本金。该债券的实际利率是多少?

实际利率＝(1+10%÷2)²－1＝10.25%

牛刀小试

为实施某项计划,佳丽公司需要取得外商贷款 1 000 万美元,经双方协商,贷款利率为 8%,按复利计息,贷款分 5 年于每年年末等额偿还。外商告知,他们已经算好,每年年末应归还本金 200 万美元,支付利息 80 万美元。要求:核算外商的计算是否正确。

知识检测

一、单项选择题

1. 在下列各项资金时间价值系数中,与资本回收系数互为倒数关系的是(　　)。
   A. (P/F,i,n)　　　　　　　　B. (P/A,i,n)
   C. (F/P,i,n)　　　　　　　　D. (F/A,i,n)

2. 在普通年金现值系数的基础上,期数减 1、系数加 1 的计算结果,应当等于(　　)。
   A. 递延年金现值系数　　　　B. 后付年金现值系数
   C. 即付年金现值系数　　　　D. 永续年金现值系数

3. 佳丽公司拟建立一项基金,每年年初投入 100 000 元,若利率为 10%,5 年后该项基金本利和将为(　　)元。
   A. 671 560　　B. 564 100　　C. 871 600　　D. 610 500

4. 已知(F/A,10%,9)＝13.579,(F/A,10%,11)＝18.531,则期数为 10 年,利率为 10% 的即付年金终值系数为(　　)。
   A. 17.531　　B. 15.937　　C. 14.579　　D. 12.579

二、判断题

1. 一年多次计息时,实际利率高于名义利率。(　　)

2. 即付年金现值系数是在普通年金的现值系数的基础上将系数减 1、期数加 1 得到的。(　　)

3. 递延年金有终值,终值的大小与递延期有关。在其他条件相同的情况下,递延期越长,递延年金的终值越大。(　　)

4. 递延年金没有终值。（　　）

5. 资本回收额是指在给定的年限内等额回收的或清偿的初始投入的资本或所欠的债务额。（　　）

三、计算题

1. 年利率为12%，按季复利计息，求实际利率。

2. 已知$(P/A,8\%,5)=3.9927,(P/A,8\%,6)=4.6229,(P/A,8\%,7)=5.2064$，则6年期、折现率为8%的预付年金现值系数是多少？

3. 佳丽公司拟购买一只股票，预期公司最近两年不发股利，从第三年开始每年年末支付0.2万元股利，若资本成本为10%，则预期股利现值合计为多少？

4. 佳丽公司平价发行5年期的公司债券，债券票面利率为10%，每半年付息一次，到期一次偿还本金。该债券的实际年利率是多少？

5. 佳丽公司于年初存入银行10 000元，假定年利息率为12%，每年复利两次，已知$(F/P,6\%,10)=1.7908$，则第5年年末的本利和为多少元？

知识应用

1. 佳丽公司要在某大学门口开办一个餐馆，于是找到一个合适的门面，提出要求承租该门面3年。原门面承租方光华公司提出应一次性支付3年的使用费30 000元。佳丽公司因现在一次拿30 000元比较困难，请求缓期支付。光华公司同意3年后支付，但金额为50 000元。若银行的贷款利率为5%，请问佳丽公司3年后付款是否合算？

2. 佳丽公司计划购置一处房产，房地产公司提出两种付款方案：第一种方案，从现在起，每年年初支付20万元，连续支付10年；第二种方案，从第4年起，每年年初支付25万元，连续支付10年。假设银行的年利率为10%。

要求：如果你是佳丽公司的财务经理，你会选择哪个方案？

任务二　投资风险价值

案例导入

投资方案的选择

佳丽公司拟进行股票投资，计划购买A，B，C三种股票，并分别设计了甲、乙两种投资组合。已知三种股票的β系数分别是1.5、1.0和0.5，它们在甲种投资组合中的投资比重为5∶3∶2；乙种投资组合的风险收益率为3.4%。同期市场上所有股票的平均收益率为12%，无风险收益率为8%。该公司财务经理让张霞判断选择哪种投资方案较为合理，张霞应该如何选择？

一、风险的含义与分类

(一) 风险的含义

风险是指收益的不确定性。虽然风险的存在可能意味着收益的增加,但人们考虑更多的则是损失发生的可能性。从财务管理的角度看,风险就是在企业各项财务活动过程中,由于各种难以预料或无法控制的因素,企业的实际收益与预计收益发生背离,从而蒙受经济损失的可能性。

(二) 风险的分类

1. 从企业自身的角度,可将企业风险分为经营风险和财务风险

经营风险是指生产经营的不确定性带来的风险。企业生产经营的不确定性受企业外部条件和企业内部诸多因素的影响。外部条件的变动主要包括经济形势和经济环境的变化、市场供求和价格的变化、税收政策调整、通货膨胀等;内部因素主要包括技术装备、产品结构、设备利用率、工人生产率、原材料使用情况、企业的应变能力等。

财务风险又称筹资风险,是指企业资金筹措方面的原因给企业财务成果带来的不确定性,它源于企业资金利润率与借入资金利息率差额方面的不确定因素及借入资金占自有资金比重的大小。企业对财务风险的管理,关键是要保证有一个合理的资金结构,适度举债,既要充分利用举债经营获取财务杠杆收益,提高自有资金盈利能力,又要注意防止过度举债引起财务风险的加大,避免陷入财务困境。

2. 从个别投资主体的角度,可将企业风险分为非系统风险和系统风险

非系统风险是指发生于个别公司的特有事件给企业带来的风险。例如,一家公司新产品开发失败、失去重要的销售合同、诉讼失败,或者宣告获得新的发明专利、签订一个重要合同等。这类事件是非预期的、随机发生的,它只影响一家公司或少数公司,不会对整个市场产生太大影响。这种风险可以通过资产组合来分散,即发生于一家公司的不利事件可以被其他公司的有利事件所抵消。正是由于非系统风险是个别公司或个别资产所特有的,它也称特殊风险或特有风险。由于非系统风险可通过资产组合分散掉,它也称可分散风险。

系统风险又被称为市场风险或不可分散风险,是影响所有资产的、不能通过资产组合消除的风险。这部分风险是由那些影响整个市场的风险因素引起的。这些因素包括宏观经济形势的变动、国家经济政策的变化、税制改革、企业会计准则改革、世界能源状况、政治因素等。不同资产的系统风险不同,度量一项资产系统风险的指标是 β 系数,它告诉我们相对于市场组合而言,特定资产的系统风险是多少。市场组合是指由市场上所有资产组成的组合,其收益率是市场的平均收益率,实务中人们通常用股票价格指数收益率的平均值来代替。由于包含所有的资产,市场组合中的非系统风险已经被消除,市场组合的风险就是市场风险或系统风险,市场组合相对于它自己的 β 系数是1。

如果一项资产的 β 系数小于1,表明该资产收益率的变动幅度小于市场组合收益率的变动幅度,因此,其所含的系统风险小于市场组合风险;如果一项资产的 β 系数大于1,表明该资产收益率的变动幅度大于市场组合收益率的变动幅度,因此,其所含的系统风险大于市场组合风险。现实生活中,绝大多数资产的β系数是大于零的,也就是说,它们收益率的变化方向与市场平均收益率的变化方向是一致的,只是变化幅度不同导致了β系数的不同。极个别资产的β系数为负数,当市场平均收益率增加时,这类资产的收益率却在减少。比如,西方个别收账公司和个别再保险公司的β系数是接近于零的负数。总之,资产β系数的大小反映了该资产收益率波动与整个市场报酬率波动之间的相关性及程度。在实务中,企业财务人员或投资者自己并不需要去计算证券的β系数,一些证券咨询机构会定期公布大量交易过的证券的β系数。

对于证券资产组合来说,其所含的系统风险的大小可以用组合β系数来衡量。证券资产组合的β系数是所有单项资产β系数的加权平均数,权数为各种资产在证券资产组合中所占的价值比例,计算公式为:

$$\beta_p = \sum_{i=1}^{n} \beta_i \times W_i$$

式中,β_p表示证券资产组合的β系数,β_i表示第i项资产的β系数,W_i表示第i项资产在组合中所占的价值比例。

由于单项资产的β系数不尽相同,通过替换资产组合中的资产或改变不同资产组合中的价值比例,可以改变资产组合的系统风险。

二、风险的衡量

(一) 单项资产的风险衡量

资产的风险是资产收益率的不确定性,其大小可用资产收益率的离散程度来衡量。离散程度是指资产收益率的各种可能结果与预期收益率的偏差。衡量风险的指标主要有收益率的方差、标准差和标准离差率等。

在经济活动中,某一事件在相同的条件下可能发生也可能不发生,这类事件称为随机事件。概率是用来表示随机事件发生可能性大小的数值。通常,人们把必然发生的事件的概率定为1,把不可能发生的事件的概率定为0,而一般随机事件的概率是介于0与1之间的一个数。概率越大就表示该事件发生的可能性越大。随机事件所有可能结果出现的概率之和等于1。而期望值是一个概率分布中的所有可能结果以各自相应的概率为权数计算出的加权平均值。期望值通常用符号$\overline{E}$表示,计算公式如下:

微课:投资需谨慎——单项资产的风险与报酬

$$\overline{E} = \sum_{i=1}^{n} (X_i \times P_i)$$

式中,X_i表示第i种情况可能出现的结果,P_i表示第i种情况可能出现的概率。

1. 收益率的方差和标准差

收益率的方差和标准差是用来表示某资产收益率的各种可能结果与其期望值之间的离散程度的一个指标。方差的计算公式为:

$$\sigma^2 = \sum_{i=1}^{n} (X_i - \overline{E})^2 \times P_i$$

标准差的计算公式为：

$$\sigma = \sqrt{\sum_{i=1}^{n}(X_i - \overline{E})^2 \times P_i}$$

标准差和方差都是以绝对数来衡量某资产的全部风险，在预期收益率（期望值）相同的情况下，标准差或方差越大，风险越大；相反，在预期收益率（期望值）相同的情况下，标准差或方差越小，风险越小。但是，方差和标准差作为绝对数，只适用于期望值相同的决策方案风险程度的比较，不适用于比较不同预期收益率（期望值）的资产的风险。当我们比较不同的预期收益率（期望值）时就要使用标准离差率。

2. 收益率的标准离差率

标准离差率是收益率的标准差与期望值之比，也称为变异系数，通常用 V 表示。对于期望值不同的决策方案，评价和比较其各自的风险程度只能借助于标准离差率这一相对数值。

标准离差率的计算公式为：

$$V = \frac{\sigma}{E} \times 100\%$$

【例 2-14】 佳丽公司准备投资开发新产品，现有甲、乙两个方案可供选择，经预测，甲、乙两个方案的收益率及其概率分布如表 2-1 所示。

要求：

(1) 计算甲、乙两个方案的期望收益率。

(2) 计算甲、乙两个方案收益率的标准差。

(3) 计算甲、乙两个方案收益率的标准离差率。

(4) 比较两个方案风险的大小。

表 2-1　甲、乙两个方案的收益率及其概率分布

市场状况	概率	收益率	
		甲方案	乙方案
繁荣	0.4	32%	40%
一般	0.4	17%	15%
衰退	0.2	−3%	−15%

(1) 计算期望收益率：

甲 = 32% × 0.4 + 17% × 0.4 + (−3%) × 0.2 = 19%

乙 = 40% × 0.4 + 15% × 0.4 + (−15%) × 0.2 = 19%

(2) 计算收益率的标准差：

甲 = $\sqrt{(32\% - 19\%)^2 \times 0.4 + (17\% - 19\%)^2 \times 0.4 + (-3\% - 19\%)^2 \times 0.2}$
= 12.88%

乙 = $\sqrt{(40\% - 19\%)^2 \times 0.4 + (15\% - 19\%)^2 \times 0.4 + (-15\% - 19\%)^2 \times 0.2}$
= 20.35%

想一想

一般用什么衡量系统风险和总风险？

答案：用 β 衡量系统风险，σ 衡量总风险。

(3)计算收益率的标准离差率:

甲=12.88%÷19%=0.68

乙=20.35%÷19%=1.07

(4)由于乙方案的标准离差率大于甲方案,乙方案的风险大于甲方案。

(二)证券资产组合的风险衡量

两个或两个以上资产所构成的集合,称为资产组合。如果资产组合中的资产均为有价证券,则该资产组合也称为证券资产组合或证券组合。证券资产组合的风险与收益具有不同于单个资产的特征。尽管收益率的方差、标准差、标准离差率是衡量风险的有效工具,但当某项资产或证券成为投资组合的一部分时,这些指标就可能不再是衡量风险的有效工具。以下首先讨论证券资产组合预期收益率的计算,再进一步讨论证券资产组合的风险及其衡量。

1. 证券资产组合的预期收益率

证券资产组合的预期收益率是组成证券资产组合的各种资产收益率的加权平均数,其权数为各种资产在组合中的价值比例。

【例2-15】 佳丽公司的一项投资组合中包含A,B和C三种股票,权重分别为30%、40%和30%,三种股票的预期收益率分别为15%、12%和10%。计算该投资组合的预期收益率。

该投资组合的预期收益率=30%×15%+40%×12%+30%×10%=12.3%

2. 证券资产组合的风险及其衡量

两项证券资产组合收益率的方差满足以下关系式:

$$\sigma_p^2 = W_1^2\sigma_1^2 + W_2^2\sigma_2^2 + 2W_1W_2\rho_{1,2}\sigma_1\sigma_2$$

式中,σ_p 表示证券资产组合的标准差,它衡量的是证券资产组合的风险;σ_1 和 σ_2 分别表示组合中两项证券资产收益率的标准差;W_1 和 W_2 分别表示组合中两项证券资产所占的价值比例;$\rho_{1,2}$ 反映两项证券资产收益率的相关程度,即两项证券资产收益率之间的相对运动状态,称为相关系数。理论上,相关系数处于区间[-1,1]内。

当 $\rho_{1,2}$ 值等于1时,两项证券资产的收益率具有完全正相关的关系,即它们的收益率变化方向和变化幅度完全相同。这时,σ_p^2 达到最大。换句话说,当两项证券资产的收益率完全正相关时,两项证券资产的风险完全不能相互抵消,所以这样的组合不能降低任何风险。

当 $\rho_{1,2}$ 值等于-1时,两项证券资产的收益率具有完全负相关的关系,即它们的收益率变化方向相反、变化幅度相同。这时,σ_p^2 达到最小,甚至可能是零。因此,当两项证券资产的收益率完全负相关时,两项证券资产的风险可以充分地相互抵消,甚至完全消除。这样的组合能够最大限度地降低风险。

但在实务中,两项证券资产的收益率完全正相关和完全负相关的情况几乎是不可能的。绝大多数资产两两之间都具有不完全的相关关系,即它们两两之间的相关系数小于1且大于-1。因此,证券资产组合的风险会小于组合中各项证券资产风险的加权平均值。在大多数情况下,证券资产组合能够分散风险,但不能完全消除风

微课:投资
需谨慎——
资本资产定
价模型

险。其中,在证券资产组合中,能够随着证券资产种类增加而降低直至消除的风险,被称为非系统风险;不能随着证券资产种类增加而分散的风险,被称为系统风险。这两种风险的特征,此前已作叙述,在此不作讨论。

三、风险与收益

(一)资产的收益

资产的收益是指资产的价值在一定时期的增值。一般情况下,有两种表述资产收益的方式,第一种方式是以金额表示,称为资产的收益额;第二种方式是以百分比表示,称为资产的收益率或报酬率,是资产增值额与期初资产价值(价格)的比值。显然,以金额表示的收益与期初资产的价值(价格)相关,不利于不同规模资产之间收益的比较;而以百分数表示的收益则是一个相对指标,便于不同规模下资产收益的比较和分析。所以,通常情况下,人们都是用收益率的方式来表示资产的收益。另外,收益率是相对于特定时期的,它的大小要受计算期限的影响,但是计算期限通常不一定是一年,所以,为了便于比较和分析,对于计算期限短于或长于一年的资产,在计算收益率时一般要将不同期限的收益率转化成年收益率。因此,如果不作特殊说明的话,资产的收益指的就是资产的年收益率,又称资产的报酬率。在实际的财务工作中,由于工作角度和出发点不同,资产收益率可以有以下类型。

(1)实际收益率,表示已经实现或者确定可以实现的资产收益率。当存在通货膨胀时,还应当消除通货膨胀率的影响。

(2)预期收益率,也称为期望收益率,是指在不确定的条件下,预测的某资产未来可能实现的收益率。

(3)必要收益率,也称必要报酬率或最低要求的收益率,表示投资者对某资产合理要求的最低收益率。通常用 R 表示,等于无风险收益率和风险收益率之和。

(4)无风险收益率,也称无风险利率,是指可以确定可知的无风险资产的收益率,等于纯粹利率和通货膨胀补偿率之和。一般情况下,为了方便计算,通常用短期国库券的利率代替无风险利率,用 R_f 表示。

(5)风险收益率,是指某资产持有者因承担该资产的风险而要求的超过无风险利率的额外收益,等于必要收益率与无风险收益率之差。它的大小取决于两个因素:一是风险大小,二是投资者对风险的偏好。

必要收益率=无风险收益率+风险收益率

=纯粹利率(资金的时间价值)+通货膨胀补偿率+风险收益率

(二)风险与收益的关系

1. 风险与收益的一般关系

从理论上讲,风险收益率可以表述为风险价值系数(b)与标准离差率(V)的乘积,即:

$$风险收益率 = b \times V$$

标准离差率(V)反映了资产全部风险的大小,而风险价值系数(b)则取决于投资者对风险的偏好。投资者对风险的态度越是回避,要求的补偿也就越高,因而要求的

寓德于技

央行原行长易纲曾表示,投资者要树立收益共享、风险自担的理念,要加强风险意识,在选择金融产品和服务的时候,注意维护好自身的合法权益。作为当代大学生,要时刻保持清醒的大脑,谨防理财骗局。

风险和利益的大小是成正比的。
——土光敏夫

风险收益率就越高,所以风险价值系数(b)的值也就越大;反之,如果投资者对风险的容忍程度越高,则说明其对风险的承受能力越强,要求的风险补偿也就越低,所以风险价值系数(b)的值就越小。

2. 资本资产定价模型

资本资产主要指的是股票,资本资产定价机制旨在解释资本市场如何决定股票收益率进而决定股票价格。根据风险与收益的关系,某资产的必要收益率等于无风险收益率和资产的风险收益率之和,则资本资产定价模型核心表达式为:

$$R = R_f + \beta \times (R_m - R_f)$$

式中,R 表示某资产的必要收益率,β 表示该资产的系统风险系数,R_m 表示市场组合收益率,R_f 表示无风险收益率,由于当 $\beta=1$ 时,$R=R_m$,而 $\beta=1$ 代表的是市场组合的平均风险,所以,R_m 还可以称为平均风险的必要收益率、市场组合的必要收益率等。

式中,$(R_m - R_f)$ 称为市场风险溢酬,它是附加在无风险收益率之上的,是投资者由于承担了市场平均风险所要求获得的补偿,它反映的是市场作为整体对风险的平均"容忍"程度,也就是市场整体对风险的厌恶程度。市场整体对风险越是厌恶和回避,要求的补偿就越高,因此,市场风险溢酬的数值就越大;反之,如果市场的抗风险能力强,则对风险的厌恶和回避就不是很强烈,因此,要求的补偿就低,市场风险溢酬的数值就小。资本资产定价模型对任何公司、任何资产(包括资产组合)都是适合的,只要将该公司或资产的 β 系数代入资本资产定价模型中,就能得到该公司或资产的必要收益率。

资本资产定价模型最大的贡献在于提供了对风险和收益之间关系的一种实质性表述,资本资产定价模型首次将"高收益伴随着高风险"这样一种直观认识,用这样简单的关系式表达出来。到目前为止,资本资产定价模型是对现实中风险与收益关系最为贴切的表述,因此,长期以来,它被财务人员、金融从业者及经济学家作为处理风险问题的主要工具。

尽管资本资产定价模型已经得到了广泛的认可,在实际运用中,仍存在着一些明显的局限,主要表现在:①某些资产或企业的 β 值难以估计,特别是一些缺乏历史数据的新兴行业的资产或企业;②经济环境的不确定性和不断变化,使依据历史数据估算出来的 β 系数对未来的指导作用打折扣;③资本资产定价模型是建立在一系列假设之上的,其中一些假设与实际情况有较大偏差,使资本资产定价模型的有效性受到质疑。这些假设包括:市场是均衡的、市场不存在摩擦、市场参与者都是理性的、不存在交易费用、税收不影响资产的选择和交易等。由于以上局限,资本资产定价模型只能大体描绘出证券市场风险与收益的基本情况,而不能完全确切地揭示证券市场的一切。因此,在运用这一模型时,应该更注重它所揭示的规律。

【例 2-16】 佳丽公司为一家上市公司,其 2×23 年的 β 系数为 1.24,短期国债利率为 3.5%,市场组合的收益率为 8%,则投资者投资该公司股票的必要收益率是多少?

必要收益率 = 3.5% + 1.24 × (8% − 3.5%) = 9.08%

> **牛刀小试**
>
> 佳丽公司2×23年的β系数为1.5,短期国债利率为4%,市场组合的收益率为8%,则投资者投资该公司股票的必要收益率是多少?

> **知识检测**

一、单项选择题

1. 已知甲方案投资报酬率的期望值为15%,乙方案投资报酬率的期望值为12%,两个方案都有投资风险,可用于比较甲乙两方案投资风险的指标是( )。

   A. 方差 B. 概率 C. 标准差 D. 标准离差率

2. 下列各项中,不能通过证券组合分散的是( )。

   A. 非系统风险 B. 公司特别风险 C. 可分散风险 D. 市场风险

3. 已知短期国库券利率为4%,纯利率为2.5%,投资人要求的必要报酬率为7%,则风险收益率和通货膨胀补贴率分别为( )。

   A. 3%和1.5% B. 1.5%和4% C. −1%和6.5% D. 4%和1.5%

4. 现有甲、乙两个投资项目,它们投资报酬率的期望值分别为15%和23%,标准差分别为30%和33%,那么( )。

   A. 甲项目的风险程度大于乙项目的风险程度
   B. 甲项目的风险程度小于乙项目的风险程度
   C. 甲项目的风险程度等于乙项目的风险程度
   D. 不能确定

5. 投资者由于冒风险进行投资而获得的超过资金时间价值的额外收益,称为投资的( )。

   A. 时间价值率 B. 期望报酬率
   C. 风险报酬率 D. 必要报酬率

二、多项选择题

1. 下列关于投资者要求的投资报酬率的说法中,正确的有( )。

   A. 风险程度越高,要求的报酬率越低
   B. 无风险报酬率越高,要求的报酬率越高
   C. 无风险报酬率越低,要求的报酬率越高
   D. 风险程度、无风险报酬率越高,要求的报酬率越高

2. 企业投资的必要投资报酬率的构成包括( )。

   A. 纯利率 B. 通货膨胀补偿率
   C. 风险补偿率 D. 资金成本率

3. 下列项目中,能够影响特定投资组合β系数的有( )。

   A. 该组合中所有单项资产在组合中所占比重
   B. 该组合中所有单项资产各自的β系数
   C. 市场投资组合的无风险收益率
   D. 该组合的无风险收益率

4. 下列有关证券投资风险的表述中,正确的有(　　)。
A. 证券投资组合的风险有公司特别风险和市场风险两种
B. 公司特别风险是不可分散风险
C. 股票的市场风险不能通过证券投资组合加以消除
D. 当投资组合中股票的种类特别多时,非系统性风险几乎可全部分散掉

知识应用

佳丽公司拟进行股票投资,计划购买A,B,C三种股票,并分别设计了甲、乙两种投资组合。投资都是具有风险的,已知三种股票的β系数分别是1.5、1.0和0.5,它们在甲种投资组合下的投资比重为5∶3∶2;乙种投资组合的风险收益率为3.4%。同期市场上所有股票的平均收益率为12%,无风险收益率为8%。

要求:
(1) 按照资本资产定价模型计算A股票的必要收益率。
(2) 计算甲投资组合的β系数和风险收益率。
(3) 计算乙投资组合的β系数。

项目小结与自我评价

本项目是财务管理的重要基础知识点,主要讲解资金时间价值的计算、利率的计算、单项资产的风险衡量等,旨在培养学生运用资金时间价值解决实际问题的能力。请在表2-2的自我评价栏对自己的知识掌握情况作出评价,并查漏补缺。

表2-2　财务管理的价值观念知识点汇总及自我评价

任务名称	知识点		自我评价(得分)
任务一　资金时间价值	资金时间价值的概念	概念、表现形式	
	终值和现值	单利的终值和现值 复利的终值和现值 年金的终值和现值 年偿债基金和年资本回收额	
	利率的计算	名义利率、实际利率	
任务二　投资风险价值	风险的含义和分类	概念、分类	
	风险的衡量	单项资产的风险衡量 证券资产组合的风险衡量	
	风险和收益	资产的收益 风险和收益 资本资产定价模型	
说明	掌握:经过课前预习、教师讲解、课后复习,能理解相关知识;10分。 基本掌握:在教师、同学的课后帮助下,能理解相关知识;5分。 模糊:在教师、同学的课后帮助下,仍然不能理解相关知识;0分。		
成绩		学生签字	

项目综合训练

一、单项选择题

1. 某人6年分期付款购物,每年年初付200元,设银行利率为10%,该项分期付款相当于第一年年初一次性支付的购物价款是( )元。
   A. 958.20　　　　B. 758.20　　　　C. 1 200　　　　D. 354.32

2. 下列关于递延年金的说法中,不正确的是( )。
   A. 递延年金无终值,只有现值
   B. 递延年金终值计算方法与普通年金终值计算方法相同
   C. 递延年金终值大小与递延期无关
   D. 递延年金的第一次支付是发生在若干期以后的

3. 已知$(F/A,10\%,5)=6.1051$,那么,$i=10\%$,$n=5$时的偿债基金系数为( )。
   A. 1.6106　　　　B. 0.6209　　　　C. 0.2638　　　　D. 0.1638

4. 在期望收益不相同的情况下,标准差越大的项目,其风险( )。
   A. 越大　　　　B. 越小　　　　C. 不变　　　　D. 不确定

5. 财务风险是( )带来的风险。
   A. 通货膨胀　　B. 高利率　　C. 筹集负债资金　　D. 销售决策

6. 风险报酬是指投资者因冒风险进行投资而获得的( )。
   A. 利润　　　　B. 额外报酬　　C. 利息　　　　D. 利益

7. 标准离差是各种可能的报酬率偏离( )的综合差异。
   A. 期望报酬率　B. 概率　　C. 风险报酬率　　D. 实际报酬率

8. 下列关于标准离差和标准离差率的描述中,正确的是( )。
   A. 标准离差是各种可能报酬率偏离期望报酬率的平均值
   B. 如果选择投资方案,应以标准离差为评价指标,标准离差最小的方案为最优方案
   C. 标准离差率即风险报酬率
   D. 对比期望报酬率不同的各项投资的风险程度,应用标准离差同期望报酬率的比值,即标准离差率

二、多项选择题

1. 影响资金时间价值大小的因素有( )。
   A. 资金额　　　B. 利率和期限　　C. 计息方式　　D. 风险

2. 企业特有的风险包括( )。
   A. 系统风险　　B. 非系统风险　　C. 经营风险　　D. 财务风险

3. 下列各项中,属于企业筹资引起的财务活动的有( )。
   A. 偿还借款　　B. 购买国库券　　C. 支付利息　　D. 发行股票

4. 下列关于资金时间价值系数关系的表述中,正确的有( )。
   A. 普通年金现值系数×资本回收系数=1
   B. 普通年金终值系数×偿债基金系数=1
   C. 普通年金现值系数×(1+折现率)=预付年金现值系数

D. 普通年金终值系数×(1＋折现率)＝预付年金终值系数

三、判断题

1. 国库券是一种几乎没有风险的有价证券,其利率可以代表资金时间价值。（　）
2. 年金终值系数和年金现值系数互为倒数。（　）
3. 资金时间价值是指一定量的资金在不同时点上的价值量。（　）
4. 当利率大于零时,在计息期一定的情况下,年金现值系数大于1。（　）
5. 风险本身可能带来超出预期的损失,也可能带来超出预期的收益。（　）

四、计算题

1. 已知某项目三个方案的有关资料如表2-3所示。

表2-3　三个方案的有关资料　　　　　　　金额单位:万元

项目		乙方案		丙方案		丁方案	
		概率	净现值	概率	净现值	概率	净现值
投资的结果	理想	0.3	100	0.4	200	0.4	200
	一般	0.4	60	0.6	100	0.2	300
	不理想	0.3	10	0	0	(C)	*
净现值的期望值		—	(A)	—	140	—	160
净现值的方差		—	*	—	(B)	—	*
净现值的标准差		—	*	—	*	—	96.95
净现值的标准离差率		—	61.30%	—	34.99%	—	(D)

要求:

(1) 计算表中用字母"A～D"表示的指标数值。
(2) 公司从规避风险的角度考虑,应优先选择哪个投资项目?

2. 佳丽公司打算购买机器设备,现有两种付款方案可选择:第一种方案,从现在起,每年年初支付10万元,连续支付8次;第二种方案,从第3年起,每年年初支付11万元,连续支付8次。假设银行的年利率为8%。你认为应该选择哪个方案?

项目二延伸阅读1 拿破仑玫瑰花悬案

项目二延伸阅读2 虚拟货币

项目三

筹 资 管 理

思维导图

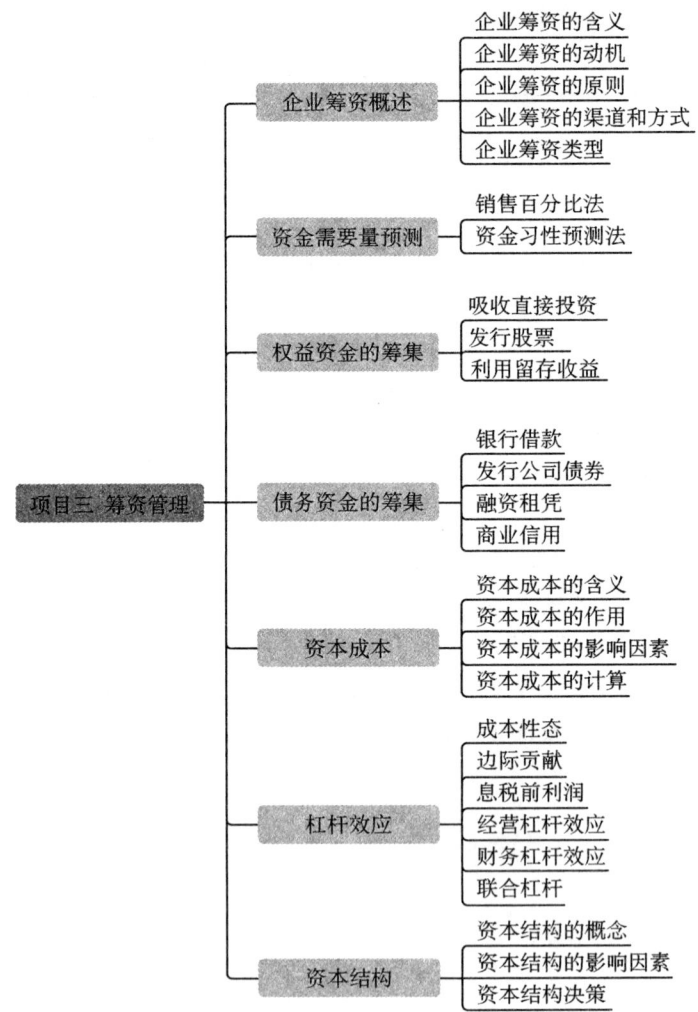

学习目标

1. 知识目标

（1）理解筹资管理的相关概念。

（2）熟悉企业的筹资渠道与方式。

（3）理解资本成本、杠杆效应及资本结构的内涵。

(4)掌握资本成本的计算公式。
(5)掌握经营杠杆系数、财务杠杆系数及联合杠杆系数的计算公式。
(6)掌握资本成本比较法的计算公式。
(7)掌握每股收益无差别点的计算公式。

2. 技能目标

(1)能够预测资金需求量。
(2)能够比较不同筹资方式的优势和劣势,帮助企业选择合理的筹资方式。
(3)能够正确计算出不同筹资方式下的资本成本。
(4)能够计算出经营杠杆系数、财务杠杆系数及联合杠杆系数。
(5)能够选出最佳的资本结构。
(6)能够合理判断一家企业的经营风险、财务风险及整体风险。
(7)能够帮助企业找到最佳的资本结构,作出筹资选择。

3. 素养目标

(1)了解并遵守资金筹集相关法律法规的规定。
(2)具有风险意识、成本意识。
(3)对于资金筹集有未雨绸缪的意识。
(4)具有维护良好信誉的意识和辩证思维。

任务一 企业筹资概述

案例导入

中国国家开发银行贷款支持斯里兰卡莫拉格哈坎达灌溉项目

斯里兰卡莫拉格哈坎达灌溉项目是斯里兰卡最大的水利枢纽工程,位于该国中部省东北部。项目所在地是该国原内战涉及的冲突地区,是季风影响下干湿分明、缺乏灌溉用水及饮用水的旱区,该地区的灌溉和饮水问题一直是斯里兰卡政府关心的重点民生问题。该项目于 2012 年开工建设,由中国水电建设集团国际工程有限公司承建,中国国家开发银行提供贷款支持。

斯里兰卡政府从 2001 年就开始对莫拉格哈坎达灌溉项目进行可行性研究,但由于受内战持续、施工地质条件复杂、融资渠道单一等因素影响,项目迟迟无法开工。斯里兰卡政府融资需求迫切,项目总投资为 2.52 亿美元,融资需求为 2.14 亿美元。中国国家开发银行充分发挥其大额中长期贷款的优势,以市场化手段构建融资机制,积极推进项目开发评审,2012 年仅用半年的时间就实现了贷款承诺、合同签订和贷款发放。该项目为斯里兰卡人民带来诸多福祉:第一,作为向中部和东部省供应灌溉和饮用水的水利枢纽,该项目为斯里兰卡产量 24% 左右的水稻种植区提供了灌溉用水;第二,带动了当地农业、渔业和电力产业的发展,为当地居民拓宽了就业渠道,增加了收入,改善了生活;第三,通过调节水资源,有效地改善了生态环境,为斯里兰卡应对极端气候情况提供了基础条件。

斯里兰卡莫拉格哈坎达灌溉项目获得了银行的支持,才能顺利推进。那么除了银行借款这种筹资方式,企业还有哪些筹资方式呢?

(案例来源:https://m.thepaper.cn/baijiahao_12653820。)

一、企业筹资的含义

企业筹资又称企业融资,是指企业为了满足其经营活动、投资活动、资本结构管理和其他需要而运用恰当的方式和一定的渠道,筹措和获取所需资金的一种财务行为。企业只有筹集到足够的资金才能正常地进行生产和经营。

二、企业筹资的动机

筹资动机是指企业进行筹资活动的原因。企业筹资的目的主要是实现其自身的发展和存续,每一次筹资都源于某种特定动机的驱使。企业筹资的动机多种多样,归纳起来有四类,即新建筹资动机、扩张性筹资动机、调整性筹资动机和混合性筹资动机。

(一)新建筹资动机

新建筹资动机是指筹资的动机是建立一个企业,筹集的资金主要满足企业的正常生产经营活动需要。企业新建时,要按照经营方针所确定的生产经营规模核定固定资金需要量和流动资金需要量,同时筹措相应数额的资本金(所有者权益),资本金不足的,还需筹集银行借款或发行债券。

(二)扩张性筹资动机

扩张性筹资动机是指企业筹资的动机是满足扩大经营规模或增加对外投资的资本需要。具有良好发展前景、处于成长时期的企业通常会产生扩张性筹资动机。例如,企业生产经营的产品供不应求时,会购置设备和材料增加产品的市场供应;引进技术开发生产适销对路的新产品;扩大对外投资规模;开拓有发展前途的对外投资领域等。一般来说,扩张性筹资活动会导致企业资产总额和权益总额的增加,可能导致企业的资本结构发生变化。

(三)调整性筹资动机

调整性筹资动机是指企业筹资的动机主要是调整和优化资本结构。企业产生调整性筹资动机的原因有很多。例如,企业现有的资本结构不合理,需要优化资本结构。若企业的资产负债率过高,企业就有可能需要采用权益性筹资方式筹集一定数量的权益资本来偿还部分债务,从而降低资产负债率,使资本结构得到优化;反之,如果企业的资产负债率过低,财务杠杆的作用小,这时企业可能需要筹集一定数量的负债资本,并回购部分股票,以提高资产负债率,从而达到优化资本结构的目的。调整性筹资不是为了生产经营活动的需要追加投资,因此,这种筹资不会增加企业资产总额,只是改变了资本的结构,其形式包括:借新债还旧债、以债转股和以股抵债。

(四)混合性筹资动机

混合性筹资动机是指企业筹资的动机不仅是满足扩大生产经营规模的需要,同时也是调整和优化企业的资本结构。由于混合性筹资动机兼具扩张性筹资动机和调整性筹资动机的特性,它不仅会增加企业资产总额,也会改变企业的资本结构。

三、企业筹资的原则

企业筹资是一项重要而复杂的工作,为了有效地筹集所需资金,企业必须遵循以下五项基本原则。

(一)筹措合法原则

筹措合法原则是指企业筹资要遵守国家的法律法规和其他有关规定,实行公开、公平、公正的原则,合法筹措资金。企业的筹资活动可以为自身的生产经营提供资金来源,同时还会影响投资者的经济利益和社会经济秩序。因此,企业筹资必须遵循国家相关法律法规,依法履行投资合同约定的责任,合法合规筹资,依法披露信息,维护有关各方的合法权益。

(二)规模适当原则

规模适当原则是指企业筹措资金应当按照企业生产经营及其发展的实际需要,合理预测需要筹措资金的数额。要注意的是,企业的筹资规模应当与资金需要量匹配一致,既不能过多,也不能太少。若企业筹资过多,会造成资金闲置;若企业筹资不足,则会影响企业生产经营的正常进行。

(三)取得及时原则

取得及时原则是指企业要合理安排筹资时间,适时取得资金。企业筹资时,需要合理预测资金使用的时间,并根据资金需求的具体情况,合理安排资金到位的时间,使筹资与用资在时间上相衔接,避免取得资金滞后而贻误投资的有利时机,也要防止取得资金过早而造成资金投放前的闲置。

(四)来源经济原则

来源经济原则是指企业要充分利用各种筹资渠道,选择经济、可行的资金来源。企业筹集资金的渠道和方式多种多样,不同筹资渠道和方式的筹资难易程度、所需付出的代价和财务风险各不一样。因此,企业需要对各种筹资方式进行分析、对比,选择经济、可行的筹资方式以确定合理的资金结构,以便降低成本,减少风险。

(五)结构合理原则

结构合理原则是指企业筹资管理要综合考虑各种筹资方式,优化资本结构。企业要综合考虑股权筹资与债务筹资的关系、短期筹资与长期筹资的关系、内部筹资与外部筹资的关系,合理安排资本结构,保持适当的偿债能力,防范企业财务危机。

四、企业筹资的渠道和方式

筹资渠道是指筹集资金的来源和通道,体现所筹资金的源泉和性质,主要涉及向谁筹资的问题;而筹资方式是指企业筹集资金所采取的具体形式,主要解决在筹资渠道既定的情况下采用何种合理的手段筹集资金的问题。

(一)企业筹资的渠道

1. 国家财政资金

国家财政资金是国有企业筹资的主要渠道,特别是国有独资企业,基本由国家投资形成。除此之外,还有一些是由于国家对企业"税前还贷"或减免各种税款形成的。

2. 银行信贷资金

银行信贷资金是我国目前各类企业最重要的资金来源。我国银行有商业银行和政策性银行两种,商业银行是以盈利为目的,从事信贷资金投放的金融机构;政策性银行是为特定企业提供政策性贷款的金融机构。

3. 非银行金融机构资金

非银行金融机构主要包括信托公司、保险公司、租赁公司、证券公司、企业集团财务公司等,这些机构可以通过一定的途径和方式为企业提供资金或相关服务。

4. 其他企业资金

企业在生产经营过程中往往会形成部分暂时闲置的资金,并为了一定目的而进行相互投资。另外,企业间的购销业务可以通过商业信用方式来完成,从而形成企业间的债权债务关系。企业间相互投资和商业信用的存在,使其他企业资金也成为企业资金的重要来源。

5. 企业自留资金

企业自留资金是指企业内部形成的资金,包括从税后利润中提取的盈余公积金、未分配利润等。这些资金的重要特征之一是企业无须筹集,而直接由企业内部自动生成或转移而来。

6. 民间资金

民间资金是指企业通过发行债券和发行股票等方式,筹集起来的企业职工和城乡居民个人闲置的资金。虽然这些资金零散,但随着人们生活水平的逐步提高,这种筹资渠道的作用会越来越大。

(二) 企业筹资的方式

我国企业目前的筹资方式主要有吸收直接投资、发行股票、利用留存收益、向金融机构借款、利用商业信用、发行公司债券及融资租赁等。

五、企业筹资类型

公司从不同渠道、利用不同筹资方式筹集的资金,形成了不同的筹资类型。

(一) 按照资金性质的不同分为权益性筹资、负债性筹资和混合性筹资

权益性筹资是指所筹集的资金属于权益资本的筹资活动。权益资本也称股权资本或自有资本,是企业依法取得并长期拥有、自主调配的资本。企业的权益资本可以通过利用内部留存收益、发行普通股等筹资方式取得。

负债性筹资是指所筹集的资金属于负债资本的筹资活动。负债资本也称债务资本或借入资本,是企业依法取得的将来需要按期偿还的资本。企业的负债资本主要通过银行借款、发行债券、融资租赁等筹资方式取得。

混合性筹资是指兼具权益性筹资与负债性筹资双重性质的筹资活动。混合性筹资所筹集到的资本既具有一定的权益资本特性,又具有一定的负债资本特性,常见的混合性筹资方式有发行优先股、发行可转换债券等。

（二）按照资金是否通过金融机构分为直接筹资和间接筹资

直接筹资是指企业不以银行等金融机构为中介，直接向资本所有者筹措资本的一种筹资活动。企业可通过发行股票、发行债券等筹资方式进行直接筹资。在我国，随着金融市场的不断发展，直接筹资将越来越多地被广大企业采用。

间接筹资是指企业通过银行等金融机构来筹措资本的一种筹资活动。间接筹资是一种传统的筹资类型，主要包括银行借款、融资租赁等。间接筹资手续简单、方便快捷、筹资费用较低，对筹资企业的要求也比直接筹资低，所以，间接筹资一直为企业所采用。

目前，我国企业筹资规模日益扩大，但大多数企业的筹资活动仍然以间接筹资为主。

（三）按照资金来源的范围分为内部筹资和外部筹资

内部筹资是企业通过留存收益的形式从企业内部筹措资本的筹资活动。内部筹资一般无须支付筹资费用，因此，可以降低资本成本。企业在进行筹资活动时，应首先利用内部筹资，其次再考虑外部筹资。

外部筹资是指企业向外部筹措资本的一种筹资活动。外部筹资的方式有很多，如发行股票、发行债券、融资租赁、银行借款等。外部筹资一般都需要支付一定的筹资费用，如股票、债券的发行费用，向银行借款需支付的手续费等。

（四）按照资金的使用期限分为短期筹资和长期筹资

短期筹资是指企业筹集的资金使用期限在1年以内的筹资活动。短期筹资所筹集的资金是企业的短期资本，需要在1年之内偿还。短期筹资的主要方式有短期银行借款、商业信用、发行短期融资券等。通常短期筹资的资本成本较低，但是企业承担的财务风险较大。

长期筹资是指企业筹集的资金使用期限在1年以上的筹资活动。长期筹资所筹集的资金主要包括长期负债资本和权益资本。长期筹资的主要方式有发行股票、发行债券、长期银行借款、利用留存收益、融资租赁等。通常长期资本的资本成本比短期资本高。

牛刀小试

试想一下，假设你要成立一个公司，你会采用哪些筹资方式呢？

知识检测

一、单项选择题

1. 下列各项中，不属于企业内部资金的是（　　）。
   A. 盈余公积金　　　　　　　　B. 未分配利润
   C. 发行债券取得的资金　　　　D. 更新改造资金

2. 根据财务管理理论，按企业取得资金权益特性的不同，可将筹资分为（　　）。
   A. 直接筹资和间接筹资　　　　B. 内部筹资和外部筹资
   C. 股权筹资、债务筹资和混合筹资　　D. 短期筹资和长期筹资

3. 下列筹资方式中，属于间接筹资方式的是（　　）。

A. 发行债券　　　　B. 合资经营　　　　C. 向银行借款　　　D. 发行股票

4. 下列关于筹资分类的表述中,错误的是(　　)。

A. 内部筹资的数额与企业的利润分配政策(股利政策)有关

B. 按取得资金的权益特性不同,企业筹资可分为股权筹资和债务筹资两类

C. 企业通过证券经营中介机构向社会公众公开发行股票,属于直接筹资方式

D. 与直接筹资方式相比,间接筹资的手续较为简便,筹资费用也较低

5. 当一些债务即将到期时,企业虽然有足够的偿债能力,但为了保持现有的资本结构,仍然举新债还旧债。这种筹资的动机是(　　)。

A. 扩张性筹资动机　　　　　　　　B. 支付性筹资动机
C. 调整性筹资动机　　　　　　　　D. 新建筹资动机

6. 企业为了优化资本结构而筹集资金,这种筹资的动机是(　　)。

A. 新建筹资动机　　　　　　　　　B. 支付性筹资动机
C. 扩张性筹资动机　　　　　　　　D. 调整性筹资动机

二、多项选择题

1. 下列选项中,属于混合筹资方式的有(　　)。

A. 股票筹资　　　　　　　　　　　B. 债务筹资
C. 可转换债务筹资　　　　　　　　D. 认股权证筹资

2. 下列各项中,可以用于筹集企业自有资金的有(　　)。

A. 吸收直接投资　　B. 发行股票　　C. 利用留存收益　　D. 向银行借款

3. 下列各项中,属于筹资渠道的有(　　)。

A. 其他法人资金　　　　　　　　　B. 企业内部资金
C. 外商资金　　　　　　　　　　　D. 国家财政资金

4. 下列各项中,属于筹资方式的有(　　)。

A. 吸收直接投资　　B. 发行股票　　C. 商业信用　　　D. 融资租赁

5. 下列各项中,属于企业筹资管理应当遵循的原则有(　　)。

A. 筹措合法　　　B. 来源经济　　　C. 规模适当　　　D. 银行借款

三、判断题

1. 企业筹集资金的动机主要有新建筹资动机、扩张性动机、混合性筹资动机和调整性筹资动机。　　　　　　　　　　　　　　　　　　　　　　　　(　　)

2. 企业内部资金无须通过一定的方式去筹集,而是直接由企业内部自动生成或转移而来。　　　　　　　　　　　　　　　　　　　　　　　　　　(　　)

3. 筹资规模要比资金需要量大,以充分满足企业资金需要。　　　　(　　)

4. 直接筹资是企业直接从社会取得资金的一种筹资方式,一般只能用来筹集股权资金。　　　　　　　　　　　　　　　　　　　　　　　　　　　(　　)

5. 企业为了优化资本结构而筹集资金,这种筹资的动机是调整性筹资动机。
　　　　　　　　　　　　　　　　　　　　　　　　　　　　　　　(　　)

知识应用

无锡小天鹅集团股份有限公司的前身是一家陶瓷厂,1979年转产洗衣机,取名

"小天鹅"。1995年11月8日,无锡市小天鹅电器工业公司改制为无锡小天鹅集团股份有限公司。它是通过资本市场的融资来扩大资金规模的。公司在改制时,以募集方式筹集资金。成立时的股本,由发起人无锡市小天鹅电器工业公司以经营性净资产7 789.04万元,按1∶0.8的比例折为6 231.4万元,其中,国家股为5 768.8万股,向公司内部职工筹资250万股,共募集资金1亿元。改制后,总股本达到10 231.4万股。1995年,"小天鹅"又通过配股权转让,成功地吸引了国际财团资金4.6亿元。1996年5月,"小天鹅"转为社会公众公司,它通过发行7 000万股B股,又募得资金3亿多元。同年6月,它成功地向国外投资者发行7 000多万股B股,共募得资金31 248万元人民币。1997年3月18日,它又向社会公开发行了6 000万股A股,每股发行价达12.24元,市盈率为13.6倍。A股发行后,公司总资产已有20多亿元,净资产达18亿元,每股净资产达5.9亿元。

小组讨论:案例中,小天鹅用到的筹资渠道有哪些?

任务二 资金需要量预测

案例导入

福佑卡车募集资金

总部位于中国的数字货运公司福佑卡车2021年5月13日向美国证券交易委员会提交了首次公开募股申请(IPO),募集资金可能高达1亿美元。该公司成立于2015年,在2021年3月31日之前的12个月里实现收入6.22亿美元。福佑卡车计划在纳斯达克上市,股票代码为FOYO。福佑卡车是专注于整车运输的科技物流平台,也是首个商用AI技术的整车运输履约平台。福佑卡车以大数据和AI技术为核心构建智能物流系统,为上下游提供从询价、发货、签收到结算的全流程自动化服务,帮助货主企业及卡车司机降低信息获取成本、提高车辆运行效率、优化运输服务体验。

福佑卡车平台自2015年3月正式上线,目前整车运输业务覆盖31个省(直辖市、自治区),合作司机数超过80万,服务货主企业超过10万家,累计获得了来自中银集团投资有限公司、经纬中国等投资机构领投的7轮、共17亿人民币的股权融资。

你认为福佑卡车募集资金的来源有哪些?它们是如何确定募集资金数量的呢?
(案例来源:https://baijiahao.baidu.com/s?id=1698803295311694423&wfr=spider&for=pc。)

微课:筹资管理——资金需要量的预测一

企业在筹资之前,应当采用一定的方法预测资金需要量,只有这样才能使筹集的资金既能满足生产经营需要,又不会有太多的闲置。企业预测资金需求量的方法主要有因素调整法、销售百分比法、资金习性预测法等。本教材重点介绍销售百分比法和资金习性预测法。

一、销售百分比法

销售百分比法,就是假设某些资产和负债与销售额存在稳定的百分比关系,并根据这个假设预计企业外部资金需要量的一种方法。

应用销售百分比法预测外部融资需要量,通常需要经过以下步骤。

新手提示
想要把销售百分比法学好,必须准确掌握该方法的计算步骤。

1. 预计销售增长率

其计算公式如下：

$$销售增长率 = \frac{计算期销售收入 - 基期销售收入}{基期销售收入} \times 100\%$$

2. 确定变动项目和不变项目

变动项目是指随销售额的变动而同步变动的项目,主要包括货币资金、应收账款、存货等流动资产项目,以及应付账款、应付票据、应交税费等自发性负债项目。

知识延伸
有时变动项目也可以叫作敏感性项目,不变项目也可以叫作非敏感性项目。

不变项目是指在短期内都不会随销售规模的扩大而相应改变的项目,如固定资产、长期投资、短期借款、短期融资券、长期负债和实收资本等。

3. 计算各变动项目销售百分比

其计算公式如下：

$$某变动项目销售百分比 = 该项目金额 \div 销售额 \times 100\%$$

$$资产销售百分比 = 各资产类变动项目销售百分比之和$$

$$= 资产类变动项目总金额 \div 销售额 \times 100\%$$

$$自发性负债销售百分比 = 各负债类变动项目销售百分比之和$$

$$= 负债类变动项目总金额 \div 销售额 \times 100\%$$

4. 确定资金需要量

其计算公式如下：

$$资金需要量 = 资产增加额 - 自发性负债增加额$$

$$= 资产销售百分比 \times 新增销售额 - 自发性负债销售百分比 \times 新增销售额$$

$$新增销售额 = 预计销售收入 - 本期销售收入$$

5. 确定当年留存收益增加额

其计算公式如下：

$$留存收益增加额 = 净利润 - 当年已发放股利$$

$$= 净利润 \times (1 - 股利支付率)$$

$$= 预计销售收入 \times 销售净利率 \times (1 - 股利支付率)$$

6. 根据有关财务指标的约束确定对外筹资数额

其计算公式如下：

$$外部资金需要量 = 资金需要量 - 当年留存收益增加额$$

$$= 资金需要量 - 预计销售收入 \times 销售净利率 \times (1 - 股利支付率)$$

【例 3-1】 鑫鑫公司 2×23 年 12 月 31 日资产负债表简表如表 3-1 所示。假定鑫鑫公司 2×23 年的销售收入为 2 000 万元,销售净利率为 20%,股利支付率为 80%(增加收入不需要进行固定资产方面的投资)。如果销售收入提高到 2 500 万元,那么企业需要筹集多少外部资金?

表 3-1 鑫鑫公司资产负债表简表 单位:万元

资产	金额	占销售收入百分比	负债和所有者权益	金额	占销售收入百分比
现金	100	5%	应交税费	100	5%
应收账款	300	15%	应付账款	200	10%
存货	600	30%	短期借款	500	不变动
固定资产净值	800	不变动	应付债券	200	不变动
			实收资本	600	不变动
			留存收益	200	不变动
资产合计	1 800	50%	负债和所有者权益合计	1 800	15%

解:

(1) 预计销售增长率。

销售增长率=(2 500-2 000)÷2 000×100%=25%

(2) 确定变动项目和不变项目。

本题中,变动项目包括资产类项目(现金、应收账款、存货)和自发性负债项目(应交税费、应付账款)。

(3) 计算各变动项目销售百分比。

资产销售百分比=(100+300+600)÷2 000×100%=50%

自发性负债销售百分比=(100+200)÷2 000×100%=15%

(4) 确定资金需要量。

新增销售额=预计销售收入-本期销售收入=2 500-2 000=500(万元)

资金需要量=50%×500-15%×500=175(万元)

(5) 确定当年留存收益增加额。

留存收益增加额=2 500×20%×(1-80%)=100(万元)

(6) 根据有关财务指标的约束确定对外筹资数额。

外部资金需要=175-100=75(万元)

微课:筹资管理 资金需求量预测二

牛刀小试

某公司 2×23 年实现销售收入 100 万元,获得税后净利 8 万元,发放股利 6 万元。年末资产负债表简表如表 3-2 所示。

表 3-2 公司资产负债表简表 单位:万元

资产	期末数	负债和所有者权益	期末数
现金	2	短期借款	1
应收账款	8	应付账款	8
存货	14	应付债券	6
固定资产	15	实收资本	15
无形资产	1	留存收益	10
资产合计	40	负债和所有者权益合计	40

该公司预计 2×24 年销售收入增长到 120 万元,现有设备足以满足生产增长需要,销售净利率、股票发放率仍保持 2×23 年的水平。

要求:用销售百分比法预测该公司 2×24 年需要追加多少资金。

二、资金习性预测法

资金习性是指资金的变动同产销量变动之间的依存关系。按照资金同产销量之间的依存关系,资金可以分为不变资金、变动资金和半变动资金。

不变资金是指在一定的产销量范围内保持不变的那部分资金,如维持营业而占用的最低数额的现金、固定资产和原材料的保险储备。

变动资金是指随产销量成比例变动的那部分资金,如最低储备以外的现金、存货、应收账款等。

半变动资金随产销量变动但不呈比例,如一些辅助材料占用的资金。

资金习性预测法就是根据历史上企业资金占用总额与产销量之间的关系,把资金划分为不变和变动两部分,然后结合预计的销售量来预测资金需求量的方法。

其基本预测模型为:

$$y = a + bx$$

式中,y 为资金占用额,x 为销售量,a,b 分别为不变资金总额和单位销量所需的变动资金。

通过将历史数据代入模型,先用高低点法或回归分析法得出 a,b 值后,再将预计销售量代入已知模型,计算出预测资金需要量。

(一)高低点法

高低点法根据企业一定期间的最高销售量(高点)的资金需要量与最低销售量(低点)的资金需要量之差,除以最高销售量与最低销售量之差,先计算出单位产销量所需变动资金,然后再分解出资金总需要量中变动部分和不变部分各占多少。在实际运用中,需要利用历史资料先确定 a,b 值,然后在已知预测销售量的基础上,计算出其资金需要量。

> **新手提示**
> 高低点法的难点在于高低点的选取,务必准确选择出高点和低点。

【例 3-2】 鑫鑫公司 2×19—2×23 年的销售量和资金需要量的历史数据如表 3-3 所示。假定 2×24 年的销售量为 40 000 万件,试确定 2×24 年的资金需要量。

表 3-3 鑫鑫公司销售量与资金需要量相关数据表

年度	销售量 x/万件	资金需要量 y/万元
2×19	20 000	1 100
2×20	24 000	1 300
2×21	26 000	1 400
2×22	28 000	1 500
2×23	30 000	1 600

解：
用高低点法先求 a,b 值：
b＝(最高收入期的资金需要量－最低收入期的资金需要量)÷(最高销售量－最低销售量)
　＝$(1\,600-1\,100)/(30\,000-20\,000)=0.05$(元/件)
$a=y-bx$
　＝$1\,600-30\,000\times 0.05$
　＝100(万元)
最终得：$y=a+bx=100+0.05x$
2×21 年的销售量为 40 000 万件时的资金需要量为：
$y=100+0.05x=100+0.05\times 40\,000=2\,100$(万元)

(二) 线性回归分析法

线性回归分析法的基本模型依然是：

$$y=a+bx$$

式中，y 为资金需要量，x 为产销量，a 为不变资金，b 为单位产销量所需的变动资金。

在实际运用中，需要利用历史资料先确定 a,b 的值，再在已知预测销售量 x 的基础上，确定其资金需要量 y。其计算公式为：

$$a=\frac{\sum x_i^2 \sum y_i - \sum x_i \sum x_i y_i}{n\sum x_i^2 - (\sum x_i)^2}$$

$$b=\frac{n\sum x_i y_i - \sum x_i \sum y_i}{n\sum x_i^2 - (\sum x_i)^2}$$

或：

$$b=\frac{\sum y_i - na}{\sum x_i}$$

式中，y_i 为第 i 期的资金需要量，x_i 为第 i 期的产销量。

【例 3-3】 鑫鑫公司 2×19—2×23 年的产销量和资金占用的关系如表 3-4 所示，预计 2×24 年产销量为 8.6 万件，请采用线性回归分析法预测其 2×24 年的资金需要量。

表 3-4　鑫鑫公司产销量与资金占用表

年度	产销量(x)万件	资金占用(y)(万元)	xy	x^2
2×19	8.0	650	5 200	64
2×20	7.5	640	4 800	56.25
2×21	7.0	630	4 410	49
2×22	8.5	680	5 780	72.25
2×23	9.0	700	6 300	81
合计	40	3 300	26 490	322.5

解：

将表中数据带入公式，计算 a 和 b：

$$a = \frac{322.5 \times 3\,300 - 40 \times 26\,490}{5 \times 322.5 - 40^2} = 372$$

$$b = \frac{5 \times 26\,490 - 40 \times 3\,300}{5 \times 322.5 - 40^2} = 36$$

预计 2×24 年的产销量为 8.6 万件时的资金需要量为：
372＋36×8.6＝681.6（万元）

牛刀小试

某公司历史上销售收入与资金占用之间的关系如表 3-5 所示。试用高低点法计算不变资金和单位变动资金。

表 3-5　某公司销售收入与资金占用表　　　　　　　单位：万元

年度	销售收入	资金占用
2×19	12	8
2×20	14	9
2×21	13.6	8.8
2×22	16	10
2×23	15.8	11

知识检测

一、单项选择题

1. 在财务管理中，将资金划分为变动资金与不变资金两部分，并据以预测企业未来资金需要量的方法称为（　　）。
   A. 定性预测法　　　　　　　　　　B. 比率预测法
   C. 资金习性预测法　　　　　　　　D. 成本习性预测法

2. 采用销售百分比法预测资金需要量时，下列各项中，属于不变项目的是（　　）。
   A. 现金　　　　B. 存货　　　　C. 应付账款　　　　D. 长期借款

3. 某公司 2×24 年预计营业收入为 50 000 万元，预计销售净利率为 10%，股利支付率为 60%。据此可以测出该公司 2×24 年内部资金来源的金额为（　　）万元。
   A. 2 000　　　　B. 3 000　　　　C. 5 000　　　　D. 8 000

4. 用资金习性预测法预测资金需要量的理论依据是（　　）。
   A. 资金需要量与业务量间的对应关系　　B. 资金需要量与投资间的对应关系
   C. 资金需要量与筹资方式间的对应关系　D. 长短期资金间的比例关系

5. 采用销售百分比法预测资金需求量时，下列各项中，属于不变项目的是（　　）。
   A. 现金　　　　B. 存货　　　　C. 固定资产　　　　D. 应收账款

6. 在应用高低点法时，选择高点坐标的依据是（　　）。
   A. 最高点业务量　　　　　　　　　B. 最高成本

C. 最高点业务量和最高的成本　　　　D. 最高点业务量和最低成本

7. 采用销售百分比法预测对外筹资需要量时,下列各项变动中,会使对外筹资需要量减少的是(　　)。

A. 股利支付率提高　　　　　　　　　B. 固定资产增加
C. 应付账款增加　　　　　　　　　　D. 销售净利率降低

8. 采用销售百分比法预测资金需要量时,下列项目中,随销售变动而变动的负债项目是(　　)。

A. 长期借款　　B. 公司债券　　C. 短期借款　　D. 应付账款

9. 甲公司2×21年度销售收入为200万元,资金需要量为30万元;2×22年度销售收入为300万元,资金需要量为40万元;2×23年度销售收入为280万元,资金需要量为42万元。若甲公司预计2×24年年底销售收入为500万元,采用高低点法预测的资金需要量是(　　)万元。

A. 60　　　　　B. 70　　　　　C. 55　　　　　D. 75

10. 丁公司2×23年的敏感资产和敏感负债总额分别为2 600万元和800万元,实现销售收入5 000万元。公司预计2×24年的销售收入将增长20%,销售净利率为8%,股利支付率为40%,则该公司采用销售百分比法预测2×24年需从外部追加资金需要量为(　　)万元。

A. 312　　　　　B. 93.33　　　　　C. 72　　　　　D. 160

二、多项选择题

1. 下列各项中,属于企业资金需要量预测方法的有(　　)。

A. 高低点法　　　　　　　　　　　　B. 因素调整法
C. 线性回归分析法　　　　　　　　　D. 销售百分比法

2. 在应用销售百分比法时,一般要经过的步骤包括(　　)。

A. 预计留存收益增加额　　　　　　　B. 确定变动资产和变动负债项目
C. 确定外部融资需要量　　　　　　　D. 确定总的融资需要量

3. 下列项目中,占用的资金属于不变资金的有(　　)。

A. 构成产品实体的原料　　　　　　　B. 厂房、设备
C. 必要的成品储备　　　　　　　　　D. 必要的成品储备以外的产成品

4. 一般情况下,采用销售百分比法预测资金需要量时,假定随销售收入变动的项目有(　　)。

A. 应收账款　　B. 存货　　　　C. 应付账款　　D. 公司债券

5. 采用销售百分比法预测资金需要量时,下列项目中,不随销售收入变动变动的负债项目有(　　)。

A. 长期借款　　B. 公司债券　　C. 短期借款　　D. 应付账款

三、判断题

1. 企业采用定性方法分析资金需要量时,可采用线性回归分析法。　　(　　)
2. 线性回归分析法根据有关历史资料,采用数学上最小平方法原理。　　(　　)
3. 销售百分比法是根据销售增长与资产增长之间的关系预测未来资金需要量的方法。　　(　　)

4. 企业的销售规模扩大时,要相应增加流动资产;如果销售规模增加很多,不是必须增加长期资产。   (   )

知识应用

光华公司 2×23 年 12 月 31 日的简要资产负债表如表 3-6 所示。假定光华公司 2×23 年销售额为 10 000 万元,销售净利率为 10%,利润留存率为 40%。2×24 年销售额预计增长 20%,公司有足够的生产能力,无须追加固定资产投资。

要求:计算 2×24 年光华公司所需要的外部融资额。

表 3-6 光华公司资产负债表简表   单位:万元

资产	金额	占销售收入百分比	负债和所有者权益	金额	占销售收入百分比
现金	500	5%	短期借款	2 500	不变动
应收账款	1 500	15%	应付账款	1 000	10%
存货	3 000	30%	预提费用	500	5%
固定资产	3 000	不变动	应付债券	1 000	不变动
—	—	—	实收资本	2 000	不变动
—	—	—	留存收益	1 000	不变动
资产合计	8 000	50%	负债和所有者权益合计	8 000	15%

任务三　权益资金的筹集

案例导入

京东物流挂牌发行股票

2021 年 5 月 17 日,京东物流正式启动股份全球公开发售。招股书显示,此次全球总计公开发售 6.092 亿股,公开发售时间为 5 月 17 日至 5 月 21 日,价格区间为每股 39.36 港元至每股 43.36 港元,每手买卖单位为 100 股,股票代码 2618。

根据测算,假设发售价为每股 41.36 港元,扣除公司就全球发售已付及应付的承销佣金及其他预计开支后,假设超额配股权未获行使,此次京东物流全球发售募集资金净额预计约为 247 亿港元。其中,55% 的募资将用于升级和扩展六大物流网络,保持竞争优势;20% 的募资将用于开发与供应链解决方案和物流服务相关的先进技术,包括自动化科技、数据分析与算法及其他底层技术等;15% 的募资将用于扩展一体化供应链解决方案的广度与深度,深耕现有客户,吸引潜在客户。

京东物流于同年 5 月 28 日正式在港交所挂牌交易。

试分析京东物流发行股票需要具备哪些条件?

(案例来源:https://baijiahao.baidu.com/s?id=1700994277902786570&wfr=spider&for=pc。)

微课:筹资管理——权益资金的筹集

权益资金又称自有资金,是企业一项最基本的资金来源。企业权益资金的筹集方式主要有吸收直接投资、发行股票和利用留存收益等。

一、吸收直接投资

吸收直接投资是指企业按照"共同出资、共同经营、共担风险、共享利润"的原则，从国家、法人(除了国家法人)、个人、外商等外部主体吸收投资的一种方式。吸收直接投资的出资方式有以货币资产出资、以实物资产出资、以土地使用权出资、以工业产权出资等。

(一)吸收直接投资的种类

1. 吸收国家投资

国家投资是指有权代表国家投资的政府部门或机构以国有资产投入企业，这种情况下形成的资本叫国家资本。吸收国家投资是国有企业筹集自有资金的主要方式。吸收国家投资一般具有以下特点：①产权归国家；②资金的运用和处置受国家约束较大；③在国有企业中采用比较广泛。

2. 吸收法人投资

法人投资是指法人单位以其可支配的资产投入企业，这种情况下形成的资本叫法人资本。吸收法人资本投资一般具有以下特点：①发生在法人单位之间；②以参与企业利润分配为目的；③出资方式多样。

3. 吸收个人投资

个人投资是指社会个人或企业内部职工以个人合法财产投入企业，这种情况下形成的资本称为个人资本。吸收个人投资的特点是：①参加投资的人员较多；②每人投资的数额相对较少；③以参与企业利润分配为目的。

(二)吸收直接投资的出资方式

企业在采用吸收直接投资这一方式筹集资金时，投资者可以使用现金、实物、工业产权、土地使用权等作价出资。

1. 现金出资

现金出资是吸收直接投资中一种重要的出资方式。有了现金，企业便可获取其他物质资源。因此，企业应尽量动员投资者采用现金方式出资。

2. 实物出资

实物出资就是指投资者以厂房、建筑物、设备等固定资产和原材料、商品等流动资产出资。一般来说，企业吸收的实物投资应符合如下条件：①确为企业科研、生产、经营所需；②技术性能比较好；③作价公平合理。

3. 工业产权出资

工业产权出资是指投资者以专有技术、商标权、专利权等无形资产作价出资。一般来说，企业吸收的工业产权出资应符合以下条件：①能帮助企业研究和开发出新的高科技产品；②能帮助企业生产出适销对路的高科技产品；③能帮助企业改进产品质量，提高生产效率；④能帮助企业大幅度降低各种消耗；⑤作价公平合理。

4. 土地使用权出资

投资者也可以用土地使用权进行出资。土地使用权是按有关法规和合同的规定使用土地的权利。企业吸收土地使用权投资应符合以下条件：①土地是企业科研、生产、销售活动所需要的；②交通、地理条件比较适宜；③作价公平合理。

（三）吸收直接投资的优缺点

1. 吸收直接投资的优点

（1）吸收的投入资本属于股权性资金，与债权性资金相比，能够提高企业的资信和借款能力。

（2）吸收的投入资本不需要归还，并且没有固定的利息负担，与债权性资金相比，财务风险较低。

（3）与只能筹得现金的筹资方式相比，吸收投入资本不仅可以筹得现金，还能够直接获取所需的设备、技术等，可以尽快地形成生产经营能力。

2. 吸收直接投资的缺点

（1）吸收直接投资的筹资成本较高。

（2）由于没有证券作为媒介，公司吸收直接投资往往会导致其产权不够明晰，不利于公司产权的流动和重组。

二、发行股票

（一）股票的种类

股票按不同标准可进行不同的分类。

1. 按股东权利和义务分类，分为普通股和优先股

普通股是股份公司依法发行的具有管理权、股利不固定的股票。普通股具有股票的一般特征，是股份公司资本的最基本部分。

优先股是股份公司依法发行的具有一定优先权利的股票。优先股的优先权体现在：优先分配股利，优先分配剩余财产。

2. 按股票票面是否记名分类，分为记名股和无记名股

记名股是指在股票上载有股东姓名或名称并将其记入公司股东名册的股票。记名股的转让要通过背书或法律规定的其他方式进行，并办理过户手续。

无记名股是指在股票上不记载股东姓名或名称的股票。就无记名股而言，股东姓名也不记入公司股东名册，公司只记载股票的数量、编号及发行日期。股票的转让无须办理过户手续。

3. 按股票票面有无金额分类，分为面额股和无面额股

面额股是指票面标有每股金额的股票。这种股票表明每股股票在公司股本总额中占有的份额，以及所负有限责任的最高限度。

无面额股是指票面不标明每股金额，只标明股数的股票。无面额股表示每一股在公司全部股份中所占的比例，也就是说，这种股票只在票面上注明每股占公司全部净资产的比例，其价值随公司财产价值的增减而增减。

4. 按发行对象和上市地区分类，分为 A 股、B 股、H 股和 N 股等

在我国内地，有 A 股和 B 股。A 股是以人民币标明票面金额并以人民币认购和交易的股票。B 股是以人民币标明票面金额，以外币认购和交易的股票。H 股是在香港上市的股票,N 股是在纽约上市的股票。

(二)股票的发行

1. 股票发行的条件

《公司法》规定,股票发行人必须是具有股票发行资格的股份有限公司,包括已经成立的股份有限公司和经批准拟成立的股份有限公司,发行股票必须具备一定的条件。其发行情况可分为以下几种:

(1) 设立股份有限公司申请公开发行;

(2) 原有企业改组设立股份有限公司,申请公开发行;

(3) 定向募集公司申请公开发行的;

(4) 已设立股份有限公司发行新股。

2. 股票发行的程序

股份有限公司设立时发行股票与增资发行股票的程序有所不同。

(1) 申请公开发行股票的程序:申请人聘请会计师事务所、资产评估机构、律师事务所等专业性机构,对其资信、资产、财务状况进行审定、评估,对有关事项出具法律意见书后,报经国务院证券监督管理机构核准;国务院证券监督管理机构发行审核委员会,依法审核股票发行申请。在核准制下,发行审核委员会对发行质量作出判断。2023 年 2 月 17 日,中国证监会发布全面实行注册制相关制度规则,国务院证券监督管理机构不再对发行人的资质进行实质性审核和价值判断。

(2) 股份有限公司发行新股的程序:股东大会作出决议;公司向有关部门申请批准发行新股;公司公告新股招股说明书和财务会计报表及附属明细表并制作认股书;新股由证券经营机构承销;公司办理变更登记并公告。

3. 股票发行的价格

股票发行一般分为面额发行、溢价发行和时价发行。

面额发行又称等价发行,是指股票发行价格与票面金额相等。溢价发行是指股票发行价格超过股票票面金额。时价发行是指以同种股票的现行市场价格为基准来选择增发新股的发行价格。

(三)普通股筹资的优缺点

1. 普通股筹资的优点

(1) 普通股筹资具有永久性,无到期日,不需要归还。

(2) 普通股筹资不存在固定的股利支付义务。

(3) 筹资风险小。

(4) 能增加公司的信誉。

(5) 筹资限制少。

2. 普通股筹资的缺点

(1) 普通股的资本成本较高。

(2) 普通股筹资容易分散公司控制权。

(3) 信息披露成本大。

(4) 股票上市会增加公司被收购的风险。

（四）优先股的种类

按不同标准，优先股可作不同分类。

1. 按股利能否累积支付分类，分为累积优先股和非累积优先股

累积优先股是指在任何营业年度内公司盈利不足以支付优先股股利时，则累积到次年或以后某一年度盈利时一起支付的优先股股票。

非累积优先股是指仅用当年利润分派股利，如当年未能获得分派股利，也不予以累积补付的优先股股票。

2. 按是否可以参加额外股利的分派和参与程度分类，分为全部参与优先股、部分参与优先股和不参与优先股

全部参与优先股是指优先股股东在利润分配上与普通股股东同股同利。

部分参与优先股是指优先股股东除了按约定的固定股息率获得股息收入，还有权在一定幅度内参与额外股利的分配。

不参与优先股是指优先股股东只按优先股票面约定的固定股息率取得股息收入，不能参加额外股利分配，是优先股的常见形式。

3. 按是否可以赎回分类，分为可赎回优先股和不可赎回优先股

可赎回优先股是指公司可以按一定价格收回的优先股股票。公司在发行这种优先股时，一般都附有赎回条款，在赎回条款中规定赎回该股票的价格，此价格一般略高于股票的面值。

不可赎回优先股是指不能收回的优先股股票，但是不可赎回并非指公司不能从市场上按照市价收回。

4. 按是否可转换为普通股股票分类，分为可转换优先股和不可转换优先股

可转换优先股是指股东可在一定时期内按一定比例把优先股转换成普通股的股票。

不可转换优先股是指不能转换成普通股的股票，不可转换优先股只能获得固定股利报酬，而不能获得转换收益。

（五）优先股股东的权利

优先股的优先权是相对普通股而言的，这种优先权主要表现在以下几个方面。

（1）优先分配股利权。公司的盈利在提取盈余公积之后应首先分配给优先股股东。

（2）优先分配剩余资产权。公司进行清算时，在偿还负债之后分配剩余财产时应优先向优先股股东分配。

（六）优先股筹资的优缺点

1. 优先股筹资的优点

（1）没有固定到期日，不用偿还本金。

（2）股利支付既固定又有一定弹性。

（3）有利于增强公司信誉。

2. 优先股筹资的缺点

（1）筹资成本高。

（2）筹资限制多。

（3）财务负担重。

三、利用留存收益

（一）利用留存收益筹资的途径

1. 提取盈余公积金

盈余公积金是企业从当期净利润中提取的积累资金，其提取基数是企业本年度的净利润。盈余公积金主要用于企业未来的经营发展，经投资者审议后也可以用于转增股本和弥补以前年度的经营亏损，但不得用于以后年度的对外利润分配。

2. 未分配利润

未分配利润可以用于企业未来的经营发展、转增资本、弥补以前年度的经营亏损及以后年度的利润分配。

（二）利用留存收益筹资的优缺点

1. 利用留存收益筹资的优点

（1）没有筹资费用。与普通股筹资相比较，利用留存收益筹资不需要发生筹资费用，资本成本较低。

（2）维持公司的控制权分布。公司利用留存收益筹资，不用对外发行新股或吸收新投资者，由此增加的权益资本不会改变公司的股权结构，不会稀释原有股东的控制权。

2. 利用留存收益筹资的缺点

数额有限。留存收益的最大数额是企业到期的净利润和以前年度未分配利润之和。如果企业发生亏损，那么当年就没有利润留存。另外，股东和投资者从自身期望出发，往往希望企业每年发放一定的利润，保持一定的利润分配比例。

> **牛刀小试**
>
> 在网上查找企业筹集权益资金的相关实例，了解企业筹资的一般程序，并试着分析选择筹资方式时需要考虑的因素。

> **知识检测**

一、单项选择题

1. 下列各项中，不属于权益资金筹资方式的是（　　）。
   A. 发行股票　　　　　　　　B. 发行债券
   C. 留存收益　　　　　　　　D. 吸收直接投资

2. 与股票筹资相比，下列各项中，属于利用留存收益筹资的特点的是（　　）。
   A. 资本成本较高　　　　　　B. 筹资费用较高
   C. 稀释原有股东的控制权　　D. 筹资数额有限

3. 下列关于利用留存收益筹资的表述中，错误的是（　　）。
   A. 利用留存收益筹资可以维持公司的控制权结构
   B. 利用留存收益筹资不会发生筹资费用，因此没有资本成本
   C. 留存收益来源于提取的盈余公积金和留存于企业的利润

D. 利用留存收益筹资有企业的主动选择,也有法律的强制要求

4. 下列关于发行普通股股票筹资的特点的说法中,错误的是(　　)。
A. 能增强公司的社会声誉,促进股权流通和转让
B. 与发行债券相比,发行普通股股票筹资资本成本较高
C. 筹资风险小
D. 与吸收直接投资相比,发行普通股股票筹资容易及时形成生产能力

5. 下列各项中,不能作为资产出资的是(　　)。
A. 存货　　　　B. 固定资产　　　　C. 货币资金　　　　D. 自然人姓名

6. 下列各项中,能够引起企业权益资金增加的筹资方式是(　　)。
A. 吸收直接投资　　　　　　　　B. 发行公司债券
C. 利用商业信用　　　　　　　　D. 银行长期借款

7. 下列各种筹资方式中,最有利于降低公司财务风险的是(　　)。
A. 发行普通股　　　　　　　　　B. 发行优先股
C. 发行公司债券　　　　　　　　D. 发行可转换债券

8. 下列各项中,属于利用留存收益筹资的特点的是(　　)。
A. 不发生筹资费用　　　　　　　B. 需要发生筹资费用
C. 会改变公司控制权　　　　　　D. 筹资数额一般较大

9. 下列各项中,属于普通股筹资的特点的是(　　)。
A. 无偿还压力　　　　　　　　　B. 资本成本较低
C. 不利于公司声誉　　　　　　　D. 易及时形成生产能力

二、多项选择题

1. 优先股股东相比普通股股东,优先权利体现在(　　)。
A. 优先分配股利权　　　　　　　B. 优先分配剩余财产权
C. 优先认股权　　　　　　　　　D. 优先管理权

2. 公司利用优先股筹资的优点主要有(　　)。
A. 没有固定的到期日,不用还本　B. 股利支付既固定,又有一定弹性
C. 有利于增强公司信誉　　　　　D. 筹资成本低

3. 普通股与优先股的共同特征主要有(　　)。
A. 需支付固定股息　　　　　　　B. 同属公司股本
C. 股息从净利润中支付　　　　　D. 可参与公司重大决策

4. 吸收直接投资的优点有(　　)。
A. 增强企业控股权　　　　　　　B. 资本成本低
C. 不容易分散控制权　　　　　　D. 尽快形成生产能力

5. 下列各项中,与吸收直接投资相比,属于利用留存收益筹资特点的有(　　)。
A. 没有资本成本　　　　　　　　B. 维持公司控制权分布
C. 筹资规模有限　　　　　　　　D. 形成生产能力较快

三、判断题

1. 留存收益是企业经营中的积累,这种资金不是向外界筹措的,因而它不存在资金成本。(　　)

2. 优先股需要支付固定股利,但又不能在税前扣除。所以,当利润下降时,优先股股利会成为一项比较重的财务负担,有时不得不延期支付。（ ）

3. 我国企业目前的筹资渠道主要包括：吸收直接投资、发行股票、向银行借款、利用商业信用、发行公司债券、融资租赁、利用留存收益等。（ ）

知识应用

以游戏的形式随机或按照自由组合的方式将班级学生分成若干小组,完成以下任务。

（1）不同的小组分别分析吸收直接投资这一筹资方式的种类及出资方式,设计可行的筹资方案。

（2）组织讨论,将每两个小组组成一大组,设定正方与反方,探讨吸收直接投资这一筹资方式的优缺点。

（3）每组推荐一位代表汇报本组讨论情况,并说明思路和方法。班级全体同学对其汇报情况进行评分。

任务四　债务资金的筹集

案例导入

永泰能源：多途径筹集资金化解流动性风险

2018 年 7 月 9 日早间,永泰能源发布公告称,公司控股股东永泰集团有限公司于昨日召开了媒体见面会,提及永泰集团将主导全集团范围内的资产处置计划和债务处置计划的意向。公司称将参与永泰集团主导的资产和债务处置计划。针对个别媒体报道"公司债项违约或涉及私募返费"等信息,为了避免广大投资者对报道的内容产生误读,永泰能源对媒体报道的内容进行了核实,并作出了澄清：2018 年 7 月 5 日,公司 2018 年度第四期短期融资券取消发行,导致公司 2017 年度第四期短期融资券未能如期兑付。主要原因为：公司在发展过程中没有管控好负债规模和负债率,整体负债率较高,公司流动性出现暂时性困难。不存在公司债项违约、私募返费等其他原因。公司将与主承销商和受托管理人一起积极研究各项措施,多途径筹集资金,化解流动性风险,保障公司的正常生产经营和投资者的合法权益。

结合永泰能源的案例,你认为企业发行债券应注意哪些问题？

（案例来源：http://www.yjcf360.com/bankuai/17164889.htm。）

企业的债务资金是通过负债筹资方式筹集的资金,负债筹资与权益筹资性质不同。负债筹资主要是指企业通过银行借款、发行公司债券、融资租赁以及商业信用等方式筹集和取得资金。银行借款、发行公司债券、融资租赁和商业信用是债务筹资的基本形式。

微课：筹资管理——债务资金的筹集

一、银行借款

银行借款是指企业向银行或其他非银行金融机构借入的、需要还本付息的款项,包括偿还期限超过1年的长期借款和不足1年的短期借款。

(一)银行借款的种类

1. 按提供该贷款的机构分类,分为政策性银行贷款、商业性银行贷款和其他金融机构贷款

政策性银行贷款是指执行国家政策性贷款业务的银行向企业发放的贷款,通常为长期贷款。政策性银行的长期贷款利率一般比商业银行低,期限也较长。由于政策性银行只经营指定范围的金融业务和提供专门的金融服务,所以,能够选择政策性银行借款的企业通常都是一些特定行业或从事特定业务的企业。例如,国家开发银行贷款主要满足企业承建国家重点建设项目的资金需要;中国进出口银行贷款主要为大型设备的进出口提供的买方信贷或卖方信贷;中国农业发展银行贷款主要用于确保国家对粮、棉、油等政策性收购资金的供应。

商业性银行贷款是指由各商业银行,如中国工商银行、中国建设银行、中国农业银行、中国银行等,向工商企业提供的贷款,用以满足企业生产经营的资金需要,包括短期贷款和长期贷款。商业银行贷款是企业银行借款筹资的主要形式。

其他金融机构贷款,如从信托投资公司取得实物或货币形式的信托投资贷款等。这种从非银行金融机构获得的长期借款一般较商业银行贷款的期限更长,利率也更高,对借款企业的信用要求和担保的选择也比较严格。

2. 按有无抵押品分类,分为信用贷款和抵押贷款

信用贷款是指借款人不提供任何担保品,仅凭借公司的信誉或其保证人的信用而发放的贷款。此种贷款通常适用于资信良好的公司。

抵押贷款是指以特定的抵押品作为担保的贷款。其抵押品可以是不动产或其他资产,但要求能够在市场上出售。若贷款到期时借款企业无法或不愿偿还贷款,银行或其他金融机构有权取消企业对抵押品的赎回权,并将其变卖,所得款项将用于归还贷款。

(二)银行借款的程序

1. 提出申请

公司根据筹资需求向银行提出书面申请,按银行要求的条件和内容填报借款申请书。

2. 银行审批

银行按照有关政策和贷款条件,对借款公司进行信用审查,依据审批权限,核准公司申请的借款金额和用款计划。银行审查的主要内容有:公司的财务状况、信用状况、盈利的稳定性、发展前景、借款投资项目的可行性、抵押品和担保情况。

3. 签订合同

借款申请获批后,银行与公司进一步协商贷款的具体条件,签订正式的借款合同,规定贷款的数额、利率、期限和一些约束性条款。

4. 取得借款

借款合同签订后,公司在核定的贷款指标范围内,根据用款计划和实际需要,一次或分次将贷款转入公司的存款结算账户,以便使用。

(三) 银行借款筹资的优缺点

1. 银行借款筹资的优点

(1) 筹资速度快。与发行债券、融资租赁等债权筹资方式相比,银行借款的程序相对简单,企业所花时间较短,企业可以迅速获得所需资金。

(2) 筹资成本较低。企业利用银行借款筹资的利息,比发行债券和融资租赁的利息负担要低,而且无须支付证券发行费用、租赁手续费用等筹资费用。

(3) 银行借款弹性较大。在借款时,企业与银行直接商定贷款的时间、数额和利率等。在用款期间,企业如因财务状况发生某些变化,亦可与银行再行协商,变更借款数量、时间和条件。

(4) 借款筹资可以发挥财务杠杆作用。由于借款的利息固定,且在税前计入成本,能为股东带来财务杠杆效益,增加股东财富。

2. 银行借款筹资的缺点

(1) 财务风险大。借款筹资通常有固定的利息负担和固定的偿付期限,当企业的经营不善时,可能产生不能偿付的风险,甚至会导致破产。

(2) 限制条款多。企业利用长期借款筹资需要与银行签订借款合同。在借款合同中,通常会有一些限制性条款,这些限制性条款可能影响企业以后的筹资、投资和收益分配活动。

(3) 筹资数量有限。银行借款的数额往往受到贷款机构资本实力的制约,通常银行也不会给企业审批数额太大的贷款,因此,借款筹资一般不像发行股票和债券那样可以一次筹集到大笔资金。

二、发行公司债券

公司债券是公司为筹集资金而依照法定程序发行的,约定在一定期限还本付息的有价证券,反映了企业与债券持有人之间的债权债务关系。发行债券筹资是企业向社会筹集资金的重要方式。

(一) 债券的种类

1. 按是否记名,分为记名债券和无记名债券

记名债券是指企业发行债券时,债券购买者在发行债券企业登记姓名和地址的一种债券,偿付本息时,按名册付款。

无记名债券,即带有息票的债券。企业发行这种债券时无须登记购买者名字,持有人凭息票领取到期利息,凭到期债券收回本金。

2. 按能否转换为公司股票,分为可转换债券和不可转换债券

可转换债券是指债券持有人按规定的条件将债券转换为股票。

不可转换债券是指债券持有者不能把持有的债券转换为股票。

想一想

请对比分析采用短期银行借款和长期银行借款对企业的影响有何异同?

知识链接

可转换债券是一种混合型证券,是公司普通债券与证券期权的组合体。可转换债券的持有人在一定期限内可以按照事先规定的价格或者转换比例,自由地选择是否转换为公司普通股。

一般来说,可转换债券可以分为两类:一类是不可分离交易的可转换债券,其转股权与债券不可分离,持有者直接按照债券面额和约定的转股价格,在约定的期限内将债券转换为股票;另一类是可分离交易的可转换债券,这类债券在发行时附有认股权证,是认股权证和公司债券的组合,发行上市后公司债券和认股权证各自独立流通、交易。

3. 按有无特定财产担保，分为担保债券和信用债券

担保债券是以企业特定财产为抵押担保的债券。其中，特定财产是指动产、不动产或其他企业股票。如果发行企业无力偿还到期本息，持有人或作为其他代表的信托人有权处置抵押品作为补偿。

信用债券是凭借企业信用而发行的债券，由于这种债券无抵押作保证，债券持有者要承担一定风险。同时这种债券的利率往往高于有担保的债券利率。

（二）发行债券的条件

在我国，根据《公司法》的规定，股份有限公司、国有独资公司和两个以上的国有企业或者其他两个以上的国有投资主体投资设立的有限责任公司，有资格发行公司债券。

根据《中华人民共和国证券法》（以下简称《证券法》）的规定，公开发行债券应当符合以下条件：

（1）股份有限公司的净资产不低于人民币三千万元，有限责任公司的净资产不低于人民币六千万元；
（2）累计债券余额不超过公司净资产的百分之四十；
（3）最近三年平均可分配利润足以支付公司债券一年的利息；
（4）筹集的资金投向符合国家产业政策；
（5）债券的利率不超过国务院限定的利率水平；
（6）国务院规定的其他条件。

公开发行公司债券筹集的资金，必须按照公司债券募集办法所列资金用途使用；改变资金用途，必须经债券持有人会议作出决议。公开发行公司债券筹集的资金，不得用于弥补亏损和非生产性支出。

（三）发行债券的程序

1. 作出决议

公司发行债券要由董事会制定方案，股东大会作出决议。

2. 提出申请

我国规定，公司申请发行债券由国务院证券管理部门批准。公司申请应提交公司登记证明、公司章程、公司债券募集办法、资产评估报告和验资报告。

3. 公告募集办法

企业发行债券的申请经批准后，向社会公告债券募集办法。公司债券分为私募发行和公募发行，私募发行是指以特定的少数投资者为对象发行债券；公募发行是指在证券市场上以非特定的广大投资者为对象公开发行债券。

4. 募集资金

公司发出债券募集公告后，在公告所定的期限内募集借款。公司债券的发行方式一般包括由公司直接向社会发行和由证券经营机构承销发行两种。

5. 交割

发行公司公开发行公司债券，由证券承销机构发售时，投资者直接向承销机构付款购买，承销机构代理收取券款并交付债券；然后，发行公司向承销机构收缴债券款并结算手续费。

知识链接

申请公开发行公司债券，应当向国务院授权的部门或者国务院证券监督管理机构报送下列文件：
1. 公司营业执照；
2. 公司章程；
3. 公司债券募集办法；
4. 国务院授权的部门或者国务院证券监督管理机构规定的其他文件；
5. 依照规定聘请保荐人的，还应当报送保荐人出具的发行保荐书。

(四)发行债券筹资的优缺点

1. 发行债券筹资的优点

(1) 资金成本较低。与股票的股利相比较而言,债券的利息允许在所得税税前支付,发行公司可享受税收上的优惠,所以公司实际负担的债券成本一般低于股票成本。

(2) 筹资对象广,潜力大。与银行借款相比,发行债券所面对的是众多的社会投资者,资金充裕,筹资潜力大。

(3) 可利用财务杠杆作用。无论发行公司盈利多少,债券持有人一般只收取固定的利息,而更多的收益可用于分配给股东或留存公司用于经营,从而增加股东和公司的财富。

(4) 有利于保障股东对公司的控制权。债券持有者无权参与企业管理决策,因此,通过债券筹资,既不会稀释股东对公司的控制权,又能扩大公司的筹资规模。

2. 发行债券筹资的缺点

(1) 筹资风险较高。债券有固定的到期日,并需定期支付利息,发行公司必须承担按期付息偿还本金的义务。

(2) 限制条件较多。发行债券的企业需要具备相应的发行资格,需要符合严格的条件,这在一定程度上限制了企业对债券筹资方式的使用,并且,发行债券时的各种限制性条款将会影响公司正常发展及未来举债能力。

三、融资租赁

> **想一想**
> 融资租赁与经营租赁都属于租赁,两者有何区别?

融资租赁是由租赁公司按承租单位要求出资购买设备,提供给承租单位在较长的合同期限内使用的融资信用业务,它是以融通资金为主要目的的租赁。

(一)融资租赁的特点

融资租赁这种筹资方式筹集的是负债资本,适用于各种类型的企业。融资租赁筹资方式将融资与融物相结合,使筹资企业可以快捷、方便地得到所需要的资产,其特征有以下几点:

(1) 租赁设备由承租人选定,出租人只负责设备购入,然后交给承租人使用。

(2) 融资租赁的租期较长,一般是租赁设备寿命期的75%或更长。

(3) 融资租赁合同是一种不可撤销的合同。在租赁期内,双方都必须严格遵守,都无权单方面解除合同。

(4) 承租人负责租赁设备的维修保养和保险。

(5) 租赁期满后,租赁设备的处置方式可以是由出租人收回,即退租,但较少见;也可以是租赁双方重新签订租赁合同,即续租;还可以是由承租人廉价将设备买下,即留购。其中,留购是最常见的形式。

(二)融资租赁的形式

1. 直接租赁

直接租赁是指承租人直接向出租人租入所需要的资产,并付出租金。

2. 售后租回

售后租回是指根据协议,企业将某资产卖给出租人,再将其租回使用。

3. 杠杆租赁

杠杆租赁涉及承租人、出租人和资金出借者三方当事人。从承租人的角度来看，这种租赁与其他租赁形式并无区别。但对出租人来说三种形式却不同，出租人只出购买资产所需的部分资金，一般为20%~40%，另外以该资产作为担保向资金出借方借入其余资金。

（三）融资租赁筹资的优缺点

1. 融资租赁筹资的优点

（1）筹资速度快。融资租赁集融资与融物于一体，因而通常要比先行取得借款再购置设备来得更为迅速，能使企业尽快形成生产能力。

（2）财务风险小。租金在整个租期内分摊，不用到期归还大量本金。

（3）限制条款少，增加了筹资的灵活性。

（4）设备淘汰风险小。随着现代科技的不断进步，设备陈旧过时的风险很高，而多数租赁协议规定此种风险由出租人承担，承租公司可因此避免这种风险。

（5）税收负担减轻。租金可在税前扣除，具有抵免所得税的效用。

2. 融资租赁筹资的缺点

融资租赁筹资最主要的缺点是资金成本较高。一般来说，其租金要比银行借款或发行债券所负担的利息高得多。另外，由于承租企业在租赁期内无资产所有权，因而不能根据自身的要求自行处置租赁资产。

四、商业信用

商业信用是企业间在商品交易过程中由于延期付款或预收货款而形成的借贷关系，是企业间直接的短期信用行为。

（一）商业信用的具体形式

商业信用的具体形式主要包括应付账款、应付票据、预收账款等。

1. 应付账款

应付账款是指企业购买货物暂未付款而欠对方的账项，是卖方提供给买方的一种信用。赊购方可以通过延期付款获得相当于货款金额的短期资金。如果赊购业务能保持一定的规模，则企业可以获得一定数量的、比较稳定的资金来源。

2. 应付票据

应付票据是指企业进行延期付款商品交易时开具的反映债权债务关系的票据。和应付账款一样，也是一种卖方提供给买方的信用。应付票据其最长支付期不超过6个月，可以带息，也可以不带息。企业通过无息票据获得的信用是免费信用，通过带息票据获得的信用是有代价信用。带息票据的利率一般比银行借款低，且不用保持相应的补偿余额和支付协议费。但到期必须归还，否则便要交付罚金，因而风险较大。

3. 预收账款

预收账款是指企业在进行商品销售时通过预收部分或全部货款的方式取得的信用形式。和应付账款不同，它是一种买方提供给卖方的信用。预收账款相当于向买

寓德于技—

诚信是社会主义核心价值观的重要内容之一，诚实守信是践行社会主义核心价值观的实践要求。将诚信二字内化于心，外化于行，切实践行社会主义核心价值观是每一个公民的责任。企业如举借债务资金一定要如期归还，不做老赖，重视商业信用。

方借用资金后用物资抵偿。一般用于生产周期长、资金需要量大的货物销售。如果以预收账款方式销售的商品价格低于正常销售商品的价格,则这种信用是有代价信用,信用成本即商品价格的差额;如果以预收账款方式销售的商品价格和正常销售的商品价格相同,则这种信用为免费信用。

(二)商业信用筹资的优缺点

商业信用筹资的最大优点是容易取得。因为对于多数企业来说,商业信用是一种持续性的信贷形式,且无须正式办理筹资手续。另外,如果没有现金折扣或使用不带息的票据,商业信用筹资不承担成本。

商业信用筹资的缺点是期限较短,在放弃现金折扣时成本较高。

牛刀小试

学习了权益性资金筹集和债券性资金筹资,思考一下不同的筹资方式和筹资来源的组合效果如何?作为企业的财务人员,我们在选择筹资方式时,需考虑哪些问题?

知识检测

一、单项选择题

1. 下列各项中,不属于商业信用筹资内容的是( )。
   A. 赊购商品   B. 预收货款
   C. 办理票据贴现   D. 用商业汇票购货

2. 相对于股权筹资而言,银行借款的缺点是( )。
   A. 筹资速度慢   B. 筹资成本高
   C. 筹资限制少   D. 财务风险大

3. 相对于股权筹资而言,债务筹资的优点为( )。
   A. 财务风险小   B. 限制条款少
   C. 筹资额度大   D. 资本成本低

4. 下列选项中,可用来筹集短期资金的筹资方式是( )。
   A. 吸收直接投资   B. 发行股票
   C. 发行长期债券   D. 利用商业信用

5. 相对于股权筹资而言,下列关于债务筹资的优缺点的表述中,不正确的是( )。
   A. 筹资速度较快   B. 资本成本负担较轻
   C. 不能形成企业稳定的资本基础   D. 筹资弹性小

6. 下列各项中,不属于商业信用的是( )。
   A. 应收账款   B. 应付账款
   C. 应付票据   D. 预收账款

7. 下列各项中,属于短期筹资的是( )。
   A. 发行债券   B. 发行股票
   C. 商业信用   D. 融资租赁

8. 与股权筹资相比,下列各项中,属于债务筹资缺点的是( )。

A. 财务风险较大 B. 资本成本较高
C. 稀释股东控制权 D. 筹资灵活性较小

9. 下列关于发行公司债券的说法中,不正确的是(   )。
A. 利用发行公司债券筹资,能够筹集大额的资金,满足公司大规模筹资的需要
B. 对公司的社会声誉没有影响
C. 募集资金的使用限制条件少
D. 资本成本负担较高

10. 下列筹资方式中,既可以筹集长期资金,也可以融通短期资金的是(   )。
A. 发行股票 B. 利用商业信用
C. 吸收直接投资 D. 向金融机构借款

二、多项选择题

1. 企业利用银行借款筹资的优点有(   )。
A. 弹性较大 B. 筹资速度较快
C. 手续相对简单 D. 资本成本较低

2. 企业在负债筹资决策中,除了考虑资金成本因素,还需要考虑的因素有(   )。
A. 财务风险 B. 偿还期限 C. 偿还方式 D. 限制条件

3. 债券与股票相比,其主要特征包括(   )。
A. 利息固定 B. 期限固定 C. 优先求偿权 D. 风险大

4. 融资租赁的基本形式包括(   )。
A. 直接租赁 B. 售后租赁 C. 杠杆租赁 D. 经营性租赁

5. 与股权筹资相比,下列各项中,不属于债务筹资缺点的有(   )。
A. 财务风险较大 B. 资本成本较高
C. 稀释股东控制权 D. 筹资灵活性小

三、判断题

1. 商业信用筹资最大的优越性在于容易取得。对于大多数企业来说,商业信用是一种持续性的信用形式,且无须办理复杂的筹资手续。(   )
2. 应收账款属于商业信用。(   )
3. 按照有无特定的财产担保,债券可以分为可转换债券和不可转换债券。(   )
4. 企业采用借入资金的方式筹集资金,到期要归还本金和支付利息,相对权益性筹资而言,投资方承担的风险较大,资金成本较低。(   )

知识应用

以游戏的形式随机或按照自由组合的方式将班级学生分成若干小组,完成以下任务。
(1) 不同的小组分别分析发行公司债券的筹资要求,设计可行的发行公司债券的筹资方案。
(2) 组织讨论,将每两个小组组成一大组,设定正方与反方,探讨发行公司债券这一筹资方式的优缺点。
(3) 每个小组推荐一位代表汇报本组讨论情况,并说明思路和方法。班级全体同学对其汇报情况进行评分。

任务五 资本成本

> **案例导入**

完美公司筹资 1 000 万元

完美公司 2×23 年 10 月通过以下方式筹集资金 1 000 万元,所得税税率为 25%。

(1) 向银行取得一笔借款 150 万元,年利率为 10%,借款费用率为 2%。

(2) 以 200 万元的价格发行 5 年期债券,债券面值为 180 万元,票面年利率为 12%。每年年末付息一次,到期一次还本,发行费用率为 3%。

(3) 发行优先股 250 万股,股息率为 13%,筹资费率为 5%。

(4) 发行普通股股票 30 万股,每股发行价格 10 元,筹资费率为 6%,预计第一年每股股利为 1.4 元,以后每年按 7% 递增。其余资金通过留存收益取得。

完美公司采取了哪些筹资方式呢?你知道完美公司为了获得上述 1 000 万元付出了多少代价吗?

微课:筹资管理——个别资本成本

一、资本成本的含义

资本成本是指企业为筹集和使用资金而付出的代价,包括筹资费用和占用费用。资本成本是资金所有权与资金使用权分离的结果。对出资者而言,由于让渡了资金使用权,则必须要求取得一定的补偿权。资本成本表现为让渡资金使用权所带来的投资报酬。对筹资者而言,由于取得了资金使用权,则必须支付一定代价,资本成本表现为取得资金使用权所付出的代价。资本成本这一概念既可用绝对数表示,又可用相对数表示。

(一)用绝对数表示的资本成本

1. 筹资费

筹资费是指企业在资金筹措过程中为获取资金而付出的代价,如借款手续费、发行股票、债券等证券的印刷费、评估费、公证费、宣传费、承销费等发行费用。筹资费用通常在资金筹集时一次性发生,在资金使用过程中不再发生,通常直接从筹资总额中扣除。

2. 占用费

占用费是指企业在资金使用过程中因占用资金而付出的代价,如利息、股利等。占用费是资本成本的主要内容。

(二)用相对数表示的资本成本

为便于比较不同筹资总额的资本成本,资本成本也可用相对数即资本成本率表示。资本成本率是资金占用费与实际取得资金之间的比率,但是它不简单地等同于利息率,两者之间在含义和数值上是有区别的。在财务管理中,一般用相对数即资本成本率来表示资本成本。

二、资本成本的作用

资本成本是企业财务管理的一项重要工具,具有以下重要意义。

(一)用于筹资决策

企业可以从银行信贷、民间、企业等各种渠道筹集资金。筹资的方式也多种多样,如吸收直接投资、发行股票、银行借款等。但不管选择何种渠道,采用哪种方式,筹资决策时主要考虑的因素还是资本成本,选择资本成本较低的方案作为最优方案。

(二)用于投资决策

资本成本实际上是投资者应当取得的最低报酬水平。只有当投资项目的收益高于资本成本的情况下,企业才值得为之筹措资金;反之,就应该放弃该投资机会。

(三)用于营运资金管理

资本成本可以用来评估营运资金投资政策和营运资金筹资政策。比如,用于流动资产的资本成本提高时,应适当的减少营运资金投资额,并采用相对激进的筹资政策。

(四)用于企业价值评估

评估企业的价值时,主要采用现金流量折现法,需要使用公司资本成本作为公司现金流量的折现率。

(五)用于业绩评价

资本成本是投资人要求的必要报酬率,与公司实际的投资报酬率进行比较可以用来评价公司的业绩。

总之,资本成本是连接投资和筹资的纽带,用途广泛。

三、资本成本的影响因素

资本成本的影响因素如表3-7所示。

表3-7 资本成本的影响因素

影响因素	相关说明
总体经济环境	国民经济健康、稳定、持续增长,社会经济的资金供给和需求相对均衡且通货膨胀水平低,资金所有者投资的风险小,预期收益率低,筹资的资本成本相应就比较低
资金市场条件	资金市场缺乏效率,证券的市场流动性低,投资者投资风险大,要求的预期收益率高,那么通过资本市场融通的资金的资本成本就比较高;反之,资本市场越有效,企业筹资的资本成本越低
经营状况和融资状况	企业经营风险高,财务风险大,则企业总体风险水平高,投资者要求的预期收益率大,企业筹资的资本成本相应就大
筹资规模和时限	资金规模大、占用时限长,资本成本就高

四、资本成本的计算

资本成本按其用途不同,可以分为个别资本成本、综合资本成本及边际资本成本。个别资本成本是单独筹资方式的资本成本,主要用于各种筹资方式的比较。综合资本成本又称加权平均资本成本,是以各种不同筹资方式的资本成本为基数,以占资本总额的比重为权数计算的加权平均数,主要用于资本结构决策。边际资本成本就是取得1元新资本的成本,主要用于追加筹资决策。

(一) 个别资本成本的计算

个别资本成本是指单独筹资方式的资本成本,包括银行借款资本成本、公司债券资本成本、融资租赁资本成本、优先股资本成本、普通股资本成本和留存收益成本六种情形,其中,前三类是债务资本成本,后三类是权益资本成本。生活中具体的计算模式有一般模式和折现模式两种。本教材主要涉及一般模式的具体讲解。

(1) 一般模式(不考虑资金时间价值),其计算公式如下:

$$资本成本 = \frac{资金占用费}{筹资总额 - 筹资费用} \times 100\%$$

$$资本成本 = \frac{资金占用费}{筹资总额 \times (1 - 筹资费用率)} \times 100\%$$

(2) 折现模式(考虑资金时间价值)。能够使现金流入的现值与现金流出的现值相等的折现率,即为资本成本。

1. 长期借款资本成本的计算

长期借款是企业债务性筹资方式之一,借款的成本是企业借款需要负担的借款利息和需支付给对方的筹资费用。利息费用计入税前的成本费用,可以起到抵减企业所得税的作用。所以生活中一般计算的是税后资本成本,以便与权益资本成本进行比较,其计算公式如下:

$$长期借款资本成本 = \frac{借款额 \times 年利率 \times (1 - 所得税税率)}{借款额 \times (1 - 筹资费率)} \times 100\%$$

简化可得:

$$长期借款资本成本 = \frac{年利率 \times (1 - 所得税税率)}{(1 - 筹资费率)} \times 100\%$$

【例3-4】 方文公司向银行取得一笔5年期长期借款300万元,年利率为10%,每年付息一次,到期一次还本,借款费用率为0.2%。企业所得税税率为25%。请计算该项借款的资本成本。

$$长期借款资本成本 = \frac{300 \times 10\% \times (1 - 25\%)}{300 \times (1 - 0.2\%)} \times 100\% = 7.52\%$$

简化可得:

$$长期借款资本成本 = \frac{10\% \times (1 - 25\%)}{(1 - 0.2\%)} \times 100\% = 7.52\%$$

牛刀小试

成万公司某笔长期借款的筹资费用为筹资总额的5%,年利率为4%,企业所得税税率为25%,该长期借款的资本成本是多少?

2. 长期债券资本成本的计算

发行公司债券与长期借款一样,是企业债务性筹资方式之一。债券的成本是由企业发行债券而负担的债券利息和发行债券支付的筹资费用组成的。利息费用计入税前的成本费用,可以起到抵减企业所得税的作用。所以生活中一般计算的是税后资本成本,以便与权益资本成本进行比较。发行公司债券与长期借款不一样的地方在于债券发行的面值和发行价格可能一致,也可能不一致。计算公式如下:

$$债券资本成本 = \frac{面值 \times 票面利率 \times (1-所得税税率)}{发行价格 \times (1-筹资费率)} \times 100\%$$

> **知识链接**
> 债券的发行有溢价发行、折价发行和平价发行三种方式。溢价发行时,发行价格大于面值;折价发行时,发行价格小于面值;平价发行时,发行价格等于面值。

【例3-5】 方文公司发行一笔期限为5年的债券,债券面值为1 000万元,票面利率为10%,溢价发行,实际发行价格为面值的110%,每年年末支付当年利息,筹资费率为5%,所得税税率为25%。请计算该债券的资本成本。

$$债券资本成本 = \frac{1\ 000 \times 10\% \times (1-25\%)}{1\ 000 \times 110\% \times (1-5\%)} \times 100\% = 7.18\%$$

> **新手提示**
> 在债券资本成本的计算公式中,分子是债券的面值,分母是发行价格。

牛刀小试

乙公司按面值发行了期限为5年的长期债券10 000万元,票面年利率为8%,每年年末支付当年利息,到期一次还本,债券发行费率为1.5%,企业所得税税率为25%,该债券的资本成本是多少?

3. 融资租赁资本成本的计算

融资租赁各期租金中,包含有每期本金的偿还和各期手续费用(即租赁公司的各期利润),结合融资租赁的特点,其资本成本的计算较多采用折现模式。

【例3-6】 方文公司以融资租赁方式租入设备一台,设备原值为60万元,租期为6年,租赁期满预计残值5万元,归租赁公司,每年租金131 283元。请计算融资租赁的资本成本率。

现金流入现值 = 租赁设备原值 = 600 000 元

现金流出现值 = 各期租金现值 + 残值现值
 $= 131\ 283 \times (P/A, K, 6) + 50\ 000 \times (P/F, K, 6)$

$600\ 000 = 131\ 283 \times (P/A, K, 6) + 50\ 000 \times (P/F, K, 6)$

融资租赁资本成本 $K = 10\%$

实际工作中需要注意的是:在融资租赁资本成本的计算中,若设备的残值归出租人,则设备价值 = 年租金 × 年金现值系数 + 残值现值;若设备的残值归承租人,则设备价值 = 年租金 × 年金现值系数。当租金在年末支付时,年金现值系数为普通年金现值系数;当租金在年初支付时,年金现值系数为预付年金现值系数。

牛刀小试

假设某设备价值为100万元,租赁期为10年,租赁期满时预计残值率为10%,归租赁公司所有,每年年末支付的等额租金为156 471元。则融资租赁资本成本是多少?

4. 优先股资本成本的计算

优先股成本包括筹资费用和优先股股利。优先股的筹资费用较高,股利可以视

同为借款及债券的利息,但是优先股为税后利润,不能抵税,所以计算时无需再考虑所得税的问题。其计算公式:

$$优先股资本成本 = \frac{面值 \times 股利率}{发行价格 \times (1-筹资费率)} \times 100\%$$

由于面值×股利率=股利,以上公式分子分母同时除以股票数量,可以变形为:

$$优先股资本成本 = \frac{每股股利}{每股发行价格 \times (1-筹资费率)} \times 100\%$$

> **新手提示**
> 计算优先股股息时,不要考虑所得税税率带来的影响。

【例 3-7】 万成公司按照面值发行 1 000 万元优先股,年股利率为 5%,发行费率为 2%。请计算该优先股的资本成本。

$$优先股资本成本 = \frac{1\,000 \times 5\%}{1\,000 \times (1-2\%)} \times 100\% = 5.10\%$$

牛刀小试

丁公司发行的优先股,股价为 25 元/股,筹资费率为 6%,每股股利为 2 元,则该企业优先股的资本成本是多少?

5. 普通股资本成本的计算

普通股资本成本包括企业支付的普通股股利及普通股的发行费用,股利是其主要内容。由于各期的股利不一定固定,而是随企业各期收益波动的,因此普通股的资本成本主要按照贴现模式计算,并假设各期股利的变化呈一定规律性。如果是上市公司普通股,其资本成本还可以根据该公司股票收益率和市场收益率的相关性,按照资本资产定价模型来估计。

1) 股利贴现模型

(1) 公司采用固定股利政策,即每年分派的现金股利相等,资本成本计算公式如下:

$$普通股资本成本 = \frac{每年固定股利}{普通股发行价格 \times (1-筹资费率)} \times 100\%$$

【例 3-8】 万成公司拟增加发行普通股,发行价为 15 元/股,筹资费率为 2%,企业本年支付的普通股股利为 1.2 元/股,预计以后每年股利不变,企业所得税税率为 25%。请计算企业普通股的资本成本。

$$普通股资本成本 = \frac{1.2}{15 \times (1-2\%)} \times 100\% = 8.16\%$$

(2) 公司采用固定股利增长率政策,即每年分派的现金股利都会逐年成同比例递增,资本成本计算公式如下:

$$普通股资本成本 = \frac{下一年预期股利}{普通股发行价格 \times (1-筹资费率)} \times 100\% + 固定增长率$$

【例 3-9】 万成公司拟增加发行普通股,发行价为 15 元/股,筹资费率为 2%,企业本年支付的普通股股利为 1.2 元/股,预计以后每年股利将以 5% 的速度增长,企业所得税税率为 25%。请计算企业普通股的资本成本。

$$普通股资本成本 = \frac{1.2 \times (1+5\%)}{15 \times (1-2\%)} \times 100\% + 5\% = 13.57\%$$

牛刀小试

甲公司发行面值为1元的普通股1 000万股,每股发行价格为5元,筹资费用为发行价格的5%,预计第一年每股股利为0.1元,以后每年递增4%。则普通股资本成本是多少呢?

2) 资本资产定价模型

投资者要求的必要收益率相对于筹资者而言就是其付出的资本成本,因此普通股的资本成本可以用资本资产定价模型确定。公式如下:

$$R = R_f + \beta \times (R_m - R_f)$$

式中,R表示普通股资本成本,β表示某股票的系统风险系数,R_m表示市场组合收益率(也称平均必要收益率),R_f表示无风险收益率。

新手提示

由于国库券(国债)是国家发行的,可视为无风险。因此,无风险收益率R_f可以用国库券的利率表示。

【例3-10】 万成公司普通股β系数为1.5,此时一年期国债利率为5%,市场平均必要收益率为15%。请计算该普通股资本成本。

普通股资本成本 = $5\% + 1.5 \times (15\% - 5\%) = 20\%$

牛刀小试

甲公司股票的β值为1.5,无风险报酬率为6%,股票市场的平均必要报酬率为12%。则该股票的资本成本是多少?

6. 留存收益资本成本的计算

留存收益是指企业从历年实现的利润中提取或形成的留存于企业的内部积累,包括盈余公积和未分配利润两类。留存收益是将归属于股东的收益留存在企业,相当于股东对企业的第二次投资,所以股东要求的回报率与普通股应该相似,而留存收益属于企业的内部筹资,所以不产生筹资费用,因此,留存收益资本成本等于不考虑筹资费用的普通股资本成本。由于留存收益成本是一种机会成本,而不是实际发生的费用,只能对其估算。

知识拓展

留存收益成本的估算难于债务成本,这是因为很难对诸如企业未来发展前景及股东对未来风险所要求的风险溢价作出准确的测定。计算留存收益成本的方法很多,主要有股利增长模型法、资本资产定价模型法、风险溢价法。

【例3-11】 目前苏杭公司普通股的市价为20元/股,筹资费用率为4%,本年发放现金股利为每股0.75元,预期股利年增长率为6%。请计算该公司留存收益的资本成本。

$$留存收益资本成本 = \frac{0.75 \times (1+6\%)}{20} \times 100\% + 6\% = 9.98\%$$

微课:筹资管理——综合资本成本

牛刀小试

某公司普通股发行价格为15元/股,筹资费率为6%,当年发放现金股利为1.5元/股,股利将按4%的增长率稳定增长。请计算留存收益成本。

微课:筹资管理——资本结构

(二) 加权平均资本成本的计算

1. 加权平均资本成本的含义

加权平均资本成本(Weighted Average Cost of Capital, WACC),是指企业以各

种资本在企业全部资本中所占的比重为权数,对各种长期资金的资本成本加权平均计算出来的资本总成本。加权平均资本成本可用来确定具有平均风险投资项目所要求的收益率。

在进行筹资决策时,在不考虑其他因素影响的情况下,平均资本成本越低,筹资方案越优。

2. 加权平均资本成本的计算

加权平均资本成本的计算公式如下:

$$K_w = \sum_{j=1}^{n} K_j W_j$$

式中,K_w 为加权平均资本成本,K_j 为第 j 种个别资本成本,W_j 为第 j 种个别资本成本在全部资本中占的比重。

目前计算个别资本占全部资本的比重时,可分别选用账面价值权数、市场价值权数、目标价值权数来计算,具体如表 3-8 所示。

表 3-8 加权平均资本成本的三种权数选择

权数	含义	优缺点
账面价值权数(过去)	以会计报表账面价值为基础来计算资金权数	优点:资料容易取得,计算结果比较稳定 缺点:不能反映目前从资金市场上筹集资金的现时机会成本,不适合评价现时的资金结构
市场价值权数(现在)	以现行市价为基础来计算资金权数(即当前的市场价值)	优点:能够反映现时的资本成本水平,有利于进行资金结构决策 缺点:现行市价处于变动之中,不容易取得;现行市价反映的只是现时的资金结构,不适用未来的筹资决策
目标价值权数(未来)	以预计的未来价值(未来的市场价值或未来的账面价值)为基础来确定资金权数	优点:适用于未来的筹资决策 缺点:目标价值的确定难免具有主观性

【**例 3-12**】 重庆昌达公司 2×23 年年末的长期资本账面总额为 1 000 万元,其中:长期银行借款 400 万元,占 40%;长期债券 150 万元,占 15%;普通股 450 万元,占 45%;长期银行借款、长期债券和普通股的个别资本成本分别为:5%、6%、9%。普通股市场价值为 1 600 万元,债务的市场价值等于其账面价值。请计算该公司的平均资本成本。

按账面价值计算权数:平均资本成本=5%×40%+6%×15%+9%×45%=6.95%

按市场价值计算权数:

$$\text{平均资本成本} = \frac{5\% \times 400}{400+150+1600} + \frac{6\% \times 150}{400+150+1600} + \frac{9\% \times 1600}{400+150+1600} = 8.05\%$$

牛刀小试

某公司共有长期资本 1 000 万元,其中,长期借款 100 万元、长期债券 200 万元、

寓德于技——

辩证唯物主义是中国共产党人的世界观和方法论。辩证思维是人们运用唯物辩证法分析问题、解决问题的科学思维方法。辩证思维要求观察问题和分析问题时,以动态发展的眼光来看问题。

此处讲到的三种权数,我们要辩证地看待它们,每一种权数都不是绝对好或者绝对不好。在不同情形下,它们能够很好地发挥各自己的优点;同样地,它们的缺点促进了权数计算方法的不断完善。

优先股 100 万元、普通股 400 万元、留存收益 200 万元,其个别资本成本分别为 6%、6.5%、12%、15%、14.5%。请问该公司的加权平均资本成本为多少?

(三)边际资本成本

公司无法以某一固定的资本成本筹集无限的资金,当公司筹集的资金超过一定限度时,原来的资本成本就会增加。追加一个单位的资本增加的成本称为边际资本成本。边际资本成本,是企业追加筹资的决策依据。筹资方案组合时,边际资本成本的权数采用目标价值权数。

边际资本成本 = 增加的筹资总成本 ÷ 增加的筹资总额
= ∑(各种方式的筹资额 × 相应的个别资本成本) ÷ 增加的筹资总额
= ∑(增加的筹资总额 × 各种筹资方式的目标资本结构 × 相应的个别资本成本) ÷ 增加的筹资总额
= ∑(各种筹资方式的目标资本结构 × 相应的个别资本成本)

【例 3-13】 某公司设定的目标资本结构为:银行借款 20%、公司债券 15%、普通股 65%。现拟追加筹资 300 万元,按此资本结构来筹资。个别资本成本预计分别为:银行借款 7%、公司债券 12%、普通股 15%。要求计算追加筹资 300 万元的边际资本成本。

计算过程如表 3-9 所示:

表 3-9 边际资本成本计算表

资本种类	目标资本结构 ①	追加筹资额(万元) ②=300×①	个别资本成本 ③	边际资本成本 ④=①×③
银行借款	20%	60	7%	1.4%
公司债券	15%	45	12%	1.8%
普通股	65%	195	15%	9.75%
合计	100%	300	—	12.95%

牛刀小试

甲公司目前的资本总额为 2 000 万元,其中,普通股 800 万元、长期借款 700 万元、公司债券 500 万元。计划通过筹资来调节资本结构,目标资本结构为普通股 50%、长期借款 30%、公司债券 20%。现拟追加筹资 1 000 万元,个别资本成本率预计分别为:银行借款 7%、公司债券 12%、普通股 15%。则追加的 1 000 万元筹资的边际资本成本是多少?

知识检测

一、单项选择题

1. 下列各项中,影响资本成本的因素不包括(　　)。
   A. 所投资项目的预期报酬率　　B. 总体经济环境
   C. 资本市场条件　　D. 企业经营状况

2. 某企业取得5年期长期借款200万元,年利率为10%,每年付息一次,到期一次还本,借款费用率为0.2%,企业所得税税率为25%,该借款的资本成本为( )。
   A. 7.52%　　　　B. 10.2%　　　　C. 7.53%　　　　D. 8.65%

3. 甲公司2×23年年末长期资本为5 000万元,其中,长期借款为1 000万元,年利率为6%,甲公司长期银行借款的资本成本为( )。
   A. 5%　　　　　B. 4.5%　　　　C. 6%　　　　　D. 7%

4. 某公司普通股日前的股价为10元/股,筹资费率为6%,预计第一期每股股利为2元,股利固定增长率为2%,则该企业利用留存收益筹资的资本成本为( )。
   A. 22.40%　　　B. 22.00%　　　C. 23.70%　　　D. 23.28%

5. 下列各项中,不需要考虑发行成本影响的筹资方式是( )。
   A. 发行债券　　B. 发行普通股　C. 发行优先股　D. 留存收益

6. 优先股的资本成本等于( )。
   A. 优先股筹资额÷[优先股年股利×(1＋优先股筹资费用率)]
   B. 优先股年股利÷[优先股筹资额×(1－优先股筹资费用率)]
   C. 优先股筹资额÷(优先股每股市价－优先股筹资费用率)
   D. 优先股每股股利÷(优先股市价＋优先股筹资费用率)

二、多项选择题

1. 如果利用股利增长模型计算股票的资本成本,则下列因素单独变动会导致普通股资本成本提高的有( )。
   A. 预期第一年股利增加　　　　B. 股利固定增长率提高
   C. 普通股的筹资费用增加　　　D. 股票市场价格上升

2. 下列关于综合资本成本的说法中,正确的有( )。
   A. 包括加权平均资本成本和边际资本成本
   B. 边际资本成本,是指资金每增加一个单位而增加的成本
   C. 当企业筹资用以投资某项目时,应以边际资本成本作为评价该投资项目可行性的经济指标
   D. 边际资本成本采用加权平均法计算,其权数为目标价值权数

3. 在计算个别资本成本时,需要考虑所得税抵减作用的筹资方式有( )。
   A. 银行借款　　B. 长期债券　　C. 优先股　　　D. 普通股

4. 影响企业综合资本成本的因素主要有( )。
   A. 资金结构　　　　　　　　　B. 个别资本成本的高低
   C. 筹集资金总额　　　　　　　D. 筹资期限长短

5. 资本成本中应考虑节约所得税的筹资方式有( )。
   A. 银行借款　　B. 普通股票　　C. 优先股股票　D. 债券

6. 下列关于留存收益的资本成本的说法中,正确的说法有( )。
   A. 它不存在成本问题
   B. 其成本是一种机会成本
   C. 它的成本计算不考虑筹资费用
   D. 它相当于股东投资于某种股票所要求的必要收益率

7. 资本成本的作用主要包括（　　）。
   A. 比较筹资方式，是选择筹资方案的依据
   B. 是衡量资本结构是否合理的重要依据
   C. 是评价投资项目可行性的主要标准
   D. 是评价企业整体业绩的重要依据
8. 下列各项中，会影响加权平均资本成本的有（　　）。
   A. 资金占总资金的比重　　　　　　B. 资金的成本
   C. 筹资方式种类　　　　　　　　　D. 筹资期限
9. 下列选项中，会影响资本成本的有（　　）。
   A. 总体经济环境　　　　　　　　　B. 资本市场条件
   C. 企业经营状况和融资状况　　　　D. 企业对筹资规模和时限的需求
10. 资本成本包括用资费用和筹资费用，下列各项中，属于用资费用的有（　　）。
    A. 股东支付的股利　　　　　　　　B. 向债权人支付的利息
    C. 向银行支付的手续费　　　　　　D. 发行股票的发行费用
11. 下列各项中，属于资本成本作用的有（　　）。
    A. 用于项目投资决策　　　　　　　B. 用于筹资决策
    C. 用于确定最优资本结构　　　　　D. 用于业绩考核

三、判断题

1. 偿还到期债务是企业筹资的基本动机。　　　　　　　　　　　　　　（　）
2. 在计算债券的资本成本时，债券的筹资额一般是指债券的面值。　　　（　）
3. 资本成本是企业用以确定项目要求达到的投资报酬率的最低标准。　　（　）
4. 在个别资本成本一定的情况下，企业综合资本成本的高低取决于资金总额。
　　　　　　　　　　　　　　　　　　　　　　　　　　　　　　　　（　）
5. 其他条件不变的情况下，企业财务风险大，投资者要求的预期报酬率就高，企业筹资的资本成本相应就大。　　　　　　　　　　　　　　　　　　（　）
6. 资本成本是衡量资本结构优化程度的依据。　　　　　　　　　　　　（　）
7. 综合资本成本仅仅由个别资本成本确定。　　　　　　　　　　　　　（　）
8. 在所有资金来源中，一般来说，普通股资本成本最高。　　　　　　　（　）
9. 留存收益无需企业专门去筹集，所以它本身没有任何成本。　　　　　（　）
10. 债务的用资费用就是筹资费用。　　　　　　　　　　　　　　　　　（　）
11. 优先股既有杠杆效应，也具有抵税作用。　　　　　　　　　　　　　（　）

知识应用

企业计划筹集资金1 000万元，企业所得税税率为25%。有关资料如下。

（1）向银行借款100万元，借款年利率为7%，手续费率为2%。

（2）发行优先股300万元，预计年股利率为12%，筹资费率为4%。

（3）发行普通股60万股，每股发行价格为10元，筹资费率为6%；第一年预计每股股利为2元，以后每年股利按4%递增。

要求：计算该企业加权平均资本成本。

任务六　杠杆效应

> **案例导入**

金融危机下的财务杠杆

2008年10月24日,美国佐治亚州阿尔法里塔市阿尔法银行和信托公司关闭,成为全美因次贷危机而倒闭的第16家银行。仔细研究,不难发现:所有的投行杠杆较高。2008年3月,第一个因次贷危机而倒闭的投资银行贝尔斯登的总资产与股东权益之比高达16,较高的负债经营虽然能提高投资回报率,但必定也会伴随较大的财务风险。在当时,我们的金融市场并未完全开放,但是金融危机已经从我国香港、广东等沿海地区逐步渗透到内陆。市场需求减少、融资难度加大、金融环境恶化,都对企业的风险管理提出了更高的要求。因此,在金融危机的影响下,我国企业更应重视财务杠杆与财务风险。

那么,什么是财务杠杆,为什么企业需要引起重视呢？

(案例来源:http://www.cye.com.cn/chuangyezixun/caijingxinwen/20081026225342.htm。)

微课:筹资管理——成本习性与经营杠杆

一、成本性态

成本性态是指成本总额与业务总量之间的依存关系,通常又称成本习性。全部成本按其性态分为固定成本、变动成本和混合成本三大类。

(一)固定成本

固定成本也称固定费用,是指成本总额在一定时期和一定业务量范围内,不受业务量增减变动影响且能保持不变的成本。固定成本大部分是间接成本,在相关范围内,其成本总额不受产量增减变动的影响,但单位固定成本会与业务量的增减呈反向变动。

固定成本的特点及性态模型如下:

(1)固定成本总额的不变性。这一特点是其概念的再现,在平面直角坐标图上,固定成本线是一条平行于 x 轴的直线,其总成本性态模型为:$y=a$。(式中,y 表示固定成本,a 表示一个常数)

(2)单位固定成本的反比例变动性。由于上一个特点,单位产品负担的固定成本固然会随着业务的量的变动成反比例变动,其单位固定成本性态模型为:$y=a/x$(式中,y 表示单位固定成本,x 表示业务量),反映在平面直角坐标图上是一条反比例曲线。

固定成本通常按其是否受企业管理当局短期决策行为的影响进一步分为约束性固定成本和酌量性固定成本。其中,约束性固定成本不受管理当局短期决策影响,如房租、管理人员的基本工资等;酌量性固定成本则可通过管理当局的短期决策进行调整,如广告费用、研究开发费用等。

> **新手提示**
>
> 区分约束性固定成本与酌量性固定成本的关键在于其是否受管理层短期决策行为的影响。

（二）变动成本

变动成本是指在一定条件下，成本总额随着业务量的变动而呈正比例变动的成本。变动成本虽然在相关范围内，其成本总额随着业务量的增减成正比例增减，但是从产品的单位成本看，它却不受产量变动的影响。

变动成本的特点及性态模型如下：

（1）变动成本总额的正比例变动性。变动成本是一条以单位变动成本为斜率的直线。其成本模型为：$y=bx$。（式中，y 表示变动成本；b 为一个常数，表示单位变动成本；x 表示业务量）

（2）单位变动成本的不变性。由于上一个特点，单位变动成本是一条平行于 x 轴的直线，其性态模型为：$y=b$。

变动成本根据其发生的原因进一步划分为技术性变动成本和酌量性变动成本。其中：技术性变动成本（也叫约束性变动成本）与产量有明确的技术或实物关系，只要生产就必然会发生，若不生产则为 0，比如生产用的直接材料；酌量性变动成本是会被管理当局的决策行动改变的变动成本，这类成本的特点是其单位变动成本的发生额可由企业最高管理层决定。例如，按销售收入的一定百分比支付的佣金，新产品研制费、技术转让费等。

（三）混合成本

> **新手提示**
> 可通过图形掌握混合成本。

混合成本是介于固定成本和变动成本之间的成本，其总额既随业务量变动又不成正比例变动。按照混合成本变动趋势的不同，可进一步分为半变动成本、半固定成本、延期变动成本、曲线变动成本。

半变动成本，是一种同时包含固定成本和变动成本因素的混合成本。这类成本的固定部分是不受业务量影响的基数成本，变动部分则是在基数成本的基础上随业务量的增长而正比例增长的成本。如企业的电话费、水费、电费、煤气费、机器设备维修保养费等。

半固定成本，也称阶梯式变动成本，该类成本在某一时期的一定业务量范围内固定不变，只有当业务量超过了一定的范围才会突然跳跃到一个新的水平，其后在一定业务量范围内又固定不变，直至又一次新的跳跃，以后总是按此规律呈阶梯形上升。如企业管理员的工资等。

延期变动成本，是指在一定业务量范围内总额保持稳定，超过特定业务量则与业务量的增长成正比变动的成本。如手机流量费。

曲线变动成本，它通常有一个不变的初始量，相当于固定成本。在这个初始量的基础上，成本随业务量变动，但并不存在线性关系，在坐标图上表现为一条抛物线。按照曲线斜率的不同变动趋势，这类混合成本可进一步分为递增型混合成本和递减型混合成本。例如，累进计件工资、违约金等。

在将混合成本按照一定的方法区分为固定成本和变动成本之后，根据成本性态，企业的总成本公式就可以表示为：

总成本＝固定成本总额＋变动成本总额＝固定成本总额＋（单位变动成本×业务量）

其性态模型为：

$$y = a + bx$$

式中，y 表示总成本，a 表示固定成本，b 表示单位变动成本，x 表示业务量。

这个公式在变动成本计算、本量利分析、正确制定经营决策和评价各部门工作业绩等方面具有不可或缺的重要作用。其中，变动成本着重于单位成本水平的管理和控制，固定成本着重于总额水平的管理和控制。

牛刀小试

请根据各类成本的特征，在坐标轴中画出它们的图形。

二、边际贡献

边际贡献是指销售收入与变动成本的差额。其计算公式为：

$$边际贡献 = 销售收入 - 变动成本$$
$$= (销售单价 - 单位变动成本) \times 产销量$$
$$= 单位边际贡献 \times 产销量$$

或：

$$M = (P - b)Q = mQ$$

式中，M 表示边际贡献，P 表示销售单价，b 表示单位变动成本，Q 表示产销量，m 表示单位边际贡献。

三、息税前利润

息税前利润是指企业支付利息和缴纳企业所得税之前的利润。其计算公式为：

$$息税前利润 = 销售收入 - 变动成本 - 固定成本$$
$$= (单价 - 单位变动成本) \times 产销量 - 固定成本$$
$$= 单位边际贡献 \times 产销量 - 固定成本$$
$$= 边际贡献 - 固定成本$$

或：

$$EBIT = (P - b)Q - F = mQ - F = M - F$$

式中，$EBIT$ 表示息税前利润，P 表示销售单价，b 表示单位变动成本，Q 表示产销量，m 为单位边际贡献，M 表示边际贡献，F 表示固定成本。

根据息税前利润的定义，还可以采用以下公式进行计算：

$$息税前利润 = 净利润 + 企业所得税 + 利息费用$$
$$利润总额（税前利润） = 息税前利润 - 利息费用$$
$$净利润 = 利润总额 \times (1 - 企业所得税税率)$$

【例3-14】 苏杭公司 2×23 年实现销售额 142 800 万元，当年变动成本总额为 100 800 万元，固定成本总额为 5 000 万元。请计算当年的边际贡献总额及息税前利润。

边际贡献 = 142 800 - 100 800 = 42 000（万元）

> **寓德于技**
> 税收是国家（政府）公共财政最主要的收入形式和来源。税收的目的是向社会提供公共产品和满足社会共同需要。因此，无论是企业还是个人都应该依法纳税，严格遵守税收法律制度，并监督、举报周边的偷税、漏税等违法行为。

息税前利润＝42 000－5 000＝37 000(万元)

财务管理中存在着类似于物理学中的杠杆效应,表现为:由于特定固定支出或费用的存在,当某一财务变量以较小幅度变动时,另一相关变量会以较大幅度变动。财务管理中的杠杆效应包括经营杠杆、财务杠杆和联合杠杆三种形式。杠杆效应既可以产生杠杆利益,也可能带来杠杆风险。

四、经营杠杆效应

1. 经营风险的概念

企业的风险包括经营风险和财务风险。经营风险是由于生产经营变动或市场环境改变导致企业未来的经营性现金流量发生变化,从而影响企业市场价值的可能性。

2. 影响经营风险的因素

(1) 产品需求。市场对企业产品的需求越稳定,则 $EBIT$ 越稳定,经营风险越小。

(2) 产品售价。产品销售价格越稳定,$EBIT$ 也越稳定,经营风险越小。

(3) 产品成本。产品成本是收入的抵减,成本越稳定,$EBIT$ 也越稳定,经营风险越小。

(4) 对销售价格的调整能力。当通货膨胀使生产资料价格上涨时,若企业有能力将因涨价而增加的生产成本转移到销售价格上,则将消除其对 $EBIT$ 的影响,这种调整能力越强,经营风险越小。

(5) 固定成本。在一定的经营规模条件下,当其他条件不变时,固定成本总额是一个固定不变的数值,当产品的销售量发生变动时,单位产品分担的固定成本随销量的增加(减少)而减少(增加),使 $EBIT$ 以更大的幅度变动,从而增加经营风险。因此,我们将固定成本视为影响经营风险的因素之一。企业的固定成本比率越高,经营风险越大。

3. 经营杠杆的概念

经营杠杆,是指由于固定性经营成本的存在,使得企业的资产报酬(息税前利润)变动率大于业务量(产销量或销售额)变动率的现象。当不存在固定成本时,资产报酬变动率与业务量变动率一致,不存在杠杆效应。所以,只要企业存在固定成本,就存在经营杠杆效应。经营杠杆反映了资产报酬的波动性,用以评价企业的经营风险。

4. 经营杠杆系数

经营杠杆是把"双刃剑",不仅可以放大公司的息税前利润,也可以放大公司的亏损。经营杠杆的大小用经营杠杆系数(DOL)衡量。经营杠杆系数是指息税前利润变动率相对于产销量变动率的倍数。假设产量等于销量的前提下,经营杠杆系数可用以下公式表示。

(1) 定义公式。

$$DOL = \frac{\Delta EBIT/EBIT_0}{\Delta Q/Q_0}$$

式中,DOL 表示经营杠杆系数,$EBIT_0$ 为基期的息税前利润,$\Delta EBIT$ 为息税前利润变动额,Q_0 为基期销售量,ΔQ 为销售量的变动额。

(2) 简化公式。根据企业量本利之间的线性关系,可以将定义公式简化为:基期边际贡献/基期息税前利润。

$$DOL = \frac{Q(P-V)}{Q(P-V)-F} = \frac{EBIT_0 + F}{EBIT_0} = \frac{M_0}{M_0 - F}$$

式中,$EBIT_0$ 为基期息税前利润,P 为销售单价,Q 为销售量,V 为单位变动成本,M_0 为基期边际贡献,F 为固定成本总额。

> **新手提示**
> 公式里面的边际贡献和息税前利润一定是采用基期的数据。

【例3-15】 大华公司是一家服装制造企业,固定成本为500万元,变动成本率为70%,产品的销售单价为10元。年产销额为5 000万元时,变动成本为3 500万元,固定成本500万元,息税前利润为1 000万元;年产销额为7 000万元时,变动成本为4 900万元,固定成本仍然是500万元,息税前利润为1 600万元。可以看出,该公司产销量增长了40%,息税前利润增长了60%,产生了1.5倍的经营杠杆效应。

$$DOL = \frac{\Delta EBIT/EBIT_0}{\Delta Q/Q_0} = \frac{600/1\,000}{2\,000/5\,000} = 1.5$$

$$DOL = \frac{EBIT_0 + F}{EBIT_0} = \frac{1\,000 + 500}{1\,000} = 1.5$$

【例3-16】 某企业生产甲产品,固定成本为200万元,变动成本率为60%,产品销售单价不变。当销售额分别为500万元、1 000万元、2 000万时,经营杠杆系数分别是多少。

$$DOL = \frac{M_0}{M_0 - F} = \frac{500 - 500 \times 60\%}{500 - 500 \times 60\% - 200} \rightarrow \infty$$

$$DOL = \frac{M_0}{M_0 - F} = \frac{1\,000 - 1\,000 \times 60\%}{1\,000 - 1\,000 \times 60\% - 200} = 2$$

$$DOL = \frac{M_0}{M_0 - F} = \frac{2\,000 - 2\,000 \times 60\%}{2\,000 - 2\,000 \times 60\% - 200} = 1.33$$

通过以上计算可知,在其他因素不变的情况下,销售额越小,经营杠杆系数越大,经营风险也就越大。在销售额处于盈亏临界点时,经营杠杆系数趋于无穷大,此时企业销售额稍微减少,便会导致更大的亏损。

牛刀小试

根据表3-10的甲公司部分数据,计算销量为10 000件时的经营杠杆系数。

表3-10 甲公司部分数据

项目	基期	预计期
单价(P)	10元/件	10元/件
单位变动成本(V)	5元/件	5元/件
销量(Q)	10 000件	20 000件
固定成本	20 000元	20 000元

五、财务杠杆效应

1. 财务风险

公司存在负债和优先股筹资的情况下,应该按规定向债权人(优先股股东)支付按固定利息率(股息率)计算的利息(股息),并且按照约定的方式偿还债务本金。如果公司无法支付利息(股息)和债务本金,公司将面临一定的财务压力。这种由于固定性资本成本存在(包括负债利息和优先股股息)而对普通股股东收益产生的影响,称为财务风险。财务风险通常用财务杠杆来衡量。

2. 财务杠杆的概念

财务杠杆是指由于财务费用的存在,当公司的息税前利润有一个较小幅度的变化时,就会引起普通股每股收益较大幅度变化的现象。公司债务的利息和优先股的股息通常是固定不变的。当息税前利润增加时,每一元利润所负担的财务费用就会减少,这给普通股股东带来更多的收益;相反,当息税前利润减少时,每一元利润所负担的财务费用就会增加,这会减少普通股股东的收益。财务杠杆主要反映息税前利润和普通股每股收益之间的关系,用于衡量息税前利润变动对普通股每股收益变动的影响程度。

3. 财务杠杆系数

只要公司存在债务利息和优先股股息,就会存在财务杠杆效应。财务杠杆效应的大小通常用财务杠杆系数(DFL)衡量。财务杠杆系数是指普通股每股收益的变动率相当于息税前利润变动率的倍数。按照财务杠杆系数的含义,财务杠杆系数的计算公式如下。

(1) 定义公式:

$$DFL = \frac{\Delta EPS/EPS_0}{\Delta EBIT/EBIT_0}$$

式中,$EBIT_0$ 为基期息税前利润,$\Delta EBIT$ 为息税前利润变动额,EPS_0 为基期每股收益,ΔEPS 为每股收益变动额。

> **新手提示**
> 公式里面的息税前利润和每股收益一定是采用基期的数据。

(2) 简化公式。在实际生活中,可以将定义公式简化为:

$$DFL = \frac{EBIT}{EBIT - I - D/(1-T)}$$

式中,I 为债务利息,D 为优先股股息,T 为公司所得税税率。

> **新手提示**
> 分母的优先股股息需要换成税前的优先股股息,这样才能和债务利息匹配,因为债务利息是税前的。

【例3-17】 万通公司息税前利润为250万元,全部资本为500万元,负债比率为40%,负债的平均利息率为10%,公司没有发行优先股。请计算财务杠杆系数。

$$DFL = \frac{250}{250 - 500 \times 40\% \times 10\%} = 1.09$$

牛刀小试

某公司资本总额为2 500万元,其中,负债占45%,利率为14%,该公司销售额为3 200万元,固定成本为480万元,变动成本率为60%。请计算该公司的财务杠杆系数。

六、联合杠杆

从以上分析可知,经营杠杆是通过扩大销售规模来影响息税前利润的,而财务杠杆是通过扩大息税前利润来影响每股收益的。如果两个杠杆共同起作用,那么销售规模稍有变动会使每股收益产生更大的变动,这就是联合杠杆作用。

在不同公司,联合杠杆的作用大小是不完全一致的,为此,需要对联合杠杆所起的作用进行计量。对联合杠杆所起作用进行计量的最常用指标是联合杠杆系数(DTL)。所谓联合杠杆系数,是指每股收益的变动率相当于销售量变动率的倍数。联合杠杆系数也称总杠杆系数或复合杠杆系数,能够说明普通股每股收益的变动幅度,可用于预测普通股每股收益,以及衡量企业的总体风险。联合杠杆系数的计算公式如下。

(1)定义公式:

$$DTL = \frac{\Delta EBIT/EBIT_0}{\Delta Q/Q_0} \times \frac{\Delta EPS/EPS_0}{\Delta EBIT/EBIT_0}$$

$$DTL = \frac{\Delta EPS/EPS_0}{\Delta Q/Q_0}$$

> **新手提示**
> 联合杠杆系数的计算公式可以不用记忆,把握住3个杠杆系数之间的关系即可。

式中,$EBIT_0$ 为基期息税前利润,$\Delta EBIT$ 为息税前利润变动额,EPS_0 为基期每股收益,ΔEPS 为每股收益变动额,Q_0 为基期销售量,ΔQ 为销售量的变动。

(2)简化公式。在实际生活中,可以将定义公式简化为:

$$DTL = DOL \times DFL$$

【例3-18】 假定万通公司经营杠杆系数为2,财务杠杆系数为1.5,请计算联合杠杆系数。

$$DTL = DOL \times DFL = 2 \times 1.5 = 3$$

经营杠杆和财务杠杆可以按照多种方式组合,从而找到一个理想的联合杠杆水平。即较高经营杠杆系数的公司可以在较低的程度上使用财务杠杆;经营杠杆系数较低的公司可以在较高的程度上使用财务杠杆。

一般来说,固定资产比重较大的资金密集型企业,经营杠杆系数高,经营风险大,企业筹资主要依靠权益资金,以保持较小的财务杠杆系数和财务风险;变动成本比重较大的劳动密集型企业,经营杠杆系数低,经营风险小,企业筹资可以主要依靠债务资金,保持较大的财务杠杆系数和财务风险。

一般来说,在企业初创阶段,产品市场占有率低,产销量小,经营杠杆系数大,此时企业筹资主要依靠权益资金,在较低程度上使用财务杠杆;在企业扩张成熟期,产品市场占有率高,产销量大,经营杠杆系数小,此时,企业资金结构中可扩大债务资金比重,在较高程度上使用财务杠杆。

知识检测

一、单项选择题

1. 下列关于总杠杆系数的说法中,不正确的是(   )。

A. 能够起到财务杠杆和经营杠杆的综合作用
B. 能够表达企业边际贡献与息税前利润的关系
C. 能够估计出销售变动对每股收益造成的影响
D. 总杠杆系数越大,企业经营风险越大

2. 某公司经营风险较大,准备采取系列措施降低经营杠杆程度,下列措施中,无法达到这一目的的是( )。

A. 降低利息费用 B. 降低固定成本水平
C. 降低变动成本 D. 提高产品销售单价

3. 甲公司2×23年销售收入为1 000万元,变动成本率为60%,固定成本为200万元,利息费用为40万元。假设不存在资本化利息且不考虑其他因素,该企业总杠杆系数是( )。

A. 1.25 B. 2 C. 2.5 D. 3.75

4. 预计某公司2×23年的财务杠杆系数为1.2,2×23年息税前利润为720万元,则2×23年该公司的利息费用为( )万元。

A. 120 B. 144 C. 200 D. 600

5. 下列各项中,将会导致经营杠杆效应最大的情况是( )。

A. 实际销售额等于目标销售额
B. 实际销售额大于目标销售额
C. 实际销售额等于盈亏临界点销售额
D. 实际销售额大于盈亏临界点销售额

6. 某企业本年营业收入为1 200万元,变动成本率为60%,下一年经营杠杆系数为1.5,本年的经营杠杆系数为2,则该企业的固定成本为( )万元。

A. 160 B. 320
C. 240 D. 无法计算

7. 公司在创立时首先选择的筹资方式是( )。

A. 融资租赁 B. 向银行借款
C. 吸收直接投资 D. 发行企业债券

二、多项选择题

1. 下列各项因素中,影响经营杠杆系数计算结果的有( )。

A. 销售单价 B. 销售数量
C. 资本成本 D. 企业所得税税率

2. 在边际贡献大于固定成本的情况下,下列措施中,有利于降低公司总风险的有( )。

A. 增加产品销量 B. 提高产品单价
C. 提高资产负债率 D. 节约固定成本支出

3. 某公司经营杠杆系数为2,财务杠杆系数为3,如果产销量增加1%,则下列说法中,不正确的有( )。

A. 息税前利润将增加2% B. 息税前利润将增加3%
C. 每股收益将增加3% D. 每股收益将增加6%

4. 下列各项中,反映联合杠杆作用的有( )。
A. 说明普通股每股收益的变动幅度
B. 预测普通股每股收益
C. 衡量企业的总体风险
D. 说明企业财务状况

5. 在边际贡献大于固定成本的情况下,下列措施中,有利于降低公司总风险的有( )。
A. 增加产品销量   B. 提高产品单价
C. 提高资产负债率   D. 节约固定成本支出

6. 下列各项因素中,对经营杠杆系数和财务杠杆系数都会产生影响的有( )。
A. 所得税税率   B. 固定经营成本
C. 债务利息   D. 产品销售单价

6. 下列关于经营杠杆系数的说法中,正确的有( )。
A. 在其他因素一定时,产销量越小,经营杠杆系数越大
B. 在其他因素一定时,固定成本越大,经营杠杆系数越大
C. 当固定成本趋近于 0 时,经营杠杆系数趋近于 0
D. 当固定成本趋近于 0 时,经营杠杆系数趋近于 1

7. 甲公司经营杠杆系数为 2,财务杠杆系数为 1.5;乙公司经营杠杆系数为 1.5,财务杠杆系数为 2。若两个公司的销售量均增长 10%,则下列表述中,正确的有( )。
A. 甲、乙两个公司的息税前利润增幅相同
B. 甲、乙两个公司的每股收益增幅相同
C. 甲公司息税前利润的增幅大于乙公司
D. 甲公司每股收益的增幅大于乙公司

三、判断题

1. 经营杠杆能够扩大市场和生产等不确定性因素对利润变动的影响。( )
2. 在企业承担总风险能力一定且利率相同的情况下,对于经营杠杆水平较高的企业,应当保持较低的负债水平,而对于经营杠杆水平较低的企业,则可以保持较高的负债水平。( )
3. 根据"经营杠杆系数=基期边际贡献/基期息税前利润"可知,提高基期边际贡献可以提高本期经营杠杆系数。( )
4. 由于经营杠杆的作用,当息税前利润下降时,普通股每股盈余会下降得更快。( )
5. 一般来说,在企业初创阶段,企业筹资主要依靠债务资本,在较高程度上使用财务杠杆;在企业扩张成熟期,企业筹资主要依靠股权资本,在较低程度上使用财务杠杆。( )

知识应用

成旺公司没有发行优先股,去年产品销售量为 10 万台,单位售价为 100 元,变动成本率为 60%,固定经营成本总额为 150 万元,利息费用为 50 万元。公司今年预计

产品的单位售价、单位变动成本、固定经营成本总额和利息费用不变,所得税税率为25%(与去年一致),股利支付率为90%,产品销售量将增加40%。

要求:

(1) 计算该公司去年的经营杠杆系数、财务杠杆系数、总杠杆系数;

(2) 计算该公司今年的息税前利润总额及其变动率;

(3) 计算该公司今年的税前利润总额及其变动率;

(4) 计算该公司今年的经营杠杆系数、财务杠杆系数与总杠杆系数。

任务七 资本结构

案例导入

国美零售资本结构持续优化

国美零售在2021年半年报中披露的资产负债率为95.6%,相比2020年年末的98.2%有所降低;此外,国美零售在2021年9月完成了向控股股东定向增发股份的资本运作,将国美零售的资产负债率进一步降低至80%以下,资本结构进一步改善,这对国美零售未来的经营和资本结构形成重大利好,并将进一步提升其现金流量表现。

另外,国美零售获得的三处物业长期使用权也颇具看点。其中,国美商都将被打造为以科技、体验为消费场景的全品类电器及电子消费品展示售卖场所;湘江玖号则将开发成具备科技前沿潮流的地标式城市综合展厅,打通线上线下,形成覆盖周边1~8公里范围内的所有用户的服务圈。未来,国美零售的城市展厅投入运营后,其经营面积将更大、业态将更多,且能辐射10公里范围内的社区,满足本地消费多元化需求,城市展厅也将为国美持续发展增添新动能。

由此不难发现,零售大行业整体表现平稳,业内公司同时也在面临衰退压力,不断上下苦苦求索,但国美零售(0493.HK)不论是经营数据维度还是资本结构维度,各项指标都在逆势向好、持续优化。

那么,什么是资本结构呢?是否存在最佳的资本结构呢?

(案例来源:https://baijiahao.baidu.com/s?id=1729438704614759135&wfr=spider&for=pc。)

一、资本结构的概念

资本结构是指企业各种资本的价值构成及其比例关系,是企业一定时期筹资组合的结果。广义的资本结构是指企业全部资本的构成及其比例关系。企业一定时期的资本可分为债务资本和股权资本,也可分为短期资本和长期资本。狭义的资本结构是指企业各种长期资本(长期负债与股东权益)的构成及其比例关系。一般情况下,企业财务管理中的资本结构多指狭义的资本结构。

二、资本结构的影响因素

(一) 企业经营状况的稳定性和成长率

企业稳定性好,则可较多地负担固定的财务费用,可适当提高负债资本占比。成长率高的企业则可采用高负债的资本结构,以提升权益资本的报酬。

(二) 企业的财务状况和信用等级

财务状况好、信用等级高的企业更容易获得债务资本。

(三) 企业的资产结构

公司的资产结构会以多种方式影响公司的资本结构,比如拥有大量固定资产的公司主要是通过长期负债和发行股票来筹集资本,而拥有较多流动资产的公司,更多依赖流动负债来筹集资本。

(四) 企业投资人和管理当局的态度

从所有者角度看,若企业股权分散,可能更多地采用权益资本筹资以分散企业风险;若企业为少数股东控制,为防止控股权稀释,一般尽量避免普通股筹资。从管理当局角度看,稳健的管理当局偏好于选择负债比例较低的资本结构,降低财务风险,从而控制总体风险。

> **寓德于技**
> 企业如果拥有好的信誉,就更容易取得资金。我们做人做事也一样,应该维护好自身的信誉,做一名讲诚信的人。同样,我们应多与诚信之人打交道,远离失信之人,以保护自己。

(五) 行业特征和企业发展周期

行业特征:产品市场稳定的成熟产业,经营风险小,可提高债务资本比重;高新技术企业产品、技术、市场尚不成熟,经营风险大,可降低债务资本比重。

企业发展周期:初创阶段的企业经营风险高,应控制负债比率;成熟阶段的企业经营风险低,可适度增加债务资金比重;收缩阶段的企业,其市场占有率下降,经营风险逐步加大,应逐步降低债务资金比重。

(六) 经济环境的税务政策和货币政策

所得税税率高的企业,债务资金抵税作用大,企业可充分利用这种作用,适当提高债务资本的占比以提高企业价值。货币政策紧缩时,市场利率高,企业债务资本成本增大,可适当降低债务资本的占比。

三、资本结构决策

资本结构决策是在若干可行的资本结构方案中选取最佳资本结构。资本结构决策在财务决策中具有极其重要的地位。资本结构决策的方法主要有资本成本比较法、每股收益无差别点法和企业价值比较法。本教材主要探讨了前面两种方法。

(一) 资本成本比较法

资本成本比较法是指企业在筹资决策时,首先拟定多个备选方案,分别计算各个方案的加权平均资本成本,选择平均资本成本最低的方案为最优方案,从而确定为相对最优的资本结构。

> **新手提示**
> 资本成本比较法主要依赖前面所学的加权平均资本成本的计算。

【例 3-19】 重庆昌盛公司需筹集 100 万元长期资本,可以采用长期借款、发行债券、发行普通股三种方式筹集,其个别资本成本率已分别测定,有关资料如表 3-11 所示。请计算该公司应选择哪种方案。

表 3-11　不同方案下的资本结构及不同筹资方式的资本成本

筹资方式	资本结构			个别资本成本率
	A方案	B方案	C方案	
长期借款	40%	30%	20%	6%
债券	10%	15%	20%	8%
普通股	50%	55%	60%	9%
合计	100%	100%	100%	—

计算如下：

A方案平均资本成本＝40%×6%＋10%×8%＋50%×9%＝7.7%

B方案平均资本成本＝30%×6%＋15%×8%＋55%×9%＝7.95%

C方案平均资本成本＝20%×6%＋20%×8%＋60%×9%＝8.2%

通过比较不难发现，A方案平均资本成本最低，因此，应当选择A方案。即按照A方案的各种资本比例筹集资金，由此形成的资本结构为相对最优资本结构。

资本成本比较法仅以资本成本最低为选择标准，因测算过程简单，是一种比较便捷的方法。但这种方法只是比较了各种筹资组合方案的资本成本，难以区别不同筹资方案之间的财务风险差异，而且在实际计算中有时也难以确定各种筹资方式的资本成本。

牛刀小试

某企业需要筹集资金1 000万元，请结合以下三种筹资方案，选择最优的筹资方式。

方案一：长期借款500万元，其利率为6%；发行普通股500万元，其资本成本为15%。

方案二：发行长期债券400万元，其资本成本为5.5%；发行普通股600万元，其资本成本为15%。

方案三：长期借款400万元，其利率为6%；发行长期债券200万元，其资本成本为5%；发行普通股400万元，其资本成本为16%；该企业所得税税率为25%。

（二）每股收益无差别点法

> **新手提示**
> （1）记住每股收益无差别点的计算公式。
> （2）分清楚不同筹资方式对原有每股收益的影响。负债筹资方式影响的是利息，而权益筹资方式影响的是股数。

资本结构是否合理，可以通过分析每股收益的变化来衡量，即：能提高每股收益的资本结构是合理的，反之则不够合理。但每股收益的高低不仅受资本结构的影响，还受到销售水平的影响。处理以上三者的关系，可以运用筹资的每股收益分析的方法。

每股收益分析是利用每股收益的无差别点进行的。所谓每股收益无差别点，是指不同筹资方式下使每股收益都相等的息税前利润或业务量水平。根据每股收益无差别点，可以分析判断在什么样的销售水平下适于采用何种资本结构。

在筹资分析时，当息税前利润（或销售收入）大于每股收益无差别点的息税前利润（或销售收入）时，运用负债筹资可获得较高的每股收益；反之，当息税前利润（或销售收入）低于每股收益无差别点的息税前利润（或销售收入）时，运用权益筹资可获得较高的每股收益。而对于运用组合筹资方式进行比较时,需要画图进行分析。

每股收益无差别点的计算公式如下:

$$\frac{[(EBIT-I_1)\times(1-T)-DP_1]}{N_1}=\frac{[(EBIT-I_2)\times(1-T)-DP_2]}{N_2}$$

式中,$EBIT$ 是息税前利润,I_1 和 I_2 分别是两种方案下的利息,T 是企业所得税税率,DP 是优先股股利,N 普通股股数。

【例3-20】 光华公司目前资本结构为:总资本1 000万元,其中,债务资金400万元(年利息40万元)、普通股资本600万元(600万股,面值1元,市价5元)。企业由于有一个较好的新投资项目,需要追加筹资300万元,有两种筹资方案:

甲方案:增发普通股100万股,每股发行价为3元;

乙方案:向银行取得长期借款300万元,利息率为16%。

根据财务人员测算,追加筹资后销售额可望达到1 200万元,变动成本率为60%,固定成本为200万元,所得税税率为20%,不考虑筹资费用因素。请计算,该公司应选择哪种方案。

根据上述数据,代入无差别点计算公式:

甲方案的每股收益=乙方案的每股收益

$$\frac{[(EBIT-40)\times(1-20\%)]}{600+100}=\frac{[(EBIT-40-300\times16\%)\times(1-20\%)]}{600}$$

每股收益无差别点的 $EBIT=376$(万元)

此时甲方案的每股收益=$(376-40)\times(1-20\%)\div(600+100)=0.384$(元)

此时乙方案的每股收益=$(376-40-300\times16\%)\times(1-20\%)\div600=0.384$(元)

追加筹资后的息税前利润=$1\,200-1\,200\times60\%-200=280$(万元)

追加筹资后的息税前利润280万元,低于无差别点376万元,应当采用财务风险较小的甲方案,即增发普通股方案。

我们可以将息税前利润280万元代入甲、乙方案每股收益的计算式中,进行验证:

甲方案:$(280-40)\times(1-20\%)\div(600+100)=192\div700=0.274$(元)

乙方案:$(280-40-300\times16\%)\times(1-20\%)\div600=153.6\div600=0.256$(元)

通过计算可知,在1 200万元销售额水平上,甲方案的 EPS 为0.274元,乙方案的 EPS 为0.256元,甲方案优于乙方案。

每股收益分析法以每股收益的高低作为选择标准。因测算过程简单,是一种比较便捷的方法,但这种方法没有考虑风险因素。

除了以上两种常用方法外,还可采用公司价值分析法,即公司价值等于债务资本价值加上权益资本价值。本教材不作讲解。

牛刀小试

东方公司计划2×24年开发一个新项目,投资额为8 000万元,无投资期。经测算,公司原项目的息税前利润为500万元,新项目投产后,会带来1 000万元的息税前利润。现有甲、乙两种方案可筹资8 000万元:

甲方案:按照面值的120%增发票面利率为6%的公司债券;

乙方案：增发2 000万股普通股，每股价格为4元。

假定两种方案均在2×23年12月31日发行完毕，并立即购入新设备投入使用。东方公司现有普通股股数为3 000万股，负债为1 000万元，平均利息率为10%，公司所得税税率为25%。

要求：

(1) 计算甲、乙两种方案的每股收益无差别点息税前利润；

(2) 用每股收益无差别点法判断应采取哪个方案；

(3) 简要说明使用每股收益无差别点法如何作出决策。

知识检测

一、单项选择题

1. 下列各项中，运用每股收益无差别点法确定最佳资本结构时，需计算的指标是（　　）。

   A. 息税前利润　　　　　　　　B. 营业利润
   C. 净利润　　　　　　　　　　D. 利润总额

2. 采用每股收益无差别点法进行资本结构决策时，所选择的方案是（　　）。

   A. 每股收益最大的方案
   B. 风险最小的方案
   C. 每股收益最大、风险最小的方案
   D. 每股收益最大、风险最小的方案

3. 某企业的资本结构中，产权比率为2/3，债务税前资金成本为14%。目前市场上的无风险报酬率为8%，市场上所有股票的平均收益率为16%，公司股票的β系数为1.2，所得税税率为30%，则加权平均资金成本为（　　）。

   A. 14.48%　　　　　　　　　　B. 16%
   C. 18%　　　　　　　　　　　 D. 12%

4. 下列关于影响资本结构的因素的说法中，不正确的是（　　）。

   A. 如果企业产销业务稳定，企业可以较多地负担固定的财务费用
   B. 产品市场稳定的成熟产业，可提高债务资本比重
   C. 当所得税税率较高时，应降低债务资本比重
   D. 拥有大量固定资产的企业主要筹集长期资金

5. 下列关于最佳资本结构的表述中，错误的是（　　）。

   A. 最佳资本结构在理论上是存在的
   B. 资本结构优化的目标是提高企业价值
   C. 企业平均资本成本最低时资本结构最佳
   D. 企业的最佳资本结构应当长期固定不变

二、多项选择题

1. 下列各项中，可用于确定企业最优资本结构的方法有（　　）。

   A. 高低点法　　　　　　　　　B. 公司价值分析法

C. 资本成本比较法　　　　　　　D. 每股收益无差别点法

2. 下列各项中,影响企业资本结构决策的因素有(　　)。
A. 企业的经营状况　　　　　　　B. 企业的信用等级
C. 国家的货币供应量　　　　　　D. 管理者的风险偏好

3. 下列各项中,影响企业资本结构的因素有(　　)。
A. 企业增长率　　　　　　　　　B. 资本成本
C. 融资风险　　　　　　　　　　D. 获利能力

三、判断题

1. 一般而言,债券成本要高于长期借款成本。　　　　　　　　　　　(　　)
2. 最优资本结构是使企业自有资本成本最低的资本结构。　　　　　　(　　)
3. 使企业税后利润最大的资本结构是最佳资本结构。　　　　　　　　(　　)
4. 通过每股收益无差别点分析,可以准确地确定一个公司的每股收益与企业价值之间的关系。　　　　　　　　　　　　　　　　　　　　　　　(　　)
5. 当预期息税前利润大于每股收益无差别点时,应当选择财务杠杆效应较大的筹资方案。理由是该方案的资本成本低。　　　　　　　　　　　　(　　)

知识应用

1. 企业目前拥有资金2 000万元,其中,长期借款800万元,年利率为10%;普通股1 200万元,每股面值为1元,发行价格为20元,目前价格也为20元,上年每股股利2元,预计年股利增长率为5%,所得税率为25%。该公司计划筹资100万元,有两种筹资方案:①增加长期借款100万元,公司的借款利率由10%上升到12%;②增发普通股4万股,普通股每股市价增加到25元。

要求:
(1) 计算该公司筹资前的加权平均资本成本;
(2) 采用资本成本比较法确定该公司的最佳资本结构。

2. 某企业目前拥有资本1 000万元,其结构为:债券资本占20%(年利息为20万元);普通股权益资本占80%(发行普通股800万股,每股面值1元)。现准备追加筹资400万元,有两种筹资方案:方案一,全部发行普通股,增发400万股,每股面值1元;方案二,全部筹措长期债务资金,利率为10%,即利息为40万元。企业追加筹资后,EBIT预计为160万元,企业所得税税率为25%。

要求:计算每股收益无差别点及当时的每股收益,并选择最优方案。

项目三延伸阅读 1——公司价值分析法

项目小结与自我评价

本项目主要讲解企业筹资概述、资金需要量预测、权益资金的筹集、债务资金的筹集、资本成本、杠杆效应和资本结构,旨在让学生初步认识资本成本、杠杆效应和资本结构的一些概念,对筹资管理有了更深层次的理解。本项目重点介绍了各种筹资方式的优缺点以及资本成本、杠杆效应和资本结构的相关计算,让学生根据计算出的结果作出合理的决策。本项目知识点汇总如表3-12所示,请在自我评价栏对自己的知识掌握情况作出评价,并查漏补缺。

项目三延伸阅读 2——人生的机会成本

表 3-12 筹资管理知识点汇总及自我评价

任务名称	知识点		自我评价（得分）
任务一 企业筹资概述	企业筹资的含义	满足经营活动、投资活动、资本结构的需要的财务行为	
	企业筹资的动机	新建、扩张、调整、混合	
	企业筹资原则	筹措合法、规模适当、取得及时、来源经济、结构合理	
	企业筹资的渠道和方式	吸收直接投资、发行股票、利用留存收益、向金融机构借款、利用商业信用、发行公司债券及融资租赁	
	企业筹资的类型	按照资金性质的不同、是否通过金融机构、来源、时间期限划分	
任务二 资金需要量预测	销售百分比法	销售百分比法的步骤	
	资金习性预测法	高低点法和线性回归分析法	
任务三 权益资金的筹集	吸收直接投资	吸收直接投资的种类、出资方式、优缺点	
	发行普通股	股票的种类、发行条件、普通股筹资的优缺点	
	发行优先股	优先股的种类、优先股股东的权利、优先股筹资的优缺点	
	利用留存收益	利用留存收益的途径、利用留存收益筹资的优缺点	
任务四 债务资金的筹集	银行借款	银行借款的种类、程序及银行借款筹资的优缺点	
	发行公司债券	债券的种类、发行条件、发行程序及发行公司债券筹资的优缺点	
	融资租赁	融资租赁的特点、形式及融资租赁筹资的优缺点	
	商业信用	商业信用的具体形式及商业信用筹资的优缺点	
任务五 资本成本	资本成本的含义	资金的筹资费和占用费；绝对角度和相对角度	
	资本成本的作用	用在财务管理活动的各个方面	
	影响资本成本的因素	总体经济环境；资金市场条件；经营状况和融资状况；筹资规模和时限	
	资本成本的计算	个别资本成本的计算；加权平均资本成本的计算；边际资本成本的计算	
任务六 杠杆效应	成本性态	认识固定成本、变动成本和混合成本；边际贡献公式；息税前利润公式	
	三大杠杆	三大杠杆系数的定义公式和计算公式；三大杠杆系数所对应的风险	

(续表)

任务名称	知识点		自我评价(得分)
任务七 资本结构	资本成本比较法	加权平均资本成本的计算	
	每股收益无差别点法	每股收益无差别点的计算	
说明	掌握：经过课前预习、教师讲解、课后复习，能理解相关知识；10分。 基本掌握：在教师、同学的课后帮助下，能理解相关知识；5分。 模糊：在教师、同学的课后帮助下，仍然不能理解相关知识；0分。		
成绩	学生签字		

项目综合训练

一、单项选择题

1. 在个别资本成本的计算中，不必考虑筹资费用影响因素的是（　　）。
   A. 长期借款成本　　　　　　　　B. 债券成本
   C. 留存收益成本　　　　　　　　D. 普通股成本

2. 根据我国有关规定，股票不得（　　）。
   A. 平价发行　　　　　　　　　　B. 市价发行
   C. 折价发行　　　　　　　　　　D. 溢价发行

3. 公司由于破产进行清算，优先股的索赔权应位于（　　）的持有者之前。
   A. 债券　　　　　　　　　　　　B. 商业汇票
   C. 普通股　　　　　　　　　　　D. 各种有价证券

4. 下列各项中，不属于商业信用的是（　　）。
   A. 应付账款　　B. 应付票据　　C. 预收账款　　D. 应付工资

5. 相对于股票筹资而言，不属于银行借款筹资的优点是（　　）。
   A. 筹资速度快　　B. 筹资成本低　　C. 借款弹性好　　D. 财务风险小

6. 企业采用（　　）的方式筹集资金，能够降低财务风险，但往往资金成本较高。
   A. 发行债券　　　　　　　　　　B. 发行股票
   C. 从银行借款　　　　　　　　　D. 利用商业信用

7. 下列各项中，不影响经营杠杆系数的是（　　）。
   A. 产品销售数量　　　　　　　　B. 产品销售价格
   C. 固定成本　　　　　　　　　　D. 利息费用

8. 经营杠杆系数、财务杠杆系数和总杠杆系数之间的关系是（　　）。
   A. 总杠杆系数＝经营杠杆系数＋财务杠杆系数
   B. 总杠杆系数＝经营杠杆系数－财务杠杆系数
   C. 总杠杆系数＝经营杠杆系数×财务杠杆系数
   D. 总杠杆系数＝经营杠杆系数/财务杠杆系数

9. 如果企业的权益资本和债务资本的比例是3∶2，可断定企业（　　）。
   A. 只存在经营风险　　　　　　　B. 经营风险大于财务风险

C. 经营风险大于财务风险　　　　　　D. 同时存在经营风险和财务风险

10. 某公司的经营杠杆系数为2,假定息税前利润增长10%,在其他条件不变的情况下,销售量增长(　　)。
A. 5%　　　　B. 10%　　　　C. 15%　　　　D. 20%

11. 某企业预测期财务杠杆系数是1.5,基期息税前利润是450万元,则基期实际利息费用为(　　)万元。
A. 100　　　　B. 675　　　　C. 300　　　　D. 150

12. 下列各项中,不属于企业最优资本结构决策的方法是(　　)。
A. 高低点法　　　　　　　　　　　B. 公司价值分析法
C. 资本成本比较法　　　　　　　　D. 每股收益无差别点法

二、多项选择题

1. 商业信用的形式主要包括(　　)。
A. 预收货款　　B. 商业汇票　　C. 赊购商品　　D. 融资租赁

2. 企业短期资金的主要来源包括(　　)。
A. 商业信用　　B. 留存收益　　C. 发行股票　　D. 短期借款

3. 普通股与优先股的共同特征主要有(　　)。
A. 需支付固定股息　　　　　　　　B. 同属公司股本
C. 股息从净利润中支付　　　　　　D. 可参与公司重大决策

4. 在边际贡献大于固定成本的情况下,下列措施中,有利于降低企业整体风险的有(　　)。
A. 增加产品销售数量　　　　　　　B. 提高产品销售价格
C. 提高资产负债率　　　　　　　　D. 节约固定成本支出

5. 下列成本费用中,属于资本成本中的占用费用的有(　　)。
A. 借款手续费　　B. 股票发行费　　C. 利息　　D. 股利

6. 关于留存收益的资本成本,下列各项中,正确的说法有(　　)。
A. 它不存在成本的问题　　　　　　B. 他的成本计算不考虑筹资费用
C. 它相当于股东追加投资要求的报酬率　D. 在企业实务中一般不予考虑

7. 下列各项中,影响财务杠杆系数的因素有(　　)。
A. 销售收入　　B. 变动成本　　C. 固定成本　　D. 利息费用

8. 在事先确定企业资本规模的前提下,吸收一定比例的债务资本,可能产生的结果有(　　)。
A. 降低企业的资本成本　　　　　　B. 降低企业财务风险
C. 加大企业财务风险　　　　　　　D. 提高企业经营能力

三、判断题

1. 相对于股票筹资而言,银行借款的缺点是筹资成本高、财务风险大。(　　)

2. 负债筹资与普通股筹资相比,不会分散企业的控制权。(　　)

3. 按照所筹资金使用期限的长短,可以将筹资分为短期资金筹集和长期资金筹集。按照资金的来源渠道不同,可以将筹资分为权益筹资和负债筹资。(　　)

4. 每股收益无差别点分析不能用于确定最优资本结构。(　　)

5. 资本成本是投资人对投入的资金所要求的最低收益率,可作为评价投资项目是否可行的主要标准。（　　）

6. 最佳的资本结构是使企业筹资能力最强、财务风险最小的资本结构。（　　）

7. 在经营杠杆、财务杠杆与总杠杆中,作用最大的是总杠杆。（　　）

8. 由于经营杠杆的作用,当息税前利润下降时,普通股每股收益会下降更快。（　　）

9. 若债券利息率、筹资费率和所得税税率均已确定,则企业的债券资本成本与发行价格无关。（　　）

项目四

项目投资管理

思维导图

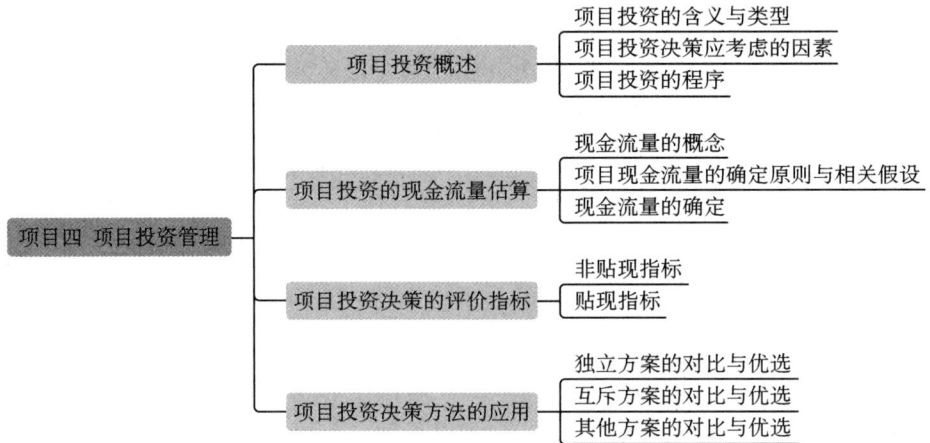

学习目标

1. 知识目标

（1）了解项目投资的概念、类型及项目投资决策的程序。
（2）理解现金流量的概念及构成内容。
（3）掌握现金净流量、各种贴现与非贴现指标的计算方法。
（4）理解投资风险分析的含义及计算技巧。

2. 技能目标

（1）能区别项目投资决策、证券投资的不同之处。
（2）能进行项目投资决策评价指标的应用，并能作出项目投资决策。
（3）能进行项目投资决策分析。

3. 素养目标

（1）培养学生爱岗敬业的精神及细心踏实的职业习惯。
（2）培养学生科学理财的意识。

任务一　项目投资概述

> **案例导入**

贾府的投资

在《红楼梦》里,贾元春省亲是贾府的头等大事,贾府倾尽所有,以结皇家之欢心。虽说是贾府最风光的事,但也是花钱最多的事。除了建造大观园的费用,还有各项杂费、花灯烟火费等各种费用花费巨大。那么,元妃省亲,给贾府带来了什么好处?看得见、摸得着的好处,是元妃的赏赐;看不见、没有明细的,是元妃回官后皇家的赏赐。贾府通过前期各种花费的投资讨皇家的欢心,继而获得金钱上或官职上的赏赐。这相当于一种投资回报,一次投资可以换来长期回报,甚至终身回报。当然,贾府之前是获得了回报的,但后面也尝到了被太监敲诈勒索等苦果。

既然是投资,必定存在风险,可能带来利益,也可能带来损失。从元春省亲这一花费来看,前期投资应该是划算的,抬高了贾府的政治地位,带来了隐性的利益。但后期也相应抬高了贾府的经济成本,成了贾府一项较为严重的经济负担,投资与回报极不对称。

思考:贾府的投资类型属于哪一种?

(案例来源:https://baijiahao.baidu.com/s?id=17234452681027493928wfr=spider&for=pc。)

一、项目投资的含义与类型

项目投资是一种以特定项目为对象,直接与新建项目或更新改造项目有关的长期投资行为。与其他形式的投资相比,项目投资具有投资数额多、影响时间长、变现能力差等特点。工业企业的投资项目主要分为新建项目和更新改造项目。

1. 新建项目

新建项目是以新建生产能力为目的的外延式扩大再生产。新建项目按其设计内容又可细分为单纯固定资产投资项目和完整工业投资项目。

(1)单纯固定资产投资项目简称固定资产投资,其特点在于:在投资中只包括为取得固定资产而发生的垫支资本投入而不涉及周转资本的投入。

(2)完整工业投资项目,其特点在于:不仅包括固定资产投资,还涉及流动资金投资,甚至包括无形资产等其他长期资产投资。

2. 更新改造项目

更新改造项目是以恢复或改善生产能力为目的的内含式扩大再生产。因此,不能将项目投资简单地等同于固定资产投资。

项目投资对企业的生存和发展具有重要意义,是企业开展正常生产经营活动的必要前提,是推进企业生产和发展的重要基础,是提高产品质量,降低产品成本不可缺少的条件,是增加企业市场竞争力的重要手段。

> **知识链接**
>
> 熟悉《红楼梦》的同学都知道,贾府最后走向了衰退的阶段。这是为什么呢?一个原因就是贾府没有进行科学的投资管理,致使投资与回报极不对称。因此,作为一个企业或者是个人,都要进行理性、科学地投资,不应盲目。

> **想一想**
>
> 项目投资是否等同于固定资产投资?

二、项目投资决策应考虑的因素

分析一项投资是否具备财务可行性,必须考虑以下几个因素。

(一) 项目计算期的长短

项目计算期是指投资项目从投资建设开始到最终清理结束整个过程的全部时间,包括建设期和运营期。其中,建设期是指从项目资金正式投入开始到项目建成投产为止所需要的时间,建设期第一年的年初为建设起点,建设期最后一年的年末为投产日,项目计算期最后一年的年末为终结点。假定项目最终报废或清理均发生在终结点(更新改造除外),从投产日到终结点之间的时间间隔称为运营期,运营期一般根据项目主要设备的经济使用寿命期确定。其计算公式如下:

$$项目计算期(n) = 建设期(s) + 运营期(p)$$

(二) 投资者要求的必要报酬率

投资必要报酬率反映的是投资项目可能得到的回报比率,获取投资回报是投资的目的所在。

(三) 各项税金及附加

在投资环节,进口设备的关税等税金会对财务可行性产生一定的影响;在生产环节,城市维护建设税、教育费附加等税金及费用也会对其产生影响。

三、项目投资的程序

(一) 投资项目的提出

投资项目包括战略性项目和战术性项目。投资规模较大,所需资金较多的战略性项目,应由董事会提议,由各部门专家组成专家小组提出方案并进行可行性研究。投资规模较小,投资金额不大的战术性项目应由主管部门提议,由有关部门组织人员提出方案并进行可行性研究。

(二) 投资项目的可行性分析

投资项目可行性分析的方法应以定量分析方法为主,并辅以定性分析。首先,识别项目的费用和经营效益,并使用一定方法对其数据进行预测和分析,进而得出项目建设期和经营期的费用与收益数据;其次,编制项目财务报表,计算项目主要的财务评价指标,并对这些数据进行整理和分析;最后,作出项目财务可行与否的判断。

(三) 项目投资的决策

(1) 估算出投资方案的预期现金流量。
(2) 预计未来现金流量的风险,并确定预期现金流量的概率分布和期望值。
(3) 确定资本成本的一般水平,即贴现率。
(4) 计算投资方案现金流入量和流出量的总现值。
(5) 通过项目投资决策评价指标的计算,作出投资方案是否可行的决策。

(四) 项目投资的实施与控制

对已作出可行决策的投资项目,企业管理部门要编制资金预算,筹措所需要的资金,并在投资项目实施过程中对其进行控制和监督,使之按期按质完工,在投入生产后,为企业创造经济效益。

牛刀小试

想一想:在[案例导入]中,贾府的前期投资经历了哪几个步骤?

知识检测

一、单项选择题

1. 以下各种投资中,不属于项目投资类型的是(　　)。
   A. 固定资产投资　　　　　　　B. 更新改造投资
   C. 证券投资　　　　　　　　　D. 完整企业项目投资
2. 项目投资的直接主体是(　　)。
   A. 企业本身　　B. 企业所有者　　C. 债权人　　D. 供应商
3. 项目投资的特点是(　　)。
   A. 投资金额小　　B. 投资时间较长　　C. 投资风险小　　D. 变现能力强

知识应用

从财务可行性分析角度思考,项目投资应该考虑哪些因素?

任务二　项目投资的现金流量估算

案例导入

宏美摄像机厂项目投资

宏美摄像机厂(以下简称宏美厂)是一家专门生产摄像机的中型企业,该厂生产的摄像机质量优良、价格合理,长期供不应求。为了扩大生产能力,宏美厂准备新建一条生产线。

王亮是该厂会计师,主要负责筹资和投资工作,总会计师张明要求王亮收集建设新生产线的有关资料、写出投资项目的财务评价报告,以供领导决策参考。

王亮经过一段时间的调查研究,得到以下有关资料:该生产线的初始投资是12.5万元,分两年投入。第一年年初投入10万元,第二年年初投入2.5万元,第二年可完成建设并正式投入生产。投产后每年可生产摄像机1 000架,每架销售价格为3 000元,每年可获销售收入30万元。生产线可使用5年,5年后残值可忽略不计,在投资项目经营期间要垫支流动资金2.5万元,这笔资金在项目结束时可如数收回。该项目生产的产品总成本的构成情况如下:原材料费用为20万元、工资费用为3万元、管理费用(扣除折旧)为2万元、折旧费为1万元。

王亮又对宏美厂和各种资金来源进行了分析研究,得出该厂加权平均的资金成本为10%。

思考：王亮应该如何根据以上资料计算出该投资项目的建设期现金净流量、营业现金净流量等指标呢？

微课：投资管理——初识现金流量

一、现金流量的概念

在进行项目投资决策时，首要环节就是估计投资项目的现金流量。现金流量是指投资项目在其项目计算期内，因资金循环而引起的现金流入和现金流出的数量及其增减变化。这里"现金"的概念是广义的，包括各种货币资金及与投资项目有关的非货币资金的变现价值。

现金流量包括现金流入量、现金流出量和现金净流量。现金流入量是指投资项目实施后在项目计算期内所引起的企业现金流入的增加额，包括营业收入、固定资产的余值、回收流动资金等；现金流出量是指投资项目实施后在项目计算期内所引起的企业现金流出的增加额，包括建设投资（含更新改造投资）、垫支的流动资金、付现成本、企业所得税等；现金净流量是指投资项目在项目计算期内现金流入量减去现金流出量后的净额。

二、项目现金流量的确定原则与相关假设

（一）项目现金流量的确定原则

在确定项目投资的现金流量时，应遵循的基本原则是：只有增量现金流量才是与投资项目有关的现金流量。所谓增量现金流量，是指由于接受或放弃某个投资项目所引起的企业整体现金流量的变动部分。由于采纳某个投资方案引起的企业现金流入量的增加额，才是该方案的现金流入量。同理，某个投资方案引起的企业现金流出量的增加额，才是该方案的现金流出量。为了正确计算投资项目的增量现金流量，要注意以下几个问题。

1. 区分相关成本与非相关成本

相关成本是指与特定决策有关的、在分析评价时必须加以考虑的成本。例如，差额成本、未来成本等。

非相关成本是指与特定决策无关的、在分析评价时不必加以考虑的成本。例如，沉没成本、过去成本、账面成本等。

2. 关注机会成本

在投资决策中，如果选择了某一投资项目，就会放弃其他投资机会，其他投资机会可能取得的最大收益就是本投资项目的机会成本。机会成本不是我们通常意义上的成本，它不是实际发生的支出或费用，而是一种潜在的放弃的收益。例如，某企业有一座闲置的仓库，可用来改建职工活动中心，也可用来出租。若将仓库出租，每年可取得租金收入2万元，则租金收入就是改建职工活动中心的机会成本。机会成本作为丧失的收益，离开被放弃的投资机会就无从计量。因此，在投资决策过程中考虑机会成本，有利于全面分析所面临的各个投资机会，以便选择经济上最为有利的投资决策。

3. 考虑投资项目对公司其他项目的影响

当我们采纳一个新的项目后,该项目可能对公司的其他项目造成有利或不利的影响。例如,新建车间生产的产品上市后,原有其他产品的销路可能减少,而且整个公司的销售额也许不会增加甚至减少。因此,公司在进行投资分析时,不应简单地将新车间的销售收入作为增量收入来处理,而应扣除其他项目因新建车间减少的销售收入。当然,也可能发生相反的情况,新产品上市后可能会促进其他项目的销售增长。这取决于新项目和原有项目是竞争关系还是互补关系。诸如此类的交互影响,事实上很难准确计量,但决策者在进行投资分析时仍要将其考虑在内。

4. 对营运资本的影响

在一般情况下,当公司开办一个新业务并使销售额扩大后,一方面,对于存货和应收账款等经营性流动资产的需求也会增加,公司必须筹措新的资金以满足这种额外需求;另一方面,应付账款和应付费用等经营性流动负债也会同时增加,从而降低公司营运资金的实际需求量。所谓营运资本的需要,是指增加的经营性流动资产与增加的经营性流动负债之间的差额。

当投资方案的寿命周期快要结束时,公司将与项目有关的存货出售,应收账款变为现金,应付账款和应付费用也随之偿付,营运资本恢复到原有水平。通常,我们在进行投资分析时,会假定开始投资时筹措的营运资本在项目结束时收回。

(二) 相关假设

现金流量是计算项目投资决策评价指标的主要依据和重要信息,其本身也是评价项目投资是否可行的一个基础性指标。为方便项目投资现金流量的确定,一般作出以下假设。

1. 全投资假设

即假设在确定项目的现金流量时,只考虑全部投资的运动情况,而不具体区分自有资金和借入资金等具体形式的现金流量。即不论是自有资金还是借入资金,都将其视为自有资金。

2. 建设期投入全部资金假设

即项目的原始总投资不论是一次投入还是分次投入,均假设它们是在建设期内投入的。

3. 项目投资的经营期与折旧年限一致假设

即假设项目主要固定资产的折旧年限或使用年限与其经营期相同。

4. 时点指标假设

即现金流量的具体内容所涉及的价值指标,不论是时点指标还是时期指标,均假设按照年初或年末的时点处理。其中,建设投资在建设期内有关年度的年初发生;垫支的流动资金在建设期的最后一年年末即经营期的第一年年初发生;经营期内各年的营业收入、付现成本、折旧(摊销等)、利润、所得税等项目的确认均在年末发生;项目最终报废或清理(中途出售项目除外),以及回收流动资金均发生在经营期最后一年年末。

5. 确定性假设

即假设与项目现金流量估算有关的价格、产销量、成本水平、企业所得税税率等因素均为已知常数。

三、现金流量的确定

在确定现金流量时,可以根据项目投资资金的来源分别进行确定。

(一) 当投入资金为自有资金时

1. 建设期现金净流量的计算

其计算公式如下:

$$初始投资现金净流量(NCF)=-该年投资额$$

由于在建设期没有现金流入量,所以建设期的现金净流量为负值。

2. 营业现金净流量的计算

营业现金净流量是指项目投产后,在经营期内由于生产经营活动而产生的现金净流量。其计算公式如下:

$$营业现金净流量(NCF)=营业收入-付现成本-企业所得税=净利润+非付现成本$$

或者:

$$\begin{aligned}营业现金净流量(NCF) &= 税后收入-税后付现成本+折旧抵税额\\&=营业收入\times(1-所得税税率)-付现成本\times(1-所得税税率)\\&\quad+折旧额\times所得税税率\end{aligned}$$

3. 终结期净流量的计算

终结期净流量是指投资项目在项目计算期结束时所发生的现金净流量。其计算公式如下:

$$终结期现金净流量(NCF)=项目最后一年的营业现金净流量+回收额$$

【例 4-1】 某项目投资方案涉及固定资产投资 12 000 元,其使用寿命为 5 年,采用直线法计提折旧,5 年末残值为 2 000 元。项目投产时需垫支营运资金 3 000 元。该项目投产后每年带来的收入为 8 000 元,每年的付现成本为 3 000 元,假定企业所得税税率为 40%。

要求:计算该方案在项目计算期内各年的现金净流量。

解:初始投资现金净流量:

(1) 购买资产:-12 000 元

(2) 垫支营运资金:-3 000 元

那么,初始投资现金净流量=-12 000-3 000=-15 000(元)

营业现金净流量:

年折旧额=(12 000-2 000)÷5=2 000(元)

折旧抵税额=2 000×40%=800(元)

税后年收入:8 000×(1-40%)=4 800(元)

税后付现成本:3 000×(1-40%)=1 800(元)

第一年至第四年营业现金净流量＝税后收入－税后付现成本＋折旧抵税
$$=4\ 800-1\ 800+800=3\ 800(元)$$

终结期现金净流量：

残值收入＝2 000(元)

收入垫支营运资金＝3 000(元)

终结期(第五年)现金流量＝3 800＋2 000＋3 000＝8 800(元)

(二) 当投入资金为借入资金时

根据全投资假设，在进行项目投资决策时，一般不需要考量投入资金的来源，所以当投入资金为借入资金时现金净流量的确定方法与投入资金为自由资金时的基本一样。但是，现行的财务会计准则中有些规定对项目投资的现金净流量产生了某些影响，企业应该加以注意以下两个方面。

1. 建设期资本化利息的处理

规定建设期发生的与构建项目有关的固定资产、无形资产等长期资产的相关利息支出可以资本化，所以在确定资产、无形资产等长期资产的原值时，必须考虑资本化利息。

2. 经营期利息支出的处理

税法规定经营期的借款利息支出可以在税前列支，这意味着企业利润减少，但根据全投资假设，在进行投资决策时，不应该考虑借款利息，所以在确定现金净流量时，必须加上该年的利息支出。此时，经营期现金净流量可以用下列式子表达：

经营期现金净流量(NCF)＝营业收入－付现成本－所得税税额＋该年回收额＋该年利息费用

＝该年净利润＋该年折旧费用＋该年摊销额费用＋该年回收额

＋该年利息费用

【例4-2】 某企业投资方案的年销售收入为180万元，年销售成本和费用为120万元，其中年折旧额为20万元，假定企业所得税税率为30%，该年存在借入资金60万元，年利息率为2%。则该投资方案的年现金净流量为多少？

解：年现金净流量＝(180－120)×(1－30%)＋20＋60×2%

＝42＋20＋12

＝74(万元)

牛刀小试

某企业投资方案的年销售收入为180万元，年销售成本和费用为120万元(均为付现成本)，除此之外，年折旧额为20万元，假定企业所得税税率为30%，则该投资方案的经营期年现金净流量为(　　)万元。

A. 42　　　　　　B. 62　　　　　　C. 60　　　　　　D. 48

知识检测

一、单项选择题

1. 在项目投资决策中，现金流量是指投资项目在其计算期内各项(　　)。

A. 现金流入量　　　　　　　　　　B. 现金流出量
C. 现金流入量与现金流出量　　　　D. 现金净流量

2. 当新建项目的建设期不为 0 时,建设期内各年的净现金流量(　　)。

A. 小于 0 或等于 0　　　　　　　　B. 大于 0
C. 小于 0　　　　　　　　　　　　D. 等于 0

3. 项目投资决策中,完整的项目计算期是指(　　)。

A. 建设期　　　　　　　　　　　　B. 生产经营期
C. 建设期＋达产期　　　　　　　　D. 建设期＋生产经营期

4. 某投资项目原始投资额为 100 万元,使用寿命为 10 年,已知该项目第 10 年的经营净现金流量为 25 万元,期满处置固定资产残值收入及回收流动资金共 8 万元,则该投资项目第 10 年的净现金流量为(　　)万元。

A. 8　　　　　B. 25　　　　　C. 33　　　　　D. 43

5. 某企业投资方案的年销售收入为 180 万元,年销售成本和费用为 120 万元,其中折旧为 20 万元,所得税率为 30%,则该投资方案的年现金净流量为(　　)万元。

A. 42　　　　　B. 62　　　　　C. 60　　　　　D. 48

6. 下列各项中,不属于投资项目现金流出量内容的是(　　)。

A. 固定资产投资　　　　　　　　　B. 折旧与摊销
C. 无形资产投资　　　　　　　　　D. 流动资产投资

二、多选题

1. 计算经营期现金净流量时,下列各项中,相关的有(　　)。

A. 利润　　　　　　　　　　　　　B. 无形资产支出
C. 折旧额　　　　　　　　　　　　D. 回收额

2. 在计算税后现金净流量时,可以抵税的项目有(　　)。

A. 折旧额　　　　　　　　　　　　B. 无形资产摊销额
C. 残值收入　　　　　　　　　　　D. 设备买价

3. 完整工业投资项目的现金流入主要包括(　　)。

A. 营业收入　　　　　　　　　　　B. 回收固定资产变现净值
C. 固定资产折旧　　　　　　　　　D. 回收流动资金

4. 下列各项中,可以构成建设投资内容的有(　　)。

A. 固定资产投资　　　　　　　　　B. 无形资产投资
C. 流动资产投资　　　　　　　　　D. 开办费投资

5. 下列项目中,属于现金流入量项目的有(　　)。

A. 营业收入　　　　　　　　　　　B. 建设投资
C. 回收流动资金　　　　　　　　　D. 经营成本节约额

> **知识应用**

某工业项目需要原始投入 1 250 万元,其中:固定资产投资 1 000 万元,开办费投资 50 万元,流动资金投资 200 万元。建设期为 1 年,建设期发生与购建固定资产有关的资本化利息 100 万元。固定资产投资和开办费投资于建设起点投入,流动资金于完工时,即第一年年末投入。该项目使用寿命期为10年,固定资产按直线法折旧,期满有100万元净残值;开办费于投产当年一次摊销完毕,流动资金于项目结束时一次性回收;投产后每年净利润160万元。

要求:
(1) 计算项目各年净现金流量要求;
(2) 计算各年净现金流量。

任务三　项目投资决策的评价指标

> 案例导入

东方公司的投资决策

东方公司近期内有一些投资项目可供选择,为作出正确的投资决策,现要求项目经理完成以下任务。

(1) 公司拟增加一条流水线,有甲、乙两个方案可以选择。每个方案所需投资额均为20万元,甲、乙两个方案的营业现金净流量如表4-1所示,计算两者的静态投资回收期并比较优劣,作出决策。

表4-1　甲、乙两个方案的营业现金净流量表　　　单位:万元

项目	投资额	第1年	第2年	第3年	第4年	第5年
甲方案现金净流量	20	6	6	6	6	6
乙方案现金净流量	20	2	4	8	12	17

(2) 公司现有一个投资项目可供选择,原始投资额是1 000万元,预计该项目营运后年平均利润达到100万元,假设必要投资报酬率为12%,请利用投资报酬率指标分析该投资项目是否可行?

(3) 公司拟投资20万元引进一台设备,预计未来5年内每年产生现金净流量6万元,假设贴现率为10%,请利用净现值指标判断该项目是否可行?

(4) 公司拟投资100万元引进一条生产线,预计未来5年内每年产生现金净流量34万元,假设贴现率为10%,请利用获利指数指标判断该项目是否可行?

(5) 公司拟购置一台机器,需一次性投资28万元,使用年限是10年,期末无残值,每年现金净流量是4万元,已知企业的资本成本是12%,请利用内含报酬率指标判断该项目是否可行?

为了客观、科学地分析评价各种投资方案是否可行,一般应使用不同的指标,从不同的侧面或角度反映投资方案的内涵。项目投资决策评价指标是衡量和比较投资项目可行性并据以进行方案决策的定量化标准与尺度,它由一系列综合反映投资效益、投入产出关系的量化指标构成。

项目投资决策评价指标根据是否考虑资金的时间价值,可分为非贴现指标和贴

现指标两大类。

一、非贴现指标

微课:投资管理——非折现指标

非贴现指标也称静态指标,即没有考虑资金时间价值因素的指标,主要包括投资利润率、静态投资回收期等指标。

(一)投资利润率

投资利润率又称投资报酬率,是指项目投资方案的年平均利润额占平均投资总额的百分比。投资利润率的决策标准是:投资项目的投资利润率越高越好,低于无风险投资利润率的方案为不可行方案。

投资利润率的计算公式为:

$$投资利润率=年平均利润额 \div 平均投资总额 \times 100\%$$

式中,分子是平均利润,不是现金净流量,不包括折旧等;分母可以用投资总额的50%来简单计算平均投资总额,一般不考虑固定资产的残值。

【例4-3】 某企业有甲、乙两个投资方案,投资总额均为10万元,全部用于购置新的设备,折旧采用直线法,使用期均为5年,无残值,其他有关资料如表4-2所示。

表4-2 甲、乙两个方案相关数据　　　　　　　　单位:元

项目计算期	甲方案		乙方案	
	利润	现金净流量(NCF)	利润	现金净流量(NCF)
0		(100 000)		(100 000)
1	15 000	35 000	10 000	30 000
2	15 000	35 000	14 000	34 000
3	15 000	35 000	18 000	38 000
4	15 000	35 000	22 000	42 000
5	15 000	35 000	26 000	46 000
合计	75 000	75 000	90 000	90 000

要求:计算甲、乙两方案的投资利润率。

解:甲方案年平均利润额为15 000元。

甲方案投资利润率=15 000÷(100 000÷2)×100%=30%

乙方案年平均利润额=(90 000÷5)=18 000元

乙方案投资利润率=18 000÷(100 000÷2)×100%=36%

从计算结果来看,乙方案的投资利润率比甲方案的投资利润率高6%(36%－30%),应选择乙方案。

(二)静态投资回收期

投资回收期是指收回全部投资总额所需要的时间。静态投资回收期是一个非贴现的反指标,回收期越短,方案就越有利。它的计算可分为以下两种情况。

> **寓德于技**
> 方案是否有利不仅仅取决于回收期,还取决于其他各种指标。无论是身处工作当中的你还是学习环境的你,在作出一个选择时,同样要考虑各个方面的影响因素,从多方面进行分析,进而作出更为科学的决策。

1. 经营期年现金净流量相等

在这种情况下,其计算公式为:

$$静态投资回收期 = 投资总额 \div 年现金净流量$$

如果投资项目投产后若干年(假设为 M 年)内,每年的经营现金净流量相等,且有以下关系成立:

$$M \times 投产后 M 年内每年相等的现金净流量(NCF) \geqslant 投资总额$$

则可用上述公式计算投资回收期。

【例 4-4】 根据[例 4-3]资料,计算甲方案的静态投资回收期。

解:甲方案静态投资回收期 = 100 000 ÷ 35 000 = 2.86(年)

【例 4-5】 某投资项目总额为 100 万元,建设期为 2 年,投产后第 1 年至第 8 年每年现金净流量为 25 万元,第 9 年、第 10 年每年现金净流量均为 20 万元。

要求:计算该项目的静态投资回收期。

解:因为项目投产后 8 年内年现金净流量相等,且 8×25 ≥ 投资额 100 万元

所以,投资回收期 = 2 + 100 ÷ 25 = 6(年)

从此例中可知,投资回收期还应包括建设期。

2. 经营期年现金净流量不相等

在这种情况下,需计算逐年累计的现金净流量,然后用插值法计算出投资回收期,其计算公式为:

$$静态投资回收期 =(累计净现金流量出现正值的年数 - 1) \\ + 上年累计净现金流量的绝对值 / 当年净现金流量$$

【例 4-6】 根据[例 4-3]资料,计算乙方案的静态投资回收期。

解:列表计算乙方案累计现金净流量,如表 4-3 所示。

表 4-3 乙方案累计现金净流量　　　　　　　单位:元

项目计算期	乙方案	
	现金净流量(NCF)	累计现金净流量
0	(100 000)	(100 000)
1	30 000	(70 000)
2	34 000	(36 000)
3	38 000	2 000
4	42 000	44 000
5	46 000	90 000

从表 4-3 可得出,乙方案在第 3 年累计净现金流量为正值,因此其静态投资回收期在第 2 年与第 3 年之间,用插值法可计算出:

乙方案投资回收期 = 2 + 36 000/38 000 = 2.95(年)

静态指标的计算简单、明了、容易掌握,但是这类指标的计算均没有考虑资金的时间价值。另外,投资利润率也没有考虑资金的回收,即没有完整反映现金净流量,

无法直接利用现金净流量的信息,而静态投资回收期也没有考虑回收期之后的现金净流量对投资收益的贡献,也就是说,没有考虑投资方案的全部现金净流量,所以有局限性。因此,该类指标一般只适用于方案的初选。

二、贴现指标

微课:投资管理——折现指标

贴现指标也称为动态指标,即考虑资金时间价值因素的指标,主要包括动态投资回收期、净现值、净现值率、现值指数、内含报酬率等指标。

(一)动态投资回收期

动态投资回收期是指在考虑货币时间价值的条件下,以投资项目净现金流量的现值抵偿原始投资现值所需要的全部时间。

其计算公式为:

$$动态投资回收期 = (累计净现金流量现值出现正值的年数 - 1) + \frac{上年累计净现金流量现值的绝对值}{当年净现金流量的现值}$$

【例4-7】 某建设项目计算期为8年,各年的净现金流量如表4-4所示(假定现金流量发生在年末),该项目的行业基准收益率为10%,则其动态投资回收期计算过程如下。

表4-4 项目的净现金流量　　　　　　单位:万元

年份	1	2	3	4	5	6	7	8
净现金流量	−300	−100	80	100	100	200	200	200
折现系数	0.9091	0.8264	0.7513	0.683	0.6209	0.5645	0.5132	0.4665
净现金流量现值	−272.73	−82.64	60.11	68.30	62.09	112.89	102.63	93.30
累计净现金流量现值	−272.73	−355.37	−295.26	−226.96	−164.87	−51.98	50.65	143.95

$$动态投资回收期 = (7-1) + \frac{|-51.98|}{102.63} = 6.51(年)$$

牛刀小试

思考:静态回收期与动态回收期的区别是什么?

(二)净现值

净现值(NPV)是指在项目计算期内,按一定贴现率计算的各年现金净流量现值的代数和。所用的贴现率可以是企业的资本成本,也可以是企业所要求的最低报酬率。净现值的计算公式为:

$$NPV = \sum NCF_t \times (P/F, i, t)$$

式中:NCF_t 表示第 t 年的现金净流量;$(P/F, i, t)$ 表示第 t 年、贴现率为 i 的复利现值系数;n 表示项目计算期。

净现值指标的决策标准是:如果投资方案的净现值大于或等于零,该方案为可行方案;如果投资方案的净现值小于零,该方案为不可行方案;如果几个方案的投资额相同,项目计算期相等且净现值均大于零,那么净现值最大的方案为最优方案。所以,净现值大于或等于零是项目可行的必要条件。

1. 经营期内各年现金净流量相等,建设期为零

在这种情况下,净现值的计算公式为:

净现值 $\times NPV$ =经营期每年相等的现金净流量×年金现值系数－投资现值

【例 4-8】 某企业购入设备一台,价值为 30 000 元,按直线法计提折旧,使用寿命为 6 年,使用寿命终了时无残值。预计投产后每年可获得利润 4 000 元,不考虑所得税的情况下,假定贴现率为 12%。

要求:计算该项目的净现值。

解:$NCF_0 = -30\,000$(元)

$NCF_{1\sim6} = 4\,000 + 30\,000 \div 6 = 9\,000$(元)

$NPV = 9\,000 \times (P/A, 12\%, 6) - 30\,000 = 9\,000 \times 4.1114 - 30\,000 = 7\,002.6$(元)

2. 经营期内各年现金净流量不相等

在这种情况下,净现值的计算公式为:

净现值 $\times NPV = \sum$(经营期各年的现金净流量×各年的现值系数)－投资现值

【例 4-9】 某项目投资方案涉及固定资产投资 120 000 元,其使用寿命为 5 年,采用直线法计提折旧,第五年年末其残值为 20 000 元。项目投产时需垫支营运资金 30 000 元。该项目投产后每年带来的收入为 80 000 元,第一年的付现成本为 30 000 元,以后逐年递增 4 000 元,假定企业所得税税率 40%。

要求:计算该项目的净现值。

解:初始投资现金净流量 $= -120\,000 - 30\,000 = -150\,000$(元)

第一年至第四年营业现金净流量:

年折旧额为 $(120\,000 - 20\,000) \div 5 = 20\,000$(元)

折旧抵税额为 $20\,000 \times 40\% = 8\,000$(元)

税后年收入:$80\,000 \times (1 - 40\%) = 48\,000$(元)

税后付现成本:$30\,000 \times (1 - 40\%) = 18\,000$(元)

第一年营业现金净流量＝税后营业收入－税后付现成本＋折旧抵税

$= 48\,000 - 18\,000 + 8\,000 = 38\,000$(元)

第二年营业现金净流量 $= 48\,000 - (30\,000 + 4\,000) \times (1 - 40\%) + 8\,000 = 35\,600$(元)

第三年营业现金净流量 $= 48\,000 - (34\,000 + 4\,000) \times (1 - 40\%) + 8\,000 = 33\,200$(元)

第四年营业现金净流量 $= 48\,000 - (38\,000 + 4\,000) \times (1 - 40\%) + 8\,000 = 30\,800$(元)

第五年营业现金净流量 $= 48\,000 - (42\,000 + 4\,000) \times (1 - 40\%) + 8\,000 = 28\,400$(元)

残值收入 $= 20\,000$(元)

收回垫支的营运资金 $= 30\,000$(元)

终结期(第五年)现金净流量 $= 28\,400 + 20\,000 + 30\,000 = 78\,400$(元)

计算现金净流量的现值 $= -150\,000 + 38\,000 \times (P/F, 10\%, 1) + 35\,600$
$\times (P/F, 10\%, 2) + 33\,200 \times (P/F, 10\%, 3)$

$$+30\,800 \times (P/F, 10\%, 4) + 78\,400 \times (P/F, 10\%, 5)$$
$$= -150\,000 + 34\,545.8 + 29\,419.84 + 24\,943.16$$
$$+ 21\,036.4 + 48\,678.56$$
$$= 8\,623.76(元)$$

【例 4-10】 某公司于 2×23 年 12 月 31 日购入一台价款为 1 200 万元的设备,其采用直线法分 3 年计提折旧,3 年后无残值。该设备于购入当日投入使用,预计未来三年销售收入分别达到 1 300 万元、1 500 万元和 2 000 万元,经营成本分别为 500 万元、800 万元、900 万元,企业所得税税率为 25%,要求的投资收益率为 10%。

要求:计算该项目的净现值。

解:

(1) 该设备每年的折旧额 = 1 200÷3 = 400(万元)

(2) 营业期各年的营业现金净流量:

2×24 年:(1 300−500−400)×(1−25%)+400 = 700(万元)

2×25 年:(1 500−800−400)×(1−25%)+400 = 625(万元)

2×26 年:(2 000−900−400)×(1−25%)+400 = 925(万元)

(3) 该项目的净现值 $= -1\,200 + 700 \times (P/F, 10\%, 1) + 625 \times (P/F, 10\%, 2)$
$$+ 925 \times (P/F, 10\%, 3)$$
$$= -1\,200 + 700 \times 0.9091 + 625 \times 0.8264 + 925 \times 0.7513$$
$$= -1\,200 + 636.37 + 516.5 + 694.95$$
$$= 647.82(万元)$$

净现值是一个贴现的绝对值正指标,其优点在于:①综合考虑了资金时间价值,能较合理地反映了投资项目的真正经济价值;②考虑了项目计算期的全部现金净流量,体现了流动性与收益性的统一;③考虑了投资风险性,因为贴现率的大小与风险大小有关,风险越大,贴现率就越高。但是该指标的缺点也是比较明显的,即无法直接反应投资项目的实际投资收益率水平,当各项目投资额不同时,难以确定最优的投资项目。

(三)净现值率与现值指数

上述的净现值是一个绝对数指标,与其相对应的相对数指标是净现值率(NPVR)与现值指数(PI)。净现值率是指投资项目的净现值与投资现值的比值;现值指数是指项目投产后按一定贴现率计算的在经营期内各年现金净流量的现值合计与投资现值合计的比值,其计算公式为:

净现值率(NPVR) = 净现值/投资现值

现值指数(PI) = ∑经营期各年现金净流量现值/投资现值

净现值率与现值指数有如下关系:

现值指数 = 净现值率 + 1

净现值率大于零,现值指数大于 1,表明项目的报酬率高于贴现率,存在额外收益;净现值率等于零,现值指数等于 1,表明项目的报酬率等于贴现率,收益只能抵补资本成本;净现值率小于零,现值指数小于1,表明项目的报酬率小于贴现率,收益不能抵补资本成本。所以,对于单一项目来说,净现值率大于或者等于零,现值指数大于或者等于1是项目可行的必要条件。当有多个投资项目可供选择时,由于净现值率或现值指数越大,企业的投资报酬水平就高,所以应选择净现值率大于零或现值指数大于1中的最大者作为最优方案。

【例 4-11】 根据[例 4-8]的题干及计算结果,计算该项目的净现值率和现值指数。

解:净现值率 $= 7\,002.6 \div 30\,000 = 0.2334$

现值指数 $= 9\,000 \times (P/A, 12\%, 6) \div 30\,000 = 1.2334 = 1 + 0.2334$

【例 4-12】 某企业拟建一项固定资产需投资55万元,按直线法计提折旧,使用寿命为10年,使用寿命终了有5万元净残值。该项工程建设期为1年,投资额分别于年初投入30万元,年末投入25万元。预计项目投产后每年可增加营业收入15万元,增加成本10万元。不考虑所得税的情况下,假定贴现率为10%。

要求:计算该投资项目的净现值率和现值指数。

解:(1) 建设期现金净流量:

$NCF_0 = -30$(万元)

$NCF_1 = -25$(万元)

(2) 经营期营业现金净流量:

$NCF_{2\sim10} = (15-10) + (55-5) \div 10 = 10$(万元)

(3) 终结现金净流量:

$NCF_{11} = 10 + 5 = 15$(万元)

(4) $NPV = 10 \times [(P/A, 10\%, 10) - (P/A, 10\%, 1)] + 15$
$\quad\quad\quad \times (P/F, 10\%, 11) - [30 + 25 \times (P/F, 10\%, 1)]$
$\quad\quad = 10 \times (6.1446 - 0.9091) + 15 \times 0.3505 - (30 + 25 \times 0.9091)$
$\quad\quad = 4.885$(万元)

(5) 净现值率 $= 4.885 \div [30 + 25 \times (P/F, 10\%, 1)] = 0.09265$

现值指数 $= 1 + 0.09265 = 1.09265$

(四) 内含报酬率

内含报酬率(IRR)又称内部收益率,是指投资项目在项目计算期内各年现金净流量现值合计数等于零的贴现率,亦可将其定义为能使投资项目的净现值等于零的贴现率。内含报酬率 IRR 满足下列等式:

$$\sum_{t=0}^{n} NCF_t \times (P/E, IRR, t) = 0$$

从上式可知,净现值的计算是根据给定的贴现率求净现值,而内含报酬率的计算是先令净现值等于零,然后求能使净现值等于零的贴现率。所以,净现值不能揭示各个方案本身可以达到的实际报酬率,而内含报酬率实际上反映了项目本身的真实报酬率。用内含报酬率评价项目可行的必要条件是:内含报酬率大于或等于贴现率。

1. 经营期内各年现金净流量相等,且全部投资均于建设起点一次性投入,建设期为零

在这种情况下,其计算公式为:

经营期每年相等的现金净流量(NCF)×年金现值系数(P/A,IRR,t)-投资总额=0

内含报酬率具体计算过程如下。

(1) 计算年金现值系数(P/A,IRR,t)。

年金现值系数=投资总额÷经营期每年相等的现金净流量

(2) 根据计算出来的年金现值系数与已知的年限 n,查年金现值系数表,确定内含报酬率的范围。

(3) 用插值法求出内含报酬率。

【例 4-13】 根据[例 4-8]的资料,计算内含报酬率。

解:(P/A,IRR,6)=30 000/9 000=3.3333

查年金现值系数表,并用插值法计算内含报酬率,如下:

$$IRR = 18\% + \frac{3.4976 - 3.3333}{3.4976 - 3.3255} \times (20\% - 18\%) = 19.91\%$$

2. 经营期内各年现金净流量不相等

若投资项目在经营期内各年现金净流量不相等或建设期不为零,投资额是在建设期内分次投入的情况下,无法应用上述的简便方法,必须按定义采用逐次测试的方法,计算能使净现值等于零的贴现率,即内含报酬率,计算步骤如下。

(1) 估计一个贴现率,用它来计算净现值。如果净现值为正数,说明方案的实际内含报酬率大于预计的贴现率,应提高贴现率再进一步测试;如果净现值为负数,说明方案本身的报酬率小于估计的贴现率,应降低贴现率再进行测算。如此反复测试,寻找出使净现值由正到负或由负到正且接近零的两个贴现率。

(2) 根据上述相邻的两个贴现率,用插值法求出该方案的内含报酬率。由于逐步测试法是一种近似方法,因此相邻的两个贴现率不能相差太大,否则误差会很大。

【例 4-14】 某企业购入设备一台,价值为 30 000 元,按直线法计提折旧,使用寿命为 6 年,使用寿命终了无残值。预计投产后每年可获得利润分别为 3 000 元、3 000 元、4 000 元、4 000 元、5 000 元、6 000 元,不考虑所得税的情况下,假定贴现率为 12%。

要求:计算该项目的内含报酬率。

解:$NCF_0 = -30\,000$(元)

年折旧额=30 000÷6=5 000(元)

$NCF_1 = 3\,000 + 5\,000 = 8\,000$(元)

$NCF_2 = 3\,000 + 5\,000 = 8\,000$(元)

$NCF_3 = 4\,000 + 5\,000 = 9\,000$(元)

$NCF_4 = 4\,000 + 5\,000 = 9\,000$(元)

$NCF_5 = 5\,000 + 5\,000 = 10\,000$(元)

$NCF_6 = 6\,000 + 5\,000 = 11\,000$(元)

$$NPV = 8\,000 \times (P/F, 12\%, 1) + 8\,000 \times (P/F, 12\%, 2) + 9\,000 \times (P/F, 12\%, 3)$$
$$+ 9\,000 \times (P/F, 12\%, 4) + 10\,000 \times (P/F, 12\%, 5) + 11\,000$$
$$\times (P/F, 12\%, 6) - 30\,000$$
$$= 8\,000 \times 0.8929 + 8\,000 \times 0.7972 + 9\,000 \times 0.7118 + 9\,000 \times 0.6355$$
$$+ 10\,000 \times 0.5674 + 11\,000 \times 0.5066 - 30\,000$$
$$= 6\,893.1(元)$$

先按16%的贴现率进行测试,其结果净现值2 855.8元,是正数;于是把贴现率提高到18%进行测试,净现值为1 090.6元,仍为正数;再把贴现率提高到20%重新测试,净现值为-526.5元,是负数,说明该项目的内含报酬率在18%～20%之间。有关测试计算如表4-5所示。

表4-5 测试计算表 单位:元

年份	现金净流量(NCF)	贴现率=16%		贴现率=18%		贴现率=20%	
		现值系数	现值	现值系数	现值	现值系数	现值
0	(30 000)	1	(30 000)	1	(30 000)	1	(30 000)
1	8 000	0.8621	6 896.8	0.8475	6 780	0.8333	6 666.4
2	8 000	0.7432	5 945.6	0.7182	5 745.6	0.6944	5 555.2
3	9 000	0.6407	5 766.3	0.6086	5 477.4	0.5787	5 208.3
4	9 000	0.5523	4 970.7	0.5158	4 642.2	0.4823	4 340.7
5	10 000	0.4762	4 762	0.4371	4 371	0.4019	4 019
6	11 000	0.4104	4 514.4	0.3704	4 074.4	0.3349	3 683.9
净现值			2 855.8		1 090.6		(526.5)

然后用插值法近似计算内含报酬率:
$$IRR = 18\% + \frac{1\,090.6 - 0}{1\,090.6 - (-526.5)} \times (20\% - 18\%) = 19.35\%$$

内含报酬率是个动态相对量正指标,它既考虑了资金时间价值,又能从动态的角度直接反映投资项目的实际报酬率,且不受贴现率高低的影响,比较客观,但该指标的计算过程比较复杂。

牛刀小试

想一想:净现值、净现值率、现值指数与内含报酬率之间存在什么样的关系?

(五) 贴现评价指标之间的关系

净现值NPV、净现值率NPVR、现值指数PI和内含报酬率IRR指标之间存在以下数量关系,即:

当NPV>0时,NPVR>0,PI>1,IRR>i;
当NPV=0时,NPVR=0,PI=1,IRR=i;
当NPV<0时,NPVR<0,PI<1,IRR<i。

这些指标的计算结果都受到建设期和经营期的长短、投资金额及方式以及各年现金净流量的影响。所不同的是净现值(NPV)为绝对数指标,其余为相对数指标。

计算净现值、净现值率和现值指数所依据的贴现率(i)都是事先已知的,而内含报酬率(IRR)的计算本身与贴现率(i)的高低无关,只是采用这一指标的决策标准是将所测算的内含报酬率与其贴现率进行对比,当 $IRR \geqslant i$ 时该方案是可行的。

知识检测

一、单项选择题

1. 下列关于相关成本的论述中,不正确的是( )。
   A. 相关成本是指与特定决策有关,在分析评价时必须加以考虑的成本
   B. 差额成本、未来成本、重置成本、机会成本等都属于相关成本
   C. 设备可按 3 200 元出售,也可对外出租且未来内可获租金 3 500 元,该设备三年前以 5 000 元购置,故出售决策的相关成本为 5 000 元
   D. 如果将非相关成本纳入投资方案的总成本,则一个有利(或较好)的方案可能因此变得不利(或较差),从而造成失误

2. 一投资方案年销售收入 300 万元,年销售成本为 210 万元,其中,折旧为 85 万元,所得税税率为 40%,则该方案年现金流量净额为( )万元。
   A. 90 B. 139 C. 175 D. 54

3. 投资决策评价方法中,对于互斥方案来说,最好的评价方法是( )。
   A. 净现值法 B. 现值指数法
   C. 内含报酬率法 D. 会计收益率法

4. 某投资项目原始投资为 12 000 元,当年完工投产,预计使用年限为 3 年,每年可获得现金净流量 4 600 元,则该项目的内含报酬率为( )。
   A. 7.33% B. 7.68% C. 8.32% D. 6.68%

5. 当贴现率与内含报酬率相等时,( )。
   A. 净现值>0 B. 净现值=0
   C. 净现值<0 D. 净现值不确定

6. 下列各项中,对投资项目内部收益率的大小不产生影响的因素是( )。
   A. 投资项目的原始投资 B. 投资项目的现金流入量
   C. 投资项目的有效年限 D. 投资项目的预期报酬率

7. 下列说法中,不正确的是( )。
   A. 按收入实现制计算的现金流量比按权责发生制计算的净收益更加可靠
   B. 利用净现值不能揭示投资方案可能达到的实际报酬率
   C. 分别利用净现值、现值指数、回收期、内含报酬率进行同一项目评价时,评价结果可能不一致
   D. 回收期法和会计收益率法都没有考虑回收期满后的现金流量状况

8. 某投资方案的年销售收入为 180 万元,年销售成本和费用为 120 万元,其中,折旧为 20 万元,所得税税率为 30%,则该投资方案的年现金净流量为( )万元。
   A. 42 B. 62 C. 60 D. 48

9. 某公司拟投资 10 万元建一项目,预计该项目当年投资当年完工,预计投产后每年获得净利 1.5 万元,年折旧率为 10%,该项目回收期为( )年。

A. 3 　　　　　B. 5 　　　　　C. 4 　　　　　D. 6

10. 折旧具有抵税作用，由于计提折旧而减少的所得税可用（　　）计算求得。

A. 折旧额×税率　　　　　　　　B. 折旧额×(1－税率)

C. (付现成本＋折旧)(1－税率)　　D. 付现成本(1－税率)

11. 包括建设期的静态投资回收期是（　　）。

A. 净现值为零的年限　　　　　　B. 净现金流量为零的年限

C. 累计净现值为零的年限　　　　D. 累计净现金流量为零的年限

二、多项选择题

1. 在其他因素不变的情况下，下列财务评价指标中，指标数值越大，表明项目可行性越强的有（　　）。

A. 净现值　　　　　　　　　　　B. 获利指数

C. 内含报酬率　　　　　　　　　D. 静态投资回收期

2. 净现值属于（　　）。

A. 正指标　　　　　　　　　　　B. 反指标

C. 绝对指标　　　　　　　　　　D. 相对指标

3. 下列项目投资决策评价指标中，考虑了货币时间价值的有（　　）。

A. 内含报酬率　　　　　　　　　B. 净现值

C. 静态投资回收期　　　　　　　D. 现值指数

4. 下列因素中，影响内含报酬率的有（　　）。

A. 银行利率　　　　　　　　　　B. 资本成本率

C. 投资项目计算期　　　　　　　D. 初始投资金额

5. 现金流出是指由投资项目所引起的企业现金支出的增加额，包括（　　）。

A. 建设投资　　　　　　　　　　B. 付现成本

C. 年折旧额　　　　　　　　　　D. 所得税

知识应用

1. 某企业购买机器设备，价款为 20 万元，可为企业每年增加净利 2 万元，该设备可使用 5 年，无残值。采用直线法计提折旧，该企业的贴现率为 10%。

要求：

(1) 用静态法计算该投资方案的投资利润率、投资回收期，并对此投资方作出评价；

(2) 用动态法计算该投资方案的净现值、净现值率、现值指数、内含报酬率，并对此投资方案作出评价。

2. 某企业投资 15 500 元购入一台设备，当年投入使用。该设备预计残值 500 元，可使用 3 年，按直线法计提折旧，设备投产后每年增加现金净流量分别为 6 000 元、8 000 元、10 000 元，企业要求最低投资报酬率为 18%。

要求：计算该投资方案的净现值、内含报酬率，并作出评价。

3. 某公司拟引进一条生产线，需投资 100 万元，寿命 5 年，按直线法计提折旧，净残值率 10%，该生产线当年完工投产，每年为公司增加营业收入 90.84 万元，增加付现成本 40 万元，投资时需垫支的营运资金 50 万元，固定资产投资和垫支的营运资金全部于建设起点投入，所得税税率 25%，假定适用的行业基准折现率为 10%。（小数点保留两位）

要求：

（1）计算该项目各年的净现金流量；

（2）计算该项目的净现值，并评价该项目的可行性。

任务四　项目投资决策方法的应用

案例导入

宏光公司项目投资决策

宏光公司根据公司的整体目标和长远发展战略规划，最终决定考虑三个项目，现董事长要求财务总监从财务的角度对这三个项目进行分析。

项目 A：化学部门，生产设施扩建。初始投资 500 万元，预计使用 10 年，每年税前利润 130 万元，期末无残值，且在预计使用年限内采用直线法计提折旧。

项目 B：轮胎部门，增加一条生产线。初始投资 400 万元，预计使用 10 年，每年税前利润 100 万元，期末无残值，且在预计使用年限内采用直线法计提折旧。

项目 C：增加额外的仓储空间，满足国际市场的需求。初始投资 200 万元，预计使用 8 年，每年税前利润 60 万元，期末无残值，且在预计使用年限内采用直线法计提折旧。

假设该公司预计的最低投资报酬率为 10%，企业所得税税率为 25%。

请分析：这三个项目是否值得投资？如何从财务的角度进行分析？

微课：投资管理——固定资产更新决策

计算评价指标的目的，是进行项目投资方案的对比与优选，使它们在方案的对比与优选中正确地发挥作用，为项目投资方案提供决策的定量依据。但投资方案对比与优选的方法会因项目投资方案的不同而不同。

一、独立方案的对比与优选

独立方案是指与其他投资方案完全互相独立、互不排斥的一个或一组方案。在只有一个投资项目可供选择的条件下，只需评价其财务上是否可行。

常用的评价指标有净现值、净现值率、现值指数和内含报酬率，如果评价指标同时满足以下条件：$NPV \geqslant 0$，$NPVR \geqslant 0$，$PI \geqslant 1$，$IRR \geqslant i$，则项目具有财务可行性；反之，则不具备财务可行性。而静态的投资回收期与投资利润率可作为辅助指标评价投资项目，但需注意，当辅助指标与主要指标（净现值等）的评价结论发生矛盾时，应当以主要指标的结论为准。

【例 4-15】　根据［例 4-8］［例 4-11］［例 4-13］的计算结果，判断该方案是否可行。

解:根据[例 4-8][例 4-11][例 4-13]的计算结果可知:

该项目的 $NPV = 7\ 002.6(元) > 0$

该项目的 $NPVR = 0.2334 > 0$

该项目的 $PI = 1.2334 > 1$

该项目的 $IRR = 19.91\% > 12\%$(贴现率)

计算表明该方案各项主要指标均达到或超过相应标准,所以它具有财务可行性,方案是可行的。

【例 4-16】 某企业引进一条流水线,投资额为 110 万元,分两年投入。第一年年投入 60 万元,第二年年初投入 40 万元,建设期为 2 年,净残值为 10 万元,采用直线法计提折旧。在投产初期投入流动资金 20 万元,项目使用期满可全部回收。该项目可使用 10 年,每年销售收入为 60 万元,总成本为 45 万元。不考虑所得税的情况下,假定企业期望的投资报酬率为 10%。

要求:计算该项目的净现值和内含报酬率,并判断该项目是否可行。

解:(1) 建设期:

$NCF_0 = -60(万元)$

$NCF_1 = -40(万元)$

$NCF_2 = -20(万元)$

(2) 经营期:

年折旧额 $= (110-10)/10 = 10(万元)$

$NCF_{3\sim 11} = 60 - 45 + 10 = 25(万元)$

$NCF_{12} = 25 + (10+20) = 55(万元)$

$NPV = -60 + (-40) \times (P/F, 10\%, 1) + (-20) \times (P/F, 10\%, 2) + 25$
$\quad \times (P/A, 10\%, 8) \times (P/F, 10\%, 3) + 55 \times (P/F, 10\%, 12)$
$\quad = -60 - 40 \times 0.9091 - 20 \times 0.8264 + 25 \times 5.3349 \times 0.7513 + 55 \times 0.3186$
$\quad = 24.834(万元)$

内含报酬率的计算如下:

当 $i = 12\%$ 时,测算 NPV:

$NPV = -60 + (-40) \times (P/F, 12\%, 1) + (-20) \times (P/F, 12\%, 2) + 25$
$\quad \times (P/A, 12\%, 8) \times (P/F, 12\%, 3) + 55 \times (P/F, 12\%, 12)$
$\quad = -60 - 40 \times 0.8929 - 20 \times 0.7972 + 25 \times 4.9676 \times 0.7118 + 55 \times 0.2567$
$\quad = -9.143(万元)$

当折现率为 10% 时,净现值为 24.834 万元,折现率为 12% 时,净现值为 -9 143 万元,因此内含报酬率在 10% 与 12% 之间,用插值法计算 IRR 如下:

$(12\% - IRR)/(12\% - 10\%) = (-9.143)/(-9.143 - 24.834)$

可求出:$IRR = 11.46\%$

计算表明,净现值为 24.834 万元,大于零,内含报酬率 11.46%,大于贴现率 10%,所以该项目在财务上是可行的。

一般来说,用净现值和内含报酬率对独立方案进行评价,不会出现相互矛盾的结论。

二、互斥方案的对比与选优

项目投资决策中的互斥方案是指在决策时涉及的多个相互排斥、不能同时实施的投资方案。互斥方案决策过程就是在每一个入选方案已具备项目可行性的前提下,利用具体决策方法比较各个方案的优劣,利用评价指标从各个备选方案中选出一个最优方案的过程。

由于各个备选方案的投资额、项目计算期不一致,因而要根据各个方案的使用期、投资额相等与否,采用不同的方法作出选择。

1. 互斥方案的投资额、项目计算期均相等,可采用净现值法或内含报酬率法

所谓净现值法,是指通过比较互斥方案的净现值的大小来选择最优方案的方法。内含报酬率法,是指通过比较互斥方案的内含报酬率的大小来选择最优方案的方法。净现值或内含报酬率最大的方案为优。

【例 4-17】 某企业现有资金 100 万元可用于固定资产项目投资,有 A、B、C、D 四个相互排斥的备选方案可供选择,这四个方案投资总额均为 100 万元,项目计算期都为 6 年,贴现率为 10%。经计算,各方案净现值与内含报酬率如下:

$NPV_A = 8.1253(万元)$ $IRR_A = 13.3\%$

$NPV_B = 12.25(万元)$ $IRR_B = 16.87\%$

$NPV_C = -2.12(万元)$ $IRR_C = 8.96\%$

$NPV_D = 10.36(万元)$ $IRR_D = 15.02\%$

要求:确定哪一个投资方案为最优方案。

解:因为 C 方案净现值为 -2.12 万元,小于零,内含报酬率为 8.96%,小于贴现率,不符合财务可行的必要条件,应舍去。

又因为 A、B、D 三个备选方案的净现值均大于零,且内含报酬平均大于贴现率。

所以 A、B、D 三个方案均符合财务可行的必要条件,且 $NPV_B > NPV_D > NPV_A$,即:

12.25 万元 > 10.36 万元 > 8.1253 万元

$IRR_B > IRR_D > IRR_A$,即:16.87% > 15.02% > 13.3%

所以 B 方案最优,D 方案其次,A 方案最差,应采用 B 方案。

2. 互斥方案的投资额不相等,但项目计算期相等,可采用差额法

所谓差额法,是指在两个投资总额不同的方案的差量现金净流量(记作 ΔNCF)的基础上,计算差额净现值(记作 ΔNPV)和差额内含报酬率(记作 ΔIRR),并据以判断方案孰优孰劣的方法。

在此方法下,一般以投资额大的方案减投资额小的方案,当 $\Delta NPV \geqslant 0$ 或 $\Delta IRR \geqslant i$ 时,投资额大的方案较优;反之,则投资额小的方案为优。

差额净现值 ΔNPV 或差额内含报酬率 ΔIRR 的计算过程和计算技巧同净现值 NPV 或内含报酬率 IRR 一样,只是决策所依据的是 ΔNCF 和 ΔIRR。

【例 4-18】 某企业有甲、乙两个投资方案可供选择,甲方案的投资额为 100 000 元,每年现金净流量均为 30 000 元,使用期限为 5 年;乙方案的投资额为 70 000 元,每年现金净流量分别为 10 000 元、15 000 元、20 000 元、25 000 元、30 000 元,使用期限也为 5 年。甲、乙两方案建设期均为 0 年,如果贴现率为 10%。

要求:对甲、乙方案作出选择。

解:因为两方案的项目计算期相同,但投资额不相等,所以可采用差额法来评判。

$\Delta NCF_0 = -100\,000 - (-70\,000) = -30\,000$(元)

$\Delta NCF_1 = 30\,000 - 10\,000 = 20\,000$(元)

$\Delta NCF_2 = 30\,000 - 15\,000 = 15\,000$(元)

$\Delta NCF_3 = 30\,000 - 20\,000 = 10\,000$(元)

$\Delta NCF_4 = 30\,000 - 25\,000 = 5\,000$(元)

$\Delta NCF_5 = 30\,000 - 30\,000 = 0$

$\Delta NPV_{甲-乙} = 20\,000 \times (P/F, 10\%, 1) + 15\,000 \times (P/F, 10\%, 2) + 10\,000$
$\qquad \times (P/F, 10\%, 3) + 5\,000 \times (P/F, 10\%, 4) - 30\,000$
$\qquad = 11\,506$(元)> 0

再用 $i = 28\%$ 测算:

$\Delta NPV_{甲-乙} = 20\,000 \times (P/F, 28\%, 1) + 15\,000 \times (P/F, 28\%, 2) + 10\,000$
$\qquad \times (P/F, 28\%, 3) + 5\,000 \times (P/F, 28\%, 4) - 30\,000$
$\qquad = 1\,412.5$(元)> 0

再用 $i = 32\%$ 测算:

$\Delta NPV_{甲-乙} = 20\,000 \times (P/F, 32\%, 1) + 15\,000 \times (P/F, 32\%, 2) + 10\,000$
$\qquad \times (P/F, 32\%, 3) + 5\,000 \times (P/F, 32\%, 4) - 30\,000$
$\qquad = -244.5$(元)< 0

再用插值法计算 ΔIRR:

$\Delta IRR = 28\% + (1\,412.5 - 0)/(1\,412.5 + 244.5) \times (32\% - 28\%)$
$\qquad = 31.41\% >$ 贴现率 10%

计算表明,差额净现值为 11 506 元,大于零,差额内含报酬率为 31.41%,大于贴现率 10%,应选择甲方案。

3. 互斥方案的投资额不相等,项目计算期也不相同,可采用年回收额法

所谓年回收额法,是指通过比较所有投资方案的年等额净现值指标的大小来选择最优方案的决策方法。在此方法下,年等额净现值最大的方案为最优方案。

年回收额法的计算步骤如下:

(1) 计算各方案的净现值 NPV;

(2) 计算各方案的年等额净现值,若贴现率为 i,项目计算期为 n,则年等额净现值为:

$$年等额净现值 = \frac{净现值}{年金现值系数} = \frac{NPV}{(P/A, i, n)}$$

【例 4-19】 某企业有两项投资方案,其现金净流量如表 4-6 所示。

表 4-6 甲、乙两个方案的现金净流量　　　　　　　　单位:元

项目计算期	甲方案		乙方案	
	净收益	现金净流量	净收益	现金净流量
0	—	(200 000)	—	(120 000)
1	20 000	120 000	16 000	56 000
2	32 000	132 000	16 000	56 000
3	—	—	16 000	56 000

要求:如果该企业期望达到最低报酬率为12%,请作出最优方案决策。

解:(1) 计算甲、乙方案的 NPV。

$NPV_甲 = 120\,000 \times (P/F, 12\%, 1) + 132\,000 \times (P/F, 12\%, 2) - 200\,000$

$\quad\quad\quad = 120\,000 \times 0.8929 + 132\,000 \times 0.7972 - 200\,000$

$\quad\quad\quad = 12\,378.4(元)$

$NPV_乙 = 56\,000 \times (P/A, 12\%, 3) - 120\,000$

$\quad\quad\quad = 56\,000 \times 2.4018 - 120\,000$

$\quad\quad\quad = 14\,500.8(元)$

(2) 计算甲、乙方案的年等额净现值。

$$甲方案年等额净现值 = \frac{12\,378.4}{(P/A, 12\%, 2)} = \frac{12\,378.4}{1.6901} = 7\,324.06(元)$$

$$乙方案年等额净现值 = \frac{14\,500.8}{(P/A, 12\%, 3)} = \frac{14\,500.8}{2.4018} = 6\,037.47(元)$$

(3) 作出决策。

因为甲方案年等额净现值>乙方案年等额净现值,7 324.06>6 037.47,所以,选择甲方案。

根据上述计算结果可知,乙方案的净现值大于甲方案的净现值,但乙方案的项目计算期为3年,而甲方案仅为2年,所以,乙方案的净现值高并不能说明该方案优。因此,需通过年回收额法计算年等额净现值得出结论,甲方案的年等额净现值高于乙方案,即甲方案为最优方案。

三、其他方案的对比与优选

在实际工作中,当投资方案不能单独计算盈亏,或者投资方案的收入相同或收入基本相同且难以具体计量时,一般可考虑采用成本现值比较法或年成本比较法来作出比较和评价。所谓成本现值比较法是指计算各个方案的成本现值之和并进行对比,成本现值之和最低的方案是最优的。成本现值比较法一般适用于项目计算期相同的投资方案。对于项目计算期不同的方案,不能用成本现值比较法进行评价,而应采用年成本比较法,即比较年平均成本现值,对投资方案作出选择。

【例 4-20】 某企业有甲、乙两个投资方案可供选择,两个方案的设备生产能力相同,设备的寿命期均为4年,无建设期。甲方案的投资额为64 000元,每年的经营成本分别为4 000元、4 400元、4 600元、4 800元,寿命终期有6 400元的净残值;乙方

案的投资额为 60 000 元,每年的经营成本均为 6 000 元,寿命终期有 6 000 元净残值。

要求:如果企业的贴现率为 8%,试比较两个方案的优劣。

解:因为甲、乙两个方案的收入不知道,无法计算 NPV,且项目计算期相同,均为 4 年,所以应采用成本现值比较法。

甲方案的投资成本现值 $= 64\,000 + 4\,000 \times (P/F, 8\%, 1) + 4\,400 \times (P/F, 8\%, 2) + 4\,600 \times (P/F, 8\%, 3) + 4\,800 \times (P/F, 8\%, 4) - 6\,400 \times (P/F, 8\%, 4)$

$= 64\,000 + 4\,000 \times 0.9259 + 4\,400 \times 0.8573 + 4\,600 \times 0.7938 + 4\,800 \times 0.7350 - 6\,400 \times 0.7350$

$= 73\,951.20(元)$

乙方案的投资成本现值
$= 60\,000 + 6\,000 \times (P/A, 8\%, 4) - 6\,000 \times (P/F, 8\%, 4)$
$= 60\,000 + 6\,000 \times 3.3121 - 6\,000 \times 0.7350$
$= 75\,462.6(元)$

以上计算结果表明,甲方案的投资成本现值较低,所以甲方案优于乙方案。

【例 4-21】 根据[例 4-20]所给的资料,假设甲、乙投资方案寿命期分别为 4 年和 5 年,建设期仍为零,其余资料不变。

要求:如果企业的贴现率仍为 8%,应选择哪个方案?

解:因为甲、乙两个方案的项目计算期不相同:

甲方案项目计算期 $= 0 + 4 = 4$ 年

乙方案项目计算期 $= 0 + 5 = 5$ 年

所以不能采用成本现值比较法,而应采用年成本比较法,计算步骤如下:

① 计算甲、乙方案的成本现值:

甲方案成本现值 $= 73\,951.20(元)$ （同[例 4-20]一致）

乙方案成本现值 $= 60\,000 + 6\,000 \times (P/A, 8\%, 5) - 6\,000 \times (P/F, 8\%, 5)$
$= 60\,000 + 6\,000 \times 3.9927 - 6\,000 \times 0.6806$
$= 79\,872.6(元)$

② 计算甲、乙方案的年均成本:

甲方案的年均成本 $= \dfrac{73\,951.20}{(P/A, 8\%, 4)} = \dfrac{73\,951.2}{3.3121} = 22\,327.59(元)$

乙方案的年均成本 $= \dfrac{79\,872.60}{(P/A, 8\%, 5)} = \dfrac{79\,872.60}{3.9927} = 20\,004.66(元)$

以上计算结果表明,乙方案的年均成本低于甲方案的年均成本,因此应采用乙方案。

牛刀小试

想一想:独立项目、互斥项目分别采用的投资决策方法是什么?

知识检测

一、单项选择题

1. 某一投资项目,投资5年,每年复利4次,其实际年利率为8.24%,则其名义利率为（　　）。
   A. 8%　　　　B. 8.16%　　　　C. 8.04%　　　　D. 8.61%

2. 在预期收益不相同的情况下,标准差越大的项目,其风险（　　）。
   A. 越大　　　B. 越小　　　　C. 不变　　　　D. 不确定

知识应用

1. 某公司拟购置一处房产,房主提出两种付款方案:

方案一:从现在起,每年年初支付20万元,连续支付10次,共200万元;

方案二:从第四年开始,每年年初支付25万元,连续支付10次,共250万元。

假设该公司的资本成本率(即最低报酬率)为10%,你认为该公司应选择哪个方案。

2. 某企业拟租赁或购买A设备,A设备市场价格50 000元(包括安装调试等),可使用5年,残值5 000元,假如租赁,每年税前租赁费用为12 000元,折旧用直线法,所得税税率为40%,资本成本为10%。

要求:请对是购买还是租赁A设备作出决策。

项目小结与自我评价

本项目主要讲解项目投资概述、项目投资的现金流量估算、项目投资决策的评价指标和项目投资决策方法的应用,让学生初步认识项目投资决策的一些基础概念。本项目重点讲解了项目投资决策的非贴现指标、贴现指标等各种评价指标以及如何利用这些评价指标在独立方案、互斥方案等不同方案中选择出最佳的方案,让学生深刻地认识到项目投资决策方法应用的重要性。

表4-7　项目投资管理知识点汇总及自我评价

任务名称	知识点		自我评价(得分)
任务一　项目投资概述	项目投资的含义与类型	新建项目 更新改造项目	
任务一　项目投资概述	项目投资的程序	投资项目的设计 项目投资的决策 项目投资的执行	
任务二　项目投资的现金流量估算	现金流量的概念	现金流入量 现金流出量 现金净流量	
	确定现金流量时应考虑的问题	现金流量的假设 现金流量的估算	

(续表)

任务名称	知识点		自我评价（得分）
任务三 项目投资决策的评价指标	指标	非贴现指标	
		贴现指标	
任务四 项目投资决策方法的应用	独立方案的对比与优选		
	互斥方案的对比与优选		
说明	掌握：经过课前预习、教师讲解、课后复习,能理解相关知识；10分。 基本掌握：在教师、同学的课后帮助下,能理解相关知识；5分。 模糊：在教师、同学的课后帮助下,仍然不能理解相关知识；0分。		
成绩		学生签字	

项目综合训练

一、单项选择题

1. 净现金流量是指（ ）。
  A. 净利润
  B. 净现值
  C. 现金流入量与现金流出量差额
  D. 现金流入量现值

2. 在考虑所得税因素以后,下列公式中,能够计算出营业现金净流量的是（ ）。
  A. 营业现金净流量＝税后收入－税后成本
  B. 营业现金净流量＝税后净利－折旧
  C. 营业现金净流量＝收入×(1－税率)＋付现成本×(1－税率)＋折旧×税率
  D. 营业现金净流量＝营业收入－年付现成本－年税金

3. 某投资方案的年营业收入为120 000元,年总营业成本为80 000元,其中,年折旧额为15 000元,所得税税率为25%,该方案的年营业现金净流量为（ ）元。
  A. 45 000   B. 30 000   C. 15 000   D. 40 000

4. 不考虑建设期的投资回收期恰好是（ ）。
  A. 累计净现值为零时的年限
  B. 净现值为零时的年限
  C. 累计净现金流量为零时的年限
  D. 净现金流量为零时的年限

5. 在一般投资项目中,当一项投资方案的净现值等于零时,即表明该方案（ ）。
  A. 现值比率小于零
  B. 获利指数等于1
  C. 内含报酬率小于设定贴现率
  D. 不具备经济可行性

6. 能使投资方案的净现值等于零的贴现率,叫作（ ）。
  A. 平均会计收益率
  B. 现值指数
  C. 内含报酬率
  D. 净现值率

7. 甲企业拟建的生产线项目,预计投产第一年年初的流动资产需用额为50万元,流动需用额为25万元,预计投产第二年年初流动资产需用额为65万元,流动负债需用额为30万元,则投产第二年新增的流动资金投资额应为（ ）万元。
  A. 25   B. 35   C. 10   D. 15

8. 某投资项目年营业收入为180万元,年付现成本为60万元,年折旧额为40万元,所得税税率为25%,则该项目年经营净现金流量为(　　)万元。

A. 81.8　　　　B. 100　　　　C. 82.4　　　　D. 76.4

9. 某投资项目原始投资为2 000元,当年完工投产,有效期3年,每年可获得现金净流量4 600元,则该项目内部收益率为(　　)。

A. 7.33%　　　B. 7.68%　　　C. 8.32%　　　D. 6.68%

10. 已知某投资项目的原始投资额为350万元,建设期为2年,投产后第1至第5年每年NCF为60万元,第6至第10年每年NCF为55万元。则该项目包括建设期的静态投资回收期为(　　)年。

A. 7.909　　　B. 8.909　　　C. 5.833　　　D. 6.833

11. 某投资项目原始投资额为100万元,使用寿命10年,已知该项目第10年的经营净现金流量为25万元,期满处置固定资产残值收入及回收流动资金共8万元,则该投资项目第10年的净现金流量为(　　)万元。

A. 8　　　　　B. 25　　　　　C. 33　　　　　D. 43

二、多项选择题

1. 某公司拟新建一个生产车间用于某种新产品的开发,则与该投资项目有关的现金流量有(　　)。

A. 预计投产后每年创造销售收入20万元

B. 投资需利用现有的库存材料,目前市价为3万元

C. 需购置新的生产流水线,价值为30万元,同时垫付2万元的流动资金

D. 公司已支付1万元的咨询费,请专家论证

2. 在营业期内的任何一年中,该年的现金净流量等于(　　)。

A. 该年现金流入量与流出量之差　　　B. 原始投资与资本化利息之和

C. 该年净利润、折旧、摊销额之和　　　D. 原始投资额的负值

3. 下列各项中,构成初始现金流量的有(　　)。

A. 营运资金垫支　　　　　　　　　　B. 固定资产投资

C. 无形资产投资　　　　　　　　　　D. 其他投资

4. 下列关于评价投资项目净现值法的说法中,正确的有(　　)。

A. 若净现值为正数,方案经济可行　　B. 它考虑了货币时间价值

C. 净现值指标不受贴现率高低的影响　D. 理论上它比其他方法更完善

5. 投资项目的内含报酬率是(　　)。

A. 现值指数为1的贴现率　　　　　　B. 同期市场利率

C. 净现值为零的贴现率　　　　　　　D. 现值指数为零的贴现率

6. 投资项目的现金流入主要包括(　　)。

A. 营业收入　　　　　　　　　　　　B. 回收固定资产余值

C. 固定资产折旧　　　　　　　　　　D. 回收流动资金

7. 下列各项中,(　　)评价指标的计算与项目实现给定的折现率有关。

A. 内部收益率　　　　　　　　　　　B. 净现值

C. 净现值率　　　　　　　　　　　　D. 静态投资回收期

8. 下列各项中,属于投资项目现金流出量内容的有(　　)。

A. 新增经营成本　　　　　　　　B. 无形资产投资
C. 折旧与摊销　　　　　　　　　D. 固定资产投资

9. 净现值法的优点有（　　）。
A. 考虑了资金时间价值
B. 考虑了项目计算期的全部净现金流量
C. 考虑了投资风险
D. 可从动态上反映项目的实际收益率

10. 若有两个投资方案，原始投资额不相同，彼此相互排斥，各方案项目计算期不同，下列方法中，可以采用的有（　　）
A. 净现值法　　　　　　　　　　B. 计算期统一法
C. 差额内部收益率法　　　　　　D. 年等额净回收额法

三、判断题

1. 付现成本是指需要支付现金的成本，在数量上等于营业收入减税后利润后，再与折旧摊销相加之和。（　　）

2. 在项目投资方案评价中，折旧既不是现金流入量也不是现金流出量，因而不必考虑。（　　）

3. 现值指数是一个相对数指标，反映投资的效率，而净现值是一个绝对数指标，反映投资的效率。（　　）

4. 当评价两个相互排斥的投资方案时，应当着重比较其各自的内含报酬率，而把其净现值放在次要位置。（　　）

5. 在投资项目决策中，制药投资方案的总投资收益率大于零，该方案是可行方案。（　　）

四、计算分析题

1. 甲企业拟建造一项生产设备，预计建设期为2年，所需原始投资450万元（均为自有资金），于建设起点一次投入。该设备预计使用寿命为5年，使用期满报废清理残值为50万元。该设备折旧方法采用直线法。该设备投产后每年增加息税前利润为100万元，所得税税率为25%，项目的行业基准利润率为20%。

要求：
(1) 计算项目计算期内各年净现金流量；
(2) 计算该设备的静态投资回收期；
(3) 假定使用的行业基准折现率为10%，计算项目净现值；
(4) 计算项目净现值率；
(5) 评价其财务可行性。

项目四延伸阅读——恒大的投资败局

项目五

证券投资管理

> 思维导图

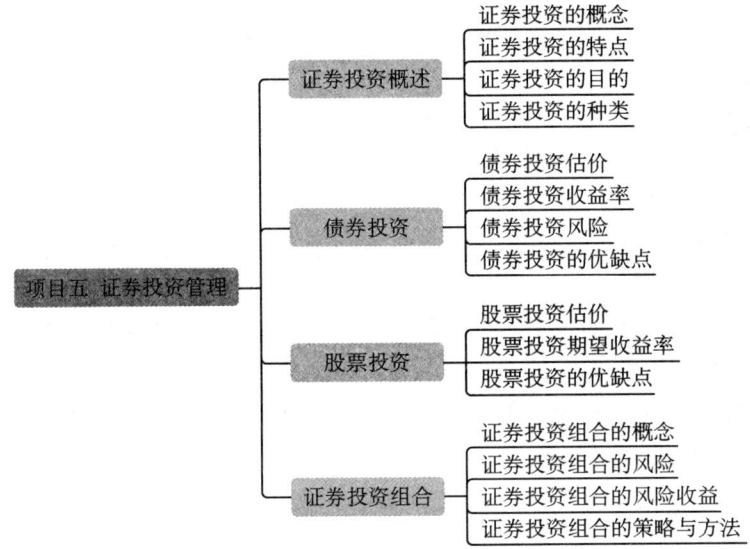

> 学习目标

1. 知识目标

（1）熟悉证券投资的概念。

（2）掌握证券内在价值的计算方法。

（3）掌握证券投资组合的风险与收益。

2. 技能目标

（1）会计算债券价值并进行债券投资风险评估。

（2）会计算股票价值。

（3）会计算证券投资组合的风险与收益。

3. 素养目标

（1）遵守中华人民共和国证券法等法律法规。

（2）能够对各种信息进行处理，学会自我学习。

任务一 证券投资概述

> 案例导入

巴菲特的投资理念

巴菲特是当今世界具有传奇色彩的证券投资家,他以独特、简明的投资哲学和策略,投资可口可乐、吉列、所罗门兄弟投资银行、通用电气等著名公司股票、可转换证券并大获成功。头顶"股神"光环的巴菲特,几乎已经成为价值投资的代名词。巴菲特投资过两只中国概念股:比亚迪和中国石油。

2002年至2003年间,巴菲特执掌的伯克希尔公司投资4.88亿美元购入中石油1.3%股份。而自2007年7月开始,巴菲特连续七次减持中石油H股,并在11月5日中石油登陆A股市场的前一个月将所持的23.4亿股中石油H股全部清空,收获40亿美元,获利近7倍。彼时,香港恒生指数正逼近32 000点大关,上证指数也突破6 000点历史高位,巴菲特的这一举动曾遭到很多人质疑。对此巴菲特的解释是,抛售完全是基于价格上的考虑。事实证明,果断清仓使巴菲特成为迄今为止投资中石油最大的获益者。

巴菲特对比亚迪的投资始于2008年,伯克希尔旗下的中美能源公司有意入股在中国香港上市的比亚迪公司,希望买入其25%的股权。不过不缺钱的比亚迪并不太乐意,后经双方交流,巴菲特的公司最终以2.3亿美元获得比亚迪10%的股份。而这也令巴菲特感到高兴,他认为王传福不想出售自己的公司,这本身就是一个好兆头。据悉,巴菲特持有比亚迪股票一直未动。以均价算,当时巴菲特公司买入比亚迪股票的价格约合每股8港元,截至2013年4月25日,比亚迪股价已涨至每股28.5港元,巴菲特的该笔投资市值接近8亿美元,获益高达3倍。

通过巴菲特对中国概念股投资的案例,你能分析出巴菲特的投资理念吗?

(案例来源:https://baijiahao.baidu.com/s?id=16457034912813127788&wfr=spider&for=pc。)

一、证券投资的概念

证券投资是指投资者(法人或自然人)买卖股票、债券、基金券等有价证券及这些有价证券的衍生品,以获取差价、利息及资本利得的投资行为和投资过程,是间接投资的重要形式。

二、证券投资的特点

证券投资的特点主要有以下几点。
(1)证券投资具有高度的"市场力"。
(2)证券投资是对预期会带来收益的有价证券的风险投资。

(3) 投资和投机是证券投资活动中不可缺少的两种行为。

(4) 二级市场的证券投资不会增加社会资本总量,而是在持有者之间进行再分配。

(5) 证券投资具有风险性和收益性。

三、证券投资的目的

证券投资的目的主要有以下几种。

(1) 充分利用闲置资金,获取投资收益。

(2) 积累发展基金或偿债基金,满足未来财务需求。

(3) 进行多元化投资,分散投资风险。

(4) 对相关企业进行控制或实施重大影响,增强企业竞争力。

四、证券投资的种类

金融市场上的证券很多,其中,可提供企业投资的证券主要有国债、短期融资券、可转让存单、企业股票与债券、投资基金及期权、期货等衍生证券。证券投资具体可以分为以下几类。

(一) 股票投资

股票投资,是指企业或个人用积累起来的货币购买股票,通过股票的买卖或收取股利以获得收益的行为。股票是股份公司为筹集资金而发行给各个股东作为持股凭证并借以取得股息和红利的一种有价证券。

(二) 债券投资

债券投资,是指债券购买人(投资人,债权人)以购买债券的形式投放资本,到期向债券发行人(借款人、债务人)收取固定的利息及收回本金的一种投资方式。债券是政府、企业、银行等债务人为筹集资金,按照法定程序发行并向债权人承诺于指定日期还本付息的有价证券。

(三) 基金投资

基金投资,是指投资者通过购买投资基金份额或收益凭证来获取收益的投资方式。它是一种间接的证券投资方式。这里的基金主要指证券投资基金,是基金管理公司通过汇集众多投资者的资金,交给银行保管,其负责投资股票和债券等证券,以实现保值增值目的的一种投资工具。

(四) 期货投资

期货投资,是指投资者通过买卖期货合约规避价格风险或赚取利润的一种投资方法。所谓期货合约,是指由期货交易所统一制定的、规定在将来某一特定的时间和地点交割一定数量和质量商品的标准化合约。它是确定期货交易关系的一种契约,是期货市场的交易对象。

(五) 期权投资

期权投资,是指为了实现营利目的或者规避风险而进行期权买卖的一种投资方式。期权是指一种合约,该合约赋予持有人在某一特定日期或该日之前的任何时间

知识链接

在我国,有两大证券交易所,分别是上海证券交易所和深圳证券交易所。不同交易所和不同证券的交易费用不一样,大家可登录相关网站进行查询。

你知道吗

2021年9月2日,习近平总书记宣布将继续支持中小企业创新发展,深化新三板改革,设立北京证券交易所,北京证券交易所已于2021年11月15日开市。

以固定价格购进或售出一种资产的权利。

(六) 证券组合投资

证券组合投资,是指企业通过同时购买股票、债券等多种证券以获取收益的投资行为。

牛刀小试

说一说:股票投资、债券投资与基金投资有何区别?

知识检测

一、单项选择题

1. 下列证券持有者中,具有参与企业经营管理权的是(　　)。
   A. 基金持有者　　　　　　B. 普通股股东
   C. 债券持有者　　　　　　D. 国库券持有者
2. 下列各项证券投资中,能使投资者获得被投资企业的控制权的是(　　)。
   A. 债券　　　　　　　　　B. 普通股股票
   C. 期权　　　　　　　　　D. 期货
3. 证券组合投资是指将资金投向(　　)。
   A. 债券　　　　　　　　　B. 股票
   C. 期货　　　　　　　　　D. 多种证券

二、多项选择题

1. 企业进行证券投资的目的有(　　)。
   A. 充分利用闲置资金
   B. 为了取得对相关企业的控制权
   C. 满足未来的财务需求
   D. 分散投资风险
2. 证券投资的对象有(　　)。
   A. 股票　　　　　　　　　B. 债券
   C. 基金　　　　　　　　　D. 以上三者的组合

三、判断题

1. 相对于实物资产来说,证券投资具有价格不稳定、投资风险较大的特点。(　　)
2. 证券投资是购买股票、债券等金融资产的投资行为,属于间接投资。(　　)
3. 证券投资的唯一目的就是获利。(　　)
4. 证券投资没有风险。(　　)
5. 所有证券的投资风险都一样大。(　　)

知识应用

查询相关资料,简要复述各种证券投资的区别。

任务二 债券投资

案例导入

如何评价债券投资的可行性?

本期债券基本要素：

债券名称：03 华能债券　　债券类别：实名制记账式　　期限：10 年

发行规模：40 亿元（其中：30 亿元固息债；10 亿元浮息债）

票面利率：固定利率债年利率 4.60%，浮动利率债年利率为基准利率＋1.80%，其中，基准利率为银行一年期整存整取定期储蓄存款利率

债券担保：中国银行　　信用评级：AAA 级

发行日期：2023 年 12 月 9 日至 2023 年 12 月 22 日

本息兑付方式：每年付息，到期一次还本

交易和流动性：拟在上交所或深交所上市

我们该如何分析华能债券是否值得投资呢？你有办法吗？

微课：投资管理——债券投资决策

一、债券投资估价

一般来讲，投资者购买债券基本都能够按债券的票面利率定期获取利息并到期收回债券面值。因此，债券投资的估价就是计算债券在未来期间获取的票面利息和面值的现值之和。根据利息的支付方式不同，债券投资的估价模型可分为以下几种。

> **知识链接一**
>
> 贴现债券是期限比较短的折现债券。投资者购买的以贴现方式发行的债券，到期按债券面额兑付而不另付利息。

（一）分期计息，到期一次还本债券的估价模型

典型的债券是固定利率、每期计算并收到利息、到期收回本金。其估价模型是：

$$V = \frac{I_1}{(1+r)^1} + \frac{I_2}{(1+r)^2} + \cdots + \frac{I_n}{(1+r)^n} + \frac{M}{(1+r)^n}$$

式中，V 为债券价值，I_n 为第 n 期利息，r 为市场利率（或投资者要求的收益率），M 为到期的本金（债券面值），n 为债券到期前的期数。

【例 5-1】 万成公司于 2×23 年 6 月 1 日发行面值为 1 000 元的债券，票面利率为 8%，每年 6 月 1 日计算并支付一次利息，并于 5 年后的 6 月 1 日到期，投资者要求的收益率为 10%。请计算该债券的内在价值。

该债券的价值为：

$$V = \frac{1\,000 \times 8\%}{(1+10\%)^1} + \frac{1\,000 \times 8\%}{(1+10\%)^2} + \cdots + \frac{1\,000 \times 8\%}{(1+10\%)^5} + \frac{1\,000}{(1+10\%)^5}$$
$$= 80 \times (P/A, 10\%, 5) + 1\,000 \times (P/F, 10\%, 5)$$
$$= 80 \times 3.790\,8 + 1\,000 \times 0.620\,9$$
$$= 924.16（元）$$

该债券的价值是 924.16 元，如果不考虑其他因素，这种债券的价格只有等于或

低于 924.16 元时,投资者才会购买。

> **牛刀小试**
>
> 成达公司发行的债券,面值为 1 000 元,票面利率为 12%,期限 5 年,每半年计息一次,当前市场利率为 10%。请计算该债券的内在价值。

(二) 到期一次还本付息债券的估价模型

对于该类债券来说,债券的利息随本金一同在债券到期日收回。其估价模型为:

$$V = \frac{F}{(1+r)^n}$$

式中,F 为到期本利和,其他字母含义同前。

【例 5-2】 有一种到期一次还本付息的公司债券,面值为 1 000 元,票面利率为 12%,单利计息,期限 5 年,投资者要求的收益率为 10%。请计算该债券的内在价值。

该债券的价值为:

$$V = \frac{(1\,000 + 1\,000 \times 12\% \times 5)}{(1+10\%)^5}$$
$$= (1\,000 + 1\,000 \times 12\% \times 5) \times (P/F, 10\%, 5)$$
$$= 1\,600 \times 0.6209$$
$$= 993.44(元)$$

该债券的价值是 993.44 元,如果不考虑其他因素,当债券的市场价格等于或低于 993.44 元时,投资者才会购买。

> **牛刀小试**
>
> 开利公司拟购买另一家公司的债券作为投资。该债券面值为 1 000 元,期限 5 年,票面利率 5%,到期一次还本付息,当前市场利率为 6%。请计算该债券发行价格为多少元时才能购买。

二、债券投资收益率

债券投资的收益水平通常用到期收益率来衡量。到期收益率是指以特定价格购买债券并持有至到期所能获得的收益率。它是使未来现金流量现值等于债券购买价格的折现率。

【例 5-3】 成达公司于 2×23 年 1 月 1 日以 1 010 元的价格购买债券并持有 2 年至到期。该债券每年 1 月 1 日计息一次,到期还本,债券面值为 1 000 元,票面利率为 10%。请计算该债券的到期收益率。

根据分期计息、到期一次还本债券的估价模型,有:

到期收益率为 r,则 $1\,010 = 1\,000 \times 10\% \times (P/A, r, 2) + 1\,000 \times (P/F, r, 2)$

以年利率 10% 作为折现率进行测试:

$1\,000 \times 10\% \times (P/A, 10\%, 2) + 1\,000 \times (P/F, 10\%, 2)$

想一想
以贴现方式发行的债券,其估价模型会是怎样的呢?

想一想
你还记得内含报酬率吗?

$$=1\,000\times10\%\times1.7355+1\,000\times0.8264$$
$$=999.95(元)$$

因为 999.95 元小于 1 010 元,故应降低折现率再试。

以年利率 8% 作为折现率进行测试:
$$1\,000\times10\%\times(P/A,8\%,2)+1\,000\times(P/F,8\%,2)$$
$$=1\,000\times10\%\times1.7833+1\,000\times0.8573$$
$$=1\,035.63(元)$$

1 035.63 元大于 1 010 元,所以,折现率 r 应该为 8%~10%,采用插值法计算折现率 r。

$$\frac{r-8\%}{10\%-8\%}=\frac{1\,010-1\,035.63}{999.95-1\,035.63}$$

$$r=9.44\%$$

这里的计算只是理论上的,在实际操作过程中,收益率的计算要考虑购买成本、交易成本和通货膨胀等因素,需要对上述计算结果作相应调整。

牛刀小试

开利公司 2×23 年 1 月 1 日平价购买一张面值为 1 000 元的债券,其票面利率为 8%,每年 1 月 1 日计算并支付一次利息,该债券于 2×25 年 1 月 1 日到期并偿还本金。请计算其到期收益率。

三、债券投资风险

(一)违约风险

违约风险是指发行债券的借款人不能按时支付债券利息或偿还本金,而给债券投资者带来损失的风险。在所有债券之中,财政部发行的国债,由于有政府作担保,往往被市场认为是金边债券,所以没有违约风险。但除中央政府以外的地方政府和公司发行的债券则或多或少地有违约风险。因此,信用评级机构要对债券进行评价,以反映其违约风险。一般来说,如果市场认为一种债券的违约风险相对较高,那么就会要求债券的收益率也要相对较高,从而弥补可能承受的损失。

(二)利率风险

债券的利率风险是指由于利率变动而使投资者遭受损失的风险。毫无疑问,利率是影响债券价格的重要因素之一。当利率提高时,债券的价格就会降低;当利率降低时,债券的价格就会上升。债券价格会随利率变动,所以即便是没有违约风险的国债也会存在利率风险。

(三)购买力风险

购买力风险是指由于通货膨胀而使货币购买力下降的风险,是债券投资中最常出现的一种风险。通货膨胀期间,投资者实际利率应该是票面利率扣除通货膨胀率。若债券利率为 10%,通货膨胀率为 8%,则实际的收益率只有 2%。实际上,在 20 世纪 80 年代末到 90 年代初,由于国民经济一直处于高通货膨胀的状态,我国发行的国债销路并不好。

新手提示

用试误法一步一步测试。如果选择的折现率使计算结果大于发行价格,则需要进一步提高折现率;如果低于发行价格,则需要进一步降低折现率;直到一个大于发行价格,一个小于发行价格,就可以通过内插法计算出等于发行价格的到期收益率。

新手提示

插值法也叫内插法,一般是指数学上的直线内插。

内插法的原理是先根据比例关系建立一个方程,然后,解方程计算得出所要求的数据。

知识链接

2021 年 11 月,财政部在香港特别行政区顺利发行 40 亿欧元主权债券,受到国际投资者踊跃认购,体现了人民币资产的强大吸引力,反映的是国际社会对中国经济社会发展前景的信心。

（四）变现能力风险

变现能力风险是指投资者在短期内无法以合理的价格卖掉债券的风险。如果投资者遇到一个更好的投资机会想出售现有债券，但短期内找不到愿意出合理价格的买主，要把价格降到很低或者很长时间才能找到买主，那么，他不是遭受降价损失，就是丧失新的投资机会。

（五）再投资风险

投资者投资债券可以获得的收益有以下三种：①债券利息；②债券买卖中获得的收益；③临时的现金流（如定期收到的利息和到期偿还的本金）进行再投资所获取的利息。

再投资风险是针对第三种收益来说的。再投资风险是债券持有者用持有期得到的利息收入、到期时得到的本息、出售时得到的资本收益等再投资所能实现的报酬率可能会低于当初购买该债券的收益率的风险。在利率走低时，债券价格上升，但再投资收益率就会降低，再投资的风险加大。当利率上升时，债券价格会下降，但是利息的再投资收益会上升。一般而言，期限较长的债券和息票率较高的债券的再投资风险相对较大。防范再投资风险的措施是分散债券的期限，长短期配合。

（六）经营风险

经营风险是指发行债券的单位管理与决策人员在其经营管理过程中发生失误，导致资产减少而使债券投资者遭受损失的风险。

四、债券投资的优缺点

债券投资的优点：本金安全性高，收入稳定性强，市场流动性好。

债券投资的缺点：购买力风险较大（通货膨胀会侵蚀投资者的购买力），没有经营管理权。

> 知识检测

一、单项选择题

1. 下列债券中，信誉最高的是（　　）。
   A. 国库券　　　　　　　　　　B. 金融债券
   C. 企业短期债券　　　　　　　D. 企业长期债券

2. 在其他条件不变的情况下，关于债券市场价格与到期收益率关系的表述中，正确的是（　　）。
   A. 债券市场价格不影响到期收益率
   B. 债券市场价格越高，到期收益率越低
   C. 债券市场价格越高，到期收益率越高
   D. 债券市场价格与到期收益率的关系不确定

3. 债券利息折现是要用到的系数是（　　）。
   A. 复利现值系数　　　　　　　B. 年金现值系数
   C. 复利终值系数　　　　　　　D. 年金终值系数

4. 到期一次还本付息的债券折现时要用到的系数是（　　）。
　　A. 复利现值系数　　　　　　　　B. 年金现值系数
　　C. 复利终值系数　　　　　　　　D. 年金终值系数
5. 下列证券中，能够更好地避免证券投资购买力风险的是（　　）。
　　A. 国库券　　　B. 公司债券　　　C. 普通股票　　　D. 优先股

二、多项选择题

1. 债券的投资风险有（　　）。
　　A. 违约风险　　　　　　　　　　B. 利率风险
　　C. 购买力风险　　　　　　　　　D. 变现能力风险
2. 下列各项中，会影响债券投资的到期收益率的因素有（　　）。
　　A. 票面利息　　B. 债券价格　　　C. 债券面值　　　D. 债券年限
3. 债券投资的优点在于（　　）。
　　A. 本金安全性高　　　　　　　　B. 收入稳定性强
　　C. 市场流动性好　　　　　　　　D. 购买力风险大
4. 债券投资的缺点在于（　　）。
　　A. 本金安全性高　　　　　　　　B. 收入稳定性强
　　C. 没有经营管理权　　　　　　　D. 购买力风险大
5. 计算债券内在价值时应该考虑的因素有（　　）。
　　A. 折现率　　　B. 债券面值　　　C. 债券票面利率　　D. 债券年限

知识应用

万方公司于 2×23 年 3 月 1 日发行债券，该债券的面值为 1 000 元，期限为 5 年，票面利率为 7%，到期一次还本付息，发行时市场利率为 8%。

要求：

（1）计算该债券发行价格；

（2）如果某投资者于 2×23 年 3 月 1 日以 980 元的价格购入该债券，计算其到期收益率。

任务三　股票投资

案例导入

央企退市第一股

2014 年 4 月 1 日，上交所发布公告宣布终止中国长江航运集油运股份有限公司（以下简称长航油运）(*ST长油) 股票上市交易，这意味着长航油运成为央企退市第一股。

2007 年通过定向增发方式进入资本市场的长航油运，也曾有过堪称辉煌的过

微课：投资管理——股票投资决策

往——2008年,这家运输巨头实现净利润5.96亿元,较2007年大涨六成。然而,全球金融危机带来的国际航运供需失衡、运价持续低迷,令长航油运陷入持续亏损的境地。2010年,其追溯调整后的业绩为-1 859万元。此后的2011年和2012年,亏损相继扩大为7.54亿元和12.39亿元。2013年年初,连续3年亏损的*ST长油被暂停上市。2014年3月22日,*ST长油披露的年报显示,2013年度归属于上市公司股东的净利润为-59.22亿元,粗略估算下来平均每天亏损额高达1 622万元。信永中和会计师事务所对这份财务报表出具了"无法表示意见"的审计报告。连续4年的亏损,令*ST长油触发上海证券交易所股票退市规则。这家曾经的绩优企业,终以"央企退市第一股"的身份尴尬离场。

*ST长油退市后,股票投资者直接受到影响。根据规定,*ST长油终止上市后会经历为期30个交易日的退市整理期,其后会退至全国中小企业股份转让系统("新三板")挂牌。对此,一位券商投资顾问表示,由于新三板流动性很差,一旦*ST长油退市至新三板市场后将意味着投资者持有的股票一文不值,此前的投资金也可能打水漂。公开数据显示,*ST长油在2013年年报披露日前5个交易日末股东总数为14.9442万户。这意味着,将有近15万股民在*ST长油退市后面临"血本无归"。

请思考*ST长油退市会给其投资者带来哪些影响?投资者应该如何有效规避股票投资风险?

(案例来源:https://m.10jqka.com.cn/564861587.html。)

公司进行股票投资的目的主要有两个:一是获利,即作为一般的证券投资,获取股利收入及股票买卖差价;二是控股,即通过购买某一公司的大量股票以对该公司进行控制。

一、股票投资估价

股票的价值(内在价值)是由股票带来的未来现金流量的现值决定的。股票给持有者带来的未来现金流入包括两部分:股利收入和出售时的价格。股票的价值由一系列股利和将来出售股票时价格的贴现值构成。

(一)股票估价的基本模型

通常情况下,投资者投资股票,不仅希望得到现金股利收入,还希望在未来出售股票时从股票的价格上涨中得到好处。其估价模型为:

$$V_0 = \frac{D_1}{(1+R)^1} + \frac{D_2}{(1+R)^2} + \cdots + \frac{D_n}{(1+R)^n} + \frac{V_n}{(1+R)^n}$$

式中,V_0为股票内在价值,V_n为未来出售时预计的股票价格,R为股东要求的收益率,D_n为第n期现金股利,n为预计持有的股票期数。

【例5-4】 广达公司拟购买A公司发行的股票,预计每年可获现金股利依次为10元、5元、20元,3年后股票出售的预计售价是300元,股东要求的收益率是10%。请计算该股票的内在价值。

则该股票的内在价值为:

$$V_0 = 10 \times (P/F, 10\%, 1) + 5 \times (P/F, 10\%, 2) + 20 \times (P/F, 10\%, 3)$$
$$+ 300 \times (P/F, 10\%, 3)$$
$$= 10 \times 0.9091 + 5 \times 0.8264 + 320 \times 0.7513$$
$$= 253.64(元)$$

该股票内在价值为 253.64 元,如该股票当前的市场价格等于或低于其内在价值,该公司可以购入。

(二)零增长股票的估价模型

零增长股票的估价模型也就是股利零增长模型,是假设未来现金股利保持固定金额,即 $D_0 = D_1 = D_2 = D_3 = \cdots = D_n$,股东永久性持有股票,即中途不转让出售。则股票估价模型为:

$$V_0 = \frac{D_1}{R}$$

式中,R 为股东要求的收益率,V_0 为股票内在价值,D_1 为预计下一期的股利。

【例 5-5】 广达公司拟购买股票,预计该股票未来每股现金股利为 2 元,且打算长期持有,股东要求的收益率是 10%。请计算该股票的内在价值。

则该股票的内在价值为:

$$V_0 = \frac{2}{10\%} = 20(元)$$

牛刀小试

开利公司拟投资购买并长期持有某公司股票,该股票每年分配股利 2 元,必要收益率为 12.5%。要求:计算该股票价格为多少元时适合购买。

(三)固定增长股票的估价模型

大多数公司的股利不是固定不变的,而是不断增长的。此时股票的估价就非常困难,只能计算股票价值的近似数。固定增长股票即股利固定增长型股票,假定股东长期持有该股票,其估价模型为:

$$V_0 = \frac{D_1}{R - g}$$

式中,g 为股利预计增长率,R 为股东要求的收益率,V_0 为股票内在价值,D_1 为预计下一期的股利。

【例 5-6】 广达公司拟购买股票,该股票当前每股现金股利为 1 元,预计每年以 2% 的增长率增长,股东要求的收益率为 10%。请计算该股票的内在价值。

则该股票的内在价值为:

$$V_0 = \frac{1 \times (1 + 2\%)}{10\% - 2\%} = 12.75(元)$$

牛刀小试

开利公司拟投资购买某公司股票,该股票上年每股股利为 2 元,预计年增长率为

4%,必要投资报酬率为10%。要求:计算该股票价格为多少元时可以投资。

(四) 分阶段增长股票的估价模型

一个公司不可能一开始就处于稳定增长或永远处于匀速增长状态。公司的发展过程必然是不规则的,有较好的投资机会时,公司会快速增长;一旦步入成熟期,其发展就会比较稳定。只有分段计算现金股利的增长情况,才能确定其股票的价值。该类型股票的估价模型为:

$$V_0 = 高速成长阶段收益现值 + 固定增长阶段收益现值 + 固定不变阶段收益现值$$

> **想一想**
> 零增长股票的价值、固定增长股票的价值及阶段增长股票的价值,在计算时应该注意哪些关键问题?

【例5-7】 开利公司持有A公司股票,其必要报酬率为15%,预计A公司未来三年股利高速增长,增长率为20%;此后转为正常增长,增长率为10%。A公司最近支付的股利是2元。请计算A公司的股票价值。

首先,计算非正常增长期的股利现值如表5-1所示。

表5-1 A公司股利现值表   单位:元

年份	股利	现值系数(折现率15%)	现值
1	2×1.2=2.400	0.8696	2.0870
2	2.4×1.2=2.880	0.7561	2.1776
3	2.88×1.2=3.456	0.6575	2.2723
合计	—	—	6.5369

其次,按股利固定增长模型计算固定增长部分的股票价值:

$$V_3 = \frac{3.456 \times 1.1}{15\% - 10\%} = 76.032(元)$$

由于这部分股票价值是第三年年末以后的股利折算的内在价值,须将其折算为现值:

$$V_3 \times (P/F, 15\%, 3) = 76.032 \times 0.6575 = 49.991(元)$$

最后,计算股票目前的内在价值:

$$V_0 = 6.5369 + 49.991 = 56.53(元)$$

牛刀小试

开利公司股票原每股发放现金股利1元,预期从今年起股利将以20%的速度增长3年,然后其增长率降至正常水平,股利增长率为5%,股东要求的收益率为15%。要求:计算公司股票的内在价值。

二、股票投资期望收益率

如果股票价格是公平的市场价格,则股票投资的期望收益率就等于股东要求的收益率。根据固定增长股票的估价模型,可知:

$$V_0 = \frac{D_1}{R-g}$$

把公式移项整理,计算 R,可以得到:

$$R = \frac{D_1}{V_0} + g$$

股票投资的收益率包括两部分:一是股利收益率,它是根据预期现金股利除以当前股价计算出来的;二是现金股利增长率 g,它可以根据公司的可持续增长率估计。股票价值是股票市场形成的价格,只要能预计下一年的现金股利,就可估计出股票的预期收益率。

【例 5-8】 开利公司股票的价格为 30 元,预计下一期的股利是 3 元,该股利将以约 6% 的速度持续增长。计算该股票的期望报酬率。

该股票的期望报酬率为:

$$R = \frac{3}{30} + 6\% = 16\%$$

三、股票投资的优缺点

> **想一想**
> 债券投资与股票投资的优缺点分别是什么?

股票投资是一种具有挑战性的投资,收益和风险都比较高。其优点主要有:投资收益高,购买力风险低,拥有经营控制权。

股票投资的缺点主要是风险大,其原因是:求偿权居后,价格不稳定,股利收入不稳定。

知识检测

一、单项选择题

1. 某公司发行的股票,预期报酬率为 10%,最近刚支付的股利为每股 1 元,估计股利年增长率为 4%,则该种股票的价值为(　　)元。
   A. 17.33　　　　B. 10　　　　C. 25　　　　D. 16.67

2. 一普通股股票,预计年固定股利收入为 6 元,如果折现率为 8%,那么,准备长期持有该股票的投资者能接受的最高购买价格为(　　)元。
   A. 60　　　　B. 80　　　　C. 75　　　　D. 66

3. 零成长股票是指股票的(　　)增长率是 0。
   A. 销售收入　　B. 净利润　　C. 资产总额　　D. 股利

4. 股票的价值是指(　　)。
   A. 股票的内在价值　B. 股票的价格　C. 股息　　D. 红利

二、多项选择题

1. 股票投资的缺点有(　　)。
   A. 求偿权居后　　　　　　　　B. 价格不稳定
   C. 收入不稳定　　　　　　　　D. 购买力风险大

2. 股票投资的优点有(　　)。

A. 投资收益高 B. 收入不稳定
C. 拥有经营控制权 D. 购买力风险低

3. 计算股票价值的模型包括( )。
A. 零成长模型 B. 固定成长模型
C. 非固定成长模型 D. 高成长模型

4. 不准备永久持有的股票的未来现金流入主要包括( )。
A. 每期预期股利 B. 出售时得到的价格收入
C. 股票现价 D. 已发放股利

5. 股票的短期投资收益主要来自( )。
A. 预期股利 B. 持有期股利 C. 股票售价 D. 股价差

三、判断题

1. 在任何情况下进行股票投资,都必须考虑获利的多少。 ( )
2. 股票投资的永久性是指股票投资后不能转让。 ( )
3. 股票投资的风险要低于国库券的投资风险。 ( )
4. 股票的名义投资收益率为在股票投资期内,使得所有相关现金流量的现值相等的贴现率。 ( )
5. 当股票价值大于当前股票价格时,股票不值得投资。 ( )

知识应用

投资者准备购买 A 公司普通股股票,该股票上年股利为每股 2 元,假设 A 公司采用稳定增长的股利政策,股利年增长率为 5%,投资者预期的必要收益率为 15%。

要求:
(1) 计算该股票内在价值;
(2) 若目前该股票的每股市场价格为 18 元,其是否值得投资者购买?
(3) 若该股票的每股市场价格为 20 元,计算投资者购买该股票的收益率。

任务四 证券投资组合

案例导入

偏股型基金的业绩差异

2013 年,507 只主动投资的偏股型基金,实现 16% 的平均回报率。这个数字看似光鲜,背后却折射出各家基金公司参差不齐的证券投资组合能力。2013 年 A 股的结构性行情极大考验了基金经理的选股能力、投资组合能力、投资灵活度和耐心,也更能反映基金公司的股票投资能力。

2013 年的 A 股市场可谓冰火两重天,呈现出明显的分化走势。在主板疲弱的背景下,创业板却大放异彩。上证指数全年跌去 6.75%,深证成指跌幅更是深达

微课:投资管理——证券投资组合决策

1.91%,其间波动剧烈。而创业板指数则大涨82.73%,上涨行情主要集中在前三季度。电信、媒体和科技等新兴产业板块领跑,自贸区等题材股也一度爆发行情,煤炭、有色金属及白酒等板块则成为下跌的重灾区。

与齐涨齐跌的市场行情相比,结构性行情增加了基金投资管理的难度。如何选股、何时调仓,更是考验基金经理、基金公司的敏锐性。在这样的大背景下,507只偏股型基金2013年净值增长率平均为16.05%,但业绩分化十分严重。其中,458只基金取得正收益,收益超过50%的基金有12只,中邮战略性新兴产业以80.38%的收益率折桂。49只基金收益为负,其中,易方达资源行业、东吴行业轮动、华宝兴业资源优选及中欧中小盘4只股票型基金亏损超过20%。净值增长率较高的偏股型基金行业配置多集中在电信、传媒、医药生物等行业,如中邮战略性新兴产业、长盛电子信息产业、银河主题策略等。而行业配置集中在采掘、有色金属等周期性行业的资源主题基金表现较差,如易方达资源行业、东吴行业轮动、华宝兴业资源优选等。

你知道案例中说的偏股型基金是什么吗?你认为2013年的证券投资组合出现业绩差异的主要原因是什么?

一、证券投资组合的概念

证券投资组合又叫证券组合,是指在进行证券投资时,不将所有的资金都投向单一的某种证券,而是有选择地投向多种证券,从而达到分散风险取得高额收益的目的。因此,"不要把所有的鸡蛋都装在同一个篮子里"是证券投资组合的基本理念。

二、证券投资组合的风险

证券投资组合同样面临着系统性风险和非系统性风险。

证券投资组合风险除了与单个证券的风险有关外,还与各个证券收益间的相关程度有关。不可分散风险的程度通常用 β 系数来计量,作为整体的证券市场的 β 系数为1,投资组合的 β 系数是单个证券 β 系数的加权平均数,权数为各种证券在投资组合中所占的比重。其计算公式是:

$$\beta_p = \sum_{i=1}^{n} \beta_i \times W_i$$

式中,β_p 表示证券组合的系统风险系数,W_i 表示第 i 项证券在组合中所占的价值比重,β_i 表示第 i 项证券的 β 系数。

【例5-9】 宏达公司持有价值100万元的3种股票。该组合中,A股票20万元、B股票40万元,系数均为1.5;C股票40万元,系数为0.8。请确定该证券投资组合的系统风险系数。

$$\beta_p = 20\% \times 1.5 + 40\% \times 1.5 + 40\% \times 0.8 = 1.22$$

证券投资风险中,系统性风险不会随证券投资组合中证券数量的变化而变化,为不可分散风险;而非系统性风险和证券投资组合中证券的数量呈反方向变化,即证券数量越多,非系统性风险越小,为可分散风险。因此,证券投资组合可以降低投资风险,但只能降低非系统性风险,而不能降低系统性风险。

三、证券投资组合的风险收益

证券投资组合的风险收益是指投资者因承担系统性风险而要求的、超过资金时间价值的那部分额外收益。

$$R_p = \beta_p \times (R_m - R_f)$$

式中,R_p 表示证券组合的风险收益率;β_p 是证券组合的系统风险系数;R_m 表示市场组合收益率,通常用股票的平均收益率来代替;R_f 表示无风险收益率。

> **想一想**
> 你还记得资本资产定价模型吗?

【例 5-10】 公司有 A、B、C 三种股票构成的证券组合,他们的 β 系数分别为 2.1、1.0、0.5,他们在证券组合中所占的比例分别为 50%、40%、10%,股票的市场收益率为 14%,无风险收益率为 10%。请计算投资组合的风险收益率。

$\beta_p = 50\% \times 2.1 + 40\% \times 1.0 + 10\% \times 0.5 = 1.5$
$R_p = 1.5 \times (14\% - 10\%) = 6\%$

牛刀小试

已知市场无风险报酬率为 8%,市场证券组合的报酬率为 15%,β 系数为 3。
要求:
(1) 计算市场风险报酬率;
(2) 如果某一投资计划的 β 系数为 1.2,其短期的投资报酬率为 18%,是否应该投资?
(3) 如果某证券的必要报酬率是 15%,则其 β 系数是多少?

四、证券投资组合的策略与方法

(一) 证券投资组合的策略

在证券组合理论的发展过程中,形成了各种各样的派别,也形成了不同的组合策略。现介绍最常见的几种。

1. 保守型策略

保守型策略认为,最佳证券投资组合策略是要尽量模拟市场现状,将尽可能多的证券包括进来,以便分散全部可分散风险,得到与市场所有证券的平均收益同样的收益。1976 年,美国先锋基金公司创造的指数信托基金,便是这一策略的最典型代表。这种基金投资于标准普尔股票价格指数中所包含的全部 500 种股票,其投资比例与 500 家企业价值比重相同。这种投资组合有以下好处:①能分散掉全部可分散风险;②不需要高深的证券投资专业知识;③证券投资的管理费比较低。但这种组合获得的收益不会高于证券市场上所有证券的平均收益。因此,这种策略属于收益不高、风险不大的策略,故称为保守型策略。

2. 冒险型策略

冒险型策略认为，与市场完全一样的组合不是最佳组合，只要投资组合做得好，就能击败市场和超越市场，取得远高于平均水平的收益。在这种组合中，一些成长型的股票比较多，而那些低风险、低收益的证券不多。另外，其组合的随意性强、变动频繁。采用这种策略的人都认为，收益就在眼前，何必死守苦等。对于追随市场的保守派，他们是不屑一顾的。这种策略收益高、风险大，因此称冒险型策略。

3. 适中型策略

适中型策略认为，证券的价格特别是股票的价格，是由特定企业的经营业绩决定的。市场上股票价格的一时沉浮并不重要，只要企业经营业绩好，股票一定会升到其本来的价值水平。采用这种策略的人，一般都善于对证券进行分析，如行业分析、企业业绩分析、财务分析等，通过分析，选择高质量的股票和债券，组成投资组合。适中型策略如果做得好，可获得较高的收益，而又不会承担太大风险。但进行这种组合的人必须具备丰富的投资经验，掌握进行证券投资的各种专业知识。这种投资策略风险不太大，收益却比较高，所以是一种最常见的组合。各种金融机构和企事业单位在进行证券投资时一般都采用此种策略。

（二）证券投资组合的方法

进行证券投资组合的方法有很多，但最常见的方法有以下几种。

1. 选择足够数量的证券进行组合

这是一种最简单的证券投资组合方法，在采用这种方法时，不是进行有目的的组合，而是随机选择证券。随着证券数量的增加，可分散风险会逐步减少。当数量足够时，大部分可分散风险都能分散掉。根据投资专家们的估计，在美国纽约证券市场上，随机地购买40种股票，其大多数可分散风险都能分散掉。为了有效地分散风险，每个投资者拥有股票的数量最好不少于14种。我国的股票数量还不太多，同时投资于10种股票，就能达到分散风险的目的。

2. 把风险大、风险中等、风险小的证券放在一起进行组合

这种投资组合方法又称1/3法，是指把全部资金的1/3投资于风险大的证券，1/3投资于风险中等的证券，1/3投资于风险小的证券。一般而言，风险大的证券对经济形势的变化比较敏感。当经济处于繁荣时期，风险大的证券获得高额收益；但当经济衰退时，风险大的证券却会遭受巨额损失。相反，风险小的证券对经济形势的变化则不十分敏感，一般都能获得稳定收益，而不致遭受损失。因此，这种1/3投资组合法，是一种进可攻、退可守的组合法。虽不会获得太高的收益，但也不会承担巨大风险，是一种常见的组合方法。

3. 把投资收益呈负相关的证券放在一起进行组合

一种收益上升而另一种收益下降的两种股票，称为负相关股票。把收益呈负相关的股票组合在一起，能有效地分散风险。例如，某企业同时持有一家汽车制造公司和一家石油公司的股票，当石油价格大幅度上升时，这两种股票便呈负相关。因为油价上涨，石油公司的收益会增加，但油价的上升会影响汽车的销量，使汽车公司的收益降低。只要选择得当，这样的组合对降低风险有十分重要的意义。

> **想一想**
> 还有其他证券投资组合的策略和方法吗？请举例说明。

知识检测

一、单项选择题

1. 某公司股票的 β 系数为 2,无风险收益率为 6%,市场上所有股票的平均报酬率为 10%,则该公司股票的风险报酬率为( )。
   A. 14%   B. 26%   C. 8%   D. 20%

2. 下列风险中,投资者可以通过证券投资组合予以分散的是( )。
   A. 通货膨胀   B. 经济危机
   C. 企业经营管理不善   D. 利率提高

3. 不会获得太高的收益,也不会承担巨大风险的证券投资组合方法是( )。
   A. 选择足够数量的证券进行组合
   B. 把具有大、中、小风险的证券放在一起进行组合
   C. 把投资收益呈负相关的证券放在一起进行组合
   D. 把投资收益呈正相关的证券放在一起进行组合

4. 如果投资组合包括全部股票,则投资者( )。
   A. 不承担任何风险
   B. 只承担市场风险
   C. 只承担公司特有风险
   D. 既承担市场风险,又承担公司特有风险

5. 下列关于 β 系数的说法中,不正确的是( )。
   A. β 系数可用来衡量可分散风险的大小
   B. 某种股票的 β 系数越大,风险收益率和预期报酬率也越高
   C. β 系数反映个别股票的市场风险,系数为 0,说明该股票的市场风险为零
   D. 某种股票 β 系数为 1,说明该种股票的风险与整个市场风险一致

二、多项选择题

1. 等量资本投资,当两种股票完全正相关时,把这两种股票合理组合在一起,下列表达中,不正确的为( )。
   A. 能适当分散风险   B. 不能分散风险
   C. 能分散一部分风险   D. 能分散全部风险

2. 保守型策略的好处有( )。
   A. 能分散掉所有非系统风险   B. 证券投资管理费比较低
   C. 收益较高,风险不大   D. 不需高深证券投资知识

3. 下列关于 β 系数的表述中,正确的有( )。
   A. 某股票的 β 系数越大,说明其市场风险越大
   B. 某股票的 β 系数是 1,则它的风险程度与整个市场的平均风险相同
   C. 某股票的 β 系数是 2,则它的风险程度是股票市场平均风险的 2 倍
   D. 某股票的 β 系数是 0.5,则它的风险程度是股票市场平均风险的一半

4. 下列关于股票或股票组合的 β 系数的说法中,正确的有( )。
   A. 股票的 β 系数反映个别股票相对于平均风险股票的变异程度

B. 股票组合的 β 系数反映股票投资组合相对于平均风险股票组合的变异程度

C. 股票组合的 β 系数是构成组合股票 β 系数的加权平均数

D. 股票的 β 系数用来衡量个别股票的系统风险

三、判断题

1. 有一种股票的系数为 1.5,无风险收益率为 10%,市场上所有股票的平均收益率为 14%,则这种股票的报酬率为 16%。（　　）

2. 企业特有风险可通过多元化投资进行分散,而市场风险不能被互相抵消。（　　）

3. 市场风险源于公司之外,表现为整个股市平均报酬率的变动;公司特有风险源于公司本身的商业活动和财务活动,表现为个股报酬率变动脱离整个股市平均报酬率的变动。（　　）

知识应用

假设某证券投资组合由三种证券构成,它们的 β 值和权重如表 5-2 所示。

表 5-2　三种证券的 β 值和权重

证券	β 值	权重
1	0.80	0.20
2	1.20	0.30
3	1.04	0.50

要求:计算这个证券投资组合的 β 值。

项目小结与自我评价

本项目主要介绍了项目投资概述、债券投资、股票投资、证券投资组合。请在表 5-3 中的自我评价栏对自己的知识掌握情况作出评价,并查漏补缺。

表 5-3　证券投资管理知识点汇总及自我评价表

任务名称	知识点		自我评价(得分)
任务一　项目投资概述	证券投资的概念		
	证券投资的特点		
	证券投资的目的		
	证券投资的种类		
任务二　债券投资	债券投资估价	(1) 分期计息,到期一次还本债券的估价模型: $$V = \frac{I_1}{(1+r)^1} + \frac{I_2}{(1+r)^2} + \cdots + \frac{I_n}{(1+r)^n} + \frac{M}{(1+r)^n}$$ (2) 到期一次还本付息债券的估价模型: $$V = \frac{F}{(1+r)^n}$$	
	债券投资收益率	到期收益率	

(续表)

任务名称		知识点	自我评价(得分)
任务二 债券投资	债券投资风险	违约风险、利率风险、购买力风险、变现能力风险、再投资风险、经营风险	
	债券投资的优缺点	优点:本金安全性高;收入稳定性强;市场流动性好 缺点:购买力风险较大(通货膨胀会侵蚀投资者的购买力);没有经营管理权	
任务三 股票投资	股票投资估价	(1) 股票估价的基本模型: $$V_0 = \frac{D_1}{(1+R)^1} + \frac{D_2}{(1+R)^2} + \cdots + \frac{D_n}{(1+R)^n} + \frac{V_n}{(1+R)^n}$$ (2) 零增长股票的估价模型: $$V_0 = \frac{D_1}{R}$$ (3) 固定增长股票的估价模型: $$V_0 = \frac{D_1}{R-g}$$ (4) 分阶段增长股票的估价模型: V_0=高速成长阶段收益现值+固定增长阶段收益现值+固定不变阶段收益现值	
	股票投资期望收益率	$$V_0 = \frac{D_1}{R-g}$$	
	股票投资的优缺点	优点:投资收益高;购买力风险低;拥有经营控制权 缺点:主要是风险大,其原因是:求偿权居后;价格不稳定;股利收入不稳定	
任务四 证券投资组合	证券投资组合的概念	证券组合	
	证券投资组合的风险	投资组合的系统风险 $=\beta_p = \sum_{i=1}^{n} \beta_i \times W_i$	
	证券投组合的风险收益	投资组合的风险收益率 $= R_p = \beta_p \times (R_m - R_f)$	
	证券投资组合的策略与方法	保守型策略、冒险型策略、适中型策略	
说明		掌握:经过课前预习、教师讲解、课后复习,能理解相关知识;10分。 基本掌握:在教师、同学的课后帮助下,能理解相关知识;5分。 模糊:在教师、同学的课后帮助下,仍然不能理解相关知识;0分。	
成绩		学生签字	

项目综合训练

一、单项选择题

1. 某企业准备购入 A 股票,预计 3 年后出售可得 2 200 元,该股票 3 年中每年可获股利收入 160 元,预期报酬率为 10%,则该股票的价格为( )元。
   A. 2 050.76   B. 3 078.57   C. 2 552.84   D. 3 257.68

2. 市场利率变动使投资人遭受损失的风险叫作( )。
   A. 利率风险   B. 期限性风险
   C. 违约风险   D. 流动性风险

3. 一般而言,下列已上市流通的证券中,流动性风险相对较小的是( )。
   A. 可转换债券   B. 普通股股票
   C. 公司债券   D. 国库券

4. 股票投资的主要缺点为( )。
   A. 投资收益小   B. 市场流动性差
   C. 购买力风险高   D. 投资风险大

5. ( )能比较好地避免购买力风险。
   A. 企业债券   B. 国库券
   C. 优先股票   D. 普通股票

6. 以贴现方式发行的债券的估价模型中,不涉及的参数是( )。
   A. 债券面值   B. 票面利率
   C. 市场利率或必要收益率   D. 债券期数

7. 若华成公司每年分配股利 1.2 元,最低收益率为 15%,则该股票内在价值为( )元。
   A. 15   B. 10   C. 8   D. 7

8. 下列因素引起的风险中,投资者可以通过证券投资组合分散的是( )。
   A. 宏观经济状况变化   B. 世界能源状况变化
   C. 发生经济危机   D. 企业出现经营失误

9. 非系统风险( )。
   A. 归因于一般的价格趋势和时间   B. 不能通过组合投资分散
   C. 通常以 β 系数衡量   D. 归因于企业特有因素

10. 证券投资组合的主要目的是( )。
    A. 获取高额回报   B. 分散投资风险
    C. 达到规模经济的目的   D. 节约交易成本

二、多项选择题

1. 相对于股票投资而言,债券投资的优点有( )。
   A. 投资收益高   B. 本金安全性高
   C. 投资风险小   D. 市场流动性好

2. 下列说法中,正确的有( )。
   A. 国库券没有违约风险和利率风险

B. 债券到期时间越长,利率风险越小
C. 债券的质量越高,违约风险越小
D. 购买预期报酬率上升的资产可以抵补通货膨胀带来的损失

3. 证券投资的基本程序包括(　　)。

A. 选择投资对象　　　　　　　B. 委托买卖与成交
C. 清算与交割　　　　　　　　D. 办理证券过户手续

4. 与股票相比,债券投资的主要缺点有(　　)。

A. 购买力风险高　　　　　　　B. 流动性风险大
C. 没有经营管理权　　　　　　D. 投资收益不稳定

5. 股票投资的缺点有(　　)。

A. 购买力风险高　　　　　　　B. 求偿权居后
C. 价格不稳定　　　　　　　　D. 收入稳定性弱

三、判断题

1. 证券投资组合可以分散系统风险。　　　　　　　　　　　　　(　　)
2. 证券投资组合的目的是降低投资风险。　　　　　　　　　　　(　　)
3. 长期持有股利零增长模型股票的股利可以视为永续年金。　　　(　　)
4. 股票投资比债券投资风险低,所以收益也低。　　　　　　　　(　　)
5. 由两种完全正相关的股票组成的证券组合不能抵销任何风险。　(　　)
6. 违约风险可以通过投资于优质债券的办法来避免。　　　　　　(　　)

四、计算题

1. 2×23年1月1日的市场利率为7%,华泰公司于当日购买面值为10万元、票面利率为5%、期限为10年的债券,该债券从2×22年开始每年1月1日付息。

要求:

(1) 计算该债券的价值;

(2) 若该债券市价是9.2万元,判断是否值得购买该债券。

2. 甲企业计划利用一笔长期资金投资购买股票。现有A公司股票和B公司股票可供选择,但甲企业只准备投资一家公司的股票。甲企业要求的投资必要报酬率为8%。

已知:(1) A公司股票现行市价为每股9元,上年每股股利为0.20元,预计以后每年以6%的增长率增长。

(2) B公司股票现行市价为每股7元,上年每股股利为0.50元,股利分配政策为固定股利政策。

要求:

(1) 用股票估价模型,分别计算A、B公司股票价值。

(2) 甲企业应如何决策? 为什么?

3. 甲公司持有A,B,C三种股票,在由上述股票组成的证券投资组合中,各股票所占的比重分别为50%、30%和20%,其β系数分别为2.0、1.0和0.5,市场收益率为15%,无风险收益率为10%。A股票当前每股市价为12元,刚收到上一年派发的每股1.2元的现金股利,预计股利以后每年将增长8%。

要求：
(1) 计算甲公司证券组合的 β 系数、甲公司证券组合的风险收益率；
(2) 利用股票估价模型分析购买 A 股票是否有利。

项目六

营运资金管理

> 思维导图

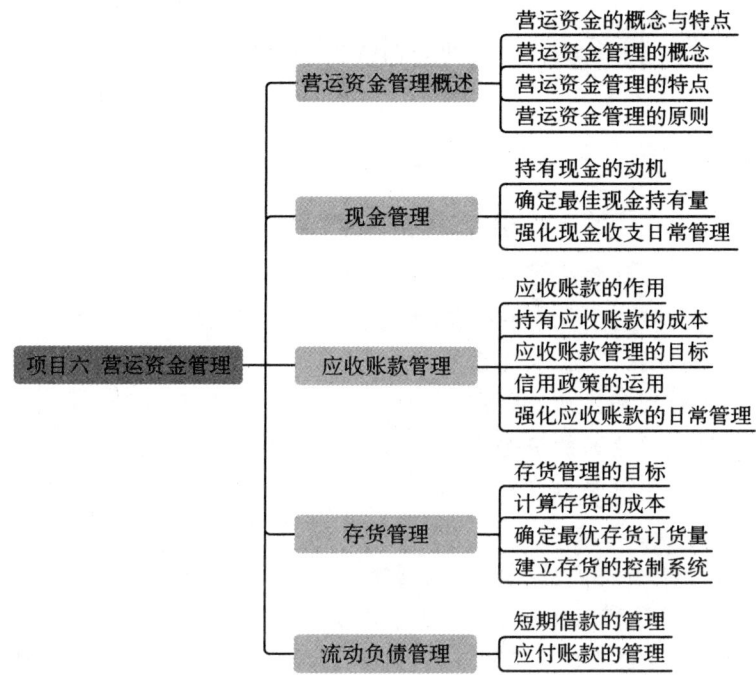

> 学习目标

1. **知识目标**

(1) 了解营运资金管理的概念、特点和原则。

(2) 掌握现金的持有成本及日常管理内容。

(3) 分析、计算最佳现金持有量。

(4) 掌握应收账款的功能、成本及日常管理措施。

(5) 掌握应收账款的信用政策。

(6) 掌握存货的管理目标及有关成本。

2. **技能目标**

(1) 能够利用现金周转模式、成本分析模式和存货模式计算最佳现金持有量。

(2) 能够计算应收账款的相关成本。

(3) 能够利用应收账款的信用政策进行信用条件的选择。

(4) 能够计算出存货经济批量。

(5) 能够按照存货的 ABC 分类方法对存货进行分类。

3. 素养目标

(1) 拥有实质性解决企业营运资金管理问题的思路和方法。

(2) 培养学生的理财意识、节约意识。

(3) 培养学生的全局意识。

(4) 培养学生的守法意识,在营运资金管理的过程中,要在国家的法律法规下进行资金的管控。

任务一 营运资金管理概述

案例导入

手表厂的起死回生记

微课:资金营运管理——持有策略

某企业主要生产、销售机械表。该企业下设一个手表专营公司负责手表销售,专营公司的副经理叫刘帆。1987 年左右,市场发生了变化,电子表畅销,机械表销量下降。该企业的产品积压严重,仅专营公司就积压了 100 多万只机械表。当时刘帆给厂里打报告,请求处理积压产品,当时市价为 120 元一只的机械表,刘帆准备以 25 元一只处理掉,然后利用收回的资金生产销售电子表,厂里没有批准刘帆的报告。刘帆又给主管局打报告,主管局也没有批示。在这种情况下,刘帆自作主张,以 25 元一只的价格处理积压产品。经过 3 个月的努力,积压产品全部售出,收回资金 2 500 万元。刘帆用这些资金引进香港表盘、机芯,根据市场需求,生产多花色的产品去争取市场,到 1989 年,专营公司盈利 900 多万元。由于该手表厂属于老大难企业,先后换了 10 多名厂长,刘帆的行为让企业领导感到难堪,遂在 1990 年将专营公司撤销。1992 年,手表厂面临破产,累计亏损 4 000 多万元,银行存款只有 4 万元,固定资产达 8 000 万元,并且有几百台进口设备。在这种情况下,1992 年 4 月,刘帆被任命为该厂厂长。8 个月后,该企业减亏 747 万元,1993 年全面扭亏,实现利税 574 万元,并在 1992 年到 1996 年还清了近 1 亿元债务。

思考:何为企业的营运资金管理?你觉得在日常管理中应注意什么问题?

一、营运资金的概念与特点

(一) 营运资金的概念

从会计的角度看,营运资金是指流动资产减去流动负债后的净额,其计算公式为:

$$营运资金 = 流动资产 - 流动负债$$
$$= 长期负债 + 所有者权益 - 长期资产$$

如果(流动资产-流动负债)>0,则说明"净流动资产"是以部分长期负债和所有者权益为资金来源;如果(流动资产－流动负债)＝0,则流动资产占用的资金都来自流动负债融资;如果(流动资产－流动负债)＜0,则说明流动负债融资被流动资产和一部分长期资产共同占用,偿债能力差。

> **牛刀小试**
>
> 下列各项中,可用于计算营运资金的算式是(　　)。
> A. 资产总额－负债总额　　　　　B. 流动资产总额－负债总额
> C. 流动资产总额－流动负债总额　　D. 速动资产总额－流动负债总额

(二) 营运资金的特点

(1) 周转时间短。根据这一特点,说明营运资金可以通过短期筹资方式加以解决。

(2) 变现周期短。非现金形态的营运资金,如存货、应收账款、短期有价证券容易变现,这一点对企业应对临时性的资金需求有重要意义。

(3) 数量具有波动性。流动资产或流动负债容易受内外条件的影响,数量的波动往往很大。

(4) 来源具有多样性。营运资金的需求问题既可通过长期筹资方式解决,也可通过短期筹资方式解决。短期筹资有银行短期借款、短期融资、商业信用、票据贴现等多种方式。

二、营运资金管理的概念

营运资金管理包括流动资产管理和流动负债管理。一个企业要维持正常的运转就必须要拥有适量的营运资金,因此,营运资金管理是企业财务管理的重要组成部分。

营运资金是评价企业短期偿债能力的重要指标,它的多少还可用以衡量经营风险的大小。在一般情况下,持有营运资金越多,企业违约风险就越小,但收益较小;持有营运资金越少,偿债风险越大,收益较大。因此,企业营运资金的管理目标就是维持企业资产适度流动性的同时实现企业收益的最大化。

三、营运资金管理的特点

一般来说营运资金管理具有如下特点。

(一) 不同款项管理方式不同

由于营运资金的来源具有多样性,在进行营运资金管理时不便于用统一的方法管理,公司可以通过各种渠道来获取营运资金,包括从银行获得贷款,从信贷公司获得小额信贷,通过销售、票据贴现获取款项等,而不同的来源的款项适用于不同的管理方式。

(二) 结合行业特点、外部影响因素等进行管理

流动资产或流动负债容易受内外条件的影响,数量的波动往往很大。比如,一些旅游企业营运资金数量的季节性波动较大,旺季的营运资金占全年的一半以上,淡季的营

运资金周转缓慢,额度占全年营运资金比例低。在管理时也需要具体情况具体分析。

(三) 加速资金周转是营运资金管理的目标

企业营运资金的周转速度较快,周转期通常在一年或一个营业周期内,因此,根据这一特点,可以采用短期筹资的方式来解决营运资金供应问题。营运资金的周转周期不是固定的,各个行业、企业都会不同,这不同之处直接影响到企业的竞争力。企业要想获得较高的经济利益,在竞争中处于不败地位,就要保证营运资金可以在短时间内周转,迅速投入产品一轮又一轮的生产,创造更多的价值。

(四) 力求资金配置合理

营运资金的表现形式多种多样,并且各种资金可以在短时间内相互转化,例如,应收账款可以转化为现金,存货可以转化成应收账款或现金。营运资金在什么时间处于什么形态取决于企业自身的实际情况,如果营运资金长期处于一种形态,那么这一定会影响企业资金的利用效率。因此,在进行营运资金管理时,应力求在各项营运资金上合理配置资金数额,以促进资金周转,提升周转速度。

四、营运资金管理的原则

(一) 保证合理的资金需求

企业应认真分析生产经营状况,合理确定营运资金的需要量。企业营运资金的需要量与企业生产经营活动有直接关系。一般情况下,当企业产销两旺时,流动资产会不断增加,流动负债也会相应增加;而当企业产销量不断减少时,流动资产和流动负债也会相应减少。营运资金的管理必须把满足正常合理的资金需求作为首要任务。

(二) 提高资金的使用效率

加速资金周转是提高资金使用效率的主要手段之一。提高资金使用效率的关键就在于采取得力的措施,缩短营业周期,加速变现过程,加速营运资金的周转。营运资金周转是指企业营运资金从现金投入生产经营开始到最终转化为现金的过程。这一过程所经历的时间称为营运资金周转期,又称为现金周转期,主要包括以下三个方面的内容。

(1) 存货周转期,是指将原材料转化为产成品并出售所需要的时间。
(2) 应收账款周转期,是指将应收账款转化为现金所需要的时间。
(3) 应付账款周转期,是指从原材料采购开始到现金支出所需要的时间。

上述三个方面与营运资金周转期之间的关系可以用计算公式来表示:

营运资金周转期=现金周转期=存货周转期+应收账款周转期-应付账款周转期

要加速营运资金的周转,就应缩短营运资金周转期。通常可以采用以下途径。
(1) 缩短存货周转期和应收账款周转期。
(2) 延长应付账款周转期。

(三) 节约资金使用成本

在营运资金管理中,必须正确处理生产经营需要和节约资金使用成本两者之间的关系。要在保证生产经营需要的前提下,遵守勤俭节约的原则,尽量降低资金使用成本。一方面,要挖掘资金潜力,盘活全部资金,精打细算地使用资金;另一方面,要积极拓展融资渠道,合理配置资源,筹措低成本资金,服务于生产经营。

(四)保障企业的短期偿债能力

偿债能力的强弱反映了企业财务风险的高低。合理安排流动资产与流动负债的关系,保持流动资产与流动负债结构的适配性,保证企业有足够的短期偿还能力是营运资金管理的重要原则之一。如果一个企业的流动资产比较多,流动负债比较少,说明企业的短期偿还能力较强;反之,则说明短期偿还能力弱。但如果企业的流动资产太多,流动负债太少,也不是正常的现象,这可能是流动资产闲置或流动负债利用不足所致。

知识检测

一、单项选择题

1. 下列各项中,不属于营运资金管理特点的是( )。
   A. 不同款项管理方式不同
   B. 考虑数量波动性
   C. 加速资金周转是营运资金管理的目标
   D. 合理配置资金

2. 下列各项中,不属于营运资金管理原则的是( )。
   A. 保证合理的资金需求　　　　　　B. 节约资金使用成本
   C. 降低资金的使用效率　　　　　　D. 保障企业的短期偿债能力

3. 下列各项中,可用于计算营运资金的算式是( )。
   A. 长期负债+所有者权益-长期资产　　B. 资产总额-负债总额
   C. 流动负债总额+流动资产总额　　　　D. 速动资产总额-流动负债总额

二、多项选择题

1. 企业现金周转期主要包括( )。
   A. 存货周转期　　　　　　　　　　B. 应收账款周转期
   C. 应付账款周转期　　　　　　　　D. 材料周转期

2. 下列各项中,可以用来加速营运资金的周转的有( )。
   A. 缩短存货周转期和应收账款周转期　　B. 挖掘资金潜力,盘活全部资金
   C. 延长应付账款周转期　　　　　　　　D. 拓展融资渠道

3. 下列关于营运资金周转期的说法中,正确的有( )。
   A. 营运资金周转期又称为现金周转期
   B. 营运资金周转期只受存货周转期和应收账款周转期的影响
   C. 营运资金周转期=存货周转期+应收账款周转期-应付账款周转期
   D. 营运资金周转期只受存货周转期和应付账款周转期的影响

三、判断题

1. 如果一个企业的流动资产比较多,流动负债比较少,说明企业的短期偿还能力较弱。( )
2. 营运资金的管理必须把满足正常合理的资金需求作为首要任务。( )
3. 各行各业的营运资金的周转周期都是固定的。( )

> **知识应用**

某财经大学学生小薇发现天天股份有限公司(以下简称天天股份)2×23年有12 760万元的净营运资金缺口,这意味着天天股份将不能按时偿还127 000万元的到期负债。

天天股份2×23年净营运资金＝流动资产43 311万元－流动负债56 071万元＝－12 760万元

要求:请分析该公司的短期偿债能力。

任务二 现金管理

> **案例导入**

某航空公司的现金

某航空公司的资产负债表列示出该公司的总资产是87亿美元,就凭这一点,该航空公司可算得上是世界上最大的航空运输公司之一。该公司还持有高达6.2亿美元的现金。有人会问:该公司为什么还要持有这么多现金呢?把这些钱全部投资于短期有价证券多好。

思考:航空公司为什么要持有现金?

一、持有现金的动机

广义的现金是指在生产经营过程中暂时停留在货币形态的资金,包括库存现金、银行存款、银行本票、银行汇票等。现金是企业流动性最强的资产,同时也是盈利能力最弱的资产。企业应尽量减少现金的余额以增加企业的盈利,但是为了保证企业经营活动的正常进行,企业又必须持有一定数量的现金。企业持有现金主要有以下三个方面的动机。

(一)交易动机

交易动机是指企业为了满足日常生产经营需要而持有现金,如购买原材料、固定资产、支付工资和缴纳税款等。企业每天都有现金收入和现金支出。但现金收入的金额和时间不一定恰好满足现金支出的需要。因此,保留一定的现金余额可确保企业在现金支出大于现金收入时,不会因为无力支付而影响经营。满足交易需要的资金数额受多项因素影响,正常经营活动产生的现金收入和支出及它们之间的差额,一般同销售量成比例变化。

(二)预防动机

预防动机是指为了预防意外事件而持有现金,预防动机对企业现金持有量有很大的影响。例如,燃油价格、游客数量及天气情况等因素使航空企业现金流量的预测比较困难,现金具有较高的不确定性。因此,航空企业要求的最低现金余额往往比较多。

一般来说,自然灾害、战争、生产事故、延期付款等都会影响企业的现金收付计划,使现金收支失衡,因而持有较多的现金,便可以应付这些意外事件对现金的需求。预防动机所需的现金的多少取决于以下三个因素。

（1）现金收支预测的可靠程度。可靠程度越高,用于预防动机的现金就越少,反之就越多。

（2）企业临时筹措现金的能力。临时筹措能力越强,用于预防动机的现金越少,反之就越多。

（3）企业愿意承担风险的程度。企业愿意冒风险,用于预防动机的现金就可以少些;反之,就越多。

在实际工作中,企业还可以持有一定数量的有价证券来满足预防动机。在正常情况下,有价证券与现金之间的转化非常容易实现。相对于持有现金而言,有价证券这种资产可以获得一个较高的回报率。因此,通过投资有价证券来满足预防动机是一种合理的选择。

微课:资金营运管理——现金

（三）投机动机

投机动机是指企业为了能趁机利用潜在的获利机会而持有的现金。一般来说,这种投资机会具有时间短、收益高的特点。例如,利用原材料价格的波动进行投机,在估计原材料价格将大幅度上涨时,大量购进原材料,从而获得差价收益。

二、确定最佳现金持有量

现金短缺影响企业的生产经营或使企业无法支付到期债务,造成经济损失或产生财务风险;持有过多的现金又会降低企业资产盈利水平。因此,确定一个最佳现金持有量是现金管理的一个重要内容。

最佳现金持有量的确定方法有很多,我们这里主要介绍现金周转模式、成本分析模式和存货模式。

（一）现金周转模式

现金周转模式是从现金周转角度出发,根据现金周转速度来确定最佳现金持有量。一般来说,周转速度越快,现金需求量越少。现金周转速度一般以现金周转期或现金周转率来衡量,周转率等于360天除以周转期。

现金周转期是指从购买原材料支付现金开始到销售产品收回现金的整个过程所需要的时间。现金周转期包括存货周转期、应收账款周转期、应付账款周转期三方面,如图6-1所示。

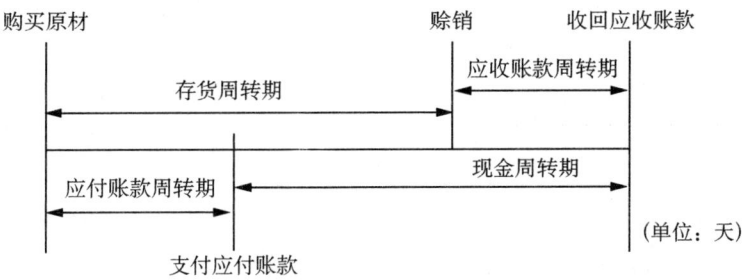

图6-1 现金周转期

现金周转期、现金周转率与最佳现金持有量的计算公式如下：

现金周转期＝存货周转期＋应收账款周转期－应付账款周转期

现金周转率＝360÷现金周转期

最佳现金持有量＝预测全年现金需要量÷现金周转率

【例 6-1】 某公司的原材料采购和产品销售均采用商业信用方式，应收账款的平均收款期为 90 天，应付账款的平均付款期为 50 天，从原材料购买到产品销售的期限为 80 天。

要求：

（1）计算该公司的现金周转期；

（2）计算该公司的现金周转率；

（3）计算该公司若年度需求总量为 270 万元，则最佳现金持有量为多少？

解：该公司的现金周转期＝存货周转期＋应收账款周转期－应付账款周转期

＝80＋90－50＝120（天）

该公司的现金周转率＝360÷120＝3（次）

该公司最佳现金持有量＝270÷3＝90（万元）

牛刀小试

某公司的原材料采购和产品销售均采用商业信用方式，应收账款的平均收款期为 60 天，应付账款的平均付款期为 30 天，从原材料购买到产品销售的期限为 60 天，该公司若年度需求总量为 200 万元。

请计算该公司的现金周转期、现金周转率以及最佳现金持有量。

（二）成本分析模式

成本分析模式是通过计算各种现金持有方案的成本，寻求持有成本最低的现金持有量。现金成本分为持有成本、转换成本、短缺成本三种。成本分析模式是在不考虑现金转换成本的情况下，通过对持有成本和短缺成本进行分析而找到最佳现金持有量的一种方法。由于持有成本分为机会成本和管理成本，所以成本分析模式是找到机会成本、管理成本和短缺成本所组成的总成本曲线最低点所对应的现金持有量，把它作为最佳现金持有量。

一般情况下，管理成本属于固定成本，是一个常数；短缺成本随现金持有量的增加而减少；机会成本随现金持有量的增加而增加，现金总成本是三个成本之和，现金总成本随现金持有量的变化而变化，现金总成本最低时，对应的现金持有量即为最佳现金持有量。以上关系如图 6-2 所示。

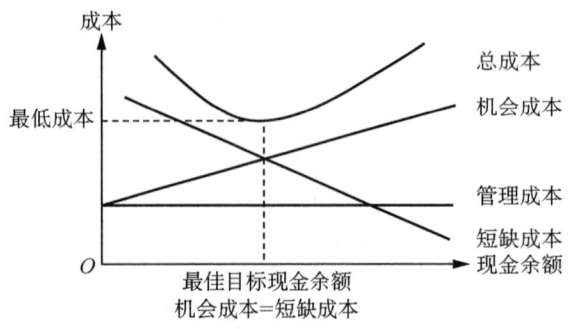

图 6-2 成本分析模式示意图

在实际工作中，运用成本分析

模式确认最佳现金持有量的步骤如下。

第一步,确定各种现金持有量和相关成本。

第二步,计算每种现金持有量的总成本。

第三步,选择总成本最低的现金持有量为最佳现金持有量。

【例6-2】 某公司有四种现金持有方案,每种方案的相关资料如表6-1所示。

要求:计算该公司的最佳现金持有量。

表6-1 公司现金持有量方案　　　　　金额单位:元

项目方案	方案A	方案B	方案C	方案D
现金持有量	350 000	400 000	450 000	500 000
机会成本率	15%	15%	15%	15%
管理成本	2 000	2 000	2 000	2 000
短缺成本	100 000	80 000	75 000	50 000

根据表6-1,计算得到各方案的现金成本如表6-2所示。

表6-2 各方案的现金成本　　　　　单位:元

项目方案	方案A	方案B	方案C	方案D
现金持有量	350 000	400 000	450 000	500 000
机会成本	52 500	60 000	67 500	75 000
管理成本	2 000	2 000	2 000	2 000
短缺成本	100 000	80 000	75 000	50 000
总成本	154 500	142 000	144 500	127 000

比较各方案的总成本可知,方案D的总成本最小,该公司最佳现金持有量是500 000元。

(三) 存货模式

存货模式是将现金看作企业的一种特殊存货,按照存货管理中的经济批量法的原理,确定企业现金最佳持有量的方法。存货模式由美国经济学家鲍莫尔于1952年首先提出。他认为,最佳现金持有量与存货的经济批量问题有很多相似之处,因此,可以用存货的经济批量模型来解决最佳现金持有量的问题。

由于在一定范围内现金的管理成本与现金的持有量没有关系,属于决策无关成本;短缺成本具有极大的不确定性,其成本往往不易计量,在现金持有量确定中不予考虑。因此,在存货模式下,只考虑机会成本和转换成本。

如果现金持有量多,则现金的机会成本高,转换成本低;如果现金持有量少,则现金的机会成本低,而转换成本高。最佳现金持有量是现金机会成本与转换成本之和最低时的现金余额。

假设T是特定时期内的现金总需求量,F是每次有价证券转换为现金的转换成本,Q是最佳现金持有量,K是有价证券收益率,TC是现金总成本(机会成本与转换成本之和)。并且假定:现金支出是均匀发生的,当现金完全耗尽时,才将有价证券转

化为现金,且转换时可以立即实现,则现金的目标余额为 Q/2,现金的总成本满足:

$$TC = (Q/2) \cdot K + (T/Q) \cdot F$$

这时,现金总成本 TC 是最佳现金持有量 Q 的函数,根据数学的知识可以知道,当 TC 的导数 $d(TC)/d(Q)=0$ 时,总成本 TC 最小,即 $Q=\sqrt{2TF/K}$ 时,总成本最小,最佳现金持有量是 $Q=\sqrt{2TF/K}$。在该时期内,有价证券的转换次数为 $T/Q=\sqrt{TF/2F}$,现金的最低总成本是 $TC=\sqrt{2TFK}$。

【例 6-3】 某企业预计全年需要现金 100 000 元,现金与有价证券的转换成本是每次 200 元,有价证券的利息率为 10%,则可根据以上公式计算:

最佳现金持有量 $=\sqrt{2\times 100\,000\times 200 \div 10\%}=20\,000$(元)

有价证券的交易次数 $=100\,000\div 20\,000=5$(次)

最低总成本 $=\sqrt{2\times 100\,000\times 200\times 10\%}=2\,000$(元)

牛刀小试

1. 某公司根据现金持有量的存货模式确定的最佳现金持有量为 100 000 元,有价证券的年利率为 10%。在最佳现金持有量下,该公司与现金持有量相关的现金使用总成本为(　　)元。

A. 5 000　　　　B. 10 000　　　　C. 15 000　　　　D. 20 000

2. 某企业预计全年需要现金 5 000 000 元,现金与有价证券的转换是每次 500 元,有价证券的利息率为 8%。则该公司最佳现金持有量和最低总成本分别是多少?

三、强化现金收支日常管理

企业在确定了现金持有量后,还应该采取各种措施加强日常现金管理,以保证现金的安全、完整,最大限度地发挥现金的效用。加强企业日常现金管理可以提高现金使用效率,加快现金的周转速度,有效控制现金支出。

(一)加速现金回收

在不影响企业未来销售的情况下,加速现金的回收,最大限度使用现金折扣。

(二)力争现金流量同步

现金流量同步是指尽量使现金流入与现金流出发生的时间一致,从而使持有的用于日常交易性需求的现金量降到最低水平。因此,企业在安排现金支出时,应考虑现金流入的时间,尽量使两者同步,这样不仅可以减少交易性现金余额,而且能减少有价证券转换为现金的次数,从而节约转换成本。

(三)合理使用"浮游量"

现金浮游量是指企业存款账户上存款余额和银行账簿上企业存款账户余额之间的差额,也就是企业和银行之间的未达账项。充分利用浮游量是西方企业广泛采用的一种提高现金利用效率、节约现金支出总量的有效手段。

企业应合理预测现金浮游量,有效利用时间差,提高现金的使用效率。重视利用现金流量表中筹资与支付能力的分析来揭示企业在金融市场上筹措资金的能力及偿付债务或现金的能力。

(四) 采用承兑汇票延迟付款

与普通支票不同的是,承兑汇票不是见票即付的票据。当汇票被提交给开票方开户银行时,开户行必须将它交给签发者以获承兑,然后,付款人将一笔相当于汇票金额的资金存入银行,这样就推迟了企业调入现金支付汇票实际所需的时间。其缺点是对方可能更喜欢用支票付款,同时银行也需要更多的手续处理汇票,因而会收取更高的手续费。

> **知识检测**

一、单项选择题

1. 下列各项中关于现金的说法中,不正确的是(　　)。
   A. 现金是指在生产经营过程中暂时停留在货币形态的资金
   B. 现金包括库存现金、银行存款、银行本票、银行汇票等
   C. 现金是企业流动性最强的资产,同时也是盈利能力最弱的资产
   D. 企业应尽量增加现金的余额以增加企业的盈利

2. 最佳现金持有量计算公式为(　　)。
   A. $Q=(TC/2) \cdot K+(T/Q) \cdot F$　　　B. $Q=\sqrt{TF/2F}$
   C. $Q=\sqrt{2TFK}$　　　　　　　　　　D. $Q=\sqrt{2TF/K}$

3. 下列各项中,错误的是(　　)。
   A. 如果现金持有量多,则现金的机会成本高,转换成本低
   B. 最佳现金持有量是现金机会成本和转换成本之和最高的现金余额
   C. 企业应合理预测现金浮游量,有效利用时间差,提高现金的使用效率
   D. 与普通支票不同的是,承兑汇票不是见票即付的票据

二、多项选择题

1. 企业持有现金的动机有(　　)。
   A. 交易动机　　B. 生存动机　　C. 预防动机　　D. 投机动机

2. 企业加强现金的日常管理的方法有(　　)。
   A. 加速现金的回收,最大限度使用现金折扣
   B. 力争现金流入量与流出量同步
   C. 合理预测现金浮游量,有效利用时间差,提高现金的使用效率
   D. 采用承兑汇票延迟付款

3. 最佳现金持有量的确认方法有(　　)。
   A. 现金折让模式　　　　　　　　B. 成本分析模式
   C. 存货模式　　　　　　　　　　D. 现金周转模式

三、计算题

乙公司使用存货模型确定最佳现金持有量。根据有关资料分析,2×23 年该公司全年现金需求量为 8 100 万元,每次现金转换的成本为 0.2 万元,持有现金的机会成本率为 10%。

要求:

（1）计算最佳现金持有量；
（2）计算最佳现金持有量下的现金转换次数；
（3）计算最佳现金持有量下的现金转换成本；
（4）计算最佳现金持有量下持有现金的机会成本；
（5）计算最佳现金持有量下的相关总成本。

> **知识应用**

A集团于2000年经市政府批准，由9家公共交通企业整合成立，承担着省会城市主城九区的地面公交客运任务。集团总部主要从事资产管理和资本运作，成员企业从事具体运营管理。市政府希望A集团通过高效的资产管理和资本运作打造经典民生工程，坚持市区公交的公益性和专业化经营，保证市区公交运营的可持续发展，维护社会稳定。集团下属11家二级全资企业、18家三级全资及控股企业和5家参股企业，主要业务板块包括公交运营类、公交站场管理类、出租车和索道运营类及依托公交主业发展的三产业，如汽车维修、加气站、智能停车场、检测站、充电桩、物流快递等业务。

A集团现金管理概况如下：

（1）A集团资金流量大。A集团下属公交客运板块年现金收入73亿元，日均收入2 000万元，占全集团的90%。除提前预拨的财政资金外，其余均为现金收入，不存在应收账款；而公交板块年现金支出80亿元，主要为人工、燃料、购车及利息等付现支出；因承担公益性责任导致每年政策性现金缺口达7亿元。作为A集团主业发展的公交板块，现金流入、流出量都巨大，但入不敷出，陷于资金短缺的困境。

（2）A集团内部发展不均衡。非公交板块年收入10亿元，年利润总额2亿元。与公交板块相比，尽管非公交板块的资产总量小、收入总额少，但其盈利能力强、资金净余额充裕。A集团各板块之间存在业务不均衡、效益不均衡、资金不均衡的现象。

（3）A集团资金有闲置有贷款。公交板块资金短缺，政策性亏损要求公交板块通过对外融资来弥补。公交板块有息负债的年平均余额达35亿元，其中，银行贷款27亿元，融资租赁8亿元；而非公交板块经济效益好且资金充裕，年均货币资金余额达7亿元。A集团的资金管理存在严重的存贷双高和管理效率效益低下现象。

企业集团的历史沿革、发展格局、行业背景决定了其当下的集团化管控方式和资金管理方式。由于成员企业发展时间早于集团总部，A集团成立之前，成员企业都是独立开展生产经营和资金管理工作。A集团对下属企业的管控方式采取的是战略控制型管理和全面预算管理。集团总部把握发展方向和战略目标，对重大投资、重大融资、重要人事任免、大额资金及预算外支出实行集团总部集体决策和审批，其他预算内的日常经营管理事项交由成员企业自行安排，成员企业拥有较大的自主经营权。A集团采取的是分权式资金管理模式。集团总部财务部制定集团统一的财务管理制度，包括账户管理、资金管理等，审批成员企业大额资金筹集、大额资产处置、大额资金投放等重大事项，未管控成员企业的银行账户、商业票据管理，未管控成员企业的账户间资金流向和资金成本。成员企业在独立法人体系下，拥有完全的资金管理权，在多家银行开立结算账户和筹融资账户，每月定期向A集团报送财务报表即可。

要求：分析A集团现金管理中存在问题。

任务三 应收账款管理

案例导入

宏达公司的亏损

宏达公司是成立于1988年的电器股份制企业,1994年3月,经中国证监会批准,宏达公司上市。该公司经营范围非常广,包括电视产品、空调产品、电子医疗产品、电力设备、机械产品、数码相机、通信及计算机产品等。但彩色电视机是宏达公司的拳头产品,长期在国内市场占据领先地位。自1996年以来,宏达公司的应收账款迅速增加,从1995年的1 900万元增加到2003年的近50亿元,应收账款占资产总额的比例从1995年的0.3%上升到2003年的23.3%。2004年,宏达公司计提坏账准备3.1亿美元,截至2005年第一季度,宏达公司的应收账款为27.75亿元,占资产总额的18.6%。

宏达公司不仅应收账款大幅度增加,而且应收账款周转率逐年下降,从1999年的4.67%下降到2005年第一季度的1.09%,明显低于其他三家彩电业上市公司的同期应收账款周转率。巨额应收账款大幅度减少了经营活动产生的现金流量净额,从1999年的30亿元急剧下降到2002年的—30亿元。截至2004年年底,其经营活动产生的现金流量净额为7.6亿元。2004年12月底,宏达公司发布公告称,由于计提大额坏账准备,该公司今年将面对重大亏损,击昏了投资者及中国家电业。

思考:宏达公司失败的最主要原因是什么?

(案例来源:https://wenku.baidu.com/view/80ec251b13661ed9ad51f01dc281e53a580251be.html。)

微课:资金营运管理——应收账款

应收账款是指企业在正常的经营过程中因销售商品、提供劳务等业务而向购买单位收取的款项。应收账款包括价款以及应由购买单位或接受劳务单位负担的税金、代购买方垫付的包装费、运杂费等,在有销售折扣的情况下,还应考虑商业折扣等因素。

一、应收账款的作用

(一)促进销售、扩大市场占有率

商业竞争是应收账款产生的直接原因。市场竞争激烈时,信用销售是促进销售的一种重要方式。信用销售实际是向顾客提供了两项交易:销售产品和在一定时期内提供资金。在卖方市场条件下,产品供不应求,企业没有必要采用信用销售而持有应收账款。只有当市场经济发展到一定程度并且市场转变为买方市场时,各行各业才会为了扩大市场占有率和增加销售收入而采用信用销售的方式。信用销售方式能够吸引客户的原因主要有以下两点:第一,在银根紧缩、市场疲软和资金匮乏的情况下,客户总是希望通过赊欠方式得到需要的材料物资和劳务;第二,许多客户希望保留一段时间的支付期以检验商品和复核单据。因此,在市场竞争激烈的情况下,如果某家企业不采用商业信用销售方式,那么市场就会萎缩,销售收入和利润就会减少,最终可能导致企业亏损甚至倒闭。

(二) 减少存货

在大部分情况下,企业持有应收账款比持有存货更有优势。

从财务角度看,应收账款和存货都属于流动资产,但两者的性质是不同的。正常情况下,应收账款是一种可以确认为收入的债权,而存货除占用一部分资金外,其持有成本相对较高,诸如储存费用、保险费用、管理费用等。

从生产的目的来看,产品售出并因此获得利润是生产的目的,将生产出来的产品放在仓库里而未实现销售有违企业的目的。

从资信评级的角度看,存货的流动性要比应收账款差得多,虽然财务人员在计算流动比率时将存货和应收账款一视同仁,但在计算速动比率时将存货予以扣除。只有存货不是过时产品,而且与应收账款相比更易于抵押或典当来换取现金时,持有存货才比持有应收账款更具有优势。

赊销可以加速产品销售的实现,从而降低存货中产成品的数额。因此,当产成品存货较多时,企业可以采用优惠的信用条件进行赊销,用以尽快实现产成品存货向销售收入的转化,变持有存货为持有应收账款,节约存货成本。

二、持有应收账款的成本

应收账款虽然能促进销售,但是公司持有应收账款具有一定的风险,需要付出一定的代价,这种代价就是应收账款的成本。应收账款的成本包括机会成本、管理成本和坏账成本。

(一) 机会成本

应收账款是公司的一项资产,必然要占用公司的资金,而应收账款增值的可能性极小。应收账款的机会成本是指将资金投放在应收账款上而丧失的其他收入。例如,企业的资金不投放于应收账款,而用于有价证券的投资,便可获得利息收入,这个利息收入便是应收账款的机会成本。应收账款机会成本的高低通常与企业维持赊销业务所需要的资金数量及资金成本有关。其计算公式为:

应收账款机会成本=赊销业务所需资金×资金成本率

赊销业务所需资金=应收账款平均余额×变动成本率

=赊销收入净额÷应收账款周转率×变动成本率

=日赊销额×应收账款平均收账期×变动成本率

应收账款周转率=360÷应收账款收账天数

上述公式可见,随着赊销业务的扩大,赊销收入增加,维持赊销业务的资金就越多,应收账款的机会成本就越大;而应收账款的周转率越高,维持赊销业务所需要的资金就越小,相应应收账款的机会成本就越小。所以,提高应收账款周转率是减少机会成本的有效方法之一。

【例6-4】 某企业预计全年赊销额为210万元,应收账款平均收账期为120天,变动成本率为60%,资金成本率为10%,则应收账款的机会成本是多少?

解:应收账款周转率=360÷120=3(次)

应收账款平均余额=赊销收入净额÷应收账款周转率=210÷3=70(万元)

赊销业务所需要的资金=应收账款平均余额×变动成本率
=70×60%=42(万元)

应收账款的机会成本=赊销业务所需要的资金×资金成本率
=42×10%=4.2(万元)

牛刀小试

某企业年赊销收入为500万元,信用条件为"3/10,n/20"时,预计有40%的客户选择现金折扣优惠,其余客户在信用期付款,变动成本率为70%,资金成本率为8%,则应收账款占用资金的机会成本是多少?(1年按360天计算)

(二)管理成本

应收账款的管理成本是指企业对应收账款进行管理而产生的开支,是应收账款成本的重要组成部分。管理成本主要包括对客户信用情况调查的费用、收集信息的费用、催收账款的费用、应收账款账簿的记录费用及其他用于应收账款的管理费用等。

(三)坏账成本

在赊销交易中,债务人由于种种原因无力偿还债务,债权人就有可能无法收回应收账款而发生损失,这种损失就是坏账成本。这一成本一般与应收账款数量成正比,应收账款越多,坏账成本越大。所以,为了减少坏账给企业生产经营活动的稳定性带来的不利影响,企业按照应收账款的一定比例提取坏账准备。其计算公式为:

坏账成本=年赊销额×坏账损失率

坏账成本与企业的信用政策有密切的关系,防止坏账的发生是企业制定信用标准的一项十分重要的工作。

三、应收账款管理的目标

对于一个企业来讲,应收账款的存在本身就是一个产销的统一体,企业一方面想借助于它来促进销售,扩大销售收入,增强竞争能力,同时又希望尽量避免由于应收账款的存在而给企业带来的资金周转困难、坏账损失等弊端。

应收账款管理的目标,是要制定科学合理的应收账款信用政策,并在这种信用政策所增加的销售盈利和采用这种政策预计要担负的成本之间作出权衡。只有当所增加的销售盈利超过运用此政策所增加的成本时,才能实施和推行使用这种信用政策。同时,应收账款管理还包括企业未来销售前景和市场情况的预测和判断,及对应收账款安全性的调查。如企业销售前景良好,应收账款安全性高,则可进一步放宽其收款信用政策,扩大赊销量,获取更大利润;相反,则应制定严格的信用政策,或对不同客户的信用程度进行适当调整,确保企业获取最大收入的情况下,又使可能的损失降到最低点。

企业应收账款管理的重点就是根据企业的实际经营情况和客户的信誉情况制定

企业合理的信用政策。这是企业财务管理的一个重要组成部分,也是企业为达到应收账款管理目的必须合理制定的方针策略。

四、信用政策的运用

信用政策即应收账款的管理政策,是指企业为对应收账款投资进行规划和控制而确立的基本原则和行为规范,是企业财务政策的一个重要组成部分。信用政策包括信用标准、信用条件和收账政策。制定合理的信用政策是加强应收账款管理、提高应收账款收益的重要前提。

(一)信用标准

信用标准是企业决定授予客户信用所要求的最低标准,也是企业对于可接受风险提供的一个基本判别标准。信用标准较严,可使企业遭受坏账损失的可能减小,但会不利于扩大销售。反之,如果信用标准较宽,虽然有利于刺激销售增长,但有可能使坏账损失增加,得不偿失。可见,信用标准合理与否,对企业的收益与风险有很大影响,企业需要一个明确的尺度作为判断的依据,它告诉企业应如何运用商业信用,应如何拒绝客户赊账的要求。

企业确定信用标准时,一是采用传统信用分析法;二是采用评分法。

(二)信用条件

信用条件是企业赊销商品时,给予客户延期付款的若干条件,主要包括信用期限和现金折扣等。

1. 信用期限

信用期限是企业允许顾客从购货到付款之间的时间间隔,或者说是企业给予顾客的付款期限。例如,若企业允许顾客在购货后50天内付款,则信用期限为50天。信用期限过短,不足以吸引顾客,在竞争中会使销售额下降;信用期过长,对销售额增加固然有利,但只顾及销售增长而盲目放宽信用期限,所得的收益有时会被增长的费用抵消,甚至造成利润减少。因此,企业必须慎重研究,确定出恰当的期限。

信用期限的确定,主要是分析改变现行信用期限对收入和成本的影响。延长信用期限,会使销售额增加,产生有利影响;但与此同时,应收账款、收账费用和坏账损失增加,会产生不利的影响。当前者大于后者时,可以延长信用期限;否则不宜延长。如果缩短信用期限,情况与此相反。

【例6-5】 某公司2×23年使用30天按发票金额付款的信用政策,2×24年拟将信用期限放宽至50天,仍按发票付款而不打折扣,该公司投资报酬率为15%,其他有关的数据如表6-3所示:

表6-3 信用期限备选方案　　　　　　　　　　金额单位:元

项目	信用期限	
	30天	50天
销售量/件	150 000	200 000
销售额(单价5元)	750 000	1 000 000

(续表)

项目	信用期限	
	30 天	50 天
销售成本:		
变动成本(单价4元)	600 000	800 000
固定成本总额	60 000	60 000
可能发生的收账费用	5 000	6 000
可能发生的坏账损失	6 000	10 000

根据以上资料，分析是否应该改变信用期限。在分析时，先计算收款信用期限所得到的收益，然后计算增加的成本，最后根据两者比较的结果作出判断。

(1) 收益的增加：

销售量的增加×单位边际贡献＝(200 000－150 000)×(5－4)＝50 000(元)

(2) 应收账款占用资金的机会成本增加：

30 天信用期限机会成本＝750 000/360×30×4/5×15％＝7 500(元)

50 天信用期限机会成本＝1 000 000/360×50×4/5×15％＝16 667(元)

机会成本的增加＝16 667－7 500＝9 167(元)

(3) 收账费用和坏账损失增加：

收账费用增加＝6 000－5 000＝1 000(元)

坏账损失＝10 000－6 000＝4 000(元)

(4) 改变信用期限的净收益：

收益增加－成本费用增加＝50 000－(9 167＋1 000＋4 000)＝35 833(元)

由于收益的增加大于成本的增加，故应采取 50 天的期限。

上述信用期限分析的方法是比较简略的，可以制定满足于一般信用政策的需要。如有必要，也可以进行更细致的分析，如进一步考虑销售增加引起存货增加而多占用的资金，以及在信用期限内提前给予现金折扣造成收入和成本的变化等。

2. 现金折扣

现金折扣是企业为了鼓励客户在规定的期限内尽早付款而给予的价格扣减。企业向顾客提供这种价格上的优惠，主要是在于吸引顾客为享受优惠而提前付款，缩短企业的平均收款期。折扣的表示常采用如"5/10、3/20、n/30"这样一些符号形式。这三种符号的含义为：5/10 表示 10 天内付款，可享受 5％的优惠价格，即只需支付原价的 95％，如原价为 10 000 元，只需支付 9 500 元；3/20 表示 20 天内付款，可享受 3％的价格优惠，即只需支付原价的 97％，如原价为 10 000 元，只需支付 9 700 元；n/30 表示付款的最后期限为 30 天，此时付款无优惠。

企业采用什么程度的现金折扣，要与信用期限结合起来考虑。比如，要求顾客最迟不超过 30 天付款，若希望顾客 20 天、10 天付款，能给予多大折扣？或者给与 5％、3％的折扣能吸引顾客在多少天内付款？无论是信用期限还是现金折扣，都可能给企业带来收益，但也会增加成本，主要是价格折扣损失。当企业给与某种现金折扣时，应当考虑折扣所能带来的收益与成本孰低，权衡利弊，确定合理的现金折扣政策。

因为现金折扣是与信用期限结合使用的,所以确定折扣程度的方法与程序实际上与前述确认信用期限的方法与程序一致,只不过是要把所提供的延期付款时间和折扣综合起来,计算各方案的延期与折扣能取得多大的收益增量,再计算各方案带来的成本变化,最终确定最佳方案。

【例 6-6】 某公司预测的 2×23 年度赊销额为 1 800 万元,其信用条件是 n/30,变动成本率为 60%,资金成本率为 10%,假设企业收账政策不变,固定成本总额不变。公司准备了以下三个信用条件的备选方案。

(1) 维持 n/30 的信用条件。
(2) 将信用条件放宽到 n/60。
(3) 将信用条件放宽到 n/90。

其他有关数据如表 6-4 所示。

表 6-4　某公司信用条件备选方案　　　　　　　　　　单位:万元

项目	方案		
	n/30	n/60	n/90
年赊销额	1 800	2 160	2 400
应收账款平均收账天数	30	60	90
应收账款平均余额	150(1 800/360×30)	360(2 160/360×60)	600(2 400/360×90)
维持赊销业务所需资金	90(150×60%)	216(360×60%)	360(600×60%)
坏账损失率	2%	3%	6%
坏账损失	36(1 800×2%)	64.8(2 160×3%)	144(2 400×6%)
收账费用	20	36	86

根据以上资料,可计算如下指标分析三种方案的净收益,从而选出最优方案,如表 6-5 所示。

表 6-5　某公司信用条件备选方案比较　　　　　　　　单位:万元

项目	方案		
	n/30	n/60	n/90
年赊销额	1 800	2 160	2 400
变动成本	1 080	1 296	1 440
信用成本前收益	720	864	960
(边际贡献)			
信用成本:			
应收账款机会成本	9(90×10%)	21.6(216×10%)	36(360×10%)
坏账损失	36	64.8	144
收账费用	20	36	86
小计	65	122.4	266
信用成本后收益	655	741.6	694

据表 6-5 的分析可知,这三种方案中,第二种方案(n/60)获利最大,比第一种方案增加收益 86.60 万元,比第三种方案(n/90)的收益要多 47.6 万元。因此,在其他条件不变的情况下,应选第二种方案。

【例 6-7】 承[例 6-6]的资料。该公司为了加速应收账款的回收,决定在第二种方案的基础上将赊销条件改为"2/10、1/20、n/60"估计将有 60% 的客户会在 10 天内付款,15% 的客户将在 20 天内付款,坏账损失率将为 1.5%,收账费用降为 30 万元,试问,企业采用现金折扣是否合理?

解:根据上述资料,有关指标可计算如下:

应收账款平均收账天数 $= 60\% \times 10 + 15\% \times 20 + (1 - 60\% - 15\%) \times 60 = 24$(天)

应收账款平均余额 $= 2\,160/360 \times 24 = 144$(万元)

维持赊销业务所需资金(应收账款占用金)$= 144 \times 60\% = 86.4$(万元)

应收账款机会成本 $= 86.4 \times 10\% = 8.64$(万元)

坏账损失 $= 2\,160 \times 1.5\% = 32.4$(万元)

收账费用 $= 30$(万元)

现金折扣 $= 2\,160 \times (2\% \times 60\% + 1\% \times 15\%) = 29.16$(万元)

信用成本后收益 $= 2\,160 - 1\,296 - 8.64 - 32.4 - 30 - 29.16 = 763.8$(万元)

由于采用现金折扣政策后收益为 763.8 万元,比未采用现金折扣增加了 22.2 万元,因此企业采用现金折扣更为合理。

(三) 收账政策

收账政策是指企业对客户违反信用条件,拖欠甚至拒付账款所采取的收账策略与措施。比如,对过期较短的顾客,可以婉转地写信催告;对过期较长的顾客,需频繁地通过信件催讨并电话催询;对过期很长的顾客,可在催告中严厉措辞,必要时提请有关部门仲裁或提请诉讼。

催收账款要发生费用,某些催款方式的费用还会很高,如诉讼费。一般来说,收账的花费越大,收账措施越有力,可以收回的账款也越大,坏账损失也就越小。因此,制定收账政策是要在增加收账费用与减少坏账损失、减少应收账款机会成本之间进行权衡,若前者小于后者,则说明制定的应收账款政策是可取的。

影响企业信用标准、信用条件及收账的因素很多,如销售额、赊销期限、收款期限、现金折扣、坏账损失、过剩生产能力、信用部门成本、机会成本、存货投资等的变化。这就使得信用政策的制定更为复杂。一般来说,理想的信用政策就是企业采取或松或紧的信用政策时所带来的收益最大的政策。

五、强化应收账款的日常管理

对于已经发生的应收账款,企业还应进一步强化日常管理工作,采取强有力的措施进行分析、控制,及时发现问题,提前采取对策。应收账款日常管理的措施主要包括应收账款追踪分析、应收账款账龄分析、应收账款收现保证率分析和建立应收账款坏账准备制度等。下面重点介绍前三种措施。

(一)应收账款追踪分析

应收账款是存货变现过程的中间环节,对应收账款实施追踪分析的重点应放在赊销商品的销售与变现方面。企业应对赊销客户的付款状况进行调查分析,特别是对那些交易金额大、交易次数频繁或信用品质有疑问的客户进行重点追踪调查。通过追踪调查,根据客户的信用品质,以及现金持有量与调剂程度判断其能否严格履行信用的条件。同时,企业不但要及时掌握不同客户的收款情况,更应知晓其延迟付款的原因,是出于信用品质低下还是确实财务状况不佳;客户是否在经营方面发生困难以致销售不畅;是短期现象还是长期状况等。如果客户的信用品质良好,持有一定的现金余额,且现金支出的约束性较小,可调剂程度较大,客户大多是不愿以损失市场信誉为代价而拖欠赊销企业账款的。如果客户信用品质不佳,或者是现金匮乏,或者是现金的可调剂程度低,那么拖欠赊销企业的账款也就在所难免了。因此,企业可以根据应收账款的追踪调查分析,及时调整当前的收账政策。

(二)应收账款账龄分析

企业已发生的应收账款时间有长有短,有的尚未超过收款期,有的则超过了收款期。一般来讲,拖欠时间越长,款项收回的可能性越小,形成坏账的可能性越大。对此,企业应实施严密的监督,随时掌握应收账款的回收情况。实施对应收账款回收的监督,可以编制账龄分析表进行。应收账款的账龄是指未收回的应收账款从产生到目前的时间长短。对应收账款进行账龄分析,密切关注应收账款的回收情况,是加强应收账款日常管理的重要环节。

应收账款账龄分析就是研究应收账款的账龄结构,即各账龄应收账款的余额占应收账款总额的比重,可以通过编制账龄分析表进行。龄分析表是一张能显示应收账款天数(账龄)长短的报告,其格式如表 6-6 所示。

表 6-6　账龄分析表　　　　单位:万元

应收账款账龄	账户数量	金额	比重
信用期内	200	80	40%
超过信用期 1 个月内	100	40	20%
超过信用期 2 个月内	50	20	10%
超过信用期 3 个月内	30	20	10%
超过信用期 4 个月内	20	20	10%
超过信用期 5 个月内	15	10	5%
超过信用期 5 个月以上	5	10	5%
合计	420	200	100%

表 6-6 表明该企业应收账款总额为 200 万元,其中,在信用期限内 80 万元,占 40%;超过信用期限的应收账款为 120 万元,占 60%,比重较大。这应引起财务人员的高度重视,并根据应收账款账龄的长短采取不同的收账措施。

利用账龄分析表,企业可以了解到以下情况。

(1) 有多少欠款在信用期内。表 6-6 显示,有价值 80 万元的应收账款处在信用期限内,占全部应收账款的 40%,这些账款未到偿付期,欠款是正常的;但到期后能否正常收回要待时再定,故及时的监督仍是必要的。

(2) 有多少欠款超过了信用期,超过时间长短的各占多少,有多少欠款会因拖欠时间太久而可能成为坏账。表6-6显示,有价值120万元的应收账款已超过了信用期,占全部应收账款的60%。其中,拖欠时间较短的(一个月)有40万元,占全部应收账款的20%,这部分欠款的收回可能性很大;拖欠时间较长的(1~5个月)有70万元,占应收账款的35%,这部分欠款的回收有一定的难度;拖欠时间最长的有(5个月以上)10万元,占全部应收账款的5%,这部分欠款有可能成为坏账。对不同拖欠时间的欠款,企业应采取不同的收账方法,制定出经济、可行的收账政策。对可能发生的坏账损失,则应提前做好准备,充分估计这一因素对损益的影响。

通过应收账款账龄分析,不仅能提示财务管理人员应把过期的应收账款作为重点,而且有助于企业进一步研究与制定新的信用政策。

(三) 应收账款收现保证率分析

应收账款收现保证率是指在一定时期内必须收现的应收账款占全部应收账款的比重。用公式表示为:

$$应收账款收现保证率 = \frac{当期必要现金支付总额 - 当期其他稳定可靠的现金流入总额}{当期应收账款总计金额}$$

公式中:其他稳定可靠的现金流入总额是指从应收账款收现以外的途径可以取得的各种稳定可靠的现金流入数额,包括短期有价证券变现净额、可随时取出的银行存款额等。

应收账款收现保证率反映了应收账款有效收现对企业现金需求补充的最低保障程度,也是企业确定的应收账款收现的最低标准。如果企业一定时期内应收账款实际收现率低于其保证率,企业就可能出现现金短缺。因此,企业应定期计算应收账款实际收现率,看其是否达到了既定的控制标准,如果发现实际收现率低于应收账款收现保证率,应查明原因,采取相应措施,确保企业有足够的现金满足同期必需的现金支付要求。

> **知识检测**

一、单项选择题

1. 下列各项中,不属于监督每一笔应收账款的理由的是(   )。
   A. 在开票或收款过程中可能会发生错误或延迟
   B. 有些客户可能故意拖欠到企业采取追款行动才付款
   C. 客户财务状况的变化可能会改变其按时付款的能力,并且需要缩减该客户未来的赊销额度
   D. 客户信誉度良好

2. 某公司2×23年度营业收入为1 320万元,应收账款平均净额为110万元、应收票据平均余额为50万元;另外,补充资料显示,2023年的坏账准备平均余额为10万元。该公司2×23年应收账款周转天数为(   )天。(1年按360天计算)
   A. 43.64   B. 46.39   C. 38.75   D. 39.62

3. 下列关于信用期限的表述中，正确的是（　　）。
A. 信用期限是企业允许顾客从购货到付款之间的时间间隔
B. 信用期限是企业给供应商付款的期限
C. 信用期限是企业允许供应商从发货到付款之间的时间间隔
D. 信用期限是企业允许顾客从购货到开票之间的时间间隔

二、多项选择题

1. 持有应收账款的成本包括（　　）。
A. 机会成本　　B. 管理成本　　C. 坏账成本　　D. 人工成本
2. 应收账款的作用有（　　）。
A. 促进销售　　　　　　　　B. 扩大市场占有率
C. 开拓新市场　　　　　　　D. 减少存货
3. 应收账款日常管理的措施主要包括（　　）。
A. 建立应收账款坏账准备制度　　B. 应收账款追踪分析
C. 应收账款账龄分析　　　　　　D. 应收账款收现保证率

知识应用

1. 某公司生产和销售甲、乙两种产品。目前的信用政策为"2/15,n/30"，有占销售额60%的客户在折扣期内付款并享受公司提供的折扣；不享受折扣的应收账款中，有80%可以在信用期内收回，另外20%在信用期满后10天（平均数）收回。逾期账款的收回，需要支出占逾期账款额10%的收账费用。如果明年继续保持目前的信用政策，预计甲产品销售量为4万件，单价100元，单位变动成本60元；乙产品销售量2万件，单价300元，单位变动成本240元。如果明年将信用政策改为"5/10,n/20"，预计不会影响产品的单价、单位变动成本和销售的品种结构，而销售额将增加到1 200万元。与此同时，享受折扣的比例将上升至销售额的70%；不享受折扣的应收账款中，有50%可以在信用期内收回，另外50%可以在信用期满后20天（平均数）收回。这些逾期账款的收回，需要支出占逾期账款额10%的收账费用。该公司应收账款的资金成本为12%。

要求：

（1）假设公司继续保持目前的信用政策，计算其平均收现期和应收账款应计利息（一年按360天计算，计算结果以万元为单位，保留小数点后两位，下同）；

（2）假设公司采用新的信用政策，计算其平均收现期和应收账款应计利息。

2. 某企业以往销售方式采用现销，每年销售12 0000件产品，单价为15元，变动成本率为60%，固定成本为10 0000元。企业尚有40%的剩余生产能力，现准备通过给某特殊新客户定的信用政策，以期达到扩大销售之目的。经过测试可知：如果信用期限为1个月，该客户愿意购买30 000件，预计坏账损失率为2.5%，收账费用为22 000元，预计应收账款周转天数为40天；如果信用期限为2个月，该客户愿意购买38 400件，预计坏账损失率为4%，收账费用为30 000元，预计应收账款周转天数为70天。假定该特殊客户的购买不会影响企业原有现销规模，资金成本率为20%。

要求：（1）作出采用何种方案的决策。

(2) 如果企业采用的信用期限为 1 个月,但为了加速应收账款的回收,决定使用现金折扣的办法,条件为"2/10,1/20,n/30",估计该客户货款的 65% 会在第 10 天支付,20% 会在第 20 天支付,其余货款的坏账损失率估计为 1.5%。其余货款如不考虑坏账的话,估计平均收账期为 40 天,收账费用下降到 15 000 元。试作出采用何种方案的决策。

任务四 存货管理

> 案例导入

飞亚达的上市

除了房地产公司,公司存货占总资产的比重达到 50% 以上的现象是很罕见的,而飞亚达就是这样一家公司。作为一家名表生产和销售公司,公司的存货主要是各种表的成品和半成品。从其 2007 年到 2012 年的资产负债表和利润表中,我们可以观察到公司存货不仅绝对额逐渐增加,而且在资产中的比重有逐渐上升的趋势。但飞亚达就是凭借优质的存货管理机制适应了市场的发展并于 1993 年成功上市的。

思考:公司保持多少比例的存货是对企业的发展有效的?
(案例来源:https://zdb.pedaily.cn/ipo/show11122/。)

存货是指企业在日常活动中持有以备出售的产成品或商品、处在生产过程中的在产品、在生产过程或提供劳务过程中耗用的材料和物料等。

按照存货的经济内容,存货可分为商品、产成品、自制半成品、在产品、材料、包装物、低值易耗品。

微课:资金营运管理——存货

按照存货的存放地点,存货可分为库存存货、在途存货、在制存货、寄存存货、委托外单位代销存货。

按照存货的取得来源,存货可分为外购的存货、自制的存货、委托加工的存货、投资者投入的存货、接受捐赠的存货、接受抵债取得的存货、非货币性交易换入的存货和盘盈的存货等。

一、存货管理的目标

对于一般企业来说,持有一定数量的存货是十分必要的。一方面,一定数量的存货有利于保障企业生产经营的顺利进行;另一方面,一定数量的存货可以使企业的生产与销售具有较大的机动性,适应市场不规则的变化,以免失去商机。但是,存货的增加必然要占用更多的资金,使企业付出较多的持有成本。因此,存货的管理目标就是要在保证生产或销售经营需要的前提下,最大限度地降低存货成本。怎么确认存货的管理目标呢?具体需要从以下几个方面进行考虑。

(一) 保证生产正常进行

生产过程中需要的原材料和在产品,是生产的物质保证。为保障生产的正常进行,储备一定量的原材料是很有必要的,否则就可能造成生产中断、停工待料的现象。尽管当前部分企业的存货管理已经实现计算机自动化管理,但要实现存货为零的目标很难做到。

(二)有利于销售

一定量的存货储备能够增加企业在生产和销售方面的机动性和适应市场变化的能力。当企业市场需求量增加时,如果产品储备不足就有可能失去销售良机,造成一定的损失,因此保持一定量的存货是有利于市场销售的。

(三)便于维持均衡生产,降低产品成本

有些企业的产品属于季节性产品或者需求波动较大的产品,如果根据需求进行生产,其可能出现的状况将是需求量小时生产能力得不到充分利用,需求量大时超负荷生产,这会造成产品成本的上升。为了降低生产成本,就要实现均衡生产,这就要求企业需储备一定的产成品存货,并应相应地保持一定的原材料存货。

(四)降低存货取得成本

一般情况下,当企业进行采购时,进货总成本与采购物资的单价和采购次数有密切关系。而许多供应商为鼓励客户多购买其产品,往往在客户采购量达到一定数量时,给予价格折扣。所以企业通过大批量集中进货,既可以享受价格折扣,降低购置成本,也因减少订货次数,降低了订货成本,使总的进货成本降低。

(五)防止意外事件的发生

企业在采购、运输、生产和销售过程中,都可能发生意料之外的事故,保持必要的存货保险储备,可以避免和减少意外事件造成的损失。

总而言之,存货管理的最终目标就是要提高企业的经济效益。

二、计算存货的成本

虽然必要的存货储备量对企业的发展必不可少,但并不是说存货越多越好,因为持有存货,必然会发生一定成本的支出。存货总成本的计算公式为:

$$存货总成本 = 进货成本 + 存储成本 + 缺货成本$$

(一)进货成本

进货成本是指企业取得存货时的费用支出,主要包括存货的进价成本和进货费用两个方面。其中,进价成本又叫采购成本,它是采购量与单位存货的采购单价的乘积,计算公式为:

$$进价成本 = 采购数量 \times 单位采购成本$$

由于采购量是根据生产经营部门的需要决定的,所以进货成本管理的重点是如何降低单位存货的采购成本。

进货费用又称订货成本,是指企业组织进货而支付的有关费用,如与存货采购有关的办公费、差旅费、邮资、通信费、入库搬运费等。进货费用中有一部分与进货次数无关,如常设机构的基本开支等,称为进货的固定成本,这类费用与决策无关;另一部分与进货次数有关,如差旅费、邮资、通信费等,且与进货次数成正比例变动,这类费

用是与决策相关的变动成本。由此可见,企业想要降低进货成本,就需要大批量采购,以减少进货次数。

(二)存储成本

存储成本是指企业为了持有存货而发生的成本费用的支出,主要包括存货资金占用的机会成本、仓储费用、保险费用、存货库存损耗等。其中,存货资金占用的机会成本主要是指现金购买存货而失去的其他投资机会可能带来的投资收益,一般可以用证券投资收益来衡量。存储成本中,有一部分与储存数量有密切的关系,称为变动存储成本,它的总额大小取决于存货数量的大小和存储时间的长短,比如存货资金占用的机会成本、存货的保险费用等;另一部分则与存货的储存数量没有密切的关系,称为固定存储成本,它的总额比较稳定,与存储存货数量和存储时间无关,如仓储折旧费用、仓库职工的固定工资等。存储成本的计算公式为:

$$存储成本=存储固定成本+存储变动成本$$

存储成本管理的重点就是管控与存储数量和时间有关的成本费用的支出。

(三)缺货成本

缺货成本是指因存货不足而给企业造成的损失,主要包括由于原材料不足供应中断造成的停工待料损失、产品供应中断导致延误发货的信誉损失,以及丧失市场机会的有形与无形的损失等。缺货成本因其计量十分困难常常不予考虑,但如果缺货成本能够准确计量的话,也可以在存货决策中考虑缺货成本。

三、确定最优存货订货量

企业的最优存货订货量的确定有可以运用存货的经济订货批量模型来确定,如图 6-3 所示。

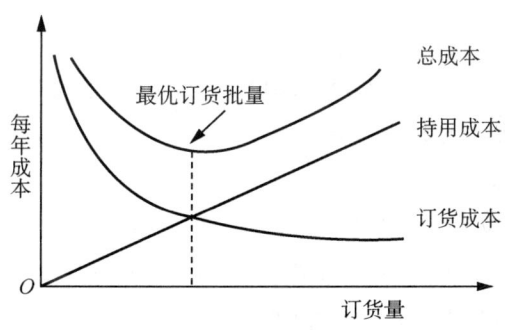

图 6-3 经济订货批量模型图

存货的经济批量是指能够在一定时期存货的总成本达到最低采购数量。存货的总成本由进货成本、储存成本、缺货成本构成。这些成本中有些是固定性的,有些是变动性的。显然,只有变动成本才是经济批量决策时的相关成本。与经济批量相关的成本主要包括变动性进货成本、变动性储存成本以及允许缺货时的缺货成本。不同的成本项目与进货批量有着不同的变动关系。订货的批量大,储存的存货就多,储存成本就高,同时,采购次数少,进货费用和缺货费用少;订购的批量小,储存的存货就少，储存成本就低，同时，采购次数多，进货费用和缺货费用多。经济批量决策就是要权衡这些成本和费用，使得他们的总和最低。

（一）经济批量的基本模型

为了将问题简化，在进行经济批量决策时，常作如下假设：

（1）企业一定时期的进货总量可以较为准确的预测；
（2）存货的流转比较均匀；
（3）存货的价格稳定，且不考虑商业折扣；
（4）进货日期完全由自己决定，并且采购不需要时间；
（5）仓储条件及所需现金不受限制；
（6）不允许出现缺货；
（7）所需存货市场供应充足，并能集中到货。

在满足以上假设的前提下，存货的买价和短缺成本都不是决策的相关成本。此时，经济批量考虑的仅仅是使变动性的费用（简称进货费用）与变动性的储存成本（简称储存成本）之和最低。

假设：Q 为存货的经济批量，A 为某种存货的全年需要量，B 为平均每次进货费用，P 为单位采购价格，C 为单位存货年度平均储存成本，则：

$$存货的经济批量(Q) = \sqrt{2AB/C}$$
$$经济批量的变动成本(T) = \sqrt{2ABC}$$
$$最佳进货次数(N) = \sqrt{AC/2B} = A/Q$$
$$经济批量的资金平均占用额(W) = QP/2$$

牛刀小试

某企业全年耗用 A 材料 2 400 吨，每次的订货成本为 1 600 元，单位变动储存成本为 12 元，则最优订货量对应的订货批次为（　　）次。

A. 12　　　　B. 6　　　　C. 3　　　　D. 4

【例 6-8】 某企业每年耗用乙材料 14 400 千克，乙材料的单位采购价格为 10 元，每千克材料年储存成本平均为 2 元，平均每次进货费用为 400 元，试对购买乙材料作出经济批量决策。

$$存货的经济批量(Q) = \sqrt{2AB/C} = \sqrt{2 \times 14\,400 \times 400/2} = 2\,400(千克)$$
$$经济批量的变动总成本(T) = \sqrt{2ABC} = \sqrt{2 \times 14\,400 \times 400 \times 2} = 4\,800(元)$$
$$最佳进货次数(N) = A/Q = 14\,400/2\,400 = 6(元)$$
$$经济批量的资金平均占用额(W) = QP/2 = 2\,400 \times 10/2 = 12\,000(元)$$

可见，该材料的最佳经济批量为 2 400 千克。

以上经济批量是在许多假设的情况下作出的，通常称为基本经济批量决策。但是，在实践中，常常不能满足以上全部假设条件，从而需要对上述方案进行修正，需考虑存在商业折扣情况下的经济批量决策问题。

牛刀小试

某企业一年耗用原材料甲 12 000 吨，每次的订货成本为 2 400 元，单位变动储存成本为 12 元，则最优订货量对应的订货批次为几次？

（二）存在商业折扣下的经济批量决策

在市场经济条件下，为了鼓励客户多购买自己的产品，销售方常常以商业折扣的方式吸引购买方。购买方在进行存货采购的经济批量决策时，除了要考虑进货费用和储存成本外，还必须考虑采购数量对采购价格的影响。这时的经济批量决策程序首先是确定无商业折扣情况下的基本经济批量及其总成本，然后考虑享受商业折扣情况下的最低批量的采购总成本，最后比较这两种情况下的总成本并选择较低的采购方案。

【例 6-9】 假设在[例 6-8]中，一次订购乙产品超过 2 880 千克，则可以获得 2% 的商业折扣，此时应如何作出采购决策？

解：总成本（一次采购 2 400 千克）＝年需要量×单价＋经济批量的变动总成本
$$= 14\ 400 \times 10 + 4\ 800$$
$$= 148\ 800（元）$$

总成本（一次采购 2 880 千克）＝年需要量×单价＋年储存成本＋年采购成本
$$= 14\ 400 \times 10 \times (1-2\%) + 2 \times 2\ 880/2 + 400 \times 14\ 400/2\ 880$$
$$= 146\ 000（元）$$

比较可知，应享受商业折扣，即应一次采购 2 880 千克，这样可以节约 2 800 元(148 800－146 000)的采购成本。

四、建立存货的控制系统

大型公司往往有很多种存货，如何加强存货的日常管控，降低存货由于损毁、丢失、过期、贬值等因素带来的损失，是各大公司考虑的重点。但有效的管控带来的必是高昂的管理费用支出，如人工费用等。为了使公司的相关成本降低，公司需要在存货损失与管理费用之间进行权衡。因此，建立有效的存货控制系统对存货的管理尤为重要，目前，企业可通过 ABC 控制系统和适时制库存控制系统两种方式实现存货的有效控制。

（一）ABC 控制系统

存货的 ABC 分类管理就是将存货按照一定的标准分成 A、B、C 三类，然后按照各类存货的重要程度分别采取不同的方法进行管理。这样，企业就可以分清主次，突出管理重点，提高存货管理的整体效率。存货划分标准主要有两个：一是存货的金额标准，二是存货的品种数量标准。存货的划分标准以存货的金额为主，其中，A 类存货标准是存货金额最大的，存货的品种数量很少；B 类存货标准是存货金额较大，存货的品种数量较多；C 类存货标准是存货金额较小，存货的品种数量繁多。

虽然每个企业的生产特点不同，具体划分标准也各不相同，但是一般来说，存货的划分标准大体如下：A 类存货金额占整个金额比重的 60%～80%，品种数量占整个存货品种数量的 5%～20%；B 类存货金额占整个存货金额比重的 15%～30%，品种数量占整个存货品种数量的 20%～30%；C 类存货金额占整个存货金额比重的

5%～15%,品种数量占整个存货品种数量的60%～70%。

存货被划分为A、B、C三类后,企业可采取不同的管理方法对其进行控制。A类存货应进行重点管理控制,经常检查这类存货的库存情况,严格控制该类存货的支出,企业应对其按照每一个品种分别进行管理;B类存货金额相对较小,数量也较多,可以通过划分类别的方式进行管理;C类存货的占用金额比重很小,品种数量又很多,可以只对其进行总量控制和管理。

存货的ABC分类法及步骤如下:

(1) 计算每种存货在一定时期内的资金占用额;

(2) 计算每一种存货资金占用额占全部资金占用额的百分比,并按大小顺序排列,编成表格;

(3) 根据事先确定的标准,将存货分为A、B、C三类,并用图表表示出来。

【例6-10】 某企业共有20种原材料,共占用资金100 000元,按占用资金多少排列后,根据上述原则划分为A、B、C三类,具体情况如表6-7所示。

表6-7 某企业存货ABC分类表

材料品种编号	占用资金数额(元)	类别	各类存货的种类与比重		各类存货占用资金的数额及比重	
			总数(种)	比重(%)	数量(元)	比重(%)
1	50 000	A	2	10	75 000	75
2	25 000					
3	10 000	B	5	25	20 000	20
4	5 000					
5	2 500					
6	1 500					
7	1 000					
8	900	C	13	65	5 000	5
9	800					
10	700					
11	600					
12	500					
13	400					
14	300					
15	200					
16	190					
17	180					
18	170					
19	50	C	13	65	5 000	5
20	10					
合计	100 000	—	20	100	100 000	100

（二）适时制库存控制系统

适时制库存控制系统又叫作零库存管理，看板管理系统，起源于20世纪20年代美国底特律福特汽车公司所推行的集成化生产装配线。后来，适时制在日本制造业得到有效的使用。

> **知识检测**

一、单项选择题

1. 下列各项中，不属于按照存货的经济内容分类的是（   ）。
   A. 商品、产成品   B. 自制半成品、在产品
   C. 材料、包装物   D. 在途物资、寄存商品
2. 下列计算公式中，错误的是（   ）。
   A. 存货的总成本＝进货成本＋储存成本＋缺货成本
   B. 存储成本＝存储固定成本＋存储变动成本
   C. 进货成本＝采购数量×单位采购成本
   D. 存货的经济批量 $Q=\sqrt{2AB/C}$
3. 下列关于进货成本表述中，不正确的是（   ）。
   A. 所谓进货成本，是指企业取得存货时的费用支出
   B. 进货成本主要包括存货的进价成本和进货费用两个方面
   C. 企业组织进货而支付的有关费用属于进货成本
   D. 企业想要降低进货成本，就需要少量采购增加进货次数

二、多项选择题

1. 按照存货的存放地点，存货可分为（   ）。
   A. 库存存货   B. 在途存货   C. 寄存存货   D. 在制存货
2. 下列各项中，属于进货费用的有（   ）。
   A. 采购部发生的办公费   B. 销售部发生的差旅费
   C. 采购员出差差旅费   D. 材料入库搬运费
3. 下列各项中，属于经济批量决策假设的有（   ）。
   A. 企业一定时期的进货总量可以较为准确的预测
   B. 存货的价格稳定，且不考虑商业折扣
   C. 仓储条件及所需现金不受限制
   D. 不允许出现缺货

三、判断题

1. 订货的批量大，储存的存货就多，储存成本就高，同时，采购次数少，进货费用和缺货费用少。（   ）
2. 为了保证必要的存货储备量，企业持有的存货越多越好。（   ）
3. 存货的经济批量是指能够在一定时期存货的总成本达到最低采购数量。（   ）

> **知识应用**

甲公司全年外购D型材料1 080吨，每批进货费用1 000元，该材料的年储存成

本为每吨 600 元,进价为每吨 1 000 元。

要求:

(1) 计算甲公司进货批量为多少是才是有利的;
(2) 计算甲公司最佳进货次数;
(3) 计算甲公司最佳进货间隔期;
(4) 计算甲公司经济进货批量的平均占用资金。

任务五　流动负债管理

案例导入

罗斯顿制造公司的信用政策

罗斯顿制造公司是一个全部靠信用销售的企业,它有成功经营的经验并获得了不菲的利润。它能成功的最大原因是它采用信用方式进行销售,具体的信用期为 30 天支付销售款。从顾客那里的收款情况大致是:在 30 天内收回 70% 货款,在 60 天内收回 20%,在 90 天内收回 7%,而坏账损失只有 3%。

如果不是如此的信用政策,它可能获取不了大额的销售收入,如果不是持续增长的销售收入,它也获取不了最后的成功。但是信用政策的使用是有风险的,需要加强管理,为企业的发展发挥最大的效能。

因此,流动负债有时不仅不会造成我们的压力,反而是我们促进销售、应对暂时资金短缺的一种有效方法。

微课:资金营运管理——流动负债

一、短期借款的管理

短期借款是指企业为维持正常的生产经营所需的资金或为抵偿某项债务而向银行或其他金融机构等外单位借入的、还款期限在一年以下(含一年)的各种借款。短期借款主要有经营周转借款、临时借款、结算借款、票据贴现借款、卖方信贷、预购定金借款、专项储备借款等。

由于借款利息在企业费用的支出中占有一定比例,对企业的现金流影响明显,因此,加强短期借款的管理,节省利息支出,提高企业经济效益,是每一位财务人员的重要工作。

(一) 编制计划

企业应根据实际需要进行借款借入,避免借款的不足和过剩。企业在生产经营过程中对资金的需要量往往不是稳定的,通常会受以下几个因素的影响。

(1) 生产经营规模的改变。
(2) 产品的销售状况。
(3) 债权债务的收支情况。
(4) 企业本身业务的季节性变化。

因此，企业的财务人员应根据以上情况，结合历史资料，编制借款计划，在确实需要资金的时候进行借款，以满足生产经营的需要。做到既能满足经营所需，又不会滞留在企业。

（二）正确核算

企业取得短期借款后，应根据相关要求，按债权人设置明细账，并按借款种类进行明细账核算，逐笔进行登记。同时，为了掌握短期借款的详细情况，还应该设置辅助明细分类账，详细记录借款的银行、账号、借款合同编号、计息方式、借款时间、到期时间、借入金额等内容，并确定专人负责，在借款到期前，应保证有足额的偿还资金，到期按时归还，避免逾期。如果借款到期前企业确实有特殊原因不能及时归还，应该提前向贷款人作出书面展期申请，经贷款人审查同意后，签订展期协议；如果是担保贷款，还需要提供担保人同意展期的书面意见，并签订担保合同。同时，应及时在短期借款辅助明细分类账中登记展期信息。

（三）管控使用

对于短期借款，企业应根据借款合同确定借款的用途并及时将借款投入到合同中载明的用途中，发挥短期借款的作用。因此，在借款的使用过程中，财务人员需要密切关注，既要保证借款按规定用途使用，又要管控在使用过程中实际所需要的金额。如果借款没有足额使用，企业应针对未使用的部分及早向贷款人提出书面申请，在征得贷款人同意的情况下提前偿还，以减少利息开支，降低资金的使用成本。

（四）核对账目

企业在收到贷款人的对账单后，应逐笔进行核对，对于核对不相符而造成双方不一致的，如存在未达账项，要编制借款余额调节表，如果经过调节后双方的余额一致，说明账目是正确的；如果调节后仍不一致，则说明存在记账错误，需要深入查找原因，及时更正。

（五）复核利息

借款利息是企业使用借款而支付的代价，企业要确定贷款人采取的是何种计息方式（收款方、贴现法、加息法），在收到贷款人的结息单后，应根据每笔贷款的金额、利率和时间认真复核，如有不符，应及时与贷款人核对更正，保证利息核对真实、准确。

二、应付账款管理

应付账款是供应商给企业提供的一个商业信用。由于购买者往往在到货一段时间后才付款，商业信用就成了企业短期资金来源。如企业规定对所有账单均见票后若干日付款，商业信用就成为随生产周转而变化的一项内在的资金来源。当企业扩大生产规模时，其进货和应付账款相应增长，商业信用就提供了增产需要的部分资金。

商业信用条件常包括以下两种：

(1) 有信用期，但无现金折扣，如"n/30"，表示 30 天内按发票金额全数支付；

(2) 有信用期和现金折扣，如"2/10,n/30"，表示 10 天内付款享受现金折扣 2%，若买方放弃折扣,30 天内必须付清款项。

供应商在信用条件中规定有现金折扣,主要目的是加速资金回收。企业在决定是否享受现金折扣时,应仔细考虑。因为,放弃现金折扣是有成本的,通常是高昂的,因此,企业需通过放弃现金折扣成本的计算,结合实际情况进行的决策。具体计算公式如下:

放弃现金折扣的成本＝折扣百分比÷(1－折扣百分比)×360÷(信用期－折扣期)

牛刀小试

某企业按"1/10,n/30"的条件购进一批商品。若企业放弃现金折扣,在信用期内付款,则其放弃现金折扣的信用成本率为(　　)。

　　A. 18.18%　　　　B. 10%　　　　C. 12%　　　　D. 16.7%

企业在进行是否享受现金折扣决策时,需考虑以下两个方面:

第一,放弃现金折扣的信用成本。倘若买方企业购买货物后在卖方规定的折扣期内付款,可以获得免费信用,这种情况下,企业没有因为取得延期付款信用而付出代价。例如,某应付账款规定付款信用条件为"2/10,n/30",是指买方在 10 天内付款,可获得 2% 的付款折扣,若在 10 天至 30 天内付款,则无折扣;允许买方付款期限最长为 30 天。

第二,放弃现金折扣的信用决策。企业放弃应付账款现金折扣的原因,可能是企业资金暂时的缺乏,也可能是基于将应付的账款用于临时性短期投资,以获得更高的投资收益。如果企业将应付账款额用于短期投资,所获得的投资报酬率高于放弃折扣的信用成本率,则应当放弃现金折扣。

知识检测

一、单项选择题

1. 下列各项中,不属于短期借款的是(　　)。
   A. 经营周转借款　　　　　　　　B. 卖方信贷
   C. 专项储备借款　　　　　　　　D. 固定资产投资借款

2. 下列说法中,正确的是(　　)。
   A. 流动负债会造成企业的压力,不能促进销售
   B. 短期融资券筹资成本较高
   C. 企业放弃应付账款现金折扣的原因,可能是企业资金暂时的缺乏
   D. 短期融资券筹资风险小、弹性大

3. 下列关于应付账款的表述中,不正确的是(　　)。
   A. 应付账款是供应商给企业提供的一个商业信用
   B. 企业在规定的现金折扣期内享受的付款折扣,应作为理财收益处理
   C. 企业放弃应付账款现金折扣的原因可能是基于将应付的账款用于临时性短期投资,以获得更高的投资收益
   D. 应付账款是负债类的科目,所以不会出现借方余额

二、多项选择题

1. 企业在生产经营过程中对资金的需要量往往不是稳定的,以下几个因素中,会影响企业的有( )。
   A. 生产经营规模的改变   B. 产品的销售状况
   C. 企业本身业务的季节性变化   D. 债权债务的收支情况。

2. 下列各项中,属于短期融资券筹资的优点的有( )。
   A. 筹资成本较低   B. 筹资数额比较大
   C. 条件比较严格   D. 可提高企业信誉和知名度

3. 下列各项中,属于短期借款的管理的有( )。
   A. 编制计划   B. 正确核算
   C. 管控使用   D. 核对账目

三、判断题

1. 如果企业将应付账款额用于短期投资,所获得的投资报酬率高于放弃折扣的信用成本率,则应当放弃现金折扣。 ( )

2. 短期融资券按发行方式可分为经纪人代销的融资券和非金融企业的融资券。 ( )

3. 企业取得短期借款后,应根据相关要求,按债权人设置明细账,并按借款种类进行明细账核算,逐笔进行登记。 ( )

知识应用

某企业按"2/10,n/30"的条件购进一批商品。若企业放弃现金折扣,在信用期内付款,则其放弃现金折扣的信用成本率是多少?

项目小结与自我评价

本项目主要讲营运资金管理的概念、特点、原则,旨在帮助学生学会如何进行营运资金的管理。同时,本项目重点介绍的是营运资金管理中的现金管理、应收账款管理和存货管理,让学生会计算最佳现金持有量、应收账款的成本、存货经济批量等,具体如表6-8所示,请在自我评价栏对自己的知识掌握情况作出评价,并查漏补缺。

项目六延伸阅读 1——康美药业财务造假事件

项目六延伸阅读 2——资金链安全的重要性

项目六延伸阅读 3——本以为炒股既是学习又是理财,但有些伤

表6-8 营运资金管知识点汇总及自我评价

任务名称		知识点	自我评价(得分)
任务一 营运资金概述	概念	包括流动资产管理和流动负债管理	
	特点	不同款项管理方式不同 结合行业特点、外部影响因素等进行管理 营运资金管理的目标是加速资金周转 合理配置资金	
	原则	保证合理的资金需求 提高资金的使用效率 节约资金使用成本 保障企业的短期偿债能力	

(续表)

任务名称		知识点	自我评价(得分)
任务二 现金管理	持有现金的动机	交易动机、预防动机、投机动机	
	确定最佳现金持有量	现金周转模式、成本分析模式、存货模式	
	强化现金收支日常管理	加速现金回收 力争现金流量同步 合理使用"浮游量" 采用承兑汇票延迟付款	
任务三 应收账款管理	应收账款的作用	促进销售、扩大市场占有率 减少存货	
	持有应收账款的成本	机会成本： 应收账款机会成本＝赊销业务所需资金 　　　　　　　　×资金成本率 赊销业务所需资金＝应收账款平均余额 　　　　　　　　×变动成本率 　　　　　　　＝赊销收入净额/ 　　　　　　　　应收账款周转率 　　　　　　　　×变动成本率 应收账款周转率＝360天/应收账款收 　　　　　　　　　账天数 管理成本 坏账成本＝年赊销额×坏账损失率	
	应收账款管理的目标	制定科学合理的应收账款信用政策	
	信用政策的运用	信用标准 信用条件：信用期限、现金折扣 收账政策	
	强化应收账款的日常管理	应收账款追踪分析 应收账款账龄分析 应收账款收现保证率分析	
任务四 存货管理	确定存货管理目标	保证生产正常进行 有利于销售 便于维持均衡生产，降低产品成本 降低存货取得成本 防止意外事件的发生	
	计算存货的成本	存货的总成本＝进货成本＋存储成本 　　　　　　＋缺货成本 进货成本＝采购数量×单位采购成本 存储成本＝存储固定成本 　　　　＋存储变动成本	
	最优存货订货量的确定	经济批量的基本模型： 存货的经济批量$(Q) = \sqrt{2AB/C}$ 经济批量的变动成本$(T) = \sqrt{2ABC}$	
任务四 存货管理	最优存货订货量的确定	最佳进货次数$(N) = \sqrt{AC/2B} = A/Q$ 经济批量的资金平均占用额$(W) = QP/2$ 存在商业折扣下的经济批量决策：选择 　总成本较低的采购方案	

(续表)

任务名称		知识点	自我评价(得分)
任务四 存货管理	建立存货的控制系统	ABC控制系统 适时制库存控制系统	
任务五 流动负债管理	短期借款的管理	编制计划、正确核算、管控使用、核对账目、复合利息	
	短期融资券	优点:筹资成本较低;筹资数额比较大;可提高企业信誉和知名度 缺点:风险比较大;弹性比较小;条件比较严格	
	应付账款	应付账款是供应商给企业提供的一个商业信用 放弃现金折扣的信用成本 放弃现金折扣的信用决策	
说明		掌握:经过课前预习、教师讲解、课后复习,能理解相关知识;10分。 基本掌握:在教师、同学的课后帮助下,能理解相关知识;5分。 模糊:在教师、同学的课后帮助下,仍然不能理解相关知识;0分。	
成绩		学生签字	

项目综合训练

一、单项选择题

1. 公司持有现金的原因,主要是满足( )。
   A. 交易性、预防性、收益性需求　　B. 交易性、投机性、收益性需求
   C. 交易性、预防性、投机性需求　　D. 预防性、收益性、投机性需要

2. 利用存货模型确定最佳现金持有量时,不予考虑的因素是( )。
   A. 持有现金的机会成本　　B. 现金的管理成本
   C. 现金的转换成本　　D. 现金的平均持有量

3. 下列各项中,不属于现金的是( )。
   A. 银行汇票　　B. 库存现金　　C. 银行本票　　D. 商业汇票

4. 现金作为一项资产,它的特点是( )。
   A. 现金的流动性强、盈利性差　　B. 流动性强、盈利性强
   C. 流动性差、盈利性强　　D. 流动性差、盈利性差

5. 企业为了满足交易动机持有现金时所考虑的主要因素是( )。
   A. 企业的销售水平的高低　　B. 企业临时举债能力的大小
   C. 企业对待风险的态度　　D. 金融市场投机机会的多少

6. 企业在进行现金管理时,可以利用的现金浮游量是( )。
   A. 企业账户所记的存货金额
   B. 企业账户与银行账户所记录的存款账户之差
   C. 银行账户所记录的企业存款余额
   D. 企业实际现金余额超过最佳现金持有量之差

7. 下列各项中,属于应收账款的机会成本的是( )。
   A. 应收账款占用资金的利息　　　　B. 客户资信调差费用
   C. 坏账损失　　　　　　　　　　　D. 收账费用

8. 某企业预测的年赊销额为2 000万元,应收账款的平均收账天数为45天,变动机会成本率为60%,资金成本率为8%,一年按照360天计算,则应收账款的机会成本为( )万元。
   A. 250　　　　B. 200　　　　C. 15　　　　D. 12

9. 下列各项中,属于应收账款的管理目标的是( )。
   A. 扩大销售,增强公司竞争力　　　B. 减少占用在应收账款方面的资金
   C. 减少向客户支付的现金折扣　　　D. 应收账款信用政策的权衡

10. 某规定的信用条件是"3/10、1/20、n/30",以客户从该公司购入原价为10 000元的原材料,并用18天付款,则该客户实际支付货款为( )元。
    A. 9 700　　　　B. 9 800　　　　C. 9 900　　　　D. 10 000

11. 下列各项中,不属于公司确认的信用条件的是( )。
    A. 确定信用期限　　　　　　　　　B. 确定折扣期限
    C. 确定现金折扣　　　　　　　　　D. 确定收款方式

12. 在基本模型下确定经济进货批量时,通常应考虑的成本是( )。
    A. 采购成本　　　　　　　　　　　B. 储存成本
    C. 缺货成本　　　　　　　　　　　D. 采购成本和储存成本

13. 在存货的ABC分类管理中,当存货金额很大,品种数量很少时,存货划分为( )。
    A. B类　　　　B. A类　　　　C. A、B类　　　　D. C类

二、多项选择题

1. 公司持有现金的主要目的是满足( )。
   A. 交易性需要　　　　　　　　　　B. 预防性需要
   C. 投机性需要　　　　　　　　　　D. 流动性需要

2. 用成本分析模式确认最佳现金持有量时,应考虑的成本费用项目包括( )。
   A. 现金与有价证券的转换成本　　　B. 现金短缺成本
   C. 现金机会成本　　　　　　　　　D. 现金交易成本

3. 公司为满足预防性需要而持有现金金额主要取决于( )。
   A. 公司对现金流量预测的可靠程度　B. 公司的借款能力
   C. 公司愿意承担风险的程度　　　　D. 业务量的大小

4. 下列有关信用期限的描述中,正确的有( )。
   A. 延长信用期限会扩大销售
   B. 降低信用标准化意味着将延长信用期限
   C. 延长信用期限将减少应收账款的机会成本
   D. 延长信用期限将增加应收账款的机会成本

5. 下列各项中,与应收账款机会成本有关的要素包括( )。
   A. 应收账款平均余额　　　　　　　B. 进价成本

C. 缺货成本　　　　　　　　　D. 变动成本

6. 下列各项中,属于存货功能的有(　　)。
A. 有利于企业的销售　　　　　B. 防止生产中断
C. 降低进货成本　　　　　　　D. 提高企业的变现能力

7. 下列各项中,构成企业信用政策的主要内容的有(　　)。
A. 信用标准　　　　　　　　　B. 收账政策
C. 信用期限　　　　　　　　　D. 信用条件

8. 下列各项中,利用账龄分析表可了解的有(　　)。
A. 信用期内的应收账款数额　　B. 信用期内应收账款的还款日期
C. 逾期的应收账款数额　　　　D. 逾期应收账款的还款日期

9. 下列各项中,属于存货的主要成本的有(　　)。
A. 转换成本　　　　　　　　　B. 订货成本
C. 储存成本　　　　　　　　　D. 采购成本

三、判断题

1. 现金的变现能力最强,所以企业持有的现金越多越好。（　）
2. 企业为了能趁机利用潜在的获利机会而持有现金是现金持有的动机。（　）
3. 现金的持有量与现金的转换成本成反比例关系。（　）
4. 现金的持有量越多,现金的短缺成本就越大。（　）
5. 现金折扣是为了鼓励顾客多买商品而对一次性购货量较大的顾客给予的价格上的优惠。（　）
6. 在利用存货模型确定最佳现金持有量时,可以不考虑机会成本的影响。（　）
7. 在年需要量确定的情况下,经济进货批量越大,单位年储存成本越大。（　）
8. 只要花费必要的收账费用,积极做好收账工作,坏账损失是完全可以避免的。（　）
9. 采购批量越大,储存成本越高,订货成本就越低。（　）
10. 存货管理的目标是以最低的存货成本保证生产企业的顺利进行。（　）

四、计算题

1. 已知某公司现金收支平衡,预计全年(按360天计算)现金需要量为250 000元,现金与有价证券的转换成本每次为500元,有价证券年利率为10％。

要求：
（1）计算最佳现金持有量；
（2）计算最佳现金持有量下的全年现金管理总成本、全年现金转换成本和现金持有机会成本；
（3）计算最佳现金持有量下的全年证券交易次数和有价证券交易间隔期。

2. 某公司的原材料采购和产品销售均采用商业信用方式,其应收账款的平均收账期为25天,存货周转期为80天,应付账款周转期为30天。

要求：
（1）计算该公司的现金周转期；
（2）计算该公司的现金周转率；

(3) 如该公司预计全年需要现金 800 万元，则最佳现金持有量是多少？

3. 某企业全年从外部购零件 1 200 件，每批进货费用为 400 元，单位零件的年储存成本为每件 6 元，该零件每件进价为 10 元。

要求：

(1) 计算该企业进货批量为多少时才是有利的；

(2) 计算该企业最佳进货次数；

(3) 计算该企业最佳进货间隔期；

(4) 计算该企业经济进货批量的平均占用资金。

项目七

收益分配管理

思维导图

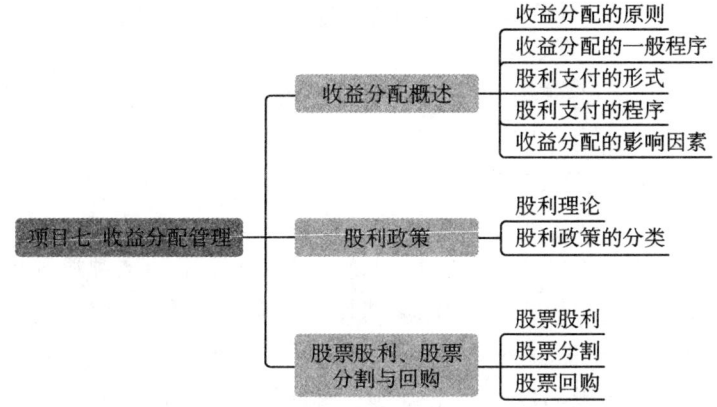

微课：利润分配管理——股利政策

学习目标

1. 知识目标

(1) 了解股利分配理论、股票回购。
(2) 理解利润分配的原则、股利支付的形式、影响股利分配的因素。
(3) 掌握利润分配的顺序、各种股利分配政策、股票股利、股票分割。

2. 技能目标

(1) 能区分不同的股利政策。
(2) 能根据企业实际情况选择适合的股利分配政策及股利分配形式。
(3) 能区分股票股利、股票分割、股票回购。

3. 素养目标

(1) 遵守《公司法》等法律规范。
(2) 遵守职业道德标准，严格执行收益分配相关规定和要求。
(3) 保证企业收益分配、股利政策选择和实施、股票分割与回购等工作合法合规。
(4) 树立爱国、公正、法治、敬业、诚信的社会主义核心价值观。

任务一　收益分配概述

> **案例导入**

格力电器股利分派公告

2021年8月14日,珠海格力电器股份有限公司(以下简称格力电器)公布了2020年度权益分派实施公告。其分配方案为:以公司现有总股本剔除已回购股份431 553 713股后的5 584 177 165股为基数,向全体股东每10股派30元人民币现金(含税)。

本次权益分派股权登记日为:2021年8月20日,除权除息日为:2021年8月23日。

本次分派对象为:截至2021年8月20日下午深圳证券交易所收市后,在中国证券登记结算有限责任公司深圳分公司登记在册的本公司全体股东。

你对企业的收益分配有了解吗?你知道格力电器采用的这种股利支付形式叫什么吗?你知道前面所述的股权登记日、除权除息日是什么意思吗?

(案例来源:https://baijiahao.baidu.com/s?id=1724637293967580954&wfr=spider&for=pc。)

收益分配是企业资本的提供者对收益总额进行的分割,它主要是以企业的息税前利润(即利息、所得税和净利润)为对象在各利益主体间进行的分割。企业对一定时期内的生产要素所带来的利益总额在企业内外各利益主体之间分割的过程,广义上是企业收入的分配,狭义上是税后利润的分配。

收益分配的实质就是确定给投资者分红与企业留用利润的比例。

> **牛刀小试**

企业的收益分配有狭义和广义之分,下列各项中,属于狭义收益分配的是(　　)。
A. 企业收入的分配　　　　　　　　B. 企业净利润的分配
C. 企业产品成本的分配　　　　　　D. 企业职工薪酬的分配

一、收益分配的原则

(一)依法分配原则

国家有关法律、法规对企业收益分配的基本要求、一般程序和重要比例作了较为明确的规定。其目的是保障企业收益分配有序进行,维护企业和所有者、债权人及职工的合法权益,促使企业增加积累,增强风险防范能力。企业在收益分配中必须认真执行这些规定,不得违反。

(二)分配与积累并重原则

企业通过经营活动赚取收益,既要保证企业简单再生产的持续进行,又要不断积累企业扩大再生产的财力基础。恰当地处理分配与积累之间的关系,留存一部分净收益以供未来分配之需,能够增强企业抵抗风险的能力,同时,也可以保证企业经营的稳定性与安全性。企业的收益分配必须坚持分配与积累并重的原则。

（三）兼顾各方利益原则

企业的收益分配必须兼顾各方面的利益。企业是经济社会的基本单元，企业的收益分配涉及企业股东、债权人、职工等多方面的利益。企业在进行收益分配时应兼顾投资者、经营者、生产者（职工）利益，保全投资者资本，保障劳动者权益，保证经营者积极性。

（四）投资与收益对等原则

企业进行收益分配时应当根据投资主体的投资份额进行收益的分配，应体现"谁投资谁受益"、收益大小与投资比例相对等的原则，这是正确处理投资者利益关系的关键。企业在向投资者分配收益时，应本着平等一致的原则，按照投资者投资额的比例进行分配，不允许任何一方随意多分多占，以从根本上实现收益分配中的公开、公平和公正，保护投资者的利益。

> **寓德于技**
>
> 兼顾各方利益原则体现公正的社会主义核心价值观。只有多个方面形成合力，多渠道、多举措创造条件，每一个社会成员提高公众素质，才能真正意义上实现社会公正。公正是人类共同的信念和追求。

二、收益分配的一般程序

根据《公司法》等有关规定，企业当年实现的利润总额应按国家有关税法的规定作相应的调整，然后依法缴纳企业所得税。缴纳企业所得税后的净利润按下列顺序进行分配。

（一）弥补以前年度的亏损

按我国财务和税务制度的规定，企业的年度亏损，可以由下一年度的税前利润弥补，下一年度税前利润尚不足以弥补的，可以由以后年度的利润继续弥补，但用税前利润弥补以前年度亏损的连续期限不超过5年。5年内不足弥补的，用本年税后利润弥补。本年净利润加上年初未分配利润及其他转入为企业可供分配的利润，只有可供分配的利润大于零时，企业才能进行后续分配。

（二）提取法定盈余公积金

根据《公司法》的规定，法定盈余公积金的提取比例为当年税后利润（弥补亏损后）的10%。当法定盈余公积金已达到注册资本的50%时可不再提取。法定盈余公积金可用于弥补亏损、扩大公司生产经营或转增资本，但公司用盈余公积金转增资本后，法定盈余公积金的余额不得低于转增前公司注册资本的25%。

（三）提取任意盈余公积

根据《公司法》的规定，公司从税后利润中提取法定公积金后，企业章程对提取任意公积金有规定的，按规定提取任意公积金；企业章程没有规定的，可以根据股东（大）会的决议提取任意公积金。法定盈余公积和任意盈余公积的区别在于其各自计提的依据不同，前者以国家法律法规为依据；后者由企业的权力机构自行决定。

牛刀小试

下列关于提取任意盈余公积的表述中，不正确的是（　　）。

A. 应从税后利润中提取　　　　　　B. 应经股东大会决议
C. 满足公司经营管理的需要　　　　D. 达到注册资本的50%时不再计提

(四）提取任意盈余公积

根据《公司法》的规定，企业税后利润弥补亏损和提取盈余公积后的余额，可以向股东（投资者）分配股利（利润）。其中，有限责任公司股东按照实缴的出资比例分取红利，全体股东约定不按照出资比例分取红利的除外；股份有限公司按照股东持有的股份比例分配，但股份有限公司章程规定不按持股比例分配的除外。

根据《公司法》的规定，在公司弥补亏损和提取法定公积金之前向股东分配利润的，股东必须将违反规定分配的利润退还公司。

三、股利支付的形式

（一）现金股利

现金股利是以现金支付的股利，它是最常见的股利支付方式。如每股派息多少元，就属于现金股利。公司支付现金股利除了要有累计盈余外，还要有足够的现金。公司发放现金股利会使公司的资产和所有者权益同时等额减少。因此，现金股利适用于企业现金充足，而且分配股利后资产流动性能达到一定标准或筹资渠道广泛的企业。

（二）财产股利

> **新手提示**
> 这里强调的是其他公司的有价证券而非自己公司的有价证券。

财产股利是以现金以外的资产支付的股利，主要是以公司所拥有的其他公司的有价证券，如债券、股票，作为股利支付给股东。

（三）负债股利

负债股利是公司以负债方式支付的股利，通常以公司的应付票据支付给股东，不得已情况下也有以发行公司债券支付股利的情形。

财产股利和负债股利实际上都是现金股利的替代方式，但目前这两种股利方式在我国公司实务中极少使用。

（四）股票股利

股票股利是公司以增发股票的方式所支付的股利。我国实务中通常称其为"红股"。股票股利对公司来说，并没有现金流出企业，也不会导致公司的财产减少，而只是将公司的留存收益转化为股本和资本公积。但股票股利会增加流通在外的股票数量，同时降低股票的每股价值。它不改变公司股东权益总额，但会改变股东权益的构成。

微课：利润分配管理——股利支付形式

四、股利支付的程序

公司股利的发放必须遵守相关的要求，按照日程安排来进行。一般情况下，先由董事会提出分配预案（需以公告的形式公开发布），然后提交股东大会，决议通过才能进行分配。股东大会决议通过分配预案后，要向股东宣布发放股利的方案，并确定股权登记日、除息日和股利发放日。

（一）股利宣告日

即股东大会决议通过并由董事会将股利支付情况予以公告的日期。公告中将宣布每股应支付的股利、股权登记日、除息日及股利支付日。

(二) 股权登记日

即有权领取本期股利的股东资格登记截止日期。凡是在此指定日期收盘之前取得公司股票，成为公司在册股东的投资者都可以作为股东享受公司分派的股利。在这一天之后取得股票的股东则无权领取本次分派的股利。

(三) 除息日

除息日也称除权日，即领取股利的权利与股票分离的日期，我国上市公司除息日通常是在股权登记日的下一个交易日。在除息日之前购买的股票才能领取本次股利，而在除息日当天或是以后购买的股票，则不能领取本次股利。由于失去了附息的权利，除息日的股票价格会有一定幅度的下跌。

(四) 股利发放日

即公司按照公布的分红方案向股权登记日在册的股东实际支付股利的日期。

五、收益分配的影响因素

公司的利润分配受公司盈利情况、现金流量和投资资金需求等众多不确定因素的影响，具体表现为以下几个方面。

(一) 法律因素

(1) 资本保全约束。公司不能用资本（包括实收资本或股本和资本公积）发放股利。

(2) 资本积累约束。法律或政策规定公司必须按照一定的比例和基数提取各种公积金，股利只能从企业的可供分配利润中支付。

(3) 超额累积利润约束。如果公司为了避税而使得盈余的保留大大超过了公司目前及未来的投资需要时，将被加征额外的税款。

(4) 偿债能力约束。法律或政策要求公司考虑现金股利分配对偿债能力的影响，确定在分配后仍能保持较强的偿债能力，以维持公司的信誉和借贷能力，从而保证公司的正常资金周转。

(5) 净利润的约束。法律或政策要求公司年度累计净利润必须为正数时才可发放股利，以前年度亏损必须足额弥补。

(二) 公司因素

(1) 资产的流动性。较多地支付现金股利会减少公司的现金持有量，使资产的流动性降低。因此，在实施股利分配方案时需要权衡资产的流动性问题。

(2) 盈余的稳定性。一般来讲，公司的盈余越稳定，其股利支付水平也就越高。收益稳定的公司面临的经营风险和财务风险较小，筹资能力较强，这些都是其股利支付能力的保证。

(3) 投资机会。有良好投资机会的公司往往少发股利，而缺乏良好投资机会的公司，倾向于支付较高的股利。此外，如果公司将留存收益用于再投资时所得报酬低于股东个人单独将股利收入投资于其他投资机会所得的报酬时，公司就不应多留存收益，而应多发股利。

(4) 举债能力。如果公司具有较强的举债能力，随时能筹集到所需资金，那么它可能采取高股利政策。

（5）资本成本。与发行新股相比，保留盈余不需要花费筹资费用。所以，从资本成本考虑，如果公司有扩大资金的需要，应当采取低股利政策。

（6）债务需要。具有较高债务偿还需要的公司，如果公司认为直接用经营积累偿还债务是适当的话，将会减少股利的支付。

（7）其他因素。不同发展阶段、不同行业的公司股利支付比例会有差异。

（三）股东因素

（1）控制权。公司支付较高的股利，就会导致留存盈余减少，这意味着将来发行新股的可能性加大，而发行新股必然稀释公司的控制权。因此，持有控股权的股东如果拿不出钱买新股，为了防止控制权的稀释，宁可少分股利。

（2）稳定的收入。依靠股利维持生活的股东往往要求支付稳定的股利。

（3）避税。高收入的股东出于避税考虑，往往反对发放较多的股利。

（4）风险规避。高股利支付率可以让股东分配更多的股利，越早收回投资回报进而规避风险；如果公司不分发股利，可能造成股价下跌，股东就会抛售股票。

（四）其他因素

（1）债务契约。公司的债务合同，特别是长期债务合同，往往有限制公司现金支付程度的条款，使得公司只能采取低股利政策。

（2）通货膨胀。在通货膨胀时期，由于货币购买力下降，公司计提的折旧不能满足重置固定资产的需要，需要动用盈余补足重置固定资产的需要，因此，公司一般会采取偏紧的股利政策。

牛刀小试

某股份有限公司2023年的分红方案公告显示："在2023年3月10日召开的股东大会上通过了董事会关于每股普通股分派0.4元股息的分配方案，并于当天发布公告。股权登记日是4月15日，除息日是4月16日，股利支付日为4月20日，特此公告。"

请说出该公司的股利宣告日、股权登记日、除息日和股利发放日。

知识检测

一、单项选择题

1. 法定盈余公积主要用于弥补企业亏损和按国家规定转增资本金，但转增资本金后的法定的盈余公积一般不得低于转增前公司注册资本的（　　）。
   A. 15%　　　　　B. 20%　　　　　C. 25%　　　　　D. 30%

2. （　　）是一种最常见，也是投资者最容易接受的股利支付形式。
   A. 现金股利　　　B. 股票股利　　　C. 财产股利　　　D. 负债股利

3. 法定盈余公积达到注册资本的（　　）时，可以不再提取。
   A. 55%　　　　　B. 50%　　　　　C. 35%　　　　　D. 25%

4. 下列各项中，在利润分配过程中优先分配的是（　　）。
   A. 提取法定盈余公积　　　　　　　B. 分配股利

C. 弥补以前年度亏损　　　　　　D. 提取任意盈余公积

5. 下列各项中,企业通过经营活动取得收入后,首先应进行分配的项目是(　　)。

A. 补偿成本费用　　　　　　　　B. 缴纳企业所得税

C. 提取公积金　　　　　　　　　D. 向投资者分配利润

6. 下列各项中,法律对利润分配进行超额累积利润限制的主要原因是(　　)。

A. 避免损害少数股东权益　　　　B. 避免资本结构失调

C. 避免股东避税　　　　　　　　D. 避免经营者从中牟利

二、判断题

1. 根据"无利不分"的原则,当企业出现年度亏损时,一般不分配利润。（　　）

2. 较多地支付现金股利,需要企业有充裕现金。（　　）

3. 在除息日之前,股利权从属于股票;从除息日开始,新购入股票的人不能分享本次已宣告发放的股利。（　　）

4. 法定盈余公积的提取主要是为了满足企业扩大生产的需要,也可用于弥补亏损,但法定盈余公积不能转增资本。（　　）

知识应用

先锋股份有限公司本年年初未分配利润贷方余额为181.92万元,本年息税前利润为800万元,使用的所得税税率为25%。公司负债总额为200万元,均为长期负债,平均年利率为10%,假定公司筹资费用忽略不计。公司股东(大)会决定本年度按10%的比例计提法定盈余公积。本年按可供投资者分配利润的20%向普通股股东发放现金股利。

要求:

(1) 计算先锋公司本年度净利润;

(2) 计算先锋公司本年应计提的法定盈余公积;

(3) 计算先锋公司本年末可供投资者分配的利润。

任务二　股利政策

案例导入

格力电器大手笔分红

2021年8月14日,珠海格力电器股份有限公司(以下简称格力电器)公布了2020年年度权益分派实施公告。其分配方案为:以公司现有总股本剔除已回购股份431 553 713股后的5 584 177 165股为基数,向全体股东每10股派30元人民币现金(含税),将派发现金股利约175亿元。2020年11月,格力电器还派发了2020年年中分红,按照每10股派发10元(含税)计算,共现金分红约60亿元。加上此次年度分红,格力电器2020年的利润分配方案共派发现金股利超234.20亿元。

大手笔分红是格力电器自上市以来有口皆碑的鲜明特征。自1996年上市起至2020年(不含2020年度利润分配方案),格力电器累计现金分红22次,分红金额累计达675.66亿元,占期间归母净利润的40%以上。待2020年利润分配方案获股东(大)会审议通过实施后,格力电器的累计分红金额将达850.64亿元。

你知道格力电器大手笔分红所依据的股利理论是什么吗?格力电器采取的股利政策是什么呢?

(案例来源:https://www.cfi.net.cn/p20210813001250.html。)

一、股利理论

(一) 股利无关论

股利无关论(也称MM理论)认为,在一定的假设条件下,股利政策不会对公司的价值或股票的价格产生任何影响,投资者不关心公司股利的分配。一个公司的股票价格完全由公司投资决策的获利能力和风险组合决定,而与公司的利润分配政策无关。该理论是建立在完全市场理论之上的,假定条件包括以下几个方面:

(1) 不存在信息不对称。

(2) 不存在任何公司或个人所得税。

(3) 不存在任何筹资费用(包括发行费用和各种交易费用)。

(4) 公司的投资决策与股利决策彼此独立(公司的股利政策不影响投资决策,或公司的投资政策已确定并且已经为投资者所理解)。

(5) 经理与外部投资者之间不存在代理成本。

上述假设描述的是一种完美资本市场,因而股利无关论又被称为完全市场理论。

(二) 股利相关论

与股利无关论相反,股利相关论认为,公司的股利政策会影响股票价格和公司价值。主要观点有以下几种:

1. 不确定感消除论("一鸟在手论")

股东的投资收益来自当期股利和资本利得两个方面,利润分配的核心问题是在当期股利收益与未来预期资本利得之间进行权衡。企业的当期股利支付率较高时,企业盈余用于未来发展的留存资金会减少,虽然股东在当期获得了较高的股利,但未来的资本利得则有可能降低;而当企业的股利支付率较低时,用于发展企业的留存资金会增加,未来股东的资本利得将有可能提高。

股利和资本利得的风险等级是不同的。股利支付可以减少投资报酬中的不确定性和风险。这种不确定性的减少和消亡,使人们在投资报酬的选择上偏好前者。正如未来的资本利得就像林中的鸟一样,虽然看上去很多,但却不一定能抓得到;而眼前的股利则犹如手中的鸟一样飞不掉。股东在对待股利分配政策态度上表现出来的这种宁愿现在取得确定的股利收益,而不愿将同等的资金放在未来价值不确定的投资上的态度偏好,被称为"一鸟在手,强于二鸟在林"。

2. 信号传递理论

MM的股利无关论假设不存在信息不对称,即外部投资者与内部经理人员拥有企业投资机会与收益能力的相同信息。但在现实条件下,企业经理人员比外部投资者拥有更多的企业经营状况与发展前景信息,这说明在内部经理人员与外部投资者之间存在信息不对称。为了消除经理人员和其他外部人士之间的可能冲突,就需要建立一种信息传递机制,而股利政策恰好具有这种信息传递机制的功能和作用。因为股利政策的定位与变动,反映着经理人员对公司未来发展认识方向的信号,投资者可据此作出自己的恰当判断,并调整对企业收益状况的判断和对公司价值的期望值。

3. 税差理论

在许多国家的税法中,长期资本利得所得税税率要低于普通所得税税率。因为股利税率比资本利得的税率高,投资者自然喜欢公司少支付股利而将较多的收益保存下来以作为再投资使用,以期提高股票价格,把股利转化为资本利得。即使资本利得与股利收入的税率相同,由于股利所得税在股利发放时征收,而资本利得在股票出售时征收,对股东来说,资本利得也有推迟纳税的效果。

因此,税差理论认为,如果不考虑股票交易成本,企业应采取低现金股利支付比率的分配政策,以提高留存收益再投资的比率,使股东在实现未来的资本利得中享有税收节省。根据这种理论,股利决策与企业价值也是相关的,而只有采取低股利和推迟股利支付的政策,才有可能使公司的价值达到最大。

4. 客户效应理论

客户效应理论是对税差理论的进一步扩展,研究处于不同税收等级的投资者对待股利分配的态度的差异,认为投资者不仅仅是对资本利得和股利收益有偏好,即使是投资者本身,因其所处边际税率的等级不同,对企业股利政策的偏好也是不同的。收入高的投资者因其边际税率较高表现出偏好低股利支付率的股票,希望少分现金股利或不分现金股利,以更多的留存收益进行再投资,从而提高所持有的股票价格。而收入低的投资者及享有税收优惠的养老基金投资者表现出偏好高股利支付率的股票,希望获得较高而且稳定的现金股利。这种投资者依据自身边际税率而显示出的对实施相应股利政策股票的选择偏好现象被称为"客户效应"。因此,客户效应理论认为,公司在制定或调整股利政策时,不应该忽视股东对股利政策的需求。

5. 代理理论

企业中的股东、债权人、经理人员等诸多利益相关者的目标并非完全一致,在追求自身利益最大化的过程中有可能会以牺牲另一方的利益为代价,这种利益冲突关系反映在公司股利分配决策过程中表现为不同形式的代理成本。其中,在股权分散情形下,内部经理人员与外部投资者之间利益冲突反映经理人员与股东之间的代理关系。

当企业拥有较多的自由现金流时,企业经理人员有可能把资金投资于低回报项目,或为了取得个人私利而追求额外津贴及在职消费等,因此,实施高股利支付率的股利政策有利于降低因经理人员与股东之间的代理冲突而引发的这种自由现金流的代理成本。实施多分配少留存的股利政策,既有利于抑制经理人员随意支配自由现金流的代理成本,也有利于满足股东取得股利收益的愿望。

二、股利政策的分类

股利政策是指公司股东大会或董事会对一切与股利有关的事项,所采取的较具

> **寓德于技——**
> 企业和个人缴纳的所得税是国家财政收入的主要来源,用于经济、教育、科技、国防、文化体育、社会保障和基础设施建设等,正所谓"取之于民,用之于民"。我们要树立爱国、守法、诚信等社会主义核心价值观,遵守税法法律,依法纳税,诚信纳税。

原则性的做法,是关于公司是否发放股利、发放多少股利及何时发放股利等方面的方针和策略,所涉及的主要是公司对其收益进行分配还是留存以用于再投资的策略问题。在实际工作中,通常有以下几种股利政策。

(一) 剩余股利政策

剩余股利政策是指公司生产经营所获得的净收益。首先,应满足公司的权益资金需求,如果还有剩余,则派发股利;如果没有剩余,则不派发股利。该政策的依据是MM无关论,该理论认为,在完全资本市场中,股份公司的股利政策与公司普通股每股市价无关,公司派发股利的高低不会对股东的财富产生实质性的影响,股利完全取决于投资项目需用盈余后的剩余,投资者对于盈利的留存或发放股利毫无偏好。剩余股利政策的决策步骤如下:

(1) 根据公司的投资计划确定公司的目标资本结构及最佳资本预算;

(2) 根据公司的目标资本结构及最佳资本预算预计公司资金需求中所需要的权益资本数额;

(3) 最大限度地用留存收益来满足资金需求中的股东权益数额;

(4) 资金需求中的股东权益数额得到满足后,如果还有剩余盈余,再用来发放股利。

【例7-1】 某股份公司2×23年的税后净利润为8 000万元,由于公司尚处于初创期,产品市场前景看好,产业优势明显。确定的目标资本结构为:负债资本为70%,股东权益资本为30%。如果2×24年该公司有较好的投资项目,需要投资6 000万元,该公司采用剩余股利政策,则该公司应当如何融资和分配股利。

解:目标资本结构需要筹集的股东权益资本=6 000×30%=1 800(万元)

应分配的股利总额=8 000-1 800=6 200(万元)

此外,某股份公司还应当筹集负债资金=6 000-1 800=4 200(万元)

剩余股利政策的优点是留存收益优先保证再投资的需要,从而有助于降低再投资的资金成本,保持最佳的资本结构,实现企业价值的长期最大化;缺点是如果完全遵照剩余股利政策,股利发放额就会每年随投资机会和盈利水平的波动而波动。即使在盈利水平不变的情况下,股利也将与投资机会的多寡呈反方向变动:投资机会越多,股利发放越少;反之,投资机会越少,股利发放越多。而在投资机会维持不变的情况下,则股利发放额将因公司每年盈利的波动而同方向波动。

剩余股利政策不利于投资者安排收入与支出,也不利于公司树立良好的形象,一般适用于公司初创阶段。

(二) 固定股利或稳定增长的股利政策

固定股利政策是指将每年派发的股利固定在某一特定水平上,并且在一段时间内,不论公司的盈利情况和财务状况如何,派发的股利额均保持不变。只有当企业对未来利润增长确有把握,并且这种增长被认为是不会发生逆转时,才增加每股股利额。

稳定增长的股利政策是指每年派发的股利在上一年股利的基础上按固定增长率稳定增长。

固定股利或稳定增长的股利政策的理论依据是"一鸟在手"理论和信号传递理论。这两个政策认为稳定股利或稳定的股利增长率可以消除投资者内心的不确定性,等于向投资者传递了该公司经营业绩稳定或稳定增长的信息,从而使公司股票价格上升。同时,有利于投资者安排股利收入和支出,公司股票对于那些对股利依赖性高的股东具有很大的吸引力。其缺点在于公司股利支付与公司盈利相脱离。当公司盈余较低时,仍要支付固定或稳定增长的股利,这可能导致资金短缺,给公司造成较大的财务压力,甚至侵蚀公司留存利润和公司资本;同时,不能像剩余股利政策那样保持较低的资本成本。

固定股利或稳定增长的股利政策一般适用于经营比较稳定的企业。

(三) 固定股利支付率政策

固定股利支付率政策是指公司确定固定的股利支付率,并长期按此比率从净利润中支付股利。该政策使股利与企业盈余紧密结合,以体现多盈多分、少盈少分、不盈不分的原则。同时,该政策将股利与利润在保持一定比例的关系,体现了风险投资与风险收益的对等关系。股利支付率可用公式表示为:

$$股利支付率 = 每股股利 \div 每股净收益 \times 100\%$$

或

$$股利支付率 = 股利总额 \div 净利润总额 \times 100\%$$

在实际工作中,固定股利支付率政策的不足之处表现为以下几点。

(1) 公司财务压力较大。根据固定股利支付率政策,公司实现利润越多,派发股利也就应当越多。而公司实现利润多只能说明公司盈利状况好,并不能表明公司的财务状况就一定好。在此政策下,用现金分派股利是刚性的,这必然给公司带来相当的财务压力。

(2) 确定合理的固定股利支付率难度很大。一个公司如果股利支付率过低,则不能满足投资者对现实股利的要求;反之,公司股利支付率过高,就会使大量资金因支付股利而流出,公司又会因资金缺乏而制约其发展。

(3) 传递的信息容易成为公司的不利因素。大多数公司每年的收益很难保持稳定不变,如果公司每年收益状况不同,固定支付率的股利政策将导致公司每年股利分配额的频繁变化。而股利通常被认为是公司未来前途的信号传递,那么波动的股利向市场传递的信息就是公司未来收益前景不明确、不可靠等,很容易给投资者带来公司经营状况不稳定、投资风险较大的不良印象。

固定股利支付率政策只能适用于稳定发展的公司和公司财务状况较稳定的阶段。

(四) 低正常股利加额外股利政策

低正常股利加额外股利政策是指公司事先设定一个较低的经常性股利额,一般情况下,公司每期都按此金额支付正常股利,只有企业盈利较多时,再根据实际情况发放额外股利。该政策的优点在于其赋予公司一定的灵活性,使公司在股利发放上留有余地并具有较大的财务弹性。同时,公司每年可以根据具体情况,选择不同的股利发放水平,以完善其资本结构,进而实现财务目标,该政策有助于稳定股价,增强投资者信心。该政策既吸收了固定股利政策保障股东投资收益的优点,同时又摒弃了其会对公司造成财务压力的不足,所以在资本市场上颇受投资者和公司的欢迎。

但该政策在实际运用中也有缺点:①由于各年份公司的盈利波动使得额外股利不断变化,或时有时无,造成分派的股利不同,容易给投资者以公司收益不稳定的印象;②当公司在较长时期持续发放额外股利后,可能会被股东误认为是"正常股利",而一旦取消了这部分额外股利,传递出去的信号可能会使股东认为这是公司财务状况恶化的表现,进而可能会引起公司股价下跌的不良后果。

低正常股利加额外股利政策主要适用于经营状况和利润不稳定的企业,或者盈利水平随着经济周期波动较大的公司或行业。

牛刀小试

1. 某公司2×22年度实现的净利润为1 000万元,分配现金股利550万元,提取盈余公积450万元(所提盈余公积均已指定用途)。2×23年实现的净利润为900万元(不考虑计提法定盈余公积的因素)。2×24年计划增加投资,所需资金为700万元。假定公司目标资本结构为自有资金占60%,借入资金占40%。

要求:

(1) 在保持目标资本结构的前提下,计算2×24年投资方案所需的自有资金额和需要从外部借入的资金额;

(2) 在保持目标资本结构的前提下,如果公司执行剩余股利政策,计算2×23年度应分配的现金股利;

(3) 在不考虑目标资本结构的前提下,如果公司执行固定股利政策,计算2×23年度应分配的现金股利、可用于2×24年投资的留存收益和需要额外筹集的资金额;

(4) 不考虑目标资本结构的前提下,如果公司执行固定股利支付率政策,计算该公司的股利支付率和2×23年度应分配的现金股利;

(5) 假定公司2×24年面临着从外部筹资的困难,只能从内部筹资金,不考虑目标资本结构,计算在此情况下2×23年度应分配的现金股利。

2. 某企业2×23年实现的净利润为1 600万元,发放的股利为400万元,预计2×24年实现净利润为2 500万元,预计投资所需资金为1 000万元,要求对以下互不相干的问题予以回答:

(1) 公司采用固定股利政策,确定2×24年应发放的股利;

(2) 公司采用固定股利支付率政策,确定2×24年应发放的股利;

(3) 公司采用剩余股利政策,其目标资本结构是负债比重占40%,确定2×24年应发放的股利。

知识检测

一、单项选择题

1. 公司采用固定股利政策发放股利的好处主要表现为（　　）。
   A. 降低资金成本　　　　　　　　B. 维持股价稳定
   C. 提高支付能力　　　　　　　　D. 实现资本保全

2. 下列各项股利分配政策中，保持股利与利润间的一定比例关系，体现了风险投资与风险收益的对称的是（　　）。
   A. 剩余股利政策　　　　　　　　B. 固定股利政策
   C. 固定股利支付率政策　　　　　D. 低正常股利加额外股利政策

3. 剩余股利政策的根本目的是（　　）。
   A. 调整资金结构　　　　　　　　B. 增加留存收益
   C. 更多的使用自有资金进行投资　D. 降低综合资金成本

4. 企业采用剩余股利政策进行收益分配的主要优点是（　　）。
   A. 有利于稳定股价　　　　　　　B. 获得财务杠杆利益
   C. 降低综合资金成本　　　　　　D. 增强公众投资信心

二、多项选择题

1. 在实际工作中，常用的股利政策主要有（　　）。
   A. 剩余股利政策　　　　　　　　B. 固定股利政策
   C. 低正常股利加额外股利政策　　D. 固定股利支付率政策

2. 在实际工作中，固定股利支付率政策的不足之处表现为（　　）。
   A. 公司财务压力较大
   B. 确定合理的固定股利支付率难度很大
   C. 传递的信息容易成为公司的不利因素
   D. 保持股利与利润间的一定比例关系，体现了风险投资与风险收益的对称

3. 采取固定股利政策的理由包括（　　）。
   A. 有利于投资者安排收入与支出　B. 有利于公司树立良好的形象
   C. 有利于公司稳定股票价格　　　D. 有利于保持理想的资金结构

三、判断题

1. 与其他收益分配政策相比，剩余股利分配政策能使公司在股利支付上具有较大的灵活性。（　　）

2. 剩余股利政策可以让留存收益优先保证再投资的需要，从而有助于降低再投资的资金成本，保持最佳的资本结构，实现企业价值的长期最大化。（　　）

3. 采用剩余股利分配政策的优点是有利于保持理想的资金结构，降低企业的综合资金成本。（　　）

4. 采用固定股利支付率政策分配利润时，股利不会受经营状况的影响，有利于公司股票价格的稳定。（　　）

知识应用

1. 某公司本年提取公积金后的净利润为 200 万元,明年拟投资一个新项目,需要投资额 250 万元。公司最佳资本结构为负债资本占 42%,权益资本占 58%,公司流通在外是普通股为 100 万股。假如公司采用剩余股利政策。

要求:
(1) 计算该公司本年可发放的股利;
(2) 计算每股股利。

2. 某股份公司今年的税后利润为 600 万元,目前的负债与权益资本比例为 4:6,企业想继续保持这一比例,预计明年将有一项良好的投资机会,需要资金 800 万元,若采取剩余股利政策。

要求:
(1) 计算利润留存;
(2) 计算可发放股利金额;
(3) 计算股利支付率。

任务三 股票股利、股票分割与回购

案例导入

格力电器大手笔回购股票

除了大手笔的分红,格力电器也进行了大手笔的回购。基于对发展前景的信心和公司价值的高度认可,结合公司经营情况、主要业务发展前景、公司财务状况及未来的盈利能力等因素,2020 年格力电器推出两期总额 120 亿元的回购计划,用于实施公司股权激励/员工持股计划,让员工更多地分享企业发展成果。截至 2021 年 5 月 17 日,格力电器二期回购已实施完毕。

格力电器还坚持自主创新,持续推进多元化战略稳步发展,在研发、生产、经营、服务等方面取得累累硕果,充分展现出民族品牌的强大韧性和发展动能,这也是其作为"白马股"备受广大投资者看好的"财富密码"。

什么是股票回购?它与股票股利有什么区别?股票回购会给企业带来什么影响呢?

(案例来源:https://baijiahao.baidu.com/s?id=1700825754455584051&wfr=spider&for=pc。)

微课:利润分配管理——股票分割与股票回购

一、股票股利

股票股利是上市公司利润分配的形式之一。采取股票股利时,通常由公司将股东应得的股利金额转入资本金,发行与此相等金额的新股票,按股东的持股比例进行分派。一般来说,普通股股东分派普通股票,优先股股东分派优先股票。这样可以不改变股东在公司中所占股份的结构和比例,只是增加了股票数量。采用股票股利发放形式应具备的条件包括:公司必须有待分配的盈利,必须经股东大会作出决定,必须符合新股发行的有关规定。

【例7-2】 某深交所上市公司在2023年发放股票股利前资产负债表上所有者权益情况如表7-1所示。

表7-1　股利发放前的所有者权益情况表　　　单位:万元

股本(普通股,面值1元,发行在外1 000万股)	1 000
资本公积	1 000
盈余公积	2 000
未分配利润	1 000
股东权益合计	5 000

假设该公司宣布10送2的股利分配方案,即每持有10股即可获赠2股普通股。该股票当时市价为5元。那么随着股票股利的发放,需从未分配利润项目划出的金额为:

$1\,000 \times 20\% \times 1 = 200$(万元)

股利发放后所有者权益部分如表7-2所示。

表7-2　股利发放后的所有者权益情况表　　　单位:万元

股本(普通股,面值1元,发行在外1 200万股)	1 200
资本公积	1 000
盈余公积	2 000
未分配利润	800
股东权益合计	5 000

> **知识链接**
> 我国法律规定,股票股利按照面值发放;西方国家规定,股票股利按照市价发放。

> **知识链接**
> 分配股票股利的账务处理为:
> 借:利润分配——转作股本的股利　200
> 　贷:股本　200

牛刀小试

某上交所上市公司年终分配股利前的所有者权益情况如表7-3所示。

表7-3　股利发放前的所有者权益情况表　　　单位:万元

股本(普通股,面值1元,发行在外100万股)	100
资本公积	100
盈余公积	200
未分配利润	100
股东权益合计	500

公司股票的每股现行市价为5元,实施10送2的股利分配方案。要求:股票面值不变时,计算完成这一方案后股东权益各项目的金额。

发放股票股利虽不直接增加股东的财富,也不增加公司的价值,但对股东和公司都有特殊意义。

对股东来讲,股票股利的优点主要有以下几点。

(1) 若盈利总额和市盈率不变,股票股利发放不会改变股东持股的市场价值总额,有时股价并不成比例下降,反而可使股票价值相对上升。

(2) 由于股利收入和资本利得税率的差异,如果股东把股票股利出售,还会给他带来资本利得纳税上的好处。

对公司来讲,股票股利的优点主要有以下几点。

(1) 不需要向股东支付现金,在投资机会较多的情况下,公司就可以为投资提供成本较低的资金,从而有利于公司的发展。

(2) 可以降低公司股票的市场价格,既有利于促进股票的交易和流通,又有利于吸引更多的投资者成为公司股东,进而使股权更为分散,有效地防止公司被恶意控制。

(3) 传递公司未来发展良好的信息,从而增强投资者的信心,在一定程度上稳定股票价格。

二、股票分割

股票分割又称股票拆细,即将一张较大面值的股票拆成几张较小面值的股票。股票分割对公司的资本结构不会产生任何影响,一般只会使发行在外的股票数量增加,资产负债表中股东权益各账户(股本、资本公积、留存收益)的余额都保持不变,股东权益的总额也保持不变。股票分割的作用有以下几点。

(1) 股票分割会使公司股票每股市价降低,买卖该股票所必需的资金量减少,易于增加该股票在投资者之间的换手,并且可以使更多资金实力有限的潜在股东变成持股股东。因此,股票分割可以促进股票的流通和交易。

(2) 股票分割可以向投资者传递公司发展前景良好的信息,有助于提高投资者对公司的信心。

(3) 股票分割可以为公司发行新股作准备。公司股票价格太高,会使许多潜在的投资者力不从心而不敢轻易对公司的股票进行投资。在新股发行之前,利用股票分割降低股票价格,可以促进新股的发行。

(4) 股票分割有助于公司并购政策的实施,增加对被并购方的吸引力。

(5) 股票分割带来的股票流通性的提高和股东数量的增加,会在一定程度上加大对公司股票恶意收购的难度。

如果公司认为其股票价格过低,不利于其在市场上的声誉和未来的再筹资,为提高股价,可以采取股票合并或逆向分割,即将多股股票合并为一股股票。

【例7-3】 某上市公司在2×23年年末资产负债表上的股东权益账户情况如表7-4所示。

表7-4 2×23年年末股东权益情况　　　　　　　　　　单位:万元

股本(普通股,面值5元,发行在外1 000万股)	5 000
资本公积	5 000
盈余公积	5 000

(续表)

未分配利润	4 000
股东权益合计	19 000
每股净资产	19 000÷1 000＝19(元/股)

要求：

（1）假设股票市价为 10 元，该公司宣布发放 20％的股票股利。股东权益有何变化？每股净资产是多少？

（2）假设该公司按照 1∶2 的比例进行股票分割。股东权益有何变化？每股净资产是多少？

【解答】（1）发放股票股利后的所有者权益情况如表 7-5 所示：

表 7-5　发放股票股利后的所有者权益情况　　　　单位：万元

股本（普通股，面值 5 元，发行在外 1 200 万股）	6 000
资本公积	6 000
盈余公积	5 000
未分配利润	2 000
股东权益合计	19 000

每股净资产＝19 000÷(1 000＋200)＝15.83(元/股)

（2）股票分割后的所有者权益情况如表 7-6 所示：

表 7-6　股票分割后的所有者权益情况　　　　单位：万元

股本（普通股，面值 2.5 元，发行在外 2 000 万股）	5 000
资本公积	5 000
盈余公积	5 000
未分配利润	4 000
股东权益合计	19 000

每股净资产＝19 000÷(1 000＋1 000)＝9.5(元/股)

牛刀小试

根据［例 7-3］，总结发放股票股利与股票分割的异同点。

三、股票回购

（一）股票回购的含义及方式

股票回购是指上市公司利用现金等方式，从股票市场上购回本公司发行在外的一定数额的股票的行为。公司在股票回购完成后可以将所回购的股票注销。但在绝大多数情况下，公司将回购的股票作为"库藏股"保留，仍属于发行在外的股票，但不参与每股收益的计算和分配。库藏股日后可移作他用，如发行可转换债券、雇员福利计划等，或在需要资金时将其出售。我国《公司法》规定，公司只有在以下四种情形下才能回购本公司的股份：

(1) 减少公司注册资本。

(2) 与持有本公司股份的其他公司合并。

(3) 将股份奖励给本公司职工。

(4) 股东因对股东大会作出的合并、分立决议持异议，要求公司收购其股份。

股票回购的方式主要包括公开市场回购、要约回购和协议回购三种。公开市场回购是指公司在公开交易市场上以市价回购股票；要约回购是指公司在特定期间向股东发出的以高于当前市价的某一价格回购既定数量股票的要约；协议回购是指公司以协议价格直接向一个或几个主要股东回购股票。

（二）股票回购的动机

证券市场上，股票回购的动机多种多样，主要有以下几点：

(1) 现金股利的替代。

(2) 提高每股收益。

(3) 改变公司的资本结构。

(4) 传递公司信息以稳定或提高公司的股价。

(5) 巩固既定控制权或转移公司控制权。

(6) 防止恶意收购。

(7) 满足认股权的行使。

(8) 满足企业兼并与收购的需要。

（三）股票回购的意义

1. 对于股东的意义

股票回购后股东得到的资本利得需缴纳资本利得税，发放现金股利后股东则需缴纳股息税。在前者低于后者的情况下，股东将得到纳税上的好处。但另一方面，各种因素很可能因股票回购而发生变化，结果是否对股东有利难以预料。也就是说，股票回购对股东利益具有不确定的影响。

2. 对于公司的意义

进行股票回购的最终目的是增加公司的价值。

(1) 公司进行股票回购的目的之一是向市场传递股价被低估的信号。如果公司管理层认为公司的股价被低估，可以通过股票回购，向市场传递积极信息。股票回购的市场反应通常是提升了股价，有利于稳定公司股票价格。如果回购以后股票仍被低估，剩余股东也可以从低价回购中获利。

(2) 当公司可支配的现金流明显超过投资项目所需的现金流时，可以用自由现金流进行股票回购，有助于增加每股盈利水平。股票回购减少了公司自由现金流，起到了降低管理层代理成本的作用。管理层通过股票回购试图使投资者相信公司的股票是具有投资吸引力的，公司没有把股东的钱浪费在收益不好的投资中。

(3) 避免股利波动带来的负面影响。当公司剩余现金是暂时的或者是不稳定的，没有把握能够长期维持高股利政策时，可以在维持一个相对稳定的股利支付率的基础上，通过股票回购发放股利。

(4) 发挥财务杠杆的作用。如果公司认为资本结构中权益资本的比例较高,可以通过股票回购提高负债比率,改变公司的资本结构,并有助于降低加权平均资本成本。虽然发放现金股利也可以减少股东权益,增加财务杠杆,但两者在收益相同情形下的每股收益不同。特别是如果是通过发行债券融资回购本公司的股票,可以快速提高负债比率。

(5) 调节所有权结构。公司拥有回购的股票(库藏股),可以用来交换被收购或被兼并公司的股票,也可用来满足认股权证持有人认购公司股票或可转换债券持有人转换公司普通股的需要,还可以在执行管理层与员工股票期权时使用,避免发行新股而稀释收益。

知识检测

一、多项选择题

1. 下列各项中,属于股票分割的作用的有( )。
   A. 促进股票的流通和交易
   B. 提高投资者对公司的信心
   C. 促进新股的发行
   D. 有助于公司并购政策的实施,增加对被并购方的吸引力

2. 发放股票股利可能导致的结果有( )。
   A. 增加股票数量(股数)   B. 增加股票的每股价值
   C. 股东权益总额不变   D. 持股比例不变

3. 下列各项中,属于《公司法》规定的公司能回购本公司的股份的情形的有( )。
   A. 减少公司注册资本
   B. 与持有本公司股份的其他公司合并
   C. 将股份奖励给本公司职工
   D. 股东因对股东大会作出的合并、分立决议持异议,要求公司收购其股份

三、判断题

1. 发放股票股利不仅会引起股东权益各项目结构的变化,而且也会改变股东的股权比例。( )

2. 发放股票股利既会增加股东权益总额,也会增加企业的资产。( )

3. 由于发放股票股利后,增加了市场流通的股票股数,从而使每位股东所持有股票的市场价值总额增加。( )

4. 股票分割带来的股票流通性的提高和股东数量的增加,会在一定程度上加大对公司股票恶意收购的难度。( )

5. 股票回购减少了公司自由现金流,起到了降低管理层代理成本的作用。( )

知识应用

某公司 2×23 年年末资产负债表上股东权益有关情况如表 7-7 所示。

表 7-7　股东权益有关情况

普通股(每股面值 10 元,流通在外 1 000 万股)	10 000 万元
资本公积	20 000 万元
盈余公积	4 000 万元
未分配利润	5 000 万元
股东权益总额	39 000 万元
每股净资产	39 000÷1 000＝39 元/股

要求：

(1) 假设该公司宣布发放 30% 的股票股利,即现有股东每持有 10 股,可获得赠送 3 股普通股。发放股票股利后,股东权益有何变化？每股净资产多少？

(2) 假设该公司按照 1∶5 的比例进行股票分割。股票分割后,股东权益有何变化？每股的净资产是多少？

项目小结与自我评价

寓德于技——

我们应做理性投资人。投资股票能够带来股利收益,但是要独立研判,不能盲目贪婪。清楚投资与投机的区别,树立正确的世界观和价值观。

项目七延伸阅读——浏阳花炮的收入确认

本项目主要介绍了收益分配管理的相关内容、股利政策的相关内容,以及股票股利、股票分割与回购,要重点掌握股利分配的各种政策。通过本项目的学习,要能够正确选择企业股利分配的政策,熟练掌握股票分割和股票回购的操作技巧。请在表 7-8 中的自我评价栏对自己的知识掌握情况作出评价,并查漏补缺。

表 7-8　收益分配管理主要内容

任务名称		知识点	自我评价(得分)
任务一　收益分配概述	收益分配的原则	依法分配原则 分配与积累并重原则 兼顾各方利益原则 投资与收益对等原则	
	收益分配的一般程序	弥补以前年度的亏、损取法定盈余公积金、提取任意盈余公积、提取任意盈余公积	
	股利支付的形式	现金股利、财产股利、负债股利、股票股利	
	股利支付的程序		
	收益分配的	法律因素、公司因素、股东因素、其他因素	
任务二　股利政策	股利理论	股利无关论、股利相关论	
	股利政策的分类	剩余股利政策、固定股利或稳定增长的股利政策、固定股利支付率政策、低正常股利加额外股利政策	
任务三　股票股利、股票分割与回购	股票股利		
	股票分割		
	股票回购		

(续表)

任务名称	知识点	自我评价（得分）
说明	掌握：经过课前预习、教师讲解、课后复习，能理解相关知识；10分。 基本掌握：在教师、同学的课后帮助下，能理解相关知识；5分。 模糊：在教师、同学的课后帮助下，仍然不能理解相关知识；0分。	
成绩		学生签字

项目综合训练

一、单项选择题

1. 下列股利分配政策中，能保持股利与利润之间一定的比例关系，并体现风险投资与风险收益对等原则的是（ ）。
   A. 剩余股利政策　　　　　　　　B. 固定股利政策
   C. 固定股利支付率政策　　　　　D. 正常股利加额外股利政策

2. 相对于其他股利政策而言，既可以维持股利的稳定性，又有利于优化资本结构的股利政策是（ ）。
   A. 剩余股利政策　　　　　　　　B. 固定股利政策
   C. 固定股利比例政策　　　　　　D. 正常股利加额外股利政策

3. 在下列各项中，计算结果等于股利支付率的是（ ）。
   A. 每股收益除以每股股利　　　　B. 每股股利除以每股收益
   C. 每股股利除以每股市价　　　　D. 每股收益除以每股市价

二、多项选择题

1. 上市公司按照剩余政策发放股利的缺点包括（ ）。
   A. 不利于公司合理安排资金结构　　B. 不利于投资者安排收入与支出
   C. 不利于公司稳定股票的市场价格　D. 不利于公司树立良好的形象

2. 公司在制定收益分配政策时应考虑的因素有（ ）。
   A. 通货膨胀因素　B. 股东因素　C. 法律因素　D. 公司因素

3. 股东从保护自身利益的角度出发，在确定股利分配政策时应考虑的因素有（ ）。
   A. 避税　　　　　B. 控制权　　　C. 稳定收入　　D. 规避风险

4. 恰当的股利分配政策有利于（ ）。
   A. 增强公司积累能力　　　　　　B. 增强投资者对公司的投资信心
   C. 提高企业的市场价值　　　　　D. 提高企业的财务形象

三、判断题

1. "二鸟在林，不如一鸟在手"股利理论适合剩余股利政策。（　　）

2. 股票分割对公司的资本结构和股东权益不会产生任何影响，但会引起每股面值降低，并由此引起每股收益和每股市价下跌。（　　）

3. 股票回购是指股份公司将其发行流通在外的股票以一定价格回购予以注销或库存的一种资本运作方式。（　　）

4. 初创的公司多采取低股利政策，投资机会多的公司多采取高股利政策。（ ）

三、计算题

ABC公司制定了未来3年的投资计划，相关信息如表7-9所示。公司的理想资本结构为负债与权益比率为2∶3，公司流通在外的普通股有125 000股。

表7-9　ABC公司投资与净利润情况　　　　　　　　单位：元

年份	年度内的总投资规模	年度内的总净利润
1	350 000	250 000
2	475 000	450 000
3	200 000	600 000

要求：

(1) 若每年采用剩余股利政策，计算每年发放的每股股利为多少？

(2) 若公司采用每股0.5元的固定股利加上年终额外股利的政策，额外股利为净收益超过250 000元部分的50%，则每年应发的股利为多少？

项目八

全面预算

思维导图

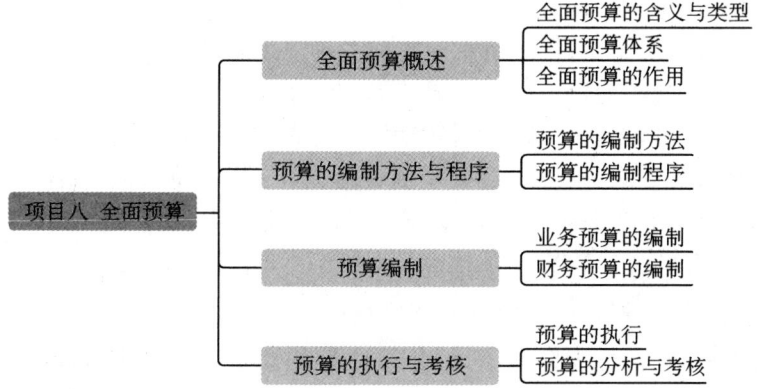

学习目标

1. 知识目标
(1) 了解企业全面预算管理体系的含义和内容。
(2) 熟悉财务预算不同编制方法的特点。
(3) 掌握弹性预算、零基预算和滚动预算的编制方法。
(4) 掌握现金预算、预计资产负债表、预计利润表的编制方法。

2. 技能目标
(1) 能够结合企业实际经营活动特点,选择适合的预算编制方法。
(2) 能够编制各类预算。
(3) 能够编制预计财务报表。

3. 素养目标
(1) 养成良好的个人理财规划素养。
(2) 培养创新思维。
(3) 遵守财经职业道德。

任务一 全面预算概述

> **案例导入**

预算管理有何奥秘

小王开办了一家服装生产公司,注册资金150万元。由于该公司生产的服装样式新颖、质量过关,加上价格便宜,生意一直比较红火。2022年年末,财务主管把本年度的会计报表拿给他看,利润表显示本年亏损200万元。小王很不理解,明明生意红火,怎么会亏损呢?于是,小王请来从事财务工作的老王想办法。

老王对该公司过去的财务成本资料进行深入分析后,提出如下建议:首先,加强资金的收支预算管理,要求各部门编制季度、月度资金使用计划;其次,实行现金流量周报制度,及时反映企业的营运、投资和融资情况;再次,完善成本核算体制,强化目标成本管理;最后,在建立预算管理制度的同时,建立各项费用的授权管理制度。2023年,该公司实施预算管理,成本大大降低,利润也有明显的增长。

预算管理为何如此行之有效,其奥秘何在?

> **课堂小任务**
>
> 有没有觉得你的钱不知不觉变少了?而且还不知道花到哪里去了?请你为下个月的生活和学习制作一份预算表。

预算以战略规划目标为导向,既是决策的具体化,又是控制经营和财务活动的依据。预算是计划的数字化、表格化、明细化的表达。全面预算体现了预算的全员、全过程、全部门的特征。

一、全面预算的含义与类型

(一) 全面预算的含义

全面预算是指企业以发展战略为导向,在对未来经营环境预测的基础上,确定预算期内经营管理目标,逐层分解、下达于企业内部各个经济单位,并以价值形式反映企业生产经营和财务活动的计划安排。

企业的经营、投资、财务等一切经济活动及企业的人、财、物各方面与供、产、销各环节,都须纳入预算管理,形成由业务预算、投资预算、筹资预算、财务预算等一系列预算组成的相互衔接和勾稽的综合预算体系。

(二) 全面预算的类型

1. 按涉及期限长短划分

全面预算按预算涉及期限长短分为长期预算和短期预算。长期预算是指编制时间超过一年期限的预算,包括长期销售预算和资本支出预算,有时还包括长期资金筹措预算和研究与开发预算。短期预算是指年度预算或者时间更短的季度或月度预算,如直接材料预算、现金预算等。长期预算和短期预算的划分,一般以一年为界限,有时把2~3年的预算称为中期预算。

2. 按涉及内容划分

全面预算按涉及内容分为总预算和专门预算。总预算是指预计利润表、预计资产负债表和预计现金流量表,它们反映企业的总体状况,是各种专门预算的综合。专门预算是指其他反映企业某一经济方面的预算,如直接材料预算、制造费用预算等。

3. 按涉及业务活动的领域划分

全面预算按涉及的业务活动领域分为经营预算、财务预算和专门决策预算(投资预算)。经营预算也称为营业预算,是关于采购、生产、销售业务的预算,包括销售预算、生产预算、成本预算、人力资源预算等。财务预算是关于利润、现金和财务状况的预算,包括利润预算、现金预算和资产负债预算。专门决策预算是指企业在预算期内不经常发生的、需要根据特定决策临时编制的一次性预算,包括购置、更新、改造、扩建固定资产有关的资本支出预算,资源开发、产品改造和新产品试制有关的生产经营决策预算等。全面预算的分类如图8-1所示。

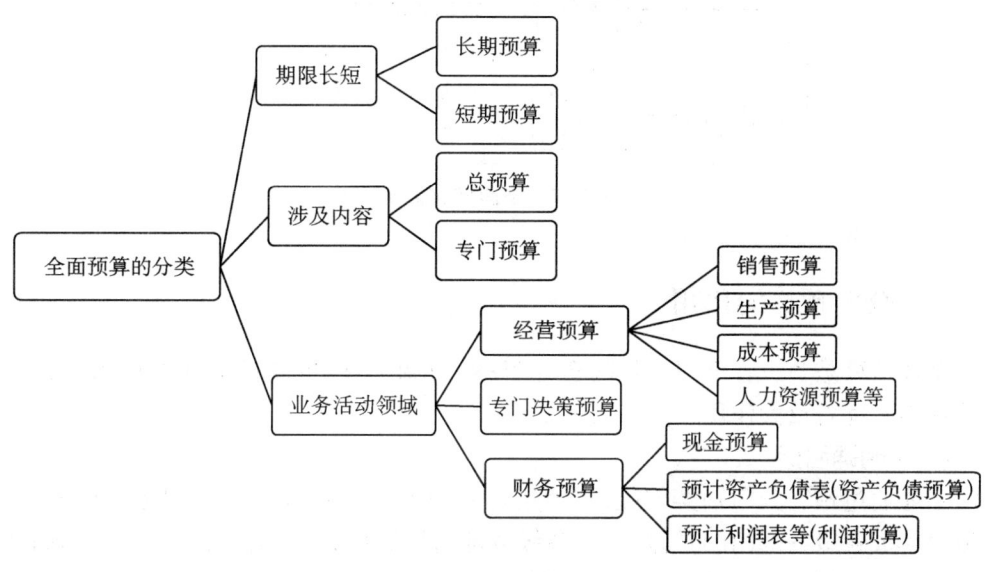

图 8-1 全面预算的分类

二、全面预算体系

全面预算体系是由资本支出预算、经营预算和财务预算等一系列预算构成的体系,各项具体预算之间相互联系、关系复杂。以制造业为例,勾画全面预算体系中各项预算之间的关系,如图8-2所示。

企业应根据市场预测和生产能力,编制销售预算,以此为基础,确定本年度的生产预算,并根据企业财力确定资本支出预算。销售预算是年度预算的编制起点,根据"以销定产"的原则确定生产预算,同时确定所需要的销售费用。生产预算的编制,除了考虑计划销售量外,还要考虑现有存货和年末存货。根据生产预算确定直接材料、直接人工和制造费用预算。产品成本预算和现金预算是有关预算的汇总。利润表预算和资产负债表预算是全部预算的综合。

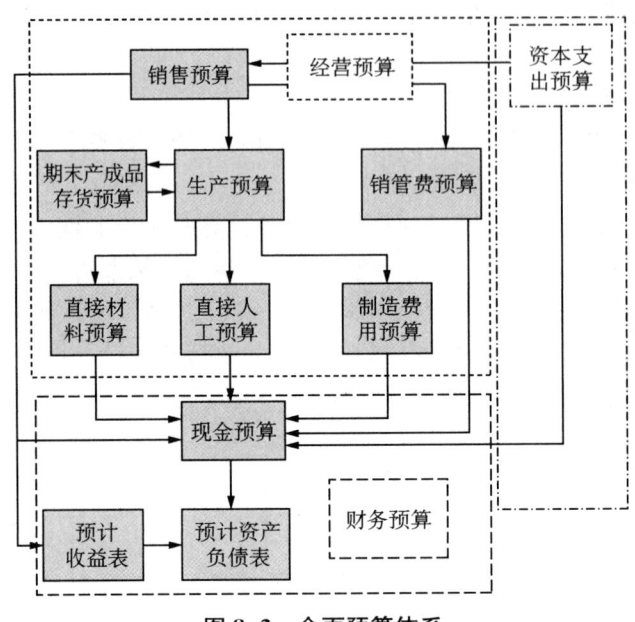

图 8-2 全面预算体系

三、全面预算的作用

企业预算是各级各部门工作的奋斗目标、协调工具、控制标准和考核依据,在经营管理中发挥着重大作用。

(一) 明确目标

企业通过预算分门别类、有层次地表达企业的各种目标。企业的总目标通过预算被分解成各级各部门的具体目标,各级各部门根据预算安排各自的活动,如果各级各部门都完成了自己的具体目标,企业的总目标也就有了保障。预算中规定了企业一定时期的总目标,以及各级各部门的子目标,可以动员全体职工为此而奋斗。

(二) 协调工作

企业各部门由于其职责不同,往往会出现相互冲突的现象。例如,企业的销售、生产、财务等各部门可以分别编制出对自己来说最好的计划,但该计划在其他部门不一定能行得通。因此,通过全面预算进行综合平衡后才可能找出解决各部门冲突的最佳方法。

(三) 控制标准

预算一经确定,就进入了实施阶段,管理工作的重心转入控制过程,即设法使经济活动按照计划进行。全面预算是控制经济活动的依据和衡量经济活动合理性的标准。当实际状态和预算有了较大差异时,要查明原因并采取措施。

(四) 考核依据

全面预算不仅是控制企业日常经济活动的主要依据,也是评定各级各部门及个人工作业绩好坏的重要标准。评定各部门工作业绩时,要根据预算的完成情况,分析偏离预算的程度和原因,划清责任,赏罚分明。

> **想一想**
> 对于现代企业而言,全面预算管理有何意义?

> **寓德于技**
> 全面预算在企业管理中的应用,可以帮助企业对战略性目标进行有效监控,为企业的发展保驾护航。
> 除了企业需要预算,家庭、个人也需要"预算"。家里的收入来之不易,我们应该制订好资金使用计划,把钱花在刀刃上,不能铺张浪费,不能过度消费。

知识检测

一、单项选择题

1. （　　）是企业预算编制的起点。
   A. 生产预算　　　　B. 销售预算　　　　C. 产品成本预算　　　D. 现金预算
2. 下列预算中,不属于经营预算的是（　　）。
   A. 直接材料预算　　B. 销售预算　　　　C. 产品成本预算　　　D. 现金预算
3. 下列预算中,属于总预算的是（　　）。
   A. 生产预算　　　　B. 预计资产负债表　C. 销售预算　　　　　D. 产品成本
4. 下列预算中,不属于全面预算内容的是（　　）。
   A. 经营预算　　　　B. 资本支出预算　　C. 财务预算　　　　　D. 固定预算
5. 在下列各项中,不属于财务预算内容的是（　　）。
   A. 销售预算　　　　　　　　　　　　　　B. 现金预算
   C. 利润预算　　　　　　　　　　　　　　D. 预计资产负债表

二、多项选择题

1. 按涉及的业务活动领域划分,全面预算可分为（　　）。
   A. 经营预算　　　　B. 专门决策预算　　C. 财务预算　　　　　D. 长期预算
2. 下列预算中,属于财务预算的有（　　）。
   A. 现金预算　　　　B. 预计资产负债表　C. 销售预算　　　　　D. 预计利润表
3. 全面预算的作用包括（　　）。
   A. 明确目标　　　　B. 协调工作　　　　C. 控制标准　　　　　D. 考核依据
4. 预计财务报表的编制基础包括（　　）。
   A. 销售预算　　　　B. 专门决策预算　　C. 现金预算　　　　　D. 生产预算

三、判断题

1. 预算比决算估算更细致、更精确。　　　　　　　　　　　　　　　　（　　）
2. 预算必须与企业的战略目标保持一致。　　　　　　　　　　　　　　（　　）
3. 财务预算是构建激励与约束机制的关键环节。　　　　　　　　　　　（　　）

知识应用

阅读"案例导入——预算管理有何奥秘"资料,要求:分析老王给服装生产公司提的建议中包含了哪几种预算类型?

任务二　预算的编制方法与程序

案例导入

上海宝钢集团公司全面预算管理

上海宝钢集团公司[①]（以下简称宝钢）是经国务院批准的国家级授权投资机构和

---

① 现已更名为中国宝武钢铁集团有限公司。

国家控股公司。宝钢是以原宝山钢铁（集团）公司为主体，联合重组上海冶金控股（集团）公司和上海梅山（集团）公司，于1998年11月17日成立的特大型钢铁联合企业。

宝钢为适应计划经济向市场经济的转轨，提升企业市场竞争能力，迫切需要建立与市场经济相适应的经营管理体制。宝钢于1993年开始进行全面预算管理这一全新经营管理体制改革的探索。公司推行全面预算管理经历了三个阶段：1993年至1994年，是宝钢预算管理体系初步形成阶段，公司设置了经营预算管理部门，并编制了第一本年度预算；1994年至2000年为预算管理的规范完善阶段，这一阶段通过完善相关预算管理制度和预算管理技术，推出了月度执行预算，形成了规范的预算管理模式；进入21世纪后，公司预算管理在原有基础上进一步深化发展，以六年经营规划为指导，进行季度滚动预算，以每股盈余作为预算编制起点，强调资本预算管理，逐步完善预算信息化平台。至此，宝钢形成了以战略目标、经营规划为导向，年度预算为控制目标，滚动执行预算为控制手段，覆盖宝钢生产、销售、投资和研发各环节的全面预算管理体系。

结合宝钢集团预算管理的案例分析，宝钢集团在全面预算中选择的方法有哪些？除上述方法外，企业还可以选择哪些预算编制方法呢？

（案例来源：https://www.baosteel.com/home。）

企业一般按照分级编制、逐级汇总的方式，采用自上而下、自下而上、上下结合或多维度相协调的流程编制预算。预算编制流程与编制方法的选择应与企业现有管理模式相适应。

一、预算的编制方法

企业全面预算的构成内容比较复杂，编制预算需要采用适当的方法。常用的预算方法主要包括增量预算法、零基预算法、固定预算法、弹性预算法、定期预算法和滚动预算法。预算编制方法的分类如图8-3所示。

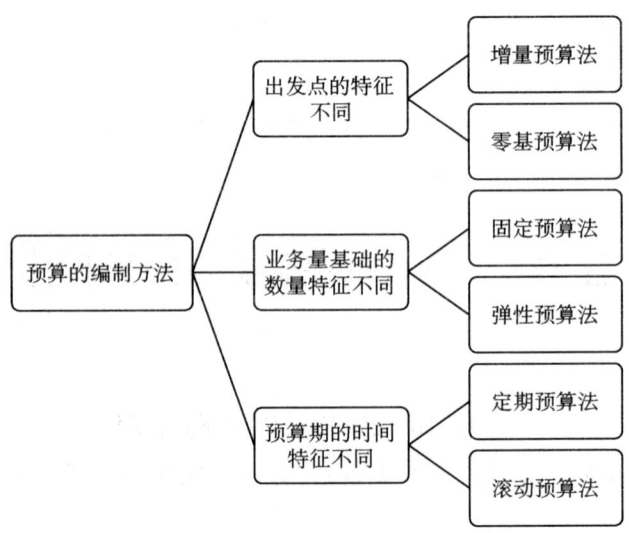

图8-3 预算编制方法的分类

(一)增量预算与零基预算

按出发点的特征不同,预算的编制方法可分为增量预算法和零基预算法两大类。

1. 增量预算法

增量预算法亦称调整预算法,是指以基期成本费用水平为基础,结合预算期业务量水平及有关影响成本因素的未来变动情况,通过调整基期项目及数额,编制相关预算的一种方法。

这种预算方法比较简单,但它是以过去的水平为基础,实际上就是承认过去是合理的,是无需改进的,因此,往往不加分析地保留或接受原有的成本项目,或按照主观臆断平均消减,或只增不减,这样容易造成预算的不足,或者是安于现状,造成预算不合理的开支。

2. 零基预算法

零基预算法是"以零为基础编制预算"的方法,是指企业不考虑历史期预算及实际经济活动的项目及金额,以零为起点,一切从实际需要和可能出发,分析预算期经济活动的合理性,进而在综合平衡的基础上形成企业整体预算的预算编制方法。

零基预算的优点是以零为起点编制预算,剔除历史期经济活动中的不合理因素,科学分析预算期经济活动的合理性,使预算编制更贴近预算期企业经济活动需要。但是零基预算编制工作量较大、成本较高,且预算编制的准确性受企业管理水平和相关数据标准准确性影响较大。

微课:全面预算——其他预算方法

> **新手提示**
> 增量预算考虑了过去的数据,零基预算不考虑过去的数据,而是以0为基础。

(二)固定预算与弹性预算

按业务量基础的数量特征不同,预算的编制方法可分为固定预算法和弹性预算法两大类。

1. 固定预算法

固定预算法又称静态预算法,是指在编制预算时,只根据预算期正常、可实现的某一固定的业务量(如生产量、销售量)水平作为唯一基础来编制预算的方法。固定预算方法存在适应性差和可比性差的缺点,一般适用于经营业务稳定、产品产销量稳定、能够准确预测产品需求及产品成本的企业,也可用于编制固定费用预算。

2. 弹性预算法

弹性预算法亦称动态预算法,是在成本性态分析的基础上,依据业务量、成本和利润之间的联动关系,按照预算期内可能的一系列业务量(如生产量、销售量、工时等)水平编制预算的方法。

编制弹性预算时,要选用最能代表生产经营活动水平的业务量。例如,以手工操作为主的车间,就应当选用人工工时;制造单一产品或零件的部门,可以选用实物数量;修理部门可以选用修理工时等。

弹性预算法所采用的业务量范围,视企业或部门的业务量变化情况而定,务必使实际业务量不至于超出相关的业务量范围。一般来说,可定在正常生产能力的70%~110%之间,或以历史上最高业务量和最低业务量为其上下限。弹性预算法编制预算的准确性在很大程度上取决于成本性态分析的可靠性。

> **新手提示**
> 固定预算与弹性预算两者的区别主要在于业务量的选取。

理论上,弹性预算法适用于编制全面预算中所有与业务量有关的预算。但实务中主要用于编制成本费用预算和利润预算,尤其是成本费用预算。弹性预算法又分为公式法和列表法两种具体方法。

（1）公式法。公式法是运用总成本性态模型，测算预算期内的成本费用数额，并编制成本费用预算的方法。根据成本性态，成本与业务量之间的数量关系可用公式表示为：

$$y = a + bx$$

式中，y 表示某项成本预算总额，a 表示该项成本中的固定成本预算总额，b 表示该项成本中的单位变动成本预算额，x 表示预计业务量。

微课：全面预算概述——固定预算与弹性预算

【例8-1】 某公司制造费用中修理费用与修理工时密切相关。经测算，预算期修理费用中固定修理费用为3 000元，单位工时的变动修理费用为2元，预计预算期的修理工时为3 500小时。

要求：采用公式法测算预算期的修理费用总额。

解：根据资料可知，固定费用 a 为3 000元，单位变动成本 b 为2元，业务量 x 为3 500小时，运用公式法，测算预算期的修理费用总额为：3 000+2×3 500=10 000(元)。

公式法的优点是便于计算任何业务量的预算成本。但是，阶梯成本和曲线成本需要用数学方法修正为直线，才能适用公式法。必要时，还需备注说明适用不同业务量范围的固定成本和单位变动成本。

（2）列表法。列表法是在预计的业务量范围内将业务量分为若干个水平，然后按不同的业务量水平编制预算。

应用列表法编制预算时，首先要在确定的业务量范围内，划分出若干个不同水平，然后分别计算各项预算值，汇总列入一个预算表格。

【例8-2】 某公司生产和销售甲产品，2×24年预计可以生产300件至500件产品。单位产品消耗定额：直接材料为24元，直接人工为15元，变动制造费为10元，固定制造费用总额为5 000元。

要求：分别以280件、340件、400件及460件为预计产量编制产品成本预算表，如表8-1所示。

表8-1 产品成本预算表　　　　　　　　　　　　　　单位：元

项目	单位变动成本	预计生产量			
		280件	340件	400件	460件
直接材料	24	6 720	8 160	9 600	11 040
直接人工	15	4 200	5 100	6 000	6 900
变动制造费用	10	2 800	3 400	4 000	4 600
变动成本合计		13 720	16 660	19 600	22 540
固定制造费用		5 000	5 000	5 000	5 000
生产成本合计		18 720	21 660	24 600	27 540

列表法的优点包括：不管实际业务量多少，不必经过计算即可找到与业务量相近的预算成本；混合成本中的阶梯成本和曲线成本，可按总成本性态模型计算填列，不必用数学方法修正为近似的直线成本。但是，使用运用列表法编制预算，在

评价和考核实际成本时,往往需要使用插补法来计算"实际业务量的预算成本",比较麻烦。

牛刀小试

请你比较一下固定预算法与弹性预算法的优缺点。

(三)定期预算与滚动预算

按预算期的时间特征不同,预算的编制方法可分为定期预算法与滚动预算法两大类。

1. 定期预算法

定期预算法是以固定不变的会计期间(如年度、季度、月份)作为预算期编制预算的方法。采用定期预算法编制预算,保证预算期间与会计期间在时间上配比,便于有关方面依据会计报告的数据与预算的比较,考核和评价预算的执行结果。但不利于前后各个期间的预算衔接,不能适应连续不断的业务活动过程的预算管理。

2. 滚动预算法

滚动预算法又称连续预算法或永续预算法,是在上期预算完成情况的基础上,调整和编制下期预算,并将预算期间逐期连续向后滚动推移,使预算期间保持一定的时期跨度。

采用滚动预算法编制预算时,按照滚动的时间单位不同,可分为逐月滚动、逐季滚动和混合滚动。

(1)逐月滚动方式。逐月滚动方式是指在预算编制过程中,以月份为预算的编制和滚动单位,每个月调整一次预算的方法。按照逐月滚动方法编制的预算比较精确,但工作量较大。

如在 2×23 年 1 月至 12 月的预算执行过程中,需要在 1 月末根据当月预算的执行情况,修正 2 至 12 月的预算,同时补充下一年 2×24 年 1 月份的预算;到 2 月末,可根据当月预算的执行情况,修订 3 月至 2×24 年 1 月的预算,同时补充 2×24 年 2 月份的预算;以此类推,如图 8-4 所示。

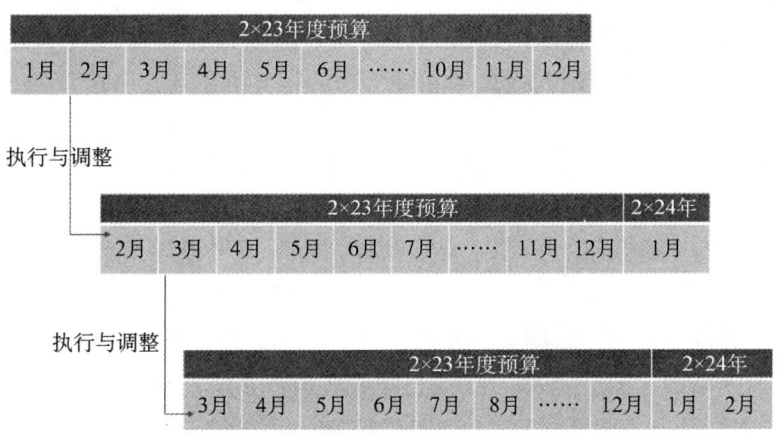

图 8-4 逐月滚动预算示意图

（2）逐季滚动方式。逐季滚动方式是指在预算编制过程中，以季度为预算的编制和滚动单位，每个季度调整一次预算的方法。逐季滚动编制的预算比逐月滚动方法编制的预算工作量小，但精确度较差。

（3）混合滚动方式。混合滚动方式是指在预算编制过程中，同时以月份和季度作为预算的编制和滚动单位的方法。这种预算方法的理论依据是：人们对未来的了解程度具有对近期的计划把握较大、对远期的预计把握较小的特征，如图8-5所示。

> **寓德于技——**
> 每一种预算编制方法都有各自的优缺点，没有哪一种方法是绝对好或者绝对不好的。我们应该辩证地看待事物，客观地评价事物。

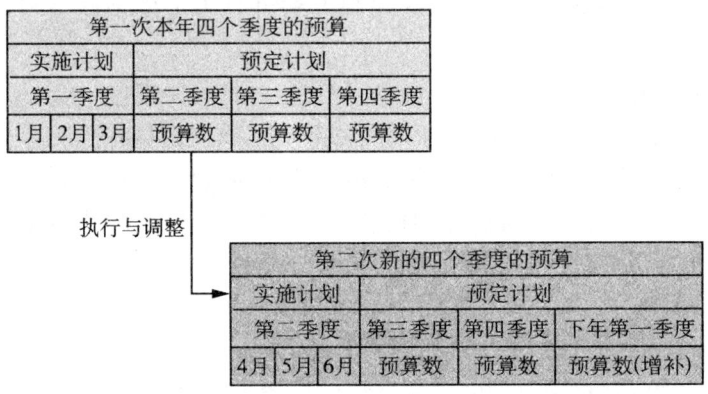

图8-5　混合滚动预算示意图

二、预算的编制程序

企业编制预算时，一般应按照"上下结合、分级编制、逐级汇总"的程序进行。

（一）下达目标

企业董事会或总经理办公会根据企业发展战略和预算期经济形势的初步预测，在决策的基础上，提出下一年度企业预算目标，包括销售或营业目标、成本费用目标、利润目标和现金流量目标，并确定预算编制的政策，由预算管理委员会下达至各预算执行单位。

（二）编制上报

各预算执行单位按照企业预算管理委员会下达的预算目标和政策，结合自身特点及预算的执行条件，提出本单位详细的预算方案，上报企业财务管理部门。

（三）审查平衡

企业财务管理部门对各预算执行单位上报的财务预算方案进行审查、汇总，提出综合平衡的建议。在审查、平衡过程中，预算管理委员会应当进行充分协调，对发现的问题提出初步调整意见，并反馈给有关预算执行单位予以修正。

（四）审议批准

企业财务管理部门在有关预算执行单位修正调整的基础上，编制出企业预算方案，报企业预算管理委员会讨论。对于不符合企业发展战略或者预算目标的事项，企业预算管理委员会应当责成有关预算执行单位进一步修订、调整。在讨论、调整的基础上，企业财务管理部门正式编制企业年度预算草案，提交董事会或经理办公会审议批准。

（五）下达执行

企业财务管理部门对董事会或经理办公会审议批准的年度总预算，一般在次年3月底以前，分解成一系列的指标体系，由预算管理委员会逐级下达各预算执行单位执行。

> **知识检测**

一、单项选择题

1. 下列各项中，可能导致无效费用开支项目不能得到有效控制的预算方法是（　　）。
   A. 增量预算法　　　　　　　　B. 定期预算法
   C. 固定预算法　　　　　　　　D. 静态预算法

2. （　　）是以固定不变的会计期间（如年度、季度、月份）作为预算期内编制预算的方法。
   A. 定期预算法　　　　　　　　B. 滚动预算法
   C. 零基预算法　　　　　　　　D. 弹性预算法

3. 以预算期正常的、可实现的某一业务量水平为唯一基础来编制预算的方法称为（　　）。
   A. 定期预算法　　　　　　　　B. 滚动预算法
   C. 零基预算法　　　　　　　　D. 固定预算法

4. 下列各项中，属于定期预算优点的是（　　）。
   A. 远期指导性强　　　　　　　B. 连续性好
   C. 便于考核预算执行结果　　　D. 灵活性强

5. 可以保持预算的连续性和完整性，并能克服传统定期预算缺点的预算方法是（　　）。
   A. 弹性预算法　　B. 零基预算法　　C. 滚动预算法　　D. 固定预算法

6. 下列各项中，不受现有费用项目和开支水平限制，并能够克服增量预算方法缺点的预算方法是（　　）。
   A. 弹性预算法　　　　　　　　B. 固定预算法
   C. 零基预算法　　　　　　　　D. 滚动预算法

7. 下列各项中，不属于滚动预算方法的滚动方式的是（　　）。
   A. 逐年滚动方式　　　　　　　B. 逐季滚动方式
   C. 逐月滚动方式　　　　　　　D. 混合滚动方式

二、多项选择题

1. 弹性预算编制方法的优点不包括（　　）。
   A. 预算范围宽　　B. 可比性强　　C. 及时性强　　D. 透明度高

2. 滚动预算的优点包括（　　）。
   A. 透明度高　　B. 及时性强　　C. 连续性强　　D. 完整性突出

3. 弹性预算主要用于编制（　　）。
   A. 专门预算　　B. 成本预算　　C. 费用预算　　D. 利润预算

4. 在编制预算的实践中,不能克服定期预算缺陷的方法有(　　)。
A. 弹性预算法　　B. 零基预算法　　C. 滚动预算法　　D. 增量预算法

5. 相对于固定预算而言,弹性预算的优点有(　　)。
A. 预算成本低　　　　　　　　B. 预算工作量小
C. 预算可比性强　　　　　　　D. 预算适用范围宽

三、判断题

1. 能够克服固定预算缺点的预算方法是滚动预算法。（　　）
2. 弹性利润预算的编制是以预算期各种可能实现的销售收入为出发点,按照成本性态扣减相应的成本而获得的利润指标。（　　）
3. 企业在编制零基预算时,需要以现有的项目为依据,但不以现有的费用水平为基础。（　　）
4. 滚动预算能够使预算期间与会计年度相配合,便于考核预算的执行结果。（　　）
5. 固定预算编制方法一般适用于预算执行单位业务量有关的成本(费用)、利润等预算项目。（　　）

> **知识应用**

万方公司用零基预算法编制 2×24 年的销售管理费预算。有关资料如表 8-2 所示。

表 8-2　万方公司 2×24 年各项目预计金额　　　　　　　单位:元

项目	预计金额	项目	预计金额
保险费	3 000	差旅费	2 000
广告费	5 000	培训费	5 000
租金	1 500	合计	23 500
办公费	7 000		

假设保险费、租金、办公费、差旅费为固定成本;广告费、培训费为选择性固定成本,且两者的成本收益比分别为 1∶40、1∶25。若 2×24 年销售管理费开支需控制在 21 000 元。

要求:请用零基预算编制 2×24 年的销售管理费预算,并填写表 8-3。

表 8-3　万方公司 2×24 年销售管理费预算表　　　　　　单位:元

项目	金额	项目	金额
保险费		差旅费	
广告费		培训费	
租金		合计	
办公费			

任务三 预算编制

案例导入

神华集团预算创新

神华集团有限责任公司(以下简称神华集团)是中央直管的国有企业,于1995年正式组建,目前总资产规模已超6千亿元,共有全资和控股二级子公司21家(其中包括上市公司1家),是我国规模最大、现代化程度最高的煤炭企业和世界上最大的煤炭经销商,位列2013年《财富》全球500强企业中的第178位。

神华集团最早引入预算管理是在1998年。从1998年至2014年,神华集团的预算管理系统建设历经了16年,可划分成四个发展阶段。

第一阶段:预算管理植入阶段(1998—2003年)

偶然的机会,公司高层领导获悉某些企业采用了通过编报计划统计报告,对企业经营活动进行计划和管理的方法,于是决定模仿引进这种管理手段,雏形的预算管理在企业中开始启动实施,具体工作被指定由财务部负责。集团预算几乎是在全手工状态下编制。

第二阶段:预算管理与管理控制系统融合阶段(2004—2008年)

实施全面预算管理再次被提到集团领导层的工作日程上来。根据集团领导的要求,集团财务部多次召集各基层单位预算骨干开会讨论如何改进和在集团内部推行全面预算管理。在集团财务部的努力下,集团的预算管理体系建设得到一次较大的改进,形成了全面预算管理组织体系,制定了相关的制度文档,并且利用EXCEL自行开发了小型的预算报表系统。

第三阶段:预算管理向业务纵深层次扎根阶段(2009—2011年)

为了加强企业管控以提高抵御风险的能力,2009年,在神东煤炭公司财务部门负责人的积极建议下,神东煤炭公司领导决定,停止使用原来基于EXCEL开发的预算系统,自行引进专业预算软件——海波龙预算系统,并聘请专业咨询公司协助企业改进预算管理体系。在咨询师的帮助下,神东煤炭公司预算管理的精细程度及与业务流程的联系程度大幅度提升,各生产部门的成本费用得到有效控制。同时,神东煤炭公司实行了预算指标与部门考核挂钩的政策,使得基层业务部门人员参与预算的积极性大大提高,预算管理在企业上下受到前所未有的关注。

第四阶段:预算管理成为战略支持工具阶段(2012—2014年)

2012年,后金融危机下的宏观经济形势的不确定性和企业规模急剧增长过程中形成的集团管控矛盾,已经对神华集团的发展构成了巨大阻碍。为了能够更好地落实企业战略,神华集团重新制定了企业信息化战略规划,同时,在集团范围内全面引进新的预算系统软件也被列入集团信息系统战略规划中。集团成立了全面预算管理优化项目组,定期召开预算分析会和预算质询会,企业高管还经常不定期地召集预算部门和各二级单位预算负责人,通报和讨论预算执行中发现的各种问题,及时纠正重大的预算偏差。

问题:神华集团的预算创新体制建设经历了几个阶段,在每个阶段中预算编制的特点是什么?

(案例来源:https://www.ceic.com/。)

一、业务预算的编制

微课:全面
预算——业
务预算一

业务预算也称营业预算,是企业日常营业活动的预算,而企业的营业活动涉及购产销等各个环节。营业预算主要包括销售预算、生产预算、直接材料预算、直接人工预算、制造费用预算、产品成本预算、销售费用预算和管理费用预算等。

(一)销售预算

销售预算是用来规划预算期各主要产品的销售量与销售额,即安排预算期销售规模的计划。它是整个预算的编制起点,其他预算的编制都以销售预算为基础。

销售预算的主要内容是销售数量、销售单价和销售收入。销售数量是根据市场预测或销售合同,并结合企业生产能力确定的销售;销售单价是通过定价决策确定的;销售收入=销售数量×销售单价。销售预算通常要分品种、分月份、分季度、分销售区域、分推销员来编制。

销售预算中通常还包括预计现金收入的计算,其目的是为编制现金预算提供必要的资料。在实际工作中,产品销售往往不能及时全部收回货款,因此会产生大量的应收账款。所以,在编制销售预算时,本期的现金收入通常包含两个部分,即往期应收账款在本期收到的货款,以及本期销售可能收到的货款部分。

【例8-3】 重庆利达公司是一家以加工定制零件为主的小型机械加工企业。2×24年,该公司预备为一大客户生产4 600件某种专用备件。公司经理估计,如果接下这份订单,公司将再无剩余生产能力生产其他产品。根据合同规定,该专用备件的价格是每件1 200元,公司需按季度向客户交货,四个季度的供货量分别为800件、1 100件、1 500件和1 200件。合同规定的付款方式为:各季度的货款应在当季支付60%,其余40%在下季付讫。目前,客户尚欠本公司50万元货款,预计将在2×24年第一季度付清。

要求:编制2×24年度的销售预算表,具体见表8-4。

表8-4 2×24年度的销售预算表 单位:元

季度	第一季度	第二季度	第三季度	第四季度	全年
预计销售量(件)	800	1 100	1 500	1 200	4 600
预计单价(元/件)	1 200	1 200	1 200	1 200	1 200
销售收入	960 000	1 320 000	1 800 000	1 440 000	5 520 000
预计现金收入					
期初应收账款	500 000				500 000
第一季度	576 000	384 000			960 000
第二季度		792 000	528 000		1 320 000

(续表)

季度	第一季度	第二季度	第三季度	第四季度	全年
第三季度			1 080 000	720 000	1 800 000
第四季度				864 000	864 000
现金收入合计	1 076 000	1 176 000	1 608 000	1 584 000	5 444 000

牛刀小试

华茂公司生产和销售甲产品,为编制2×24年销售预算,收集的有关数据资料如下:公司下一年预计销售产品9 000件,其中,第一季度1 500件,第二季度2 250件,第三季度3 000件,第四季度2 250件。产品销售单价为450元。收款条件为当季收现占销售货款40%,其余部分在下季度收取,假定不考虑坏账因素,2×23年第四季度的销售货款为360 000元。

要求:编制2×24年度销售预算表,具体见表8-5。

表8-5　2×24年度甲公司销售预算表　　　　　　　　单位:元

项目		第一季度	第二季度	第三季度	第四季度	全年
预计销售量(件)						
预计单位售价						
预计销售金额						
预计现金收入	期初应收账款					
	第一季度销售收入					
	第二季度销售收入					
	第三季度销售收入					
	第四季度销售收入					
	现金收入合计					

微课:全面预算——业务预算二

(二) 生产预算

生产预算是指需要根据预计的销售量,并考虑预计期初存货和预计期末存货等因素按品种分别编制的,以预计生产量为目的的预算。因此,企业的生产和销售通常不能做到"同步量",生产数量除了满足销售数量外,还需要设置一定的存货,以保证能在发生意外需要时按期供货并可均衡生产,节省赶工的额外开支。预计生产量可用下列公式计算:

预计生产量＝预计销售量＋预计期末存货量－预计期初存货量

其中,预计期末存货量应根据企业长期的销售趋势来分析确定,在实际工作中,一般按事先预计的期末存货量占下期销售量的一定比例进行估算。

【例8-4】承[例8-3]资料,重庆利达公司预计:为保证供货的连续性,预算期内各季度的期末产品库存量应达到下期销售量的20%。同时,根据与客户的长期合作关系来看,期末的产品库存量应维持和年初相一致的水平,该公司期初存货为200件,单位成本为1 924元,共计384 800元。

要求：编制2×24年度生产预算表，具体见表8-6。

表8-6 2×24年度生产预算表   单位：件

季度	第一季度	第二季度	第三季度	第四季度	全年
预计销售量	800	1 100	1 500	1 200	4 600
加：预计期末产品存货	220	300	240	200	200
减：预计期初产品存货	200	220	300	240	200
预计生产量	820	1 180	1 440	1 160	4 600

牛刀小试

承上述"牛刀小试"资料，华茂公司2×24年1—4季度的预计销量分别为1 500件、2 250件、3 000件和2 250件。该公司希望能在每季度末保持相当于下季度销售量10%的期末存货，上年年末期末存货为150件，单位成本为210元，共计31 500元。预计下年第一季度销售量为1 650件，2×24年第四季度的期末存货为165件。

要求：编制2×24年度生产预算表，具体见表8-7。

表8-7 2×24年度生产预算表   单位：件

项目	第一季度	第二季度	第三季度	第四季度	全年
预计销售量					
减：预计期初存货					
加：预计期末存货					
预计生产量					

（三）直接材料预算

直接材料预算以生产预算、材料消耗定额和预计材料采购单价等信息为基础，并考虑期初、期末材料存货水平编制。直接材料生产上的需要量同预计采购量之间的关系可按下列公式计算：

预计采购量＝生产需要量＋期末库存量－期初库存量

其中，期末库存量一般是按照下期生产需要量的一定百分比来计算的。

生产需要量＝预计生产量×单位产品材料耗用量

其中，单位产品材料耗用量，可根据标准单位耗用量或定额耗用量来确定。

【例8-5】 承[例8-4]资料，重庆利达公司生产该备件主要使用一种合金材料。根据以往的加工经验来看，平均每件产品需用料5公斤。这种合金材料一直由公司以每公斤200元的价格跟一位长期合作的供应商订购，并且双方约定，购货款在购货当季和下季各付一半。目前，公司尚欠该供应商货款400 000元，预计将在2×24年第一季度付清。公司为保证生产的连续性，规定预算期内各期末的材料库存量应达到下期生产需要量的10%，同时规定各年年末的预计材料库存应维持在600千克左右。

要求：编制2×24年度直接材料预算表，具体见表8-8。

> **寓德于技**
> 在企业经营过程中形成的一定应收、应付款项属于正常的商业信用。但我们不能恶意占用他人资金，不能侵害他人利益，要做一名有诚信的人。

表 8-8　2×24 年度直接材料预算表

项目	第一季度	第二季度	第三季度	第四季度	全年
预计生产量(件)	820	1 180	1 440	1 160	4 600
单位产品材料用量(千克)	5	5	5	5	5
生产需用量(千克)	4 100	5 900	7 200	5 800	23 000
加:预计期末材料存货	590	720	580	600	600
减:预计期初材料存货	600	590	720	580	600
预计材料采购量(千克)	4 090	6 030	7 060	5 820	23 000
材料单价(元/千克)	200	200	200	200	200
预计采购金额(元)	818 000	1 206 000	1 412 000	1 164 000	4 600 000
预计现金支出(元)					
期初应付账款	400 000				400 000
第一季度	409 000	409 000			818 000
第二季度		603 000	603 000		1 206 000
第三季度			706 000	706 000	1 412 000
第四季度				582 000	582 000
合　　计	809 000	1 012 000	1 309 000	1 288 000	4 418 000
预计年末应付账款(元)					
期初应付账款	400 000				
加:预计全年采购金额	4 600 000				
减:预计全年支付货款	4 418 000				
期末应付账款	582 000				

牛刀小试

承上述"牛刀小试"资料,假设华茂公司生产甲产品只耗用一种材料,该公司期望 2×24 年年末材料库存量为 1 380 千克。上年年末库存材料 1 260 千克。每件产品消耗材料定额为 4 千克,材料单价为 30 元。每一季度的期末存量按下一季度的生产用料量的 20% 安排。材料采购的货款有 50% 在本季度内付清,剩下部分在下季度付清。该公司期初应付账款为 54 000 元。

要求:编制 2×24 年度直接材料预算表,具体见表 8-9。

表 8-9　2×24 年度直接材料预算表

项目	第一季度	第二季度	第三季度	第四季度	全年
预计生产量(件)					
单耗(千克)					
材料用量(千克)					
加:预计期末存料量(千克)					
减:预计期初存料量(千克)					
预计材料采购量(千克)					

(续表)

项目		第一季度	第二季度	第三季度	第四季度	全年
单价(元)						
预计采购金额(元)						
预计现金支出	期初应付账款(元)					
	第一季度购料(元)					
	第二季度购料(元)					
	第三季度购料(元)					
	第四季度购料(元)					
	现金支出合计(元)					

(四) 直接人工预算

直接人工预算是为直接从事产品生产的生产工人的耗费编制的预算,用来规划预算期各类工种的人工工时的消耗水平和人工成本。

直接人工预算是以生产预算为基础编制的。在编制直接人工预算时,应根据已知的标准工资率、标准单位直接人工工时、其他直接费用计提标准和生产预算中的预计生产量等资料编制。

【例8-6】 承[例8-5]资料,重庆利达公司根据以往的经验预计,生产一件备件大约需要7个工时。而依据公司与工人签订的劳动合同规定,每工时需要支付工人工资10元。

要求:编制2×24年度直接人工预算表。

解:根据资料,编制2×24年度直接人工预算表,如表8-10所示。

表8-10 2×24年度直接人工预算表   单位:元

项目	第一季度	第二季度	第三季度	第四季度	全年
预计生产量(件)	820	1 180	1 440	1 160	4 600
单位产品工时(小时)	7	7	7	7	7
人工总工时(小时)	5 740	8 260	10 080	8 120	32 200
每小时人工成本	10	10	10	10	10
人工总成本	57 400	82 600	100 800	81 200	322 000

牛刀小试

承上述"牛刀小试"资料,华茂公司直接人工小时工资率为12元,单位产品工时定额为5小时。

要求:编制2×24年度直接人工预算表,具体见表8-11。

表8-11 2×24年度直接人工预算表   单位:元

项目	第一季度	第二季度	第三季度	第四季度	全年
预计生产量(件)					
单耗(小时)					

(续表)

项目	第一季度	第二季度	第三季度	第四季度	全年
人工总工时(小时)					
每小时人工成本					
人工总成本					

(五) 制造费用预算

制造费用预算通常分为变动制造费用和固定制造费用两部分进行预算。变动制造费用以生产预算为基础来编制。如果有完整的标准成本资料,用单位产品的标准成本与产量相乘,即可得到相应的预算金额;如果没有标准成本资料,就需要逐项预计计划产量需要的各项制造费用。固定制造费用,需要逐项进行预计,通常与本期产量无关,按实际需要的支付额预计。预计制造费用的计算公司如下:

预计制造费用＝预计产量×变动性制造费用预算分配率＋固定性制造费用

变动性制造费用预算分配率＝变动性制造费用预算总额÷相关分配标准预算总额

为了便于以后编制现金预算,需要预计现金支出。制造费用中,除折旧费用外都需支付现金,所以根据每个季度制造费用数额扣除折旧费用后,即可得出现金支出的制造费用。

【例 8-7】 承[例 8-6]资料,重庆利达公司变动制造费用分配率为 7 元/小时,其中,间接材料为 3 元/小时,水电费为 2 元/小时,修理费为 2 元/小时;每季度固定费用为 40 250 元,其中,车间管理人员工资为 10 000 元,设备折旧费为 15 250 元,设备维护费为 15 000 元。

要求:编制 2×24 年度制造费用预算表,具体见表 8-12。

表 8-12　2×24 年度制造费用预算表　　　　　　单位:元

项目	第一季度	第二季度	第三季度	第四季度	全年
变动制造费用					
人工总工时(小时)	5 740	8 260	10 080	8 120	32 200
间接材料(3 元/工时)	17 220	24 780	30 240	24 360	96 600
水电费(2 元/工时)	11 480	16 520	20 160	16 240	64 400
修理费(2 元/工时)	11 480	16 520	20 160	16 240	64 400
合　计	40 180	57 820	70 560	56 840	225 400
固定制造费用					
管理人员工资	10 000	10 000	10 000	10 000	40 000
设备折旧费	15 250	15 250	15 250	15 250	61 000
设备维护费	15 000	15 000	15 000	15 000	60 000
合　计	40 250	40 250	40 250	40 250	161 000
预计现金支出					
变动制造费用合计	40 180	57 820	70 560	56 840	225 400
固定制造费用合计	40 250	40 250	40 250	40 250	161 000

(续表)

项目	第一季度	第二季度	第三季度	第四季度	全年
减:设备折旧费	15 250	15 250	15 250	15 250	61 000
现金支出额	65 180	82 820	95 560	81 840	325 400

牛刀小试

承上述"牛刀小试"资料,假设华茂公司变动制造费用分配率为12元/小时,其中,间接人工为2元/小时,间接材料为2.4元/小时,变动修理费用为1.6元/小时,水电费为2.8元/小时,其他费用为3.2元/小时。全年固定制造费用为540 000元,其中,修理费96 000元,折旧135 000元,管理人员工资84 000元,保险费120 000元,其他费用105 000元。除了当期计提的固定资产折旧外,制造费用均用现金支付。

要求:编制2×24年度制造费用预算表,具体见表8-13。

表8-13 2×24年度制造费用预算表 单位:元

项目		小时费用率	第一季度	第二季度	第三季度	第四季度	全年
变动制造费用	间接人工						
	间接材料						
	修理费						
	水电费						
	其他费用						
	小计						
固定制造费用	修理费						
	折旧						
	管理人员工资						
	保险费						
	其他费用						
	小计						
总计							
减:折旧							
现金支出							

(六)产品成本预算

产品成本预算通常以销售预算、生产预算、直接材料预算、直接人工预算和制造费用预算为基础进行编制。其主要内容是产品的单位成本和总成本。产品单位成本的有关数据来自直接材料预算、直接人工预算和制造费用预算;生产量、期末存货量来自生产预算;销售量来自销售预算。

【例8-8】 承[例8-3]至[例8-7]资料,假定重庆利达公司采用变动成本法计算产品成本,请汇总编制2×24年度产品成本预算表及销售成本预算表。

解:根据资料编制2×24年度产品生产成本预算表及销售成本预算表,具体见表8-14和表8-15。

表 8-14　2×24 年度产品生产成本预算表　　　　　　　　　　单位：元

成本项目	单位成本			生产成本 （4 600 件）
	单价	投入量	成本	
直接材料	200	5 千克	1 000	4 600 000
直接人工	10	7 小时	70	322 000
变动制造费用	7	7 小时	49	225 400
合　　计	—	—	1 119	5 147 400

表 8-15　2×24 年度产品销售成本预算表　　　　　　　　　　单位：元

项目	第一季度	第二季度	第三季度	第四季度	全　年
直接材料（预计生产量×单位成本）	820 000	1 180 000	1 440 000	1 160 000	4 600 000
直接人工	57 400	82 600	100 800	81 200	322 000
变动制造费用	40 180	57 820	70 560	56 840	225 400
生产成本合计	917 580	1 320 420	1 611 360	1 298 040	5 147 400
加：期初存货成本	384 800	246 180	335 700	268 560	384 800
减：期末存货成本	246 180	335 700	268 560	223 800	223 800
销售成本合计	1 056 200	1 230 900	1 678 500	1 342 800	5 308 400

> **新手提示**
> 第一季度期初存货成本 384 800 元来自生产预算已知条件中的上期期末库存数 200 件，单位成本 1 924 元。全年期初存货成本就是第一季度期初存货成本。注意：全年的期初库存数量等于上期期末库存数。

> **注意**
> 全年的期末存货成本 223 800 元就是第四季度期末存货成本。

牛刀小试

承上述"牛刀小试"的资料，假设华茂公司采用变动成本法核算产品成本。

要求：编制 2×24 年度产品生产成本预算表及销售预算表，具体见表 8-16 和表 8-17。

表 8-16　2×24 年度产品生产成本预算表　　　　　　　　　　单位：元

成本项目	单位成本			生产成本 （9 015 件）
	单价	投入量	成本	
直接材料				
直接人工				
变动制造费用				
合　　计				

表 8-17　2×24 年度产品销售成本预算表　　　　　　　　　　单位：元

项目	第一季度	第二季度	第三季度	第四季度	全　年
直接材料					
直接人工					
变动制造费用					
生产成本合计					
加：期初存货成本					
减：期末存货成本					
销售成本合计					

(七)销售费用和管理费用预算

销售费用预算是指为了实现销售预算所需支付的费用预算,是以销售预算为基础分析销售收入、销售利润和销售费用的关系,力求实现销售费用的最有效使用。

管理费用是企业行政管理部门为组织和管理生产经营活动而发生的各种费用,大多属于固定成本。一般以过去的实际开支为基础,结合预算期可能发生的变化进行调整。

【例8-9】 承[例8-3]资料,重庆利达公司预计单位变动销售费用为20元,2×24年度的销售费用为每季度支付13 000元,管理费用包括管理人员工资、办公费和房租三项,均属于固定成本,每季支出额分别为6 000元、4 000元和10 000元。

要求:编制2×24年度销售费用和管理费用预算表,具体见表8-18。

表8-18　2×24年度销售费用和管理费用预算表　　　　　单位:元

季度	第一季度	第二季度	第三季度	第四季度	全年
销售费用					
预计销售量(件)	800	1 100	1 500	1 200	4 600
单位变动销售费用	20	20	20	20	20
变动销售费用小计	16 000	22 000	30 000	24 000	92 000
固定销售费用	13 000	13 000	13 000	13 000	52 000
销售费用小计	29 000	35 000	43 000	37 000	144 000
管理费用					
管理人员工资	6 000	6 000	6 000	6 000	24 000
办公费	4 000	4 000	4 000	4 000	16 000
房租	10 000	10 000	10 000	10 000	40 000
管理费用小计	20 000	20 000	20 000	20 000	80 000
合　计	49 000	55 000	63 000	57 000	224 000

牛刀小试

承上述"牛刀小试"资料,假设华茂公司单位变动销售费用为30元,每季度的固定销售及管理费用为120 000元,其中包含的折旧费用为25 500元。

要求:编制2×24年度销售费用和管理费用预算表,具体见表8-19。

表8-19　2×24年度销售费用和管理费用预算表　　　　　单位:元

项目	第一季度	第二季度	第三季度	第四季度	全年
预计销售量(件)					
单位变动销售费用					
变动销售费用小计					
固定销售及管理费用					
合计					
减:折旧					
现金支出					

二、财务预算的编制

财务预算是企业的综合性预算,包括现金预算、利润表预算和资产负债表预算。

(一)现金预算

现金预算以各项日常业务预算和专门决策预算为基础来反映各预算的收入款项和支出款项。实质上是其他预算有关现金收支部分的汇总及收支差额平衡措施的具体计划。其目的在于资金不足时筹措资金,资金多余时运用资金并且提供现金收支的控制限额以便发挥现金管理的作用。

微课:全面预算——财务预算

【例 8-10】 承[例 8-3]至[例 8-9]资料,重庆利达公司财务部门根据公司的经营特点和现金流转状况确定公司的最佳现金持有量为 10 000 元。当预计现金收支净额不足 10 000 元时,可申请短期银行借款来补足。公司已和银行商定了为期 1 年的信贷额度,公司随时可按 6% 的年利率向银行借款 1 000 元的整数倍。借款于每季度初借入,每季度末偿还(偿还的本金应为 1 000 元的整数倍,偿还本金时支付相应本金的利息,且先借入的款项先偿还)。该公司期初现金余额为 10 000 元。除了日常经营活动所引起的各项现金收支外,公司估计 2×24 年还会发生如下现金支付业务。

(1)公司的一台专用机床必须在第一季度更新,预计需要支出购置及安装等费用共计 130 000 元。

(2)公司将在 2×24 年年初向股东派发 2023 年度的现金股利 20 000 元。

(3)估计公司每个季度需要缴纳所得税款 5 600 元。

要求:编制 2×24 年度现金预算表。

解:根据资料编制 2×24 年度现金预算表,如表 8-20 所示。

表 8-20　2×24 年度现金预算表　　　　　　单位:元

季度	第一季度	第二季度	第三季度	第四季度	全年
期初现金余额	10 000	10 820	10 800	10 355	10 000
加:销售现金收入	1 076 000	1 176 000	1 608 000	1 584 000	5 444 000
减:各项现金支出					
材料采购	809 000	1 012 000	1 309 000	1 288 000	4 418 000
直接人工	57 400	82 600	100 800	81 200	322 000
制造费用	65 180	82 820	95 560	81 840	325 400
销售及管理费用	49 000	55 000	63 000	57 000	224 000
所得税	5 600	5 600	5 600	5 600	22 400
购置设备	130 000	—	—	—	130 000
分配利润	20 000	—	—	—	20 000
支出合计	1 136 180	1 238 020	1 573 960	1 513 640	5 461 800
现金多余或不足	−50 180	−51 200	44 840	80 715	−7 800
现金筹集和运用					
申请银行借款	61 000	62 000	—	—	123 000

(续表)

季度	第一季度	第二季度	第三季度	第四季度	全年
归还银行借款	—	—	33 000	67 000	100 000
短期借款利息	—	—	1 485	3 435	4 920
期末现金余额	10 820	10 800	10 355	10 280	10 280

备注：第三季度偿还的利息＝33 000×0.06÷12×9＝1 485 元

第四季度的利息＝(61 000－33 000)×0.06＋[67 000－(61 000－33 000)]×0.06÷12×9＝1 680＋1 755＝3 435 元

牛刀小试

承上述"牛刀小试"资料，假设华茂公司每季度末应保持现金余额为 96 000 元至 150 000 元之间，且要求第三季度期末现金余额为 96 260 元。该公司与某银行签订的信贷协议额度为第一季度可以借款 182 250 元；第二季度可以借款 177 525 元；第三季度和第四季度均可以借款 180 000 元；借款年利率为 12%，借款于每季度初借入，每季度末偿还（还款时先支付全部借款的累计利息，有剩余资金再偿还本金）。已知上年度末现金余额为 108 000 元。每季度应付股利为 18 000 元，每季度预交所得税为 36 000 元，第二季度购买固定资产支出 144 000 元。

要求：编制 2×24 年度现金预算表，具体见表 8-21。

表 8-21   2×24 年度现金预算表   单位：元

项目	第一季度	第二季度	第三季度	第四季度	全年
期初现金余额					
加：销货现金收入					
可供使用的现金					
减：各项支出					
直接材料					
直接人工					
制造费用					
销售及管理费用					
应付股利					
应交所得税					
购买固定资产					
支出合计					
现金多余或不足					
向银行借款					
归还银行借款					
借款利息					
期末现金余额					

（二）预计利润表

预计利润表是指以货币形式综合反映预算期内企业经营活动成果（包括利润总

额、净利润)计划水平的一种财务预算。该预算需要在销售预算、产品成本预算、制造费用预算、销售及管理费用预算等日常业务预算及专门决策预算的基础上编制。

预计利润表中的数据主要来源情况如下：

"销售收入"数据来源于销售预算表；"销货成本"数据来自生产成本和销售成本预算表；"销售毛利"是前两项的差额；"销售及管理费用"数据来源于销售及管理费用预算表；"利息费用"数据来源于现金预算表。

另外，"所得税"是在利润预测时估计的，并已列入现金预算，通常不是根据"利润总额"和所得税税率计算出来的，因为有很多纳税调整的事项存在。此外，从预算编制程序上看，如果根据"利润总额"和企业所得税税率重新计算所得税，就需要修改"现金预算"，引起借款计划修改，进而改变"借款利息"，最终又要修改"利润总额"，从而陷入数据的循环修改。

【例 8-11】 承[例 8-3]至[例 8-10]资料，根据前述的各种预算。

要求：编制该公司 2×24 年度的预计利润表。

解：根据资料，编制 2×24 年度预计利润表，如表 8-22 所示。

表 8-22　2×24 年度预计利润表　　　　　　　　　　　单位：元

项　　目	第一季度	第二季度	第三季度	第四季度	全　　年	资料来源
销售收入	960 000	1 320 000	1 800 000	1 440 000	5 520 000	销售预算
销售成本	1 056 200	1 230 900	1 678 500	1 342 800	5 308 400	销售成本预算
销售毛利	−96 200	89 100	121 500	97 200	211 600	
销售及管理费用	49 000	55 000	63 000	57 000	224 000	销售及管理费用预算
利息费用	—	—	1 485	3 435	4 920	现金预算
利润总额	−145 200	34 100	57 015	36 765	−17 320	
所得税	5 600	5 600	5 600	5 600	22 400	现金预算
净利润	−150 800	28 500	51 415	31 165	−39 720	

牛刀小试

承上述"牛刀小试"资料，假设该公司的所得税税率为 25%。请编制 2×24 年度预计利润表，见表 8-23。

表 8-23　2×24 年度预计利润表　　　　　　　　　　　单位：元

项目	第一季度	第二季度	第三季度	第四季度	全年
销售收入					
变动成本：					
销售成本					
变动销售费用					
小计					
边际贡献					
固定成本：					

(续表)

项目	第一季度	第二季度	第三季度	第四季度	全年
固定制造费用					
固定销售及管理费用					
小计					
营业利润					
减:利息支出					
税前利润					
减:所得税					
净利润					

(三) 预计资产负债表

预计资产负债表是指以货币单位反映预算期末财务状况的一种总括性预算。在编制时,主要依据企业的销售预算、生产预算、现金预算等有关数据,在预算期期初数据基础上加以分析、调整填制。其目的在于判断预算反映的财务状况的稳定性和流动性。

【例8-12】 承[例8-3]至[例8-11]资料,重庆利达公司2×23年12月31日资产负债表如表8-24所示。

要求:编制该公司2×24年度的预计资产负债表,具体见表8-24。

表8-24　2×23年12月31日资产负债表　　　　　　　　　　单位:元

资产	金额	负债及所有者权益	金额
现金	10 000	应付账款	400 000
应收账款	500 000	应交所得税	22 400
库存材料	120 000	负债小计	624 000
库存产成品	223 800	普通股股本	400 000
流动资产小计	853 800	盈余公积	210 800
固定资产	850 000	资本公积	201 600
减:折旧	240 000	未分配利润	229 000
固定资产净值	610 000	股东权益小计	839 800
资产合计	1 463 800	负债及权益合计	1 463 800

解:根据资料编制2×24年度预计资产负债表,如表8-25所示。

表8-25　2×24年度预计资产负债表　　　　　　　　　　单位:元

资产	金额	负债及所有者权益	金额
现金(取自表8-20)	10 280	应付账款(取自表8-8)	582 000
应收账款(关联表8-4)	576 000	应交所得税(取自表8-20)	22 400
库存材料(关联表8-8)	120 000	长期借款(取自表8-20)	23 000
库存产成品(取自表8-15)	223 800	负债小计	

(续表)

资产	金额	负债及所有者权益	金额
流动资产小计		普通股股本(取自表 8-24)	400 000
固定资产(关联表 8-20)	980 000	盈余公积(取自表 8-24)	210 800
减：折旧(关联表 8-12)	301 000	资本公积(取自表 8-24)	201 600
固定资产净值	679 000	未分配利润(关联表 8-20 和表 8-22)	169 280
		股东权益小计	
资产合计	1 609 080	负债及权益合计	1 609 080

备注：应收账款＝第四季度销售收入 1 440 000×40％＝576 000(元)
　　　库存材料＝预计期末存货量 600×单价 200＝120 000(元)
　　　固定资产＝期初 850 000＋130 000＝980 000(元)
　　　折旧＝期初 240 000＋61 000＝301 000(元)
　　　长期借款＝61 000＋62 000－33 000－67 000＝23 000(元)
　　　未分配利润＝期初未分配利润＋本期预计利润－本期预计股利
　　　　　　　　＝229 000－39 720－20 000＝169 280(元)

牛刀小试

承上述"牛刀小试"资料，假设华茂公司按当年净利润的 10％计提法定盈余公积，按 5％计提任意盈余公积，其 2×23 年 12 月 31 日资产负债表如表 8-26 所示。

要求：编制 2×24 年度预计资产负债表，具体见表 8-27。

表 8-26　2×23 年 12 月 31 日资产负债表　　　　　　　　单位：元

资产	金额	负债和权益	金额
现金	108 000	应付账款	54 000
应收账款	216 000	应交所得税	144 000
库存材料	378 000	负债小计	198 000
库存产成品	315 000	普通股股本	360 000
流动资产小计	393 300	盈余公积	370 430
固定资产	900 000	资本公积	0
减：折旧	312 000	未分配利润	52 870
固定资产净值	588 000	股东权益小计	783 300
资产合计	981 300	负债及权益合计	981 300

表 8-27　2×24 年度预计资产负债表　　　　　　　　单位：元

资产	金额	负债及所有者权益	金额
现金		应付账款	
应收账款		应交所得税	
库存材料		负债小计	
库存产成品		普通股股本	
流动资产小计		盈余公积	
固定资产		资本公积	

(续表)

资产	金额	负债及所有者权益	金额
减:折旧		未分配利润	
固定资产净值		股东权益小计	
资产合计		负债及权益合计	

预计利润表和预计资产负债表预算是财务管理的重要工具。财务报表预算的作用与实际的财务报表不同,所有企业都要编报实际的年度财务报表,这是有关法规的强制性规定,其主要目的是向报表信息外部使用者提供财务信息。财务报表预算主要为企业财务管理服务,是控制企业成本费用、调配现金、实现利润目标的重要手段。

> 知识检测

一、单项选择题

1. 直接材料、直接人工和变动制造费用预算编制的依据是(　　)。
   A. 销售预算　　B. 现金预算　　C. 生产预算　　D. 费用预算

2. (　　)是只使用实物量计量单位的预算。
   A. 销售预算　　B. 直接材料预算　　C. 生产预算　　D. 费用预算

3. 某公司编制2024年第一季度销售预算。已知2023年第三季度销售收入为600万元,2023年第四季度销售收入为800万元,预计2024年第一季度销售收入为1 000万元。该公司收账政策为销售收入的20%于当期收现、60%于下期收现、20%于下下期收现。假设不考虑其他因素,则2024年第一季度期末应收账款的余额为(　　)万元。
   A. 660　　B. 760　　C. 860　　D. 960

4. 在编制制造费用预算时,将制造费用预算扣除(　　)后调整为现金收支的费用。
   A. 变动制造费用　　B. 管理人员工资　　C. 折旧　　D. 水电费

5. 编制生产预算时,预算生产量的计算公式是(　　)。
   A. 预计生产量＝预计销售量＋预计期末存货量－预计期初存货量
   B. 预计生产量＝预计进货量＋预计期末存货量－预计期初存货量
   C. 预计生产量＝预计发货量＋预计期末存货量－预计期初存货量
   D. 预计生产量＝预计销售量－预计期末存货量－预计期初存货量

6. 下列各项中,能够同时以实物量指标和价值量指标分别反映企业经营收入和相关现金收入的预算是(　　)。
   A. 现金预算　　　　　　　　B. 销售预算
   C. 生产预算　　　　　　　　D. 产品生产成本预算

7. 下列各项中,没有直接在现金预算中得到反映的是(　　)。
   A. 期初期末现金余额　　　　B. 现金筹措及运用
   C. 预算期产量和销量　　　　D. 预算期现金余缺

8. 直接人工预算的主要编制基础是(　　)。

A. 销售预算　　　　　　　　　　B. 现金预算
C. 生产预算　　　　　　　　　　D. 产品成本预算

二、多项选择题

1. 下列各项中,是在生产预算的基础上编制的是(　　)。
A. 制造费用预算　　　　　　　　B. 直接材料预算
C. 产品成本预算　　　　　　　　D. 直接人工预算
2. 财务预算包括(　　)。
A. 销售预算　　　　　　　　　　B. 现金预算
C. 预计资产负债表　　　　　　　D. 预计利润表
3. 编制现金预算的依据有(　　)。
A. 销售预算　　　　　　　　　　B. 直接材料预算
C. 生产预算　　　　　　　　　　D. 直接人工预算
4. 下列项目中,属于产品生产成本预算内容的有(　　)。
A. 期末存货成本　　　　　　　　B. 本期销售成本
C. 本期生产成本　　　　　　　　D. 期初存货成本
5. 下列项目中,属于直接人工预算内容的有(　　)。
A. 预计生产量　　　　　　　　　B. 单位产品耗用工时
C. 人工总工时　　　　　　　　　D. 人工总成本
6. 生产预算是编制(　　)的依据。
A. 直接材料预算　　　　　　　　B. 直接人工预算
C. 产品成本预算　　　　　　　　D. 现金预算
7. 产品生产成本预算是(　　)预算的汇总。
A. 销售及管理费用预算　　　　　B. 直接材料预算
C. 直接人工预算　　　　　　　　D. 制造费用预算
8. 与生产预算有直接联系的预算有(　　)。
A. 直接材料预算　　　　　　　　B. 制造费用预算
C. 销售及管理费用预算　　　　　D. 直接人工预算

三、判断题

1. 在编制制造费用预算时,应将固定资产折旧费剔除。　　　　　　(　　)
2. 销售及管理费用预算是根据生产预算来编制的。　　　　　　　　(　　)
3. 销售量和单价预测的准确性直接影响企业财务预算的质量。　　　(　　)
4. 生产预算是在销售预算的基础上编制的,按照"以销定产"的原则,生产预算中的预计生产量应当等于预计销售量。　　　　　　　　　　　　　(　　)
5. 当企业采取赊销方式销售产品时,销售预算所表达的"预计销售收入"与"预计现金收入"可能有所不同。　　　　　　　　　　　　　　　　　(　　)

知识应用

1. 凯乐公司2×23年度只生产和销售甲产品,预算期四个季度的预计销售量分别为5 000件、5 500件、6 000件和5 800件,甲产品预计单位售价为400元。假设每季度销售收入中70%为现销,剩余为赊销于下季度收回。年初应收账款余额为700 000元。

要求:

(1) 列表计算各季度销售收入预算数;

(2) 列表计算各季度现金收入预算数;

(3) 计算年末应收账款预算数。

2. 达能公司2×24年生产乙产品,四个季度的预计销售量分别为3 000件、2 700件、3 600件和3 300件,年初乙产品库存600件,预计每季度末乙产品库存量为下一季度销售量的30%,2025年第一季度预计销售量为3 200件。若该产品只耗用一种材料,每件产品耗用材料5千克,预计每季度末材料库存量分别为2 000千克、2 400千克、2 200千克和2 600千克,材料单价为3元,每季度采购材料的货款60%在本季度付清,其余40%在下季度付清,上年年末应付账款为15 000元,年初材料库存量为1 800千克。

要求:

(1) 计算各季度生产量的预算数;

(2) 计算各季度材料采购量预算数;

(3) 计算各季度采购材料现金支出预算数。

任务四　预算的执行与考核

案例导入

中铁大桥局,全面预算与绩效评价融合的创新运用

从近几年建筑企业集团推行全面预算管理的应用来看,预算编制科学性不高,预算刚性不够,预算执行结果评价随意性较大,全面预算和业绩评价管理在企业管理中还处于孤立地位,作用未能得到发挥。如何将全面预算、业绩评价与企业管理有机结合起来,特别是全面预算与财务业绩评价管理充分融合,通过财务业绩评价来实行全面预算执行结果的闭环管理,进一步引导、激励和约束企业管理者的行为,已成为集团企业迫切需要解决的现实问题。中铁大桥局尝试将全面预算与财务业绩评价管理适度融合,完善配套制度和动态管理,实施两年来,企业管理和财务绩效管理水平得到逐步提升。将全面预算、业绩评价与企业管理有机结合起来,通过财务业绩评价来实行全面预算执行结果的闭环管理,已成为建筑企业集团亟待解决的问题。

具体做法如下:一是健全组织机构和人员,通过设立预算科,人员整合等方式,为全面预算与财务业绩评价融合提供组织保障;二是预算和对标指标结合,设立预算偏离度考评和功效系数法下的对标考评,凸显绩效考评的客观公正性;三是通过推行财务绩效考核指标前移和财务绩效考核前置诊断,为全面预算与财务业绩评价融合提供统一衡量标准;四是推行分析和预警机制,为全面预算与财务业绩评价融合提供动态管理支持;五是通过一系列措施完善业绩评价办法,实施闭环管理。

上述资料中,中铁大桥局在全面预算中是如何考核的呢?

(案例来源:http://www.ztmbec.com/。)

预算编制完成后,应按照相关法律法规及企业章程的规定报经企业预算管理决策机构审议批准,以正式文件形式下达执行。预算审批包括预算内审批、超预算审批、预算外审批等。预算内审批事项,应简化流程,提高效率;超预算审批事项,应执行额外的审批流程;预算外审批事项,应严格控制,防范风险。

一、预算的执行

企业预算一经批复下达,各预算执行单位就必须认真组织实施,将预算指标层层分解,从横向到纵向落实到内部各部门、各单位、各环节和各岗位,形成全方位的预算执行责任体系。

预算执行一般按照预算控制、预算调整等程序进行。

(一)预算控制

预算控制,是指企业以预算为标准,通过预算分解、过程监督、差异分析等促使日常经营不偏离预算标准的管理活动。

企业应建立预算授权控制制度,强化预算责任,严格预算控制。企业应建立预算执行的监督、分析制度,提高预算管理对业务的控制能力。企业应将预算目标层层分解至各预算责任中心。预算分解应按各责任中心权、责、利相匹配的原则进行,既公平合理,又有利于企业实现预算目标。

企业应当将预算作为预算期内组织、协调各项经营活动的基本依据,将年度预算细分为月份和季度预算,以便分期实施预算控制,确保年度预算目标的实现。

企业应当强化现金流量的预算管理,按时组织预算资金的收入,严格控制预算资金的支付,调节资金收付平衡,控制支付风险。

对于预算内的资金拨付,应当按照授权审批程序执行;对于预算外的项目支出,应当按预算管理制度规范支付程序;对于无合同、无凭证、无手续的项目支出,不予支付。

对于预算编制、执行和考评过程中的风险,企业应当采取一定的防控措施来对风险进行有效管理。必要时,可以建立企业内部负责日常预算管理需求的部门,加强员工风险意识,以个人为预算风险审查对象,并形成相应的奖惩机制,通过信息技术和信息管理系统控制预算流程中的风险。

企业应当严格执行销售、生产和成本费用预算,努力完成利润指标。在日常控制中,企业应当健全凭证记录,完善各项管理规章制度,严格执行生产经营月度计划和成本费用的定额、定率标准,加强适时监控。对预算执行中出现的异常情况,企业有关部门应及时查明原因,提出解决办法。

企业应通过信息系统展示、会议、报告、调研等多种途径及形式,及时监督、分析预算执行情况,分析预算执行差异的原因,提出对策建议。

企业财务管理部门应当利用财务报表监控预算的执行情况,及时向预算执行单位、企业预算管理委员会以至董事会或经理办公会提供财务预算的执行进度、执行差异及其对企业预算目标的影响等财务信息，促进企业完成预算目标。

（二）预算调整

企业正式下达执行的财务预算，一般不予调整。预算执行单位在执行中由于市场环境、经营条件、政策法规等发生重大变化，致使预算的编制基础不成立，或者将导致预算执行结果产生重大偏差，可以调整预算。

企业应当建立内部弹性预算机制，对于不影响预算目标的经营预算、资本支出预算、筹资预算之间的调整，可以按照内部授权批准制度执行，鼓励预算执行单位及时采取有效的经营管理对策，保证预算目标的实现。

企业调整预算，应当由预算执行单位逐级向企业预算管理委员会提出书面报告，阐述预算执行的具体情况、客观因素变化情况及其对预算执行造成的影响程度，提出预算指标的调整幅度。

企业财务管理部门应当对预算执行单位的预算调整报告进行审核分析，集中编制企业年度预算调整方案，提交预算管理委员会以至企业董事会或经理办公会审议批准，然后下达执行。

对于预算执行单位提出的预算调整事项，企业进行决策时，一般应当遵循以下要求：

（1）预算调整事项不能偏离企业发展战略。

（2）预算调整方案应当在经济上能够实现最优化。

（3）预算调整重点应当放在财务预算执行中出现的重要的、非正常的、不符合常规的关键性差异方面。

二、预算的分析与考核

企业应当建立预算分析制度，由预算管理委员会定期召开预算执行分析会议，全面掌握预算的执行情况，研究、解决预算执行中存在的问题，纠正预算的执行偏差。

开展预算执行分析，企业管理部门及各预算执行单位应当充分收集有关财务、业务、市场、技术、政策、法律等方面的信息资料，根据不同情况分别采用比率分析、比较分析、因素分析、平衡分析等方法，从定量与定性两个层面充分反映预算执行单位的现状、发展趋势及其存在的潜力。

针对预算的执行偏差，企业财务管理部门及各预算执行单位应当充分、客观地分析产生的原因，提出相应的解决措施或建议，提交董事会或经理办公会研究决定。

企业预算管理委员会应当定期组织预算审计，纠正预算执行中存在的问题，充分发挥内部审计的监督作用，维护预算管理的严肃性。

预算年度终了，预算管理委员会应当向董事会或者经理办公会报告预算执行情况，并依据预算完成情况和预算审计情况对预算执行单位进行考核。

预算考核主要针对定量指标进行考核，是企业绩效考核的重要组成部分。企业应建立健全预算考核制度，并将预算考核结果纳入绩效考核体系，切实做到有奖有惩、奖惩分明。预算考核主体和考核对象的界定应坚持上级考核下级、逐级考核、预算执行与预算考核职务相分离的原则。

预算考核以预算完成情况为考核依据,通过对预算执行情况与预算目标进行比较,确定差异并查明产生差异的原因,进而据以评价各责任中心的工作业绩,并通过与相应的激励制度挂钩,促进其与预算目标相一致。

▍知识检测

一、单项选择题

1. 企业应当建立预算分析制度,负责定期召开预算执行分析会议的部门是(   )。
   A. 财务管理部门   B. 企业所属基层单位
   C. 企业董事会或类似机构   D. 预算委员会
2. 下列关于预算的分析与考核的说法中,不正确的是(   )。
   A. 预算审计应该采用全面审计或者抽样审计,在特殊情况下也可组织不定期的专项审计
   B. 开展预算执行分析,有关部门要收集有关信息资料,根据不同情况采用一些方法,从定量的层面反映预算执行单位的现状、发展趋势及其存在的潜力
   C. 企业预算管理委员会应当定期组织预算审计,纠正预算执行中存在的问题
   D. 预算年度终了,预算管理委员会应当向董事会或者经理办公会报告预算执行情况

二、多项选择题

1. 在预算执行中,可能导致预算调整的情形有(   )。
   A. 原材料价格大幅度上涨   B. 公司进行重大资产重组
   C. 主要产品市场需求大幅下降 D. 营改增导致公司税负大幅下降
2. 预算调整应当遵循的要求包括(   )。
   A. 预算调整事项不能偏离企业发展战略
   B. 预算调整方案应当在经济上能够实现最优化
   C. 预算调整重点应当放在财务预算执行中出现的重要的、非正常的、不符合常规的关键性差异方面
   D. 预算可以随意调整

▍知识应用

某公司实行预算管理多年,但预算执行效果不佳。某年,销售部门预算不够,销售副总直接向总经理汇报,然后总经理通知财务调整预算。财务经理要求销售部门填写《预算调整申请单》,销售副总以总经理已经同意为由拒绝填报,财务经理因缺乏调整手续而予以搁置,导致当年的全面预算管理失效。

你认为该公司在预算执行中存在的主要问题有哪些?如何进行整改?

▍项目小结与自我评价

本项目主要介绍了全面预算概述、预算的编制方法与程序、预算的编制、预算的执行与考核。学生应熟悉企业预算的一般编制程序和方法。本项目的重点是:全面预算的内容以及预算编制方法。本项目的难点是:直接人工预算、制造费用付现支

项目八延伸阅读 1——集团企业预算管理的演进与意义建构 1998—2014 年的纵向案例研究

项目八延伸阅读 2——预算管理发展历程与预算功能演进

出、现金的筹集和运用。通过对重难点知识的学习,让学生能够运用所学的财务预算的知识,为企业编制全面财务预算报告。请在表 8-28 中的自我评价栏对自己的知识掌握情况作出评价,并查漏补缺。

表 8-28　全面预算知识点汇总表

任务名称		知识点	自我评价(得分)
任务一　全面预算概述	全面预算的含义		
	全面预算的类型	按期限长短:长期预算和短期预算 按涉及内容:总预算和专门预算 按业务活动:经营预算、专门决策预算和财务预算	
	全面预算体系	资本预算 经营预算 财务预算等	
	全面预算的作用	明确明标 协调工作 控制标准 考核依据	
任务二　预算的编制方法与程序	预算的编制方法	增量预算法与零基预算法 固定预算法与弹性预算法 定期预算法与滚动预算法	
	预算的编制程序	下达目标 编制上报 审查平衡 审议批准 下达执行	
任务三　预算的编制	经营预算的编制	销售预算 生产预算 直接材料预算 直接人工预算 制造费用预算 产品成本预算 销售费用和管理费用预算	
	财务预算的编制	现金预算 预计利润表 预计资产负债表	
任务四　预算的执行与考核	预算的执行	预算控制 预算调整	
	预算的分析与考核		
说明	掌握:经过课前预习、教师讲解、课后复习,能理解相关知识;10 分。 基本掌握:在教师、同学的课后帮助下,能理解相关知识;5 分。 模糊:在教师、同学的课后帮助下,仍然不能理解相关知识;0 分。		
成绩		学生签字	

项目综合训练

一、单项选择题

1. 下列各项中,不属于财务预算的是( )。
   A. 预计利润表 B. 现金预算
   C. 生产成本预算 D. 预计资产负债表

2. 在财务预算中,用以反映企业预算期期末财务状况的财务报表是( )。
   A. 现金预算 B. 预计利润表
   C. 预计资产负债表 D. 预计现金流量表

3. 下列各项中,属于编制全面预算的出发点和日常业务预算的基础的是( )。
   A. 销售预算 B. 生产预算
   C. 产品成本预算 D. 预计利润表

4. 资本支出预算属于( )。
   A. 总预算 B. 财务预算
   C. 业务预算 D. 专门决策预算

5. 财务预算管理中,不属于总预算内容的是( )。
   A. 现金预算 B. 生产预算
   C. 预计利润表 D. 预计资产负债表

6. 在基期成本费用水平的基础上,结合预算期业务量及有关降低成本的措施,通过调整有关原有成本项目而编制预算的一种方法称为( )。
   A. 静态预算法 B. 零基预算法
   C. 滚动预算法 D. 增量预算法

7. 在编制预算时,预算期必须与会计年度口径一致的编制方法是( )。
   A. 定期预算法 B. 零基预算法
   C. 滚动预算法 D. 弹性预算法

8. 在编制预算时,应考虑预算期内一系列可能达到的业务量水平的编制方法是( )。
   A. 固定预算法 B. 增量预算法
   C. 弹性预算法 D. 滚动预算法

9. 完全依赖一种业务量编制的预算被称为( )。
   A. 弹性预算 B. 零基预算
   C. 滚动预算 D. 固定预算

10. 唯一仅以实物量指标来编制的预算是( )。
    A. 销售预算 B. 现金预算
    C. 生产预算 D. 产品成本预算

11. 在下列各项中,不能作为编制现金预算依据的是( )。
    A. 制造费用预算 B. 销售及管理费用预算
    C. 产品生产成本预算 D. 专门决策预算

12. 预计利润表中,利息支出是依据( )确定的。

A. 销售预算 B. 生产预算
C. 产品生产成本预算 D. 现金预算

13. 编制生产预算中的"预计需要量"项目时,不需要考虑的因素是(　　)。
A. 预计销量 B. 预计产成品期初结存量
C. 预计产成品期末结存量 D. 上期实际销量

二、多项选择题

1. 下列各项中,属于日常业务预算的内容有(　　)。
A. 生产预算 B. 产品成本预算
C. 现金预算 D. 制造费用预算

2. 在财务预算中,专门用以反映企业未来一定预算期内预计财务状况和经营成果的为(　　)。
A. 现金预算 B. 预计资产负债表
C. 预计利润表 D. 预计现金流量表

3. 在编制现金预算的过程中,可作为其编制依据的有(　　)。
A. 日常业务预算 B. 预计利润表
C. 预计资产负债表 D. 专门决策预算

4. 下列各项预算中,属于财务预算内容的有(　　)。
A. 销售预算 B. 生产预算
C. 现金预算 D. 预计利润表

5. 集中反映财务决策结果的专门预算包括(　　)。
A. 直接材料消耗及采购预算 B. 销售费用预算
C. 短期决策预算 D. 长期决策预算

6. 财务预算中的预计财务报表包括(　　)。
A. 预计收入表 B. 预计成本表
C. 预计利润表 D. 预计资产负债表

7. 相对定期预算而言,滚动预算的优点有(　　)。
A. 透明度高 B. 及时性强
C. 预算工作量小 D. 连续性、完整性和稳定性突出

8. 作为控制工具的弹性预算的特点有(　　)。
A. 以成本性态分析为理论前提
B. 既可以用于成本费用预算也可以用于利润预算
C. 在预算期末需要计算"实际业务量的预算成本"
D. 只要本量利数量关系不发生变化,则无须每期重新编制

9. 下列项目中,属于生产预算内容的有(　　)。
A. 预计销售量 B. 预计期末存货
C. 预计期初存货 D. 预计消耗量

10. 下列各项中,包括在现金预算中的有(　　)。
A. 现金收入 B. 现金支出
C. 现金收支差额 D. 资金的筹集与使用

11. 下列预算中,既能反映经营业务,又能反映现金收支内容的有( )。
   A. 销售预算 B. 生产预算
   C. 直接材料预算 D. 制造费用预算
12. 下列各项中,被纳入现金预算的有( )。
   A. 经营性现金收入 B. 经营性现金支出
   C. 资本性现金支出 D. 现金收支差额
13. 不能够同时以实物量指标和价值量指标分别反映企业经营业务和相关现金收入或支出的预算有( )。
   A. 现金预算 B. 销售预算
   C. 生产预算 D. 直接人工预算

三、判断题

1. 增量预算编制方法不考虑以往会计期间发生的费用项目或费用数额。( )
2. 在编制零基预算时,应以企业现有的费用水平为基础。( )
3. 为了克服定期预算的缺点,保持预算的连续性和完整性,可采用滚动预算的方法。( )
4. 弹性预算不只是一种编制费用预算的方法,它还可以编制成本预算和利润预算。( )
5. 总预算是指企业所有以货币及其他数量形式反映的、有关企业未来一段时间内全部经营活动各项目目标的行动计划与相应措施的数量说明。( )
6. 专门决策预算包括经营决策预算和投资决策预算,在一般情况下,专门决策预算的数据要纳入日常业务预算和现金预算。( )
7. 财务预算是全面预算体系中的最后环节,可以从价值上总括反映经营期决策预算和业务预算的结果。因此,它在全面预算中占重要地位。( )
8. 全面预算包括专门决策预算、总预算和日常业务预算。( )
9. 直接材料预算中,直接材料的采购额是根据预算材料需用量与材料计划单价直接相乘来确定的。( )
10. 制造费用预算中的固定制造费用可以全部作为预算当期的现金支出。( )
11. 编制预计财务报表只要依据现金预算即可。( )
12. 在现金预算中,必须反映在预算期内企业规划筹措用于抵补收支差额的现金确保一定数额的现金余额,以及通过买入、卖出有价证券来调剂现金余额等内容。( )
13. 日常业务预算中的所有预算都能够同时反映经营业务和现金收支活动。( )

项目九

财务控制

> 思维导图

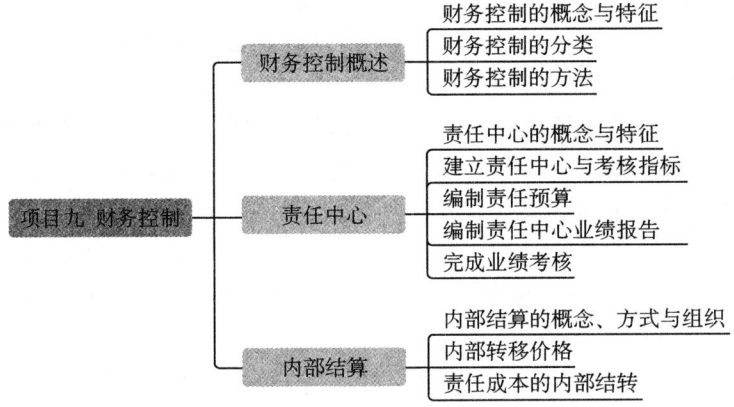

> 学习目标

微课：财务控制——责任中心

1. 知识目标

(1) 了解财务控制的概念、特征、分类与方法。

(2) 了解责任中心的概念与目标。

(3) 了解责任中心控制的具体流程。

(4) 熟悉成本中心、利润中心、投资中心的概念及考核指标。

(5) 熟悉责任预算的编制方法。

(6) 熟悉业绩报告的编制方法。

(7) 了解各类责任中心的考核、内部结算。

(8) 了解内部转移价格的概念、作用等，熟悉内部转移价格的类型。

2. 技能目标

(1) 能够区分各类责任中心，并计算各类责任中心的考核指标。

(2) 能够编制责任预算、业绩报告并作简要分析。

(3) 能够区分各内部转移价格，并根据企业实际选择适当的内部转移价格。

3. 素养目标

(1) 熟知控制与财务控制的重要性。

(2) 无论在生活中还是工作中，养成编制预算、分析差异、找到差异原因的习惯，让自己不断进步。

(3) 敬业、诚信、谨慎、实事求是。

任务一 财务控制概述

> **案例导入**

科胜公司的财务控制

科胜公司在2×23年年末便完成了企业2×24年的预算编制工作,下一步工作便是保障财务预算的实施,以实现财务预算目标。要想实现财务预算就必须有效地对各个环节及影响和制约公司绩效的各因素实施控制,并对脱离预算或制度的差异进行调节,也就是需要进行财务控制。

那么什么是财务控制呢?它有哪些分类?有哪些具体的财务控制方法呢?

一、财务控制的概念与特征

财务控制作为现代企业管理水平的重要标志,是运用特定的方法、措施和程序,通过规范化的控制手段,对企业的财务活动进行控制和监督。它是确保企业、单位及其内部机构和人员全面落实财务预算,实现财务预算目标的保障。

财务控制是内部控制的一个重要组成部分,是内部控制的核心,是内部控制在资金和价值方面的体现。它的特征主要有以下几点。

第一,以价值形式为控制手段。财务控制以实现财务预算为目标,而财务预算是以价值形式反映的,因此,财务控制必须以价值形式为控制手段。

第二,以不同岗位、部门和层次的不同经济业务为综合控制对象。

第三,以控制日常现金流量为主要内容。由于日常的财务活动过程主要表现为组织现金流量的过程,因此,控制现金流量成为财务控制的主要内容。

二、财务控制的分类

我们可以从不同角度对财务控制进行分类,不同类型的财务控制,其侧重点也有所不同。同一个企业可能同时存在多种类型的财务控制。财务控制的具体分类如表9-1所示。

表9-1 财务控制的类别

分类的角度	内 容
按照财务控制的内容分类	一般控制,是指对企业财务活动赖以进行的内部环境所实施的总体控制,也称为基础控制或环境控制。 应用控制,是指直接作用于企业财务活动的具体控制,也称为业务控制
按照财务控制的功能分类	预防性控制,是指为防范风险、错弊和非法行为的发生,或尽量减少其发生机会所进行的一种控制。 侦查性控制,是指为及时识别已存在的财务危机、已发生的错弊和非法行为,或增强识别风险和发现错弊的能力所进行的各项控制。

(续表)

分类的角度	内　容
按照财务控制的功能分类	纠正性控制,是指对那些由侦查性控制查出来的问题进行的纠正。 指导性控制,是指为了实现有利结果而采取的控制,它在实现有利结果的同时,也避免了不利结果的发生。 补偿性控制,是指针对某些环节的不足或缺陷而采取的控制措施,是为了把风险水平限制在一定范围内
按照财务控制的时序分类	事先控制,是指企业单位为防止财务资源在质和量上发生偏差,而在行为发生之前所实施的控制。 事中控制,是指财务收支活动发生过程中所进行的控制。 事后控制,是指对财务收支活动的结果所进行的考核及其相应的奖罚
按照财务控制的依据分类	预算控制,是指以财务预算为依据,对预算执行主体的财务收支活动进行监督、调整的一种控制形式。它具有激励性的特征。 制度控制,是指通过制定企业内部规章制度,并以此为依据约束企业和各责任中心财务收支活动的一种控制形式。它具有防护性的特征
按照财务控制的手段分类	定额控制,是指对企业和各责任中心采用绝对额指标进行控制。它相对于定率控制而言缺乏弹性。 定率控制,是指对企业和各责任中心采用相对比率指标进行控制。它具有投入与产出对比、开源与节流并重的特征
按照财务控制的对象分类	收支控制,是指对企业和各责任中心的财务收入活动和财务支出活动所进行的控制。控制财务收入活动,旨在达到收入的目标;控制财务支出活动,旨在降低成本、减少支出。 现金控制,是指对企业和各责任中心的现金流入和现金支出所进行的控制。现金控制应力求实现现金流入和流出的基本平衡,既要防止因现金短缺而可能出现的支付危机,也要防止因现金沉淀而可能出现的机会成本增加

三、财务控制的方法

(一) 职务分离控制

根据财务控制的要求,单位在确定和完善组织结构的过程中,应当遵循不相容职务相分离的原则。不相容职务是指那些如果由一个人担任,既可能发生错误和舞弊行为,又可能掩盖其错误和弊端行为的职务。不相容职务分离的核心是"内部牵制",它要求每项经济业务都要经过两个或两个以上的部门或人员的处理,使得单个人或部门的工作必须与其他人或部门的工作相一致或相联系,并受其监督和制约。

概括而言,在单位内部应加以分离的主要不相容职务有以下几点。

(1) 授权进行某项经济业务和执行该项业务的职务要分离,如有权决定或审批材料采购的人员不能同时兼任采购员职务。

(2) 执行某些经济业务和审核这些经济业务的职务要分离,如填写销货发票的人员不能兼任审核人员。

(3) 执行某项经济业务和记录该项业务的职务要分离,如销货人员不能同时兼任会计记账工作。

(4) 保管某些财产物资和对其进行记录的职务要分离,如会计部门的出纳员与记账员要分离,不能兼任。

> **寓德于技——**
> 《中华人民共和国刑法》第二百七十二条、第三百八十四条对挪用公款作出了相应的规定。
> 有时候我们所在单位的可能内部牵制制度并不完善,但我们也要诚实守信、廉洁自律、遵纪守法,严格要求自己,绝不做违法违纪的事。

(5) 保管某些财产物资和核对实存数与账存数的职务要分离。

(6) 记录明细账和记录总账的职务要分离。

(7) 登记日记账和登记总账的职务要分离。

(二) 授权批准控制

授权批准控制是在职务分工控制的基础上，由企业权力机构或上级管理者明确规定有关业务经办人员的职责范围和业务处理权限与责任，使所有的业务经办人员在办理每项经济业务时都能事先得到适当的授权，并在授权范围内办理有关经济业务，承担相应的经济责任和法律责任。

授权的方式主要有一般授权和特定授权两种。

一般授权是授予有关人员处理正常范围内的经济业务的权限，一般采用文件的形式予以明确；特殊授权是授予相关人员处理超出一般授权范围的特殊业务的权限。例如，公司采购制度规定：处理材料采购业务时，对于1万元以下的材料采购业务公司材料采购员有权根据实际情况进行处理，决定是否采购；而对于金额超过1万元的材料采购业务必须经过主管领导批准方可进行采购。前者即为一般授权，后者为特殊授权。

授权批准控制可以保证单位既定方针的执行和限制滥用职权。完善的授权批准体系具有以下特点。

(1) 企业所有人员不经合法授权，不能行使相应权力。不经合法授权，任何人不能审批；有权授权的人应在规定的权限范围内行事，不得超越授权。

(2) 企业所有的业务，不经授权不得执行。

(3) 有权授权的人应承担相应的责任，达到权力与责任的统一。

(三) 预算控制

预算控制是财务控制的一个重要方面。它是以预算为依据，对企业的财务收支和现金流量进行的控制。预算按照涉及业务活动的领域分为经营预算、投资预算和财务预算三大类。

预算控制通常分为三步：第一步是编制预算，即拟定标准；第二步是找出偏差，并采取纠正措施；第三步是消除偏差，并进行业绩考核。预算最大的价值还在于它对改进协调和控制的贡献。当为组织的各个职能部门都编制了预算时，就为协调组织的活动提供了基础。同时，预算也为控制工作中的纠正措施奠定了基础。

(四) 实物资产控制

实物资产控制主要包括限制接近控制和定期清查控制两种。限制接近控制是指控制对实物资产及与实物资产有关的文件的接触，如现金、银行存款、有价证券和存货等，除出纳人员和仓库保管人员外，其他人员则限制接触，以保证资产的安全；定期清查控制是指定期进行实物资产清查，保证实物资产实有数量与账面记载相符，如账实不符，应查明原因，及时处理。

(五) 业绩评价控制

业绩评价是指将实际业绩与其评价标准，如前期业绩、预算和外部基准进行比较，对营运业绩等进行的评价。

业绩评价包括财务业绩评价和非财务业绩评价。

新手提示

一般来讲，单位的经济活动通常划分为五个步骤：授权、签发、核准、执行和记录。如果上述每一步骤由相对独立的人员或部门实施，就能够保证不相容职务的分离，便于财务控制作用的发挥。

新手提示

一般授权的范围应适当。如果一般授权的范围太大，会削弱内部控制制度，会使企业领导失去对重要业务的控制，从而产生较大的经营风险。反之，如果一般授权范围过小，凡事需要请示、批准，使一般授权名存实亡，也会削弱管理人员的工作积极性和责任心，对企业经营管理产生不利影响。

寓德于技

作为一名实物资产保管人员，我们要有安全意识、风险意识和自我保护意识，严格执行实物资产控制，这不仅是维护单位的利益，更是保护我们自己。

财务业绩评价是指根据财务信息来评价管理者业绩的方法,常见的财务评价指标包括净利润、资产报酬率、经济增加值(EVA)等。在责任会计中,各类责任中心的业绩评价指标所采用的基本上都是财务业绩评价指标。

财务业绩评价的优点包括:财务业绩可以反映企业的经营成果,同时也容易从会计系统中获得相应的数据,操作简便,易于理解。

财务业绩评价的缺点包括:①财务业绩体现的是企业当期的财务成果,反映的是企业的短期业绩,无法反映管理者在企业的长期业绩改善方面所作的努力;②财务业绩是一种结果导向,即只注重最终的财务结果,而对达成该结果的改善过程则欠考虑;③财务业绩通过会计程序产生的会计数据进行考核,而会计数据则是根据公认的会计原则产生的,受到稳健性原则有偏估计的影响,因此可能无法公允地反映管理层的真正业绩。

非财务业绩评价是指根据非财务信息指标来评价管理者业绩的方法。比如,与顾客相关的指标:市场份额、关键客户订货量、顾客满意度、顾客忠诚度等;与企业内部营运相关的指标:及时送货率、存货周转率、产品或服务质量(缺陷率)、周转时间等;反映员工学习与成长的指标:员工满意度、员工建议次数、员工拥有并熟练使用电脑比率、员工第二专长人数、员工流动率等。

非财务业绩评价的优点包括:可以避免财务业绩评价只侧重过去、比较短视的不足;可以更体现长远业绩,更体现外部对企业的整体评价。

非财务业绩评价的缺点是一些关键的非财务业绩指标往往比较主观,数据的收集比较困难,评价指标数据的可靠性难以保证。

本项目主要介绍财务业绩评价。

> **新手提示**
> 虽然本章主要介绍财务业绩评价,但公司股东或者经营管理人员,对经营管理层或职能部门进行评价、考核时,应当将财务业绩和非财务业绩结合起来。

知识检测

一、多项选择题

1. 按照财务控制的内容分类,分为( )。
   A. 一般控制　　　　　　　　B. 应用控制
   C. 预防性控制　　　　　　　D. 侦查性控制

2. 按照财务控制的依据分类,分为( )。
   A. 预算控制　　　　　　　　B. 制度控制
   C. 应用控制　　　　　　　　D. 定率控制

3. 下列说法中,正确的有( )。
   A. 定率控制具有投入与产出对比、开源与节流并重的特征
   B. 比较而言,定额控制没有弹性,定率控制具有弹性
   C. 指导性控制在实现有利结果的同时,也避免了不利结果的发生
   D. 侦查性控制是为了把风险水平限制在一定范围内

4. 按照财务控制的对象,财务控制可以分为( )。
   A. 预算控制　　　　　　　　B. 制度控制
   C. 现金控制　　　　　　　　D. 收支控制

5. 常见的不相容职务包括( )。

A. 业务授权与执行职务相分离
B. 经营责任与记账责任相分离
C. 记录总账与明细账职务相分离
D. 业务执行与记录职务相分离

二、判断题

1. 与预算控制相比,制度控制具有激励性的特征。（   ）
2. 纠正性控制是指针对某些环节不足或缺陷而采取的控制措施。（   ）

知识应用

请查阅格力电器、美的集团等公司的财务控制制度,分析它们所采用的财务控制方法有哪些?

任务二　责任中心

案例导入

华为的责任中心

华为技术有限公司(以下简称华为)成立于1987年,总部位于广东省深圳市。公司规模变大后,很多人对公司感到陌生,华为应当采取怎样的办法去管理是个问题。由于华为的战略是聚焦的(就是把自己所有的力量凝聚到一个点上,要么不做,要做就堵上去,也叫针尖战略),因而,公司否定了顾问所提出的事业部制结构。

华为在解决管理问题时有两个原则,其中一个原则就是公司规模扩大后,必然需要分权。但是分权需要在集权的基础上分权。集权是为了保证力出一孔,更好地聚焦主航道,把企业有限的资源聚集一点,撕开口子,扩大战果。

基于以上原则,华为采取了如下的协同机制。

(1) 通过责任中心组合管理,根据应负经营责任的不同,把公司销售、研发、供应链、财经、人力资源划分为利润中心、成本中心和费用中心。

(2) 通过责任中心的目标互锁,来解决作战部门之间协同,以及作战部门与平台支撑部门协同问题。

那么,什么是责任中心呢? 责任中心如何建立,如何进行业绩评价与考核呢?

(案例来源:https://www.huawei.com/cn/?ic_medium=direct&ic_source=surlent。)

一、责任中心的概念与特征

1. 责任中心的概念

企业经营管理权限的分配方式主要有集权和分权两种。集权是把企业经营管理权限较多地集中在企业上层。分权是把企业的经营管理权适当地分散在企业中下层的一种组织形式。集权和分权虽然可以看作两种不同的组织结构形式,但实际上是上级与下级在权力分配上的比重和协调问题。

公司实行分权管理体制,必须建立和健全有效的业绩评价和考核制度。公司整体的业绩目标,需要落实到内部各部门和经营单位,成为内部单位业绩评价的依据。因此,我们可以根据内部单位职责范围和权限大小来划分责任中心,使每一类责任中心均对应不同的决策权力及不同的业绩评价指标。责任中心就是承担一定经济责任,并享有一定权利的企业内部(责任)单位,主要包括成本中心、收入中心、利润中心和投资中心,由于收入中心比较简单,实务中也不多见,本书主要介绍成本中心、利润中心和投资中心。

责任中心的划分往往与责任预算编制相适应。企业为了保证预算的贯彻落实和最终实现,往往把总预算中确定的目标和任务,按照责任中心逐层进行指标分解,形成责任预算,使各个责任中心明确自己的目标和任务。

2. 责任中心的特征

责任中心通常具有以下特征:

第一,责任中心是一个责、权、利相结合的实体;

第二,责任中心所承担的义务和行使的权力都应是可控的;

第三,责任中心具有相对独立的经营业务和财务收支活动;

第四,责任中心的划分必须便于单独核算。

二、建立责任中心与考核指标

(一)建立成本中心

1. 成本中心的概念

成本中心是指只对其成本(费用)承担经济责任并负责控制和报告成本(费用)的责任中心。

成本中心往往是没有收入的。例如,一个生产车间,它没有销售职能,没有货币收入。有的成本中心可能有少量收入,但不成为主要的考核内容。任何发生成本的责任领域,都可以确定为成本中心。一个成本中心可以由若干个更小的成本中心组成。例如,一个分厂是成本中心,它由几个车间所组成,而每个车间还可以划分为若干个工段,这些工段是更小的成本中心。

2. 成本中心的类型

成本中心包括技术性成本中心和酌量性成本中心。

技术性成本是指发生的数额通过技术分析可以相对可靠地估算出来的成本,如产品生产过程中发生的直接材料、直接人工、制造费用等。技术性成本可以通过弹性预算予以控制。

酌量性成本是指那些是否发生及发生数额的多少由管理人员所决定的成本,主要包括各种管理费用和某些间接成本项目,如研究开发费用、广告宣传费用、职工培训费等。酌量性成本的控制着重在于预算总额的审批上。

3. 成本中心的特点

成本中心的特点包括以下几点:

寓德于技——

企业为了更好地发展,可以通过设定责任中心以加强管理,让每一个部门、每一个员工承担起责任,共同谋求企业的美好未来。

我们每一个人作为家庭的一员,都有义务承担起家庭的责任,做好自己的事情,努力学习和工作,让家越来越富裕、越来越幸福。

作为一名中国人,我们也要担负起国家富强的责任,在自己的岗位上为祖国的建设作出应有的贡献。

(1) 成本中心仅仅考评成本费用；

(2) 成本中心只对可控成本承担责任。

可控成本是指在特定时期内、特定责任中心能够直接控制其发生的成本。可控成本通常应符合以下三个条件：①成本中心有办法知道将发生什么样性质的耗费；②成本中心有办法计量它的耗费；③成本中心有办法控制并调节它的耗费。凡不符合上述三个条件的，即为不可控成本。

4. 成本中心的考核指标

将成本区分为可控成本和非可控成本，主要是因为成本中心需要对可控成本承担责任，也就是说，可控成本是成本中心的责任成本。

责任成本可分为预算责任成本和实际责任成本。前者是指由全面预算分解确定的各责任中心应承担的责任成本；后者是指各责任中心从事业务活动实际发生的责任成本。

对成本费用进行控制，应以各成本中心的预算责任成本为依据，确保实际责任成本不会超过预算责任成本；对成本中心进行考核，应通过各成本中心的实际责任成本与预算责任成本进行比较，确定其成本控制的绩效，并采取相应的奖惩措施。

成本中心的考核指标主要有两个，计算公式如下：

成本（费用）变动额＝实际责任成本（或费用）－预算责任成本（或费用）

成本（费用）变动率＝成本（费用）变动额÷预算责任成本（费用）×100%

在进行成本中心考核时，如果预算产量与实际产量不一致，应注意按弹性预算的方法先行调整预算指标，然后再按上述公式计算。

【例9-1】 万豪公司一号车间为一个成本中心，主要生产甲产品，预算产量为6 000件，预算单位成本为100元，实际产量为6 000件，实际单位成本为98元。请计算成本变动额和变动率。

成本变动额＝98×6 000－100×6 000＝－12 000（元）

成本变动率＝[－12 000/(100×6 000)]×100%＝－2%

计算结果表明，该成本中心的成本变动额为－12 000元，变动率为－2%。

牛刀小试

想一想，工厂的生产车间作为一个成本中心，它发生的所有的成本、费用（例如，由于疏于管理导致的废品损失、车间管理人员薪酬、直线法提计的固定资产折旧费等）都属于它的可控成本吗？

（二）建立利润中心

1. 利润中心的概念

利润中心是指对利润负责的中心。由于利润等于收入减去成本（费用），所以利润中心既对成本（费用）负责又对收入负责，它具有独立或相对独立的收入和生产经营决策权。

利润中心的权力和责任都比成本中心大，它不仅要求降低成本，而且要求寻求收入的增长，并使收入的增长超过成本的增长。

新手提示

成本的可控与否通常与责任中心的权力层次、管辖范围有关。例如，材料采购成本的高低对于负责采购工作的供应部门来说是可控的，而耗用材料的生产车间却无法控制材料价格的高低，它只对材料单耗负责。

此外，成本是否可控还与时期长短有关，比如从很长的时间来看，公司所有的成本都是人的某种决策和行为的结果，都是可控的。但对于特定的时间来说，有些是可控的，有些则是不可控的。

寓德于技

在工作中，我们要遵守单位的成本制度，节约成本；在生活中，我们也要有成本意识，不铺张浪费、不盲目消费、不虚荣、不攀比，做到量力而行。

利润中心往往处于企业内部的较高层次,如分公司、分厂、分店,一般具有独立的收入来源或能视同一个有独立收入的部门。

2. 利润中心的类型

利润中心可以是自然的,也可以是人为的。

(1) 自然利润中心。自然利润中心是指在外界市场上销售产品或提供劳务取得实际收入、给企业带来利润的利润中心。这类利润中心一般是企业内部独立单位,具有材料采购权、生产决策权、价格制定权、产品销售权,有很大的独立性,如分公司、分店等。它既有收入,又有成本,可以计算利润,将其完成的利润和责任预算中的预计利润对比,评价和考核其工作业绩。

自然利润中心的特点是有很大的独立性。它虽然是企业内的一个部门,但功能与独立企业相近,最典型的形式就是公司内的事业部。

(2) 人为利润中心。人为利润中心是指在企业内部按照内部转移价格将产品或劳务提供给本企业其他责任中心取得收入,实现内部利润的责任中心。这类利润中心的产品主要在本企业内转移,一般不与外部市场发生业务上的联系。如各生产车间、运输队等。企业能够为成本中心相互提供产品或劳务规定一个适当的内部转移价格,使得这些成本中心可以取得收入进而评价其收益,因此,大多数成本中心总能转化为人为利润中心。

牛刀小试

请问案例导入中华为公司的利润中心是人为利润中心还是自然利润中心?

3. 利润中心的成本计算

利润中心对利润负责,因此必然要考核和计算成本。

利润中心的成本计算,通常有两种方式可供选择。

(1) 利润中心只计算可控成本,不计算非可控成本。这种方式主要适用于共同成本难以合理分摊或无须进行分摊的情形。按这种方式计算出的盈利相当于边际贡献总额,而非通常意义下的企业利润总额。企业的利润总额需将各利润中心的边际贡献总额之和,减去未分摊的共同成本才能得到。

采用这种成本计算方式的利润中心,实质上是边际贡献中心。通常,人为利润中心适合采取这种计算方式。

(2) 利润中心既计算可控成本,也计算非可控成本。这种方式适合于共同成本易于合理分摊或不存在共同成本分摊的情形。各利润中心的税前利润之和就是整个企业的利润总额。自然利润中心适合采用这种计算方式。

4. 利润中心的考核指标

对利润中心进行考核的指标主要是利润,主要通过比较一定期间实际利润与预算利润,从而评价其责任中心的业绩。

在计量一个利润中心的利润时,需要解决两个问题:第一,选择一个利润指标,分配成本到该中心;第二,为在利润中心之间转移的产品或者劳务规定价格,即内部转移价格。这里先讨论第一个问题,内部转移价格相关内容在下一个任务讲解。

由于利润中心的成本计算方式不同,其利润指标的表现形式也不相同。

(1) 当利润中心不计算不可控成本(共同成本)时,其考核指标是:

利润中心边际贡献总额＝利润中心销售收入总额－利润中心可控成本总额(或变动成本总额)

(2) 当利润中心计算不可控成本(共同成本)时,并采取变动成本法计算成本时,其考核指标有:

利润中心边际贡献总额＝利润中心销售收入总额－利润中心变动成本总额
利润中心负责人可控利润总额＝利润中心边际贡献总额－利润中心负责人可控固定成本
利润中心可控利润总额＝利润中心负责人可控利润总额－利润中心负责人不可控固定成本

其中:利润中心负责人可控固定成本＋利润中心负责人不可控固定成本＝利润中心固定成本。

为了考核利润中心负责人的经营业绩,应针对经理人员的可控成本费用进行评价和考核。这就需要将各利润中心的固定成本进一步区分为可控成本和不可控成本。在考核利润中心负责人业绩时,应将其不可控的固定成本(如广告费、保险费)从中剔除。

【例 9-2】 某企业的基本生产车间是一个人为利润中心,本期实现内部销售收入为 90 万元,相应变动成本为 60 万元,该中心负责人可控固定成本为 5 万元,中心负责人不可控的且应由该中心负担的固定成本为 8 万元。请计算该中心的各项实际考核指标。

利润中心边际贡献总额＝90－60＝30(万元)
利润中心负责人可控利润总额＝30－5＝25(万元)
利润中心可控利润总额＝25－8＝17(万元)

> **寓德于技**
> 假如有一天我们成了利润中心的负责人,利润成为我们的业绩考核指标。我们也不能"唯利是图",不能为了控制成本而恶意损害客户、消费者等其他人的利益。做人做事不仅要遵纪守法,也要有社会责任感和社会公德。

牛刀小试
利润中心有哪些考核指标?它们有什么区别?

(三) 建立投资中心

1. 投资中心的概念

投资中心是指既对成本、收入和利润负责,又对投资效果负责的责任中心。投资中心负责人所拥有的自主权不仅包括短期经营决策权,还包括投资决策权。

投资中心是企业内部最高层次的责任中心,它在企业内部具有最大的决策权,也承担最大的责任。投资中心必然是利润中心,但利润中心并不都是投资中心。

2. 投资中心的考核指标

对投资中心的考核,除了比较一定期间的实际利润与预算利润外,还应当考核利润与投资额之间的关系,包括投资报酬率和剩余收益。

1) 投资报酬率

投资报酬率又称投资利润率,计算公式如下:

$$投资报酬率＝利润\div平均投资额\times 100\%$$

投资报酬率这一指标,还可进一步展开为:

$$投资报酬率 = \frac{销售收入}{投资额} \times \frac{成本(费用)}{销售收入} \times \frac{利润}{成本(费用)}$$

$$= 资本周转率 \times 销售成本率 \times 成本(费用)利润率$$

$$= 投资周转率 \times 销售利润率$$

式中,分子和分母可以有不同的计算口径:投资额是投资中心的总资产扣除负债的余额,即投资中心的净资产,相应的利润是净利润;如果投资额是总资产,相应的利润则是息税前利润。

【例9-3】 万豪公司有A,B两个部门,有关数据如表9-2所示。

表9-2 万豪公司A,B部门相关数据   单位:元

项目	A部门	B部门
净利润	81 000	67 500
所得税(税率25%)	27 000	22 500
利润总额	108 000	90 000
息税前利润	113 000	93 000
平均资产	900 000	600 000
平均负债	100 000	50 000
平均净资产	800 000	550 000

净资产的投资回报情况:

A部门投资报酬率 = 81 000 ÷ 800 000 × 100% = 10.13%

B部门投资报酬率 = 67 500 ÷ 550 000 × 100% = 12.27%

总资产投资回报情况:

A部门投资报酬率 = 113 000 ÷ 900 000 × 100% = 12.56%

B部门投资报酬率 = 93 000 ÷ 600 000 × 100% = 15.5%

用部门投资报酬率来评价投资中心业绩有许多优点:①它是根据现有的会计资料计算的,比较客观;②它可用于部门之间及不同行业之间的比较;③它可以分解为投资周转率和部门销售利润率两者的乘积,并可进一步分解为资产的明细项目和收支的明细项目,从而对整个部门的经营状况作出评价。

部门投资报酬率指标的不足主要是部门经理会产生"次优化"行为。具体来讲,部门会放弃那些高于公司要求的报酬率(或资金成本)而低于部门投资报酬率的机会,或者减少部门投资报酬率相对较低但高于公司要求的报酬率的某些资产,使部门的业绩获得较好评价,但却损害了公司整体利益。

【例9-4】 假设[例9-3]万豪公司要求的净资产投资报酬率为10%。B部门经理面临一个净资产投资报酬率为11%的投资机会,投资额为100 000元,则部门每年新增的净利润为11 000元。

投资之后,B部门投资报酬率为:

(67 500 + 11 000) ÷ (550 000 + 100 000) × 100% = 12.08%

尽管对整个公司来讲,由于投资报酬率高于公司要求的回报率,应当利用这个投资机会,但却使该部门的投资报酬率由过去的12.27%下降到12.08%。因此,部门

经理从部门角度出发,可能会放弃这次投资机会。

当使用投资报酬率作为业绩评价标准时,部门经理可以通过加大公式分子或减少公式的分母来提高这个比率。实际上,减少分母更容易实现。但这样做,会失去可以扩大股东财富的机会。从引导部门经理采取与公司总体利益一致的决策来看,投资报酬率并不是一个很好的指标。

牛刀小试

某投资中心的销售收入为 4 800 000 元,净利润为 576 000 元,净资产平均余额为 2 880 000 元。该投资中心的投资利润率是多少?

2) 剩余收益

为克服使用投资利润率指标存在的局限性,可以同时采用剩余收益作为评价指标。剩余收益是指投资中获得的利润,扣减其投资额(或净资产占用额)按规定(或预期)的最低收益率计算的投资收益后的余额。其计算公式如下:

剩余收益=净利润－投资额(或净资产占用额)×规定或预期的最低投资收益率

如果考核指标是总资产息税前利润率,剩余收益公式应作相应调整,其计算公式如下:

剩余收益=息税前利润－总资产占用额×规定或预期的总资产息税前利润率

这里所说的规定或预期的最低投资收益率和总资产息税前利润率,通常指的是企业为保证其生产经营正常、持续进行所必须达到的最低收益水平。

【例 9-5】 续[例 9-4],采用剩余收益指标进行考核。

B 部门接受投资前的剩余收益=67 500－550 000×10%=12 500(元)

B 部门经理如果采纳前面提到的投资机会(净资产投资报酬率为 11%,投资额为 100 000 元,每年部门增加净利润为 11 000 元),部门剩余收益会增加,部门经理会把握住这次投资机会,这与公司的目标是一致的:

B 部门接受投资后的剩余收益=(67 500+11 000)－(550 000+100 000)×10%=13 500(元)

牛刀小试

某公司甲投资中心面临一个投资机会,其投资额为 1 000 万元,可获利润 130 万元,则投资利润率为 13%,假定全公司预期最低平均投资利润率为 12%。该公司目前的投资利润率如表 9-3 所示。请你从投资报酬率和剩余收益两个角度进行分析,判断甲投资中心的负责人是否会接受这次投资机会。

表 9-3 甲、乙投资中心的相关信息　　　　　　金额单位:万元

投资中心	利润	投资	投资报酬率
甲	150	1 000	15%
乙	90	1 000	9%
全公司	240	2 000	12%

采用剩余收益指标的优点在于它与增加股东财富的目标一致。此外，不同行业部门的资本成本不同，甚至同一部门的资产也属于不同的风险类型，要求有不同的资本成本。在使用剩余收益指标时，可以对不同部门或者不同资产规定不同的资本成本，使剩余收益这个指标更加灵活。

剩余收益指标的缺点有：①它是一个绝对数指标，不便于不同规模的公司和部门之间进行比较，会使其有用性下降；②剩余收益的计算要使用会计数据，包括净利润、投资的账面价值等，如果会计信息的质量低劣，也会导致低质量的剩余收益和业绩评价。

三大责任中心的对比归纳如表 9-4 所示。

表 9-4　三大责任中心对比归纳

项目	应用范围	权利	考核范围	考核指标
成本中心	最广	可控控制权	可控的成本、费用	可控成本
利润中心	较窄	有权对其供货的来源和市场的选择进行决策（经营决策权）	成本（费用）、收入、利润	利润中心边际贡献总额、利润中心负责人可控利润总额、利润中心可控利润总额
投资中心	最小	经营决策权、投资决策权	成本（费用）、收入、利润、投资效果（率）	投资报酬率 剩余收益

三、编制责任预算

（一）责任预算的概念

责任预算是以责任中心为主体，以其可控成本、收入、利润和投资等为对象编制的预算。通过编制责任预算可以明确各责任中心的责任，并通过与企业总预算的一致性，确保总预算的实现。它是按照可控性原则对企业在成本、利润和资金等方面的总体预算指标进行分解而确定的。责任预算是企业总预算的补充和具体化，能够使各责任中心负责人及员工明确自己在总体预算实施过程中所承担的任务和应控制的对象。它既是有关责任中心开展日常生产经营活动的直接依据，又是考评各该责任中心工作成绩的标准。

> **寓德于技**
> 严格遵守《中华人民共和国预算法》《中华人民共和国预算法实施条例》。编制预算要做到敬业、实事求是。

责任预算由各种责任指标组成。这些指标分为主要责任指标和其他责任指标。前文提及的各责任中心的考核指标（责任成本、利润、投资报酬率等）都是主要指标，也是必须保证实现的指标。其他责任指标是根据企业其他总奋斗目标分解而得到的或为保证主要责任指标完成而确定的责任指标，这些指标有劳动生产率、设备完好率、出勤率、材料消耗率和职工培训等。

（二）责任预算的编制程序

责任预算的编制程序有两种。

（1）一种是以责任中心为主体，将企业总预算在各责任中心之间层层分解而形成各责任中心的预算。这种自上而下、层层分解指标的方式是一种常用的预算编制程序。其优点是使整个企业浑然一体，便于统一指挥和调度。不足之处是可能会影响责任中心的积极性和创造性。

（2）另一种是各责任中心自行列示各自的预算指标，由下而上、层层汇总，最后由企业专门机构或人员进行汇总和调整，确定企业总预算。其优点是有利于发挥各责任中心的积极性，但往往各责任中心只注意本中心的具体情况或多从自身利益角度考虑，容易造成彼此协调困难、相互支持少，以致冲击企业的总体目标。而且层层汇总、协调，工作量大，协调难度大，容易影响预算质量和编制时效。

【例9-6】 万成公司采取分权管理体制，假设各成本中心发生的成本费用均为可控成本。万成公司的组织结构形式如图9-1所示。公司采用将总预算在各责任中心之间层层分解的方式编制各责任中心的预算。2×24年万成公司部分责任预算如表9-5至表9-8所示。

> **寓德于技——**
> 马克思主义哲学原理认为，整体支配和决定部分，部分也影响和反作用于整体。其意义是：必须树立全局观念，使局部利益服从全局利益，又要顾全局部利益，调动局部的积极性，立足全局，统筹兼顾，才能使社会主义建设不断取得胜利。
> 我们每一个人都应该深刻理解这个哲学原理，并将其应用到工作和生活中。处理好全局和部分的关系。

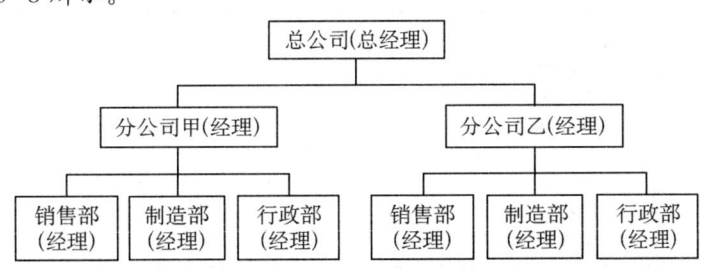

图9-1　万成公司组织结构图

表9-5　2×24年万成公司责任预算　　　　　　　单位：万元

公司	责任中心类型	项目	责任预算	责任人
甲公司	利润中心	甲公司利润	400	经理
乙公司	利润中心	乙公司利润	200	经理
合计			600	总经理
总公司	投资中心	剩余收益	144	总经理

表9-6　2×24年投资中心（总公司）责任预算　　　　单位：万元

项目	预算	项目	预算
甲公司利润	400	平均净资产	1 800
乙公司利润	200	投资报酬率	25%
小计	600	公司要求最低报酬率	17%
总公司所得税（25%）	150	剩余收益	144
净利润合计	450		

表9-7　2×24年利润中心（甲公司）责任预算　　　　单位：万元

部门	责任中心类型	项目	责任预算	责任人
市场部	收入中心	销售收入	670	市场部经理
制造部	成本中心	制造部可控成本	200	制造部经理
行政部	成本中心	行政部可控成本	20	行政部经理
市场部	成本中心	市场部可控成本	50	市场部经理
利润中心		利润	400	甲公司经理

表 9-8 2×24 年成本中心(甲公司制造部)责任预算   单位:万元

成本中心	项目	责任预算	责任人
一车间	变动成本: 　直接材料 　直接人工 　变动制造费用 　小计	60 40 10 110	一车间负责人
	固定成本: 　固定制造费用	12	
	成本合计	122	
二车间	变动成本: 　直接材料 　直接人工 　变动制造费用 　小计	35 20 10 65	二车间负责人
	固定成本: 　固定制造费用	8	
	成本合计	73	
制造部	制造部其他费用	5	制造部经理
	成本费用总计	<u>200</u>	制造部经理

注:出于篇幅考虑,其他相关预算省略,但其编制思路类似。

四、编制责任中心业绩报告

责任中心的业绩评价和考核应通过编制责任报告来完成。业绩报告亦称责任报告、绩效报告,它是反映责任预算实际执行情况,揭示责任预算与实际执行结果之间差异的内部管理会计报告。它主要在于对责任中心管理者的业绩评价,其本质是要得到一个结论:与预期的目标相比,责任中心管理者干得如何。

业绩报告的主要目的在于将责任中心的实际业绩与预期业绩(责任预算)进行比较,因此实际业绩与预期业绩之间差异的原因应得到分析,并且应尽可能予以量化。这样,业绩报告中应当包含三种信息:实际业绩信息、预期业绩信息(责任预算)、实际业绩与预期业绩之间的差异。

责任报告的形式主要有报表、数据分析和文字说明等。将责任预算、实际执行结果及其差异用报表予以列示是责任报告的基本形式。在揭示差异时,还必须对重大差异予以定量分析和定性分析。定量分析旨在确定差异的发生程度;定性分析旨在分析差异产生的原因,并根据这些原因提出改进建议。

(一)成本中心的业绩报告

成本中心的业绩考核指标通常为该成本中心的可控成本,即责任成本。成本中心的业绩报告,通常是按成本中心可控成本的各明细项目列示其预算数、实际数和成本差异数的三栏式表格。由于各成本中心是逐级设置的,所以其业绩报告也应自下而上,从最基层的成本中心逐级向上汇编,直至最高层次的成本中心。每一级的业绩

— 新手提示 —
责任报告的详细程度与责任中心的层次有关。最低层次的责任中心的责任报告应当最详细,随着层次的升高,责任报告的内容应以更为概括的形式来表现。责任报告应遵循"例外管理"原则,突出重点,即突出反映产生差异的重要影响因素。

报告,除最基层只有本身的可控成本外,都应包括本身的可控成本和下属部门转来的责任成本。

牛刀小试

请从业绩考核指标、报告格式、编制方式三个方面对成本中心业绩报告进行总结。

【例 9-7】 某企业制造部是一个成本中心,下属两个分厂,每个分厂设有 3 个车间。其 2×23 年 12 月的成本中心业绩报告如表 9-9 所示。

表 9-9 成本中心业绩报告　　　　　　　　　单位:元

制造部一分厂甲车间业绩报告			
项目	预算成本	实际可控成本	差异(实际-预算)
生产工人工资	58 100	58 000	-100
原材料	32 500	34 225	1 725
车间管理人员工资	6 400	6 400	0
水电费	5 750	5 690	-60
折旧费	4 000	4 000	0
保险费	2 975	2 965	-10
合计	109 725	111 280	1 555
制造部一分厂业绩报告			
	预算成本	实际可控成本	差异(实际-预算)
管理费用	17 500	17 350	-150
甲车间	109 725	111 280	1 555
乙车间	190 500	192 600	2 100
丙车间	149 750	149 100	-650
合计	467 475	470 330	2 855
制造部业绩报告			
	预算成本	实际可控成本	差异(实际-预算)
管理费用	19 500	19 700	200
一分厂	467 475	470 330	2 855
二分厂	395 225	394 300	-925
合计	882 200	884 330	2 130

注:差异为正数表示不利差异,差异为负数表示有利差异。

从表 9-9 可以看出,在制造部,一分厂产生了不利差异,而且差异额较大;从一分厂内部看,其不利差异主要是乙车间和甲车间引起的;从甲车间看,引起不利差异的主要原因是原材料成本超支了。成本中心的各级经理人,就其权责范围编制业绩报告并对其负责部门的成本差异负责。根据成本业绩报告,责任中心的各级经理人可以针对成本差异,寻找原因对症下药,以便对成本费用实施有效的管理控制,从而提高业绩水平。

寓德于技——
编制业绩报告应做到客观、诚信、实事求是,不能为了追求业绩奖励而弄虚作假。

(二)利润中心的业绩报告

利润中心的考核指标通常为该利润中心的边际贡献总额、利润中心负责人可控利润总额、利润中心可控利润总额。利润中心的业绩报告,分别列出其可控的销售收入、变动成本、利润中心边际贡献、利润中心负责人的可控固定成本、利润中心负责人可控利润总额、利润中心负责人不可控固定成本、利润中心利润总额的预算数和实际数;并通过实际与预算的对比,分别计算差异,据此进行差异的调查、分析产生差异的原因。利润中心的业绩报告也是自下而上逐级汇编的,直至整个企业的息税前利润。

牛刀小试

请从业绩考核指标、报告格式、编制方式三个方面对利润中心业绩报告进行总结。

【例 9-8】 某企业利润中心计算不可控成本,并采取变动成本法计算成本,其 2×23 年 12 月的业绩报告如表 9-10 所示。

表 9-10 利润中心业绩报告   单位:元

项目	预算	实际	差异(实际-预算)
利润中心销售收入	245 000	248 000	3 000
减:利润中心变动成本	111 000	112 000	1 000
利润中心边际贡献总额	134 000	136 000	2 000
利润中心负责人可控固定成本	24 000	24 500	500
利润中心负责人可控利润总额	110 000	111 500	1 500
利润中心负责人不可控固定成本	18 000	18 900	900
利润中心可控利润总额	92 000	92 600	600

从表 9-10 可以看出,虽然变动成本与可控、不可控固定成本都有不利差异,但利润中心边际贡献、利润中心负责人可控利润总额、利润中心可控利润总额都是有利差异,都超额完成了预算指标,这主要是因为销售收入的实际超出预算很多,有利差异很大。利润中心负责人还可针对差异作进一步的原因分析,寻求进一步扩大收入及降低成本的途径。

(三)投资中心的业绩报告

投资中心的主要考核指标是投资报酬率和剩余收益,补充的指标是现金回收率和剩余现金流量。投资中不仅需心要对成本、收入和利润负责,而且还要对所占用的全部资产(包括固定资产和营运资金)的经营效益承担责任,因此,对于投资中心而言,业绩报告通常包含上述评价指标的预算数、实际数及实际与预算对比的差异数三栏式表格。投资中心业绩报告也是由下而上逐级编制。

牛刀小试

请从业绩考核指标、报告格式、编制方式三个方面对投资中心业绩报告进行总结。

【例 9-8】 某公司甲分公司为一投资中心,该公司规定的净资产报酬率最低为

12%。现根据甲分公司的有关原始凭证等资料,编制出 2×23 年 12 月的业绩报告,如表 9-11 所示。

表 9-11　甲分公司业绩报告　　　　　　单位:元

项目	预算	实际	差异(实际—预算)
投资中心销售收入	573 000	591 000	18 000
投资中心变动成本	246 000	251 200	5 200
投资中心边际贡献总额	327 000	339 800	12 800
投资中心可控固定成本	140 000	141 400	1 400
投资中心可控利润总额	187 000	198 400	11 400
投资中心不可控固定成本	12 000	15 000	3 000
投资中心税前利润	175 000	183 400	8 400
投资中心净利润(税率25%)	131 250	137 550	6 300
投资中心平均净资产	499 049	517 105	18 056
投资中心投资报酬率(%)	26.30%	26.60%	0.30%
要求的净资产报酬率	12.00%	12.00%	
要求的投资收益	59 885.88	62 052.60	
投资中心剩余收益	71 364.12	75 497.40	4 133.28

从表中可以看出,甲分公司的实际投资报酬率与剩余收益均超过了预算,说明该投资中心在本年度的经营业绩较好。同样可以针对差异作进一步的原因分析。

五、完成业绩考核

业绩考核是以责任报告为依据,分析、评价各责任中心责任预算的实际执行情况,找出差距,查明原因,借以考核各责任中心工作成果,实施奖罚,促使各责任中心积极纠正行为偏差,完成责任预算的过程。

责任中心的业绩考核有狭义和广义之分。狭义的业绩考核仅指对各责任中心的价值指标,如成本、收入、利润及资产占用等责任指标的完成情况进行考评。广义的业绩考核除这些价值指标外,还包括对各责任中心的非价值责任指标的完成情况进行考核。责任中心的业绩考核还可以分为年终考核与日常考核。

(一)成本中心业绩考核

成本中心只考核其责任成本。

由于不同层次成本费用控制的范围不同,计算和考评的成本费用指标也不尽相同,越往上一层次,计算和考评的指标越多,考核的内容也越多。成本中心业绩考核是以责任报告为依据,将实际成本与预算成本进行比较,确定两者差异的性质、数额及形成的原因,并根据差异分析的结果,对各成本中心进行奖罚,以督促成本中心努力降低成本。

(二)利润中心业绩考核

利润中心在进行业绩考核时,应以销售收入、边际贡献和利润为重点进行分析、

> **寓德于技**
> 遵守《中央企业负责人经营业绩考核办法》。非国有企业同样要从效益效率、科技创新、风险管控、节能环保等多方面建立考核指标。坚持质量第一、效益优先的原则,突出科技创新考核引导。

> **新手提示**
> 在考核利润中心业绩时,只计算和考评本利润中心权责范围内的收入和成本。凡不属于本利润中心权责范围内的收入和成本,尽管已由本利润中心实际收付,仍应予以剔除,不能作为本利润中心的考核依据。

评价。特别是应通过将一定期间实际利润与预算利润进行对比,分析差异及其形成的原因,明确责任,借以对责任中心的经营业绩和有关人员的功过作出正确评价,奖罚分明。

(三) 投资中心业绩考核

投资中心进行业绩考核时,除收入、成本和利润指标外,考核重点应放在投资利润率和剩余收益两项指标上。

从管理层次看,投资中心是最高一级的责任中心,业绩考核的内容或指标涉及各个方面,是一种较为全面的考核。考核时通过将实际数与预算数进行比较,找出差异,查明差异的成因和性质,并据以进行奖罚。由于投资中心层次高、涉及的管理控制范围广,内容复杂,因此,为了达到考核的效果,考核时应力求原因分析深入、依据确凿、责任落实具体。

> **知识检测**

一、单项选择题

1. 下列项目中,不属于利润中心负责范围的是(   )。
   A. 成本　　　　　B. 收入　　　　　C. 投资效果　　　　D. 利润
2. 对于成本中心来说,考核的主要内容是(   )。
   A. 标准成本　　　B. 可控成本　　　C. 直接成本　　　　D. 可变成本
3. 为了使部门经理在决策时与企业目标协调一致,应该采用的评价指标为(   )。
   A. 投资报酬率　　B. 销售利润率　　C. 现金回收率　　　D. 剩余收益
4. 在投资中心的主要考核指标中,能使个别投资中心产生本位主义的是(   )。
   A. 投资报酬率　　B. 可控成本　　　C. 利润总额　　　　D. 剩余收益
5. 不论利润中心是否计算共同成本或不可控成本,都必须考核的指标是(   )。
   A. 该中心的剩余收益　　　　　　　B. 该中心的边际贡献总额
   C. 该中心的可控利润总额　　　　　D. 该中心负责人的可控利润总额

二、多项选择题

1. 责任中心按其所负责和控制范围不同,分为(   )。
   A. 成本中心　　　B. 费用中心　　　C. 投资中心　　　　D. 利润中心
2. 下列各项中,属于可控成本必须满足的条件有(   )。
   A. 可以落实责任　　　　　　　　　B. 可以计量
   C. 可以施加影响　　　　　　　　　D. 可以预计
3. 下列各项中,属于投资中心的考核指标的有(   )。
   A. 贡献边际　　　B. 剩余收益　　　C. 营业利润　　　　D. 投资报酬率
4. 利润中心分为(   )。
   A. 自然利润中心　　　　　　　　　B. 人为利润中心
   C. 实际利润中心　　　　　　　　　D. 预算利润中心
5. 下列各项中,属于成本中心类型的有(   )。
   A. 产品成本中心　　　　　　　　　B. 酌量性成本中心
   C. 销售成本中心　　　　　　　　　D. 技术性成本中心

知识应用

1. 科达公司甲车间为一个成本中心,生产A产品,预算产量为50 000件,单位成本为10元;实际产量为55 000件,单位成本为9.5元。

要求:计算该成本中心的成本变动额和变动率。

2. 科达公司的乙车间是一个人为利润中心。本期实现内部销售收入为5 500 000元,销售变动成本为4 500 000元。该中心负责人可控固定成本为300 000元,中心负责人不可控应由该中心负担的固定成本为100 000元。

要求:分别计算该利润中心的三项考核指标。

3. 英达公司下设A、B两个投资中心。A投资中心的投资额为200万元,投资利润率为15%;B投资中心的投资利润率为17%,利润是17万元;英达公司要求的平均最低投资利润率为12%。英达公司决定追加投资100万元,投向A投资中心,每年可增加利润20万元。

要求:

(1) 计算追加投资前A投资中心的剩余收益。

(2) 计算追加投资前B投资中心的投资额与剩余收益。

(3) 计算追加投资前英达公司的投资利润率与剩余收益。

(4) 若A投资中心接受追加投资,计算其剩余收益与投资利润率。

(5) 若A投资中心接受追加投资,计算公司的投资利润率和剩余收益。

(6) 分别从剩余收益和投资报酬率两个方面考虑A投资中心的负责人是否会接受该项投资。他的决策目标与公司的目标一致吗?

任务三 内部结算

案例导入

我国钢铁行业对内部转移价格的应用

我国钢铁行业中的邯郸钢铁厂(以下简称邯钢)、攀枝花钢铁厂(以下简称攀钢)过去在内部转移价格方面运用得很成功。当年国内钢铁企业应用广泛的是邯钢模式,即采用"模拟市场价格、实行成本否决"作为半成品的转移价格。攀钢从投产开始就制定了内部转移价格。由于市场变化很快,攀钢对内部转移价格进行了多次调整。攀钢的转移价格管理制度是在多年实践基础上,经过多次完善而逐步形成的,主要由四部分组成:产品(半成品)转移价格,原材料、辅助材料转移价格,备品备件转移价格,劳备(收费)价格。其中,备品备件转移价格按照采购成本进行结算,其余由财务部门制定明确的价格。

那么什么是内部转移价格呢?它有哪些类型呢?

微课:财务控制——内部结算

一、内部结算的概念、方式与组织

(一)内部结算的概念

内部结算亦称企业内部计价结算,是指企业内部各级经济核算单位之间,相互提供产品、物资、劳务时,按照内部结算价格和一定的结算形式进行的结算。它是实行企业内部经济核算制、分清经济责任的一个重要手段。其作用有:①可促进各核算单位节约活劳动和物质消耗,减少资金占用,加速资金周转;②可及时掌握各核算单位的经济动态,为企业控制和分析经济活动提供可靠的信息;③可促使各核算单位按期、按量、按质完成协作任务。

(二)内部结算的方式与组织

内部结算的方式主要有:内部货币结算、内部银行结算、转账通知单结算、内部托收单结算等。本着既满足往来结算的要求,又简化手续的原则,选择使用结算方式时,一般以厂内支票较为适宜,也可由企业根据其具体情况自行决定。

内部结算的组织,一般有两种形式:一种是在财务部门设立结算中心,主要负责企业内部各部门之间的往来结算,核算工作较简单;另一种是厂内银行,具有结算、信贷、控制等职能,但核算工作较复杂,企业可根据管理需要选定适当的组织形式。

二、内部转移价格

(一)内部转移价格的概念及目的

内部转移价格是指企业内部有关责任单位之间提供产品或劳务的结算价格,也称内部结算价格。转移价格对于提供产品或劳务的生产部门来说表示收入,对于使用这些产品或劳务的购买部门来说则表示成本。因此,转移价格会影响到这两个部门的获利水平,使得部门经理非常关心转移价格的制定。

企业制定转移价格的目的有两个:一是防止成本转移带来的部门间责任转嫁,使每个利润中心都能作为单独的组织单位进行业绩评价;二是作为一种价格机制引导下级部门采取明智的决策。但是,这两个目的往往有矛盾。能够满足评价部门业绩的转移价格,可能引导部门经理采取并非对公司最优的决策;而能够正确引导部门经理的转移价格,可能使某个部门获利水平很高而另一个部门亏损。我们很难找到理想的转移价格来兼顾业绩评价和制定决策,而只能根据公司的具体情况选择基本满意的解决办法。

寓德于技——
企业在实施内部结算制度、制定内部转移价格过程中,应处理好部门利益与企业利益之间、部门利益之间的关系。做到客观公正、文明协商、平等对待,以建立和谐的企业氛围。企业是社会的一部分,企业和谐有利于促进社会和谐。

牛刀小试
某公司有甲、乙两个利润中心,甲责任中心向乙责任中心提供产品,如果在其他条件不变的情况下,采用的内部转移价格比上年下降,将会对两个利润中心及公司的利润产生什么影响?

(二)内部转移价格的作用

内部转移价格主要有以下几方面的作用。

1. 合理界定各责任中心的经济责任

内部转移价格作为一种计量手段,可以确定转移产品或劳务的价值量。这些价值量既标志着提供产品或劳务的责任中心经济责任的完成,也标志着接受产品或劳务的责任中心应负经济责任的开始。

2. 有效测定各责任中心的资金流量

各责任中心在生产经营过程中需要占用一定数量的资金。企业集团可以根据内部转移价格确定一定时期内各责任中心的资金流入量和资金流出量,并可在此基础上根据企业集团资金周转的需求,合理制定各责任中心的资金占用量。

3. 科学考核各责任中心的经营业绩

提供产品或劳务的责任中心可以根据提供产品或劳务的数量及内部转移价格计算本身的"收入",并可根据各生产耗费的数量及内部转移价格计算本身的"支出"。

(三)内部转移价格的类型

1. 市场价格

> **延伸阅读一**
> 阅读文献,了解我国钢铁行业内部转移价格的应用情况。

市场价格,即根据产品或劳务的现行市场价格作为计价基础。市场价格具有客观真实的特点,能够同时满足分部和公司的整体利益,但是它要求产品或劳务有完全竞争的外部市场,以取得市价依据。在中间产品存在完全竞争市场的情况下,市场价格减去对外的销售费用,是理想的转移价格。由于以市场价格为基础的转移价格,通常会低于市场价格,这个折扣反映与外销有关的销售费,以及交货、保修等成本,因此,可以鼓励中间产品的内部转移。此类型的内部转移价格一般适用于自然利润中心,不适用于人为利润中心。

2. 以市场为基础的协商价格

如果中间产品存在非完全竞争的外部市场,可以采用协商的办法确定转移价格,即双方部门经理就转移中间产品的数量、质量、时间和价格进行协商并设法取得一致意见。以市场为基础的协商价格,也称议价,是企业内部各责任中心以正常的市场价格为基础,通过定期协商所确定的为双方所接受的价格。

协商价格的上限是市价,下限是单位变动成本,具体价格应由各相关责任中心在这一范围内协商议定。当产品或劳务没有适当的市价时,也只能采用议价方式来确定。通过各相关责任中心的讨价还价,形成企业内部的模拟"公允市价",作为计价的基础。

这种转移价格存在以下缺点:协商价格往往浪费时间和精力,可能会导致部门之间的矛盾;部门获利能力大小与谈判人员的谈判技巧有很大关系。尽管有上述不足之处,协商转移价格仍被广泛采用,它的好处是有一定弹性,可以照顾双方利益并得到双方认可。协商型内部转移价格主要适用于集权程度较高的企业。

3. 双重转移价格

当转移价格的定价在交易过程中没有给卖方部门带来利润时,转移价格的定价将起不到鼓励卖方部门从事内部交易的作用。因此,为了较好地满足买卖双方在不同方面的需要,激励双方在生产经营方面充分发挥其主动性和积极性,可以采用双重的内部转移价格来取代单一的内部转移价格。

双重转移价格,是指对产品(半成品)的供应和耗用单位分别采用不同的内部转移价格作为计价基础。例如,对产品(半成品)的供应方,可按协商的市场价格计价;对使用方则按供应方的产品(半成品)的单位变动成本计价。在采用双重转移价格计算企业的总成果时,应扣除由双重内部转移价格之差所形成的"内部利润"。

4. 成本转移价格

成本转移价格就是以产品或劳务的成本为基础而制定的内部转移价格,它通常以企业基期成本为基础加以调整计算。

由于成本的概念不同,成本转移价格也有多种不同形式,其中,用途较为广泛的成本转移价格有三种:第一种以产品的标准成本作为内部转移价格;第二种以产品的标准成本加上一定的合理利润作为内部转移价格;第三种以产品的标准变动成本作为内部转移价格。最终采用哪种成本形式,应根据转移产品的特点和制定转移价格的不同要求来确定。成本转移价格一般适用于内部成本中心。

三、责任成本的内部结转

责任成本的内部结转又称责任转账,是指在生产经营过程中,对于因不同原因造成的各种经济损失,由承担损失的责任中心对实际发生或发现损失的责任中心进行损失赔偿的账务处理过程。责任转账的目的是划清各责任中心的成本责任,使不应承担损失的责任中心在经济上得到合理补偿。责任转账的方式有直接的货币结算方式和内部银行转账方式。前者是以内部货币直接支付给损失方,后者只是在内部银行所设立的账户之间划转。

牛刀小试

请你判断以下事项是否需要责任结转:①由于原材料不合格导致生产部门原材料耗用超定额成本;②由于机器老化造成的废品损失;③由于产品质量不合格造成销售部门的降价损失。

知识检测

一、单项选择题

1. 下列各项内部转移价格中,既能够较好满足供应方和使用方的不同需求,又能激励双方积极性的是(   )。

　　A. 市场价格　　　　　　　　　　B. 协商价格
　　C. 双重价格　　　　　　　　　　D. 成本转移价格

2. 进行责任成本内部结转的实质,就是将责任成本按照经济损失的责任归属结转给(   )。

　　A. 发生损失的责任中心　　　　　B. 发现损失的责任中心
　　C. 承担损失的责任中心　　　　　D. 下游的责任中心

3. 某企业甲责任中心将A产品转让给乙责任中心时,厂内银行按A产品的单位市场价格向甲支付价款,同时按A产品的单位变动成本从乙收取价款。据此可以认为,该项内部交易采用的内部转移价格是(   )。

　　A. 市场价格　　　　　　　　　　B. 协商价格
　　C. 成本转移价格　　　　　　　　D. 双重转移价格

4. 协商价格的下限是( )
   A. 生产成本　　　　　　　　　B. 市价
   C. 单位固定成本　　　　　　　D. 单位变动成本

二、多项选择题

1. 下列各项中,属于内部结算的方式的有( )。
   A. 内部支票结算方式　　　　　B. 转账通知单方式
   C. 内部银行结算方式　　　　　D. 内部货币结算方式
2. 下列各项中,属于内部转移价格的主要类型的有( )
   A. 市场价格　　　　　　　　　B. 协商价格
   C. 双重价格　　　　　　　　　D. 成本转移价格
3. 甲利润中心常年向乙利润中心提供劳务,在其他条件不变的情况下,如果提高劳务的内部转移价格,可能出现的结果有( )。
   A. 甲利润中心内部利润增加　　B. 乙利润中心内部利润减少
   C. 企业利润总额增加　　　　　D. 企业利润总额不变

三、判断题

1. 内部结算,是指企业内部各级经济核算单位之间,相互提供产品,物资、劳务时,按照内部结算价格和一定的结算形式进行的结算。( )
2. 协商价格是有范围的,协商价格的上限是市场价格,下限则是单位变动成本。( )
3. 以市场价格作为内部转移价格的制定依据,能够较好地满足企业内部交易双方各自管理需要。( )
4. 只要制定出合理的内部转移价格,就可以将企业大多数生产半成品或提供劳力的成本中心改造成自然利润中心。( )
5. 内部转移价格只能用于企业内部各责任中心之间由于进行产品(半成品)或劳务的流转而进行的内部结算。( )

知识应用

某企业甲责任中心将 A 产品转让给乙责任中心时,厂内银行按 A 产品的单位市场售价向甲支付价款,同时按 A 产品的单位变动成本从乙收取价款。据此你认为,该项内部交易采用的是什么类型的内部转移价格?

项目小结与自我评价

本项目主要介绍财务控制概述、三大责任中心和内部结算。通过本项目的学习,能够对财务控制的概念、特征等有一定了解,能够区分三大责任中心并计算各责任中心的评价指标,能够编制责任预算、业绩报告并进行业绩考核,认识了企业内部结算的概念及方式,认识了各类内部转移价格并能够进行区分。请在自我评价栏对自己的知识掌握情况作出评价,并查漏补缺。

1. 财务控制概述

财务控制概述的任务总结及自我评价如表 9-12 所示。

表 9-12　财务控制概述的任务总结及自我评价

财务控制的概念	是运用特定的方法、措施和程序,通过规范化的控制手段,对企业的财务活动进行控制和监督	自我评价(得分)
财务控制的特征	(1) 以价值形式为控制手段; (2) 以不同岗位、部门和层次的不同经济业务为综合控制对象; (3) 以控制日常现金流量为主要内容	
财务控制的分类	按照财务控制的内容分类:一般控制、应用控制 按照财务控制的功能分类:预防性控制、侦查性控制、纠正性控制、指导性控制、补偿性控制 按照财务控制的时序分类:事先控制、事中控制、事后控制 按照财务控制的依据分类:预算控制、制度控制 按照财务控制的手段分类:定额控制、定率控制 按照财务控制的对象分类:收支控制、现金控制	
财务控制的方法	职务分离控制:授权、签发、核准、执行和记录,每一步骤由相对独立的人员或部门实施,就能够保证不相容职务的分离 授权批准控制:授权的方式主要有一般授权和特定授权两种 预算控制:以预算为依据,对企业的财务收支和现金流量进行的控制 实物资产控制:主要包括限制接近控制和定期清查控制两种 业绩评价控制:业绩评价包括财务业绩评价和非财务业务评价	
说明	掌握:经过课前预习、教师讲解、课后复习,能理解相关知识;10分。 基本掌握:在教师、同学的课后帮助下,能理解相关知识;5分。 模糊:在教师、同学的课后帮助下,仍然不能理解相关知识;0分。	
成绩		学生签字

2. 责任中心

责任中心的任务总结及自我评价如表9-13所示。

表 9-13　责任中心任务总结及自我评价

概念	指只对其成本或费用承担经济责任并负责控制和报告成本或费用的责任中心	自我评价得分
成本中心的类型	技术性成本中心:所发生的成本数额可以通过技术分析相对可靠地估计出来。投入量与产出量之间有着密切联系 酌量性成本中心:其成本是否发生以及发生数额的多少由管理人员所决定。酌量性成本在投入量与产出量之间没有直接关系	
特点	(1) 成本中心仅仅考评成本费用; (2) 成本中心只对可控成本承担责任	
责任成本	可控成本	
成本中心的考核指标	成本(费用)变动额＝实际责任成本(或费用)－预算责任成本(或费用) 成本(费用)变动率＝成本(费用)变动额÷预算责任成本(费用)×100% 注:如果预算产量与实际产量不一致,应注意按弹性预算的方法先行调整预算指标,然后再按上述公式计算	
利润中心的概念	指对利润负责的中心。由于利润等于收入减去成本或费用,所以利润中心既对成本、费用负责,又对收入负责,它具有独立或相对独立的收入和生产经营决策权	

(续表)

利润中心的类型	自然利润中心:是指在外界市场上销售产品或提供劳务取得实际收入、给企业带来利润的利润中心 人为利润中心:是指在企业内部按照内部转移价格将产品或劳务提供给本企业其他责任中心取得收入,实现内部利润的责任中心	
利润中心的成本计算	(1)利润中心只计算可控成本,不分担非可控成本; (2)利润中心既计算可控成本,也计算非可控成本	
利润中心的考核指标	(1)当利润中心不计算共同成本或不可控成本时: 利润中心边际贡献总额=利润中心销售收入总额-利润中心可控成本总额(或变动成本总额) (2)当利润中心计算共同成本或不可控成本,并采取变动成本法计算成本时:	
利润中心的考核指标	利润中心边际贡献总额=利润中心销售收入总额-利润中心变动成本总额 利润中心负责人可控利润总额=利润中心边际贡献总额-利润中心负责人可控固定成本 利润中心可控利润总额=利润中心负责人可控利润总额-利润中心负责人不可控固定成本	
投资中心的概念	是指既对成本、收入和利润负责,又对投资效果负责的责任中心。投资中心负责人所拥有的自主权不仅包括短期经营决策权,还包括投资决策权 投资中心是企业内部最高层次的责任中心	
投资中心的考核指标	(1)投资报酬率:投资报酬率=利润÷平均投资额×100% (2)剩余收益: 剩余收益=净利润-投资额(或净资产占用额)×规定或预期的最低投资收益率 如果考核指标是总资产息税前利润率,剩余收益公式应作相应调整,其计算公式如下: 剩余收益=息税前利润-总资产占用额×规定或预期的总资产息税前利润率	
三大责任中心的对比					
项目	应用范围	权利	考核范围	考核指标	自我评价(得分)
成本中心	最广	可控控制权	可控的成本、费用	可控成本	
利润中心	较窄	有权对其供货的来源和市场的选择进行决策(经营决策权)	成本(费用)、收入、利润	利润中心边际贡献总额、利润中心负责人可控利润总额、利润中心可控利润总额	
投资中心	最小	经营决策权、投资决策权	成本(费用)、收入、利润、投资效果(率)	投资回报率 剩余收益	
责任预算的概念	是以责任中心为主体,以其可控成本、收入、利润和投资等为对象编制的预算				
责任预算的编制程序	(1)以责任中心为主体,将企业总预算在各责任中心之间层层分解而形成各责任中心的预算。自上而下、层层分解。 (2)各责任中心自行列示各自的预算指标,由下而上、层层汇总,最后由企业专门机构或人员进行汇总和调整,确定企业总预算				
业绩报告的概念	亦称责任报告、绩效报告,它是反映责任预算实际执行情况,揭示责任预算与实际执行结果之间差异的内部管理会计报告				

(续表)

业绩报告包含的信息		(1) 实际业绩信息； (2) 预期业绩信息(责任预算)； (3) 实际业绩与预期业绩之间的差异。	
成本中心业绩报告	业绩考核指标	成本中心的所有可控成本，即责任成本 注：每一级的业绩报告，除最基层只有本身的可控成本外，都应包括本身的可控成本和下属部门转来的责任成本	
	业绩报告格式	通常按成本中心可控成本的各明细项目列示其预算数、实际数和成本差异数的三栏式表格	
	编报形式	从最基层的成本中心逐级向上汇编，直至最高层次的成本中心	
利润中心业绩报告	业绩考核指标	利润中心的边际贡献总额、利润中心负责人可控边际贡献总额和利润中心可控利润总额	
	业绩报告格式	分别列出利润中心可控的销售收入、变动成本、利润中心边际贡献总额、负责人可控的固定成本、负责人可控边际利润总额、负责人不可控但高层管理人员可控的可追溯固定成本、利润中心可控利润总额的预算数、实际数及实际与预算对比的差异数三栏式表格编报形式	
	编报形式	自下而上逐级汇编的，直至整个企业的利润	
投资中心业绩报告	业绩考核指标	主要考核指标是投资报酬率和剩余收益，补充的指标是现金回收率和剩余现金流量	
	业绩报告格式	投资中心的业绩评价指标除了成本、收入和利润指标外，主要还包括投资报酬率、剩余收益等指标。因此，对于投资中心而言，业绩报告通常包含上述评价指标的预算数、实际数及实际与预算对比的差异数三栏式表格	
业绩考核的概念		是以责任报告为依据，分析、评价各责任中心责任预算的实际执行情况，找出差距，查明原因，借以考核各责任中心工作成果，实施奖罚，促使各责任中心积极纠正行为偏差，完成责任预算的过程	
成本中心业绩考核		以责任报告为依据，将实际成本与预算成本进行比较，确定两者差异的性质、数额以及形成的原因，并根据差异分析的结果，对各成本中心进行奖罚，以督促成本中心努力降低成本	
利润中心业绩考核		也只计算和考评本利润中心权责范围内的收入和成本。凡不属于本利润中心权责范围内的收入和成本，尽管已由本利润中心实际收付，仍应予以剔除，不能作为本利润中心的考核依据	
投资中心业绩考核		投资中心业绩考核，除收入、成本和利润指标外，考核重点应放在投资利润率和剩余收益两项指标上	
说明		掌握：经过课前预习、教师讲解、课后复习，能理解相关知识；10分。 基本掌握：在教师、同学的课后帮助下，能理解相关知识；5分。 模糊：在教师、同学的课后帮助下，仍然不能理解相关知识；0分。	
成绩			学生签字

3. 内部结算

内部结算任务总结及自我评价如表 9-14 所示。

表 9-14　内部结算任务总结及自我评价

内部结算的概念	亦称"企业内部计价结算",是指企业内部各级经济核算单位之间,相互提供产品,物资、劳务时,按照内部结算价格和一定的结算形式进行的结算	自我评价(得分)
内部结算的方式与组织	内部结算的方式:内部货币结算、内部银行结算、转账通知单结算、内部托收单结算等 内部结算的组织的两种形式:在财务部门设立结算中心、厂内银行	
内部转移价格的概念	是指企业内部有关责任单位之间提供产品或劳务的结算价格,也称内部结算价格	
内部转移价格的目的	(1) 防止成本转移带来的部门间责任转嫁,使每个利润中心都能作为单独的组织单位进行业绩评价; (2) 作为一种价格机制引导下级部门采取明智的决策	
内部转移价格的作用	(1) 合理界定各责任中心的经济责任; (2) 有效测定各责任中心的资金流量; (3) 科学考核各责任中心的经营业绩	
内部转移价格的类型	(1) 市场价格; (2) 以市场为基础的协商价格; (3) 双重转移价格; (4) 成本转移价格	
责任成本内部结转的概念	又称责任转账,是指在生产经营过程中,对于因不同原因造成的各种经济损失,由承担损失的责任中心对实际发生或发现损失的责任中心进行损失赔偿的账务处理过程	
责任成本内部结转的目的	责任转账的目的是划清各责任中心的成本责任,使不应承担损失的责任中心在经济上得到合理补偿	
责任成本内部结转的方式	直接的货币结算方式、内部银行转账方式	
说明	掌握:经过课前预习、教师讲解、课后复习,能理解相关知识;10 分。 基本掌握:在教师、同学的课后帮助下,能理解相关知识;5 分。 模糊:在教师、同学的课后帮助下,仍然不能理解相关知识;0 分。	
成绩		学生签字

项目综合训练

一、单项选择题

1. 某生产车间是一个标准成本中心。为了对该车间进行业绩评价,需要计算的责任成本的范围是(　　)。

    A. 该车间的直接材料、直接人工和全部制造费用

    B. 该车间的直接材料、直接人工和变动制造费用

    C. 该车间的直接材料、直接人工和可控制造费用

    D. 该车间的全部可控成本

2. 下列判别一项成本是否归属责任中心的原则中,表述错误的是(　　)。

    A. 责任中心是否使用了引起该项成本发生的资产或劳务

    B. 责任中心能否通过行动有效影响该项成本的数额

    C. 责任中心是否有权决定使用引起该项成本发生的资产或劳务

D. 责任中心能否参与决策并对该项成本的发生施加重大影响

3. 真正意义上的利润中心是指( )。
A. 可以计算其利润的组织单位
B. 有收入的中心
C. 对企业外部销售取得利润的中心
D. 管理人员有权对其供货的来源和市场的选择进行决策的单位

4. 下列关于利润中心的说法中,错误的是( )。
A. 拥有供货来源和市场选择决策权的责任中心,才能成为利润中心
B. 考核利润中心的业绩,除了使用利润指标外,还需使用一些非财务指标
C. 为了便于不同规模的利润中心业绩比较,应以利润中心实现的利润与所占用资产相联系的相对指标作为其业绩考核的依据
D. 为防止责任转嫁,正确考核利润中心业绩,需要制定合理的内部转移价格

5. 下列各项中,属于最高层次责任中心的是( )。
A. 成本中心   B. 利润中心   C. 费用中心   D. 投资中心

6. 既能反映投资中心的投入产出关系,又可使个别投资中心的利益与企业整体利益保持一致的考核指标是( )。
A. 可控成本   B. 利润总额   C. 剩余收益   D. 投资报酬率

7. 已知ABC公司加权平均的最低投资报酬率为20%,其下设的甲投资中心投资额为200万元,剩余收益为20万元,则该中心的投资报酬率为( )。
A. 40%   B. 30%   C. 20%   D. 10%

8. 下列各项考核指标中,使投资中心项目评估与业绩紧密相连,又可考虑管理要求以及部门个别风险高低的指标是( )。
A. 部门剩余收益   B. 部门边际贡献
C. 部门投资报酬率   D. 部门税前经营利润

9. 企业以协商价格作为内部转移价格时,该协商价格的下限一般是( )。
A. 市场价格   B. 单位变动成本加上单位边际贡献
C. 单位完全成本   D. 单位变动成本

10. 下列关于内部责任中心业绩报告的说法中,不正确的是( )。
A. 责任中心的业绩评价和考核应该通过编制业绩报告来完成
B. 业绩报告也称责任报告、绩效报告
C. 业绩报告着重于对责任中心管理者的业绩评价
D. 业绩报告着重于对责任中心整体的业绩评价

11. 应对所有财务业务决策负责的是( )经理。
A. 投资中心   B. 利润中心   C. 收入中心   D. 成本中心

12. 某企业的一个成本中心生产某产品,预算产量为1 000件,单位成本80元;实际产量1 200件,单位成本75元,则该成本中心的成本变动率为( )。
A. −7.5%   B. −12.5%   C. −6.25%   D. −5%

13. 成本中心业绩报告所揭示的业绩考核指标是( )。
A. 责任成本   B. 制造成本   C. 完全成本   D. 变动成本

14. 下列各项中,不属于利润中心业绩报告所应披露的业绩考核指标的是( )。
A. 中心的边际贡献总额 B. 中心负责人的可控利润总额
C. 中心的可控利润总额 D. 中心的剩余收益

二、多项选择题

1. 按照财务控制的时序分类,财务控制可以分为( )。
A. 事前控制 B. 事中控制 C. 事后控制 D. 预算控制

2. 责任中心考核的指标包括( )。
A. 可控成本 B. 产品成本 C. 利润 D. 投资报酬率

3. 判别一项成本是否是可控成本,应该满足的条件有( )。
A. 成本中心是否使用了引起该项成本发生的资产或劳务
B. 成本中心有办法知道将发生什么样性质的耗费
C. 成本中心有办法计量它的耗费
D. 成本中心有办法控制并调节它的耗费

4. 下列成本中,属于生产车间可控成本的有( )。
A. 由于疏于管理导致的废品损失
B. 车间发生的间接材料成本
C. 按照资产比例分配给生产车间的管理费用
D. 按直线法提取的生产设备折旧费用

5. 下列关于内部转移价格的表述中,不正确的有( )。
A. 协商型内部转移价格一般不高于市场价,不低于变动成本
B. 协商型内部转移价格主要适用于集权程度较高的企业
C. 成本型内部转移价格是指以企业基期成本为基础加以调整计算的内部转移价格
D. 价格型内部转移价格一般适用于自然利润中心,不适用于人为利润中心

6. 下列有关投资中心业绩考核指标表述中,正确的有( )。
A. 利用部门剩余收益评价部门业绩时,为改善评价指标的可比性,各部门应该使用相同的资本成本率
B. 某项会导致个别投资中心的部门剩余收益增加的投资,则一定会使整个企业的剩余收益增加
C. 使用部门投资报酬率考核投资中心的业绩,便于不同部门之间的比较,但可能会引起部门经理投资决策的次优化
D. 在其他因素不变的条件下,一个投资中心的部门剩余收益的大小与要求的税前投资报酬率的高低呈反向变动

7. 下列各项中,属于责任中心业绩报告内容的包括( )。
A. 关于实际业绩的信息
B. 关于预期业绩的信息
C. 关于实际业绩与预期业绩之间的差异的信息
D. 关于责任中心权力大小的信息

8. 下列各项中,属于投资中心的业绩报告中披露的考核指标的有( )。

A. 投资报酬率　　　　　　　　　B. 剩余收益
C. 现金回收率　　　　　　　　　D. 剩余现金流量

三、判断题

1. 当一个责任中心向另一个责任中心提供产品时,不仅要办理内部结算,而且要同时办理责任成本的内部结转。（　）

2. 责任报告通常都是自上而下编制的。（　）

3. 业绩报告,是指根据责任会计记录编制的反映责任预算实际执行情况,揭示责任预算与实际执行差异的内部会计报告。（　）

4. 采用协商价格作为内部转移价格一般假定中间产品有完全竞争的外部市场。（　）

5. 工业企业的大多数成本中心都可以转化为人为利润中心,人为利润中心不需要具有相对独立的经营权。（　）

6. 在不同规模的投资中心之间进行业绩比较时,使用剩余收益指标优于投资报酬率指标。（　）

四、计算分析题

1. ABC公司下设A、B两个投资中心,A投资中心的部门平均资产为700万元,部门平均负债为350万元,部门投资报酬率为20%;B投资中心的部门投资报酬率为22%,部门剩余收益为105万元,部门平均负债为320万元。ABC公司对A投资中心要求的平均最低部门税前投资报酬率为15%,对B投资中心要求的平均最低部门税前投资报酬率为20%,ABC公司的税前加权资本成本为10%。ABC公司决定追加净投资400万元,若投向A投资中心,每年可增加部门税前利润80万元;若投向B投资中心,每年可增加部门税前利润60万元。

要求:
(1) 计算追加投资前A投资中心的部门剩余收益;
(2) 计算追加投资前B投资中心的部门平均资产;
(3) 若A投资中心接受追加投资,计算其部门剩余收益;
(4) 若B投资中心接受追加投资,计算其部门投资报酬率。

2. 已知某集团公司下设多个责任中心,有关资料如下。

资料1:

表9-22　ABC投资中心数据

指标	A投资中心	B投资中心	C投资中心
部门税前利润(万元)	10 400	15 800	8 450
部门平均净资产(万元)	94 500	145 000	75 500
要求的部门税前投资报酬率	10%	9%	11%

资料2:D利润中心营业收入为52 000元,变动成本总额为25 000元,利润中心负责人可控的固定成本为15 000元,利润中心负责人不可控但应由该中心负担的固定成本为6 000元。

资料3:E利润中心的边际贡献总额为80 000元,利润中心负责人可控利润总额为 60 000 元,利润中心可控利润总额为 45 000 元。

要求:

(1) 根据资料 1 计算各个投资中心的下列指标:

① 部门投资报酬率,并据此评价各投资中心的业绩;

② 部门剩余收益,并据此评价各投资中心的业绩。

(2) 根据资料 2 计算 D 利润中心的边际贡献总额、负责人可控利润总额、可控利润总额。

(3) 根据资料 3 计算 E 利润中心负责人的可控固定成本以及不可控但应由该利润中心负担的固定成本。

项目九延伸阅读——企业内部控制基本规范

项目十

财务分析

思维导图

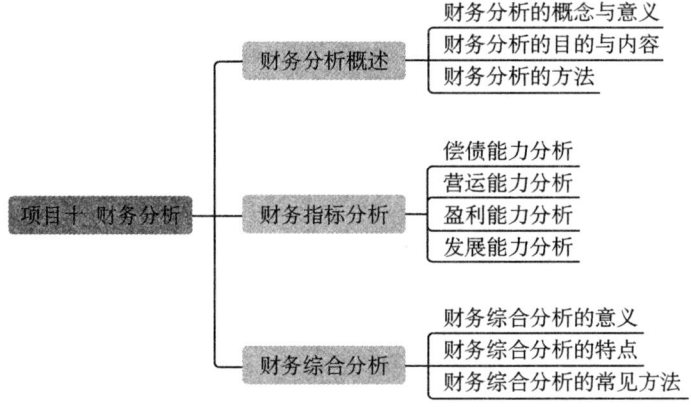

微课:财务分析——财务分析方法

学习目标

1. 知识目标

(1) 了解财务分析的意义,熟悉财务分析的目的与内容,掌握财务分析的基本方法。

(2) 掌握偿债能力指标、营运能力指标、盈利能力指标、发展能力指标的计算与分析方法。

(3) 掌握杜邦分析法相关指标的计算及分析。

(4) 掌握沃尔评分法相关指标的计算及分析。

2. 技能目标

(1) 能够运用比较分析法、比率分析法、趋势分析法和因素分析法等财务分析方法。

(2) 能够熟练运用比较分析和趋势分析等财务分析方法,结合财务指标对企业偿债能力、营运能力、盈利能力、发展能力及未来趋势进行全面分析。

(3) 能对企业的财务状况作出全面的判断和评价。

(4) 能运用沃尔比评分法对企业信用水平进行评价。

3. 素养目标

(1) 学会与不同的报表使用者进行沟通与协调,培养良好的团队合作意识。

(2) 学会与企业管理层进行沟通,并能够及时提供其所需要的相关信息。

(3) 知晓弄虚作假给企业带来的伤害,养成良好的道德情操,形成正确的价值观,培养诚实守信、廉洁自律、遵纪守法、严谨认真的职业态度。

任务一　财务分析概述

案例导入

"股神"巴菲特的投资秘诀

"股神"沃伦·巴菲特世人都不陌生，在所有投资者的眼中他绝对是一个神话。2021年3月2日，沃伦·巴菲特以5 890亿元人民币财富名列《2021胡润全球富豪榜》第6位；4月，沃伦·巴菲特以960亿美元财富位列《2021福布斯全球富豪榜》第6位。"股神"沃伦·巴菲特是一个典型的注重基本面分析的积极投资者，他把自己的日常工作概括为"阅读"，而他阅读得最多的就是财务报表。人们惊叹沃伦·巴菲特拥有一个点石成金的金手指，但沃伦·巴菲特却说："我从来不关心股票的走势，也没必要关心，这也许还会妨碍我作出正确的选择。"他坚持认为，他是在投资企业而不是股票，如果有可能就尽量远离股市。他的投资理念其实很简单，那就是价值投资，价值投资是一种积极的、理性的投资行为，在价值投资理念的指导下，财务报表的作用就显得尤为重要。在投资前，他会对目标公司的财务报表进行非常缜密的分析，通过透视财务报表，对公司的内在价值进行评估，并据以指导投资决策。

> **寓德于技**
>
> 股市有风险，入市需谨慎。投资者要充分考虑自己的风险承受能力和资金能力，量力而为，理智投资。

与其说他是"股神"，不如说他是全球顶尖的战略企业家和多元化业务操盘手。他的战略眼光不是体现在他是如何看股票，而是如何看企业。买一家公司的股票，实际上就是买这家公司，该公司的经济业绩和未来的现金流量是股票真正的价码。这方面最有价值的信息来源就是会计信息，即公司定期、不定期发布的财务报表。

企业投资者看懂财务报表，可以正确地把握企业目前各方面的状况，从而作出正确的经营决策；投资者或家庭理财者看懂财务报表，可以作出恰当的投资决策；贷款者看懂财务报表，可以降低借款无法收回的风险。

那么，财务报表的使用者要如何运用财务指标去分析和评价企业的财务状况、经营成果及其投资价值呢？

（案例来源：https://xw.qq.com/amphtml/20210414A023MB00。）

一、财务分析的概念与意义

（一）财务分析的概念

财务分析是根据企业财务报表等信息资料，采用专门方法，系统分析和评价企业财务状况、经营成果及未来发展趋势的过程。

财务分析以企业财务报表及其他相关资料为主要依据，对企业的财务状况和经营成果进行评价和剖析，反映企业在运营过程中的利弊得失和发展趋势，从而为改进企业财务管理工作和优化经济决策提供重要财务信息。

（二）财务分析的意义

财务分析的意义主要表现在以下三个方面。

1. 财务分析是正确评价企业财务状况、考核其经营业绩的依据

通过财务分析,可以了解企业资产、负债和所有者权益的情况,可以了解企业的偿债能力、营运能力及盈利能力等,可以考核财务计划的完成程度及经营目标的实现程度。同时,通过财务分析,找出可借鉴的经验或教训,明确经济责任,合理评价各部门的经营业绩,并据此进行奖优罚劣。

2. 财务分析是进行财务预测与决策的基础

财务预测与决策是企业财务管理的重要环节。财务决策是财务管理的关键,财务预测是财务决策的前提。要做好财务预测与决策工作,首先必须进行财务分析,通过分析了解过去、掌握现在、预测未来发展趋势,进而作出正确的决策。

3. 财务分析是挖掘内部潜力、实现企业财务管理目标的手段

企业财务管理目标是实现公司价值最大化。在市场经济条件下,每个企业都面临着激烈的市场竞争,为了谋生存、求发展,实现企业价值最大化,企业必须通过财务分析了解现有的财务状况和经营成果,研究财务管理中存在的薄弱环节,分析其产生的原因,不断挖掘企业改善财务状况、扩大经营成果的潜力,采取有力措施,促使企业生产经营活动按照财务管理的目标良性运行。

二、财务分析的目的与内容

(一)财务分析的目的

财务分析信息的需求主体主要包括企业所有者、企业债权人、企业经营决策者和政府等。不同主体出于不同的利益考虑,对财务分析信息有着各自不同的要求。

1. 投资者的分析目的

投资者的分析目的包括以下几个方面:

(1) 分析评价企业的盈利能力,预测企业未来收益;

(2) 分析企业经营业绩,评价受托经营者管理水平,合理进行薪酬与人事决策;

(3) 分析企业的偿债能力,判断企业财务状况的好坏及资金取得的渠道。

2. 债权人的分析目的

债权人的分析目的包括以下几个方面:

(1) 分析企业的偿债能力,关注债权的安全性;

(2) 分析企业的盈利能力,评价企业还本付息的保障程度。

3. 经营管理者的分析目的

经营管理者的分析目的包括以下几个方面:

(1) 考核企业经营计划和财务计划完成情况,评价经营责任的履行效果;

(2) 分析评价企业财务状况,提高财务管理水平;

(3) 分析评价企业资源利用效率,增强企业市场竞争力。

4. 政府机构及其他组织的分析目的

政府机构及其他组织的分析目的包括以下几个方面:

(1) 监督、检查党和国家的各项经济政策、法规、制度在企业单位的执行情况;

(2) 保证企业财务会计信息和财务分析报告的真实性、准确性,为宏观决策提供

寓德于技——

社会上存在着粉饰财务报表、通过财务造假侵吞公司财产、偷税漏税等违法行为,这些行为不仅仅给企业、国家、投资者造成损失,严重时还会影响到社会的稳定。

因此,作为财务工作人员,我们应树立正确的价值理念,提供真实、可靠的财务信息,遵循国家的法律法规,不得侵害他人合法权益,损害他人利益。我们要坚决抵制财务造假等违法行为。

可靠信息。

（二）财务分析的内容

不同的信息需求者，由于其对财务信息的需求不同，因而其财务分析的内容和侧重点也不一样。但概括起来，财务分析的内容主要包括以下几个方面。

1. 偿债能力分析

偿债能力是指企业偿还债务的能力。企业偿债能力分析，主要是通过资产负债率、流动比率、速动比率等指标，揭示企业举债的合理程度及清偿债务的实际能力等。企业偿债能力分为短期偿债能力和长期偿债能力，两者的衡量标准不同，企业既要关注即将到期的债务，还应对未来远期债务有一定的规划。同时，企业偿债能力不仅与债务结构相关，而且与企业持续经营能力、未来收益能力联系紧密，所以，偿债能力分析也应关注公司资产的质量、资产变现的能力及公司的盈利能力。

2. 营运能力分析

营运能力是指企业资产周转运行的能力。营运能力分析主要是分析企业资产的周转情况，通过存货周转率、应收账款周转率、流动资产周转率和总资产周转率等指标来评价企业资产的利用效率。如果企业资产运用效率高、循环快，则可以以较少的投入获取较多的收益，减少资金的占用和积压。营运能力分析不仅反映企业的盈利水平，还反映企业生产经营、市场营销等方面的情况，通过营运能力分析，可以发现企业资产利用效率的不足，挖掘资产潜力。

3. 盈利能力分析

盈利能力是指企业获取利润的能力。企业盈利能力分析主要是分析企业利润的实现情况，主要是通过销售毛利率、销售净利率、总资产收益率、净资产收益率等指标，揭示企业的盈利情况。追求利润最大化是现代企业管理的直接动因，企业实现利润的多少最能反映企业的经营成果。因此，对企业盈利能力的分析是现代企业财务分析的核心内容。盈利能力还是评估企业价值的基础，可以说企业价值的大小取决于企业未来获取盈利的能力。此外，企业盈利能力指标还可以用于评价内部管理层业绩。

4. 发展能力分析

发展能力是指企业依靠自身积累资金或向外界筹资来扩大经营规模的能力。企业发展能力分析主要是通过不同时点指标的结构分析挖掘企业的发展潜力，评价企业的发展趋势。企业发展不仅仅是规模的扩大，更是企业收益能力的上升，一般认为是净收益的增长。企业发展能力受到企业的经营能力、制度环境、人力资源、分配制度等诸多因素的影响，所以在分析企业发展能力时，还需要测度这些因素对企业发展的影响程度，将其变为可量化的指标进行表示。

5. 综合财务分析

综合财务分析是将偿债能力分析、营运能力分析和盈利能力分析等诸多方面纳入一个有机的整体之中，通过相互关联的分析，采用适当的标准，对企业财务状况和经营成果作出全面的评价。综合财务分析采用的具体方法有杜邦分析法、沃尔评分法等。

三、财务分析的方法

财务分析方法是进行财务分析的方式和手段,要实现财务分析的目的,就必须掌握各种财务分析方法,并能在财务分析工作中正确地选择和有效地运用。财务分析方法主要包括比较分析法、比率分析法、趋势分析法、因素分析法。

(一)比较分析法

1. 比较分析法的概念

比较分析法是指通过主要项目或指标的对比,从数量上确定出差异,分析和判断企业经营及财务状况的一种分析方法。比较分析法是财务报表分析中最常用的方法,也是其他分析方法运用的基础。

2. 比较分析法的内容

比较分析法的内容包括以下几个方面。

(1)与目标基准比较。目标基准是指财务分析人员综合历史财务数据和现实经济状况提出的理想标准。

(2)与历史基准比较。历史基准是指本企业在过去某段时期内的实际值,根据需要,可以选择历史平均值,也可以选择历史最优值作为基准。

(3)与行业基准比较。行业基准是指行业内所有企业某个相同财务指标的平均水平,或者是较优水平。

(4)与经验基准比较。经验基准是指依据大量的、长期的日常观察和实践形成的基准,该基准的形成一般没有理论支撑,只是简单地根据事实现象归纳的结果。

3. 比较分析法的形式

比较分析法的形式有以下两种。

(1)绝对数的比较。将取得的财务报表数据与比较基准直接进行比较。绝对数比较最常见的形式就是比较财务报表,将两期或多期的财务报表予以并行列示,进行对比,进而观察各个报表项目数据的增减变动,以分析这些变动背后的经济含义。

(2)百分比变动比较。绝对数的比较可以反映出项目金额的变动情况和变动趋势,但难以反映不同规模分析对象之间的差异。百分比的计算分为完成百分比和增减百分比,其计算公式为:

$$完成百分比 = \frac{指标的实际值}{指标的标准值} \times 100\%$$

$$增减百分比 = \frac{指标的实际值 - 指标的标准值}{指标的标准值} \times 100\%$$

4. 采用比较分析法应注意的几个问题

采用比较分析法应注意的问题包括以下几个。

(1)实际指标与对比指标的计算口径要保持一致。

(2)实际指标与对比指标的时间期限要一致。

(3)实际指标与对比指标的计算方法必须一致,而且影响指标的各因素内容也需一致。

新手提示

财务分析的一般思路和方法包括:①通过同行业的横向比较,找到分析对象的薄弱环节,并推断其背后的原因和改进方式;②揭示三张财务报表之间的勾稽关系;③趋势分析,分析特定时间段内某些财务数据的变化趋势,或者不同期间的对照比较。

寓德于技

在财务分析过程中,我们应坚持实事求是的原则,一切用数据说话。

(二)趋势分析法

1. 趋势分析法的概念

趋势分析法是将两期或连续若干期财务报告中的相同指标进行对比,确定其增减变动的方向、数额和幅度,以说明企业财务状况和经营成果变动趋势的一种方法。

2. 趋势分析法的比较方式

趋势分析法的比较方式包括以下几种。

1) 重要财务指标的比较

方法:将不同时期财务报表中相同的重要指标或比率进行比较,直接观察其增减变动情况及变动幅度,考察其发展趋势,预测其发展前景。

对不同时期财务指标的比较,可以采用以下两种方法。

定基动态比率——将某一时期的数额作为固定基期数额(通常为计算期期初数额)而计算出来的动态比率。其计算公式为:

$$定比比率 = \frac{分析期数额}{固定基期数额} \times 100\%$$

环比动态比率——以每一分析期的前一期数额为基数而计算出来的动态比率。其计算公式为:

$$环比比率 = \frac{分析期数额}{前一期数额} \times 100\%$$

2) 会计报表的比较

方法:将连续数期会计报表的金额并列起来,比较其相同指标的增减变动金额和变动幅度,据以判断企业财务状况和经营成果的发展变化情况。

比较内容:包括资产负债表比较、利润表比较和现金流量表比较等。

注意事项:比较时,既要计算出表中有关项目增减变动的绝对额,又要计算出其增减变动的相对数。

3) 会计报表项目构成的比较

方法:以会计报表中的某个总体指标作为基数 1,再计算其各组成项目占总体指标的百分比,从而比较各个项目百分比的增减变动,以此来判断有关财务活动的变化趋势。

特点:既可以用于同一企业不同时期财务状况的纵向比较,又可用于不同企业之间的横向比较。比起前述两种方法,这种方法能消除不同时期(不同企业)之间业务规模差异的影响,有利于分析企业的耗费水平和盈利水平。

3. 采用趋势分析法应注意的问题

采用趋势分析法应注意的问题包括以下几个。

(1) 用于进行对比的各个时期的指标,在计算口径上必须一致。

(2) 剔除偶发性项目的影响,使数据能反映正常的情况。

(3) 应用例外原则,应对某项有显著变动的指标作重点分析,研究其产生的原因,以便采取对策,趋利避害。

(三) 比率分析法

1. 比率分析法的概念

比率分析法是指利用两项相关数据之间的关联关系,通过两数相比计算出比率,以此计量经济活动的变动程度,揭示企业财务活动的内在联系,借以评价企业财务状况和经营成果的一种方法。

> **新手提示**
> 详细财务比率见任务二财务指标分析。

2. 比率分析法的种类

比率分析法的种类包括以下几种。

1) 构成比率

构成比率又称结构比率,是某项财务指标各组成部分数值占总体数值的百分比,反映部分与总体的关系。其公式如下:

$$构成比率 = \frac{某个组成部分的数值}{总体数值} \times 100\%$$

2) 效率比率

效率比率是某项财务活动中所得与所费的比率,反映投入与产出的关系。例如,成本利润率、销售利润率、资本金利润率。其公式如下:

$$效率比率 = \frac{所得}{所费} \times 100\%$$

3) 相关比率

相关比率是以某个项目和与其有关的项目加以对比的比率,反映有关经济活动的相互关系。例如,流动比率、速动比率等。

3. 采用比率分析法应注意的几个问题

采用比率分析法应注意的问题包括以下两个。

(1) 对比项目的相关性。要选择科学合理的对比标准与之对比,以便对财务状况作出恰当评价。

① 计算比率的分子项和分母项必须具有相关性,否则对比无意义。

② 在构成比率指标中,部分指标必须是总体指标这个大系统中的一个小系统。

③ 在效率比率指标中,投入与产出必须有因果关系。

④ 在相关比率指标中,两个对比指标也要有某种内在联系。

(2) 对比口径的一致性。计算比率的分子和分母在计算时间、范围、计算价格、计量单位等方面要保持口径一致。

(四) 因素分析法

因素分析法依据分析指标和影响因素的关系,从数量上确定各因素对指标的影响程度。采用这种方法的出发点是:当有若干因素对分析指标产生影响作用时,假定其他各因素都无变化,依次确定每一个因素单独变化对指标所产生的影响。因素分析法根据其分析特点可分为连环替代法和差额分析法。

1. 连环替代法

连环替代法就是将分析指标分解为各个可以计量的因素,并根据各个因素之间的依存关系,依次用各因素的实际数替代基期数,据以测定各因素变动对分析指标的

> **寓德于技**
> 世界上的事情是复杂的,是由各方面的因素决定的。看问题要从各方面去看,不能只从单方面看。
> 影响因素是决定事物成败的原因或条件,学习先进经验是提高生产的重要因素之一。

影响程度。计算程序如下。

(1) 分解某项综合指标的各项构成因素。

(2) 确定各项因素的排列顺序：一般数量因素在前，质量因素在后；实物与劳动量因素在前，货币因素在后；主要与原始因素在前，次要与派生因素在后。

(3) 按各因素的基期数计算出该综合指标的基期数。

(4) 替换第一个因素，将该因素的基期数替换成实际数，计算出替换后的结果，与上一步的计算结果进行比较，计算出影响程度。

(5) 以此类推，按顺序将后续各因素的基期数替换成实际数，计算出替换后的结果，并与前一次替换后的计算结果进行比较，计算出影响程度，直至替换完毕。

(6) 计算出各项因素影响程度之和，与该项综合性指标的差异总额进行对比，核对是否相符。

设某一财务指标 F 是由相互联系的 A、B、C 三个因素组成，计划（标准）指标和实际指标的公式如下：

$$计划（标准）指标\ F_0 = A_0 \times B_0 \times C_0$$
$$实际指标\ F_1 = A_1 \times B_1 \times C_1$$

该指标实际脱离计划（标准）的差异（$F_1 - F_0 = D$），同时受三个因素变动的影响。假定三个因素的排序依次为 A、B、C，在测定各个因素的变动对指标 F 的影响程度时，计算过程如下：

计划（标准）指标 $F_0 = A_0 \times B_0 \times C_0$　　　　(1)

第一次替换 $F_2 = A_1 \times B_0 \times C_0$　　　　(2)

第二次替换 $F_3 = A_1 \times B_1 \times C_0$　　　　(3)

第三次替换实际指标 $F_1 = A_1 \times B_1 \times C_1$　　　　(4)

据此测定的结果：

(2)-(1) $F_2 - F_0$ ……………… 为 A 因素变动的影响

(3)-(2) $F_3 - F_2$ ……………… 为 B 因素变动的影响

(4)-(3) $F_1 - F_3$ ……………… 为 C 因素变动的影响

三个因素影响的合计：

$(F_2 - F_0) + (F_3 - F_2) + (F_1 - F_3) = F_1 - F_0$

【例 10-1】 某企业 2×23 年 1 月 A 产品的材料费用总额实际数是 4 620 元，而其计划数是 4 000 元，实际比计划增加 620 元。由于原材料费用是由产品产量、单位产品材料消耗量和材料单价三个因素的乘积组成，因此就可以把材料费用这一总指标分解为三个因素，然后逐个分析它们对材料费用总额的影响程度。现假设这三个因素的数值如表 10-1 所示。

表 10-1　材料费用表

项目	单位	计划数	实际数	差异
产品产量	件	100	110	10
单位产品材料消耗量	千克	8	7	-1

(续表)

项目	单位	计划数	实际数	差异
材料单价	元/千克	5	6	1
材料费用总额	元	4 000	4 620	620

根据表中资料,材料费用总额实际数较计划数增加620元。运用连环替代法,计算各因素变动对材料费用总额的影响。

(1) 确定分析对象:实际数—计划数=4 620—4 000=620(元)

(2) 建立分析对象与影响因素之间的函数关系式:

$$材料费用总额=产品产量\times 单位产品材料消耗用量\times 材料单价$$

(3) 计算各个因素对分析对象的影响程度:

计划数:$100\times 8\times 5=4\ 000$(元)①

替换产量因素:$110\times 8\times 5=4\ 400$(元)②

替换单位消耗量因素:$110\times 7\times 5=3\ 850$(元)③

替换价格因素:$110\times 7\times 6=4\ 620$(元)④

产量增加的影响:②—①=4 400—4 000=400(元)

单位产品材料消耗量下降的影响:③—②=3 850—4 400=—550(元)

材料单价上升的影响:④—③=4 620—3 850=770(元)

三个因素共同的影响:400—550+770=620(元)

由此可以看出,材料费用超支的主要原因在于材料价格上涨及产品产量增加。

2. 差额分析法

差额分析法就是用各因素实际数与基期数之间的差额,乘以排列在其前面的各因素的实际数,再乘以排列在其后面的各因素的基期数,所得出的结果就是该因素变动对分析指标的影响数。沿用前述内容,差额分析法的计算过程如下:

A 因素变动的影响=$(A_1-A_0)\times B_0\times C_0$

B 因素变动的影响=$A_1\times (B_1-B_0)\times C_0$

C 因素变动的影响=$A_1\times B_1\times (C_1-C_0)$

【例 10-2】 沿用[例 10-1]中的资料,可采用差额分析法计算确定各因素变动对材料费用的影响。

产品产量增加的影响=$(110-100)\times 8\times 5=400$(元)

单位产品材料消耗量下降的影响=$110\times (7-8)\times 5=-550$(元)

材料单价上升的影响=$110\times 7\times (6-5)=770$(元)

三个因素共同的影响=400—550+770=620(元)

由此,可以看出差额分析法的计算结果与分析结论与连环替代法一致。

3. 采用因素分析法应注意的问题

采用因素分析法应注意的问题包括以下几个。

(1) 因素分解的关联性。确定构成经济指标的因素,必须是客观存在的因果关系,要能够反映形成该项指标差异的内在构成原因,否则就失去了其存在的价值。

> **想一想**
> 如果将产量(件)作为因素 B,单位消耗量作为因素 A,材料单价作为因素 C。采用连环替代分析法和差额分析法进行分析。并与[例 10-1]和[例 10-2]的计算结果作对比,体会因素分析法的特点与注意事项,写出你的思考。

(2) 因素替代的顺序性。替代因素时,必须按照各因素的依存关系,排列成一定的顺序并依次替代,否则就会得出不同的结果。各项因素的排序原则:如果既有数量因素,又有质量因素,那么数量因素排列在先,质量因素排列在后;如果既有实物数量因素,又有价值数量因素,那么实物数量因素排列在先,价值数量因素排列在后;如果都是数量因素,或者都是质量因素,那么应区分主要因素和次要因素,主要因素排列在先,次要因素排列在后。

(3) 顺序替代的连环性。连环替代法在计算每一个因素变动的影响时,都必须是在前一次计算的基础上进行,并采用连环比较的方法确定因素变化的影响程度,否则就会得出错误结果。

(4) 计算结果的假定性。因素分析法的前提条件有一定的假定性,在采用此法分析时,财务人员应力求使这种假定合乎逻辑,否则会妨碍分析的有效性。

牛刀小试

某企业连续两年的产品销售收入与产品销售量、产品销售单价资料如表 10-2 所示。

表 10-2　产品销售收入表

项目	本年(实际指标)	上年(基准指标)	差异
销售数量(台)	300	240	+60
销售单价(万元/台)	0.45	0.50	−0.05
产品销售收入(万元)	135	120	+15

要求:采用因素分析法计算并简要评价销售数量变动与销售单价变动对产品销售收入的影响。

知识检测

一、单项选择题

1. 债权人在进行企业财务分析时,最为关心的是(　　)。
   A. 企业获利能力　　　　　　　　B. 企业偿债能力
   C. 企业社会贡献能力　　　　　　D. 企业资产营运能力
2. 企业所有者作为投资人,主要进行(　　)。
   A. 盈利能力分析　　　　　　　　B. 偿债能力分析
   C. 综合分析　　　　　　　　　　D. 运营能力分析
3. 下列各项中,反映企业资产运用、循环的效率高低是(　　)。
   A. 偿债能力　　B. 盈利能力　　C. 发展能力　　D. 营运能力
4. 下列比率指标的不同类型中,流动比率属于(　　)。
   A. 构成比率　　B. 动态比率　　C. 相关比率　　D. 效率比率
5. 下列指标中,属于效率比率的是(　　)。
   A. 流动比率　　　　　　　　　　B. 资本利润率
   C. 资产负债率　　　　　　　　　D. 流动资产占全部资产的比重

6. 下列各项中,不属于财务分析中因素分析法的特征的是( )。
   A. 因素分解的关联性　　　　　　B. 顺序替代的连环性
   C. 分析结果的准确性　　　　　　D. 因素替代的顺序性

7. 在下列财务分析主体中,必须对企业营运能力、偿债能力、盈利能力及发展能力的全部信息予以详尽了解和掌握的是( )。
   A. 股权投资者　　　　　　　　　B. 企业债权人
   C. 企业经营决策者　　　　　　　D. 税务机关

8. 下列有关财务分析局限性的有关说法中,不正确的是( )。
   A. 财务报表中的数据用于预测未来发展趋势,只有参考价值,并非绝对合理
   B. 财务报表是严格按照会计准则编制的,能准确地反映企业的客观实际
   C. 在分析时,分析者往往只注重数据的比较,而忽略经营环境的变化,这样得出的分析结论是不全面的
   D. 在不同企业之间用财务指标进行评价时没有一个统一标准,不便于不同行业间的对比

二、多项选择题

1. 财务信息的需求主体主要包括( )。
   A. 股东及潜在投资者　　　　　　B. 债权人
   C. 企业内部管理者　　　　　　　D. 政府及相关监管机关

2. 下列指标中,属于效率比率的有( )。
   A. 资本利润率　　　　　　　　　B. 速动比率
   C. 成本利润率　　　　　　　　　D. 销售利润率

3. 下列各项中,属于采用比率分析法时应当注意的问题的有( )。
   A. 对比项目的相关性　　　　　　B. 对比口径的一致性
   C. 衡量标准的科学性　　　　　　D. 因素替代的顺序性

4. 财务分析方法是进行财务分析的方式和手段,要实现财务分析的目的,就必须掌握各种财务分析方法。下列各项中,属于财务分析方法的有( )。
   A. 比较分析法　　　　　　　　　B. 比率分析法
   C. 趋势分析法　　　　　　　　　D. 连环替代法

5. 不同的信息需求者,由于其对财务信息的需求不同,因而其财务分析的内容和侧重点也就不一样。下列各项中,属于财务分析的内容的有( )。
   A. 运营能力分析　　　　　　　　B. 偿债能力分析
   C. 盈利能力分析　　　　　　　　D. 发展能力分析

三、判断题

1. 在财务分析中,将通过对比两期或连续数期财务报告中的相同指标,以说明企业财务状况或经营成果变动趋势的方法称为趋势分析法。　　　　　　( )

2. 财务信息需求主体包括股东及潜在投资者、债权人、企业管理人员、政府、供应商等,这些利益主体需要不同的财务信息,但都使用相同的分析方法和手段。( )

3. 财务分析中的效率指标,是某项财务活动中所费与所得之间的比率,反映投入与产出的关系。　　　　　　　　　　　　　　　　　　　　　　　　( )

4. 采用比较分析法进行财务分析时,应该剔除偶发性项目的影响。（   ）

5. 对于因素分析法来说,在计算各因素对综合经济指标的影响额时,主观假定各因素的变化顺序而且规定每次只有一个因素发生变化,这些假定有可能与事实不符。（   ）

> **知识应用**

1. 甲公司2×22年年末和2×23年年末的比较资产负债表部分项目数据如表10-3所示。

表10-3　甲公司比较资产负债表　　　　　　　　　单位:万元

项目	2×22年	2×23年
速动资产	40 000	35 000
存货	48 000	66 000
固定资产净额	140 000	148 000
无形资产	50 000	60 000
资产合计	278 000	309 000
流动负债	80 000	86 000
长期负债	60 000	68 000
负债合计	140 000	154 000
实收资本	110 000	110 000
盈余公积	16 000	23 000
未分配利润	12 000	22 000
所有者权益合计	138 000	155 000

要求:根据上述资料完成表10-4。

表10-4　甲公司资产负债表比较分析　　　　　　　金额单位:万元

项目	差额	增长百分比
速动资产		
存货		
固定资产净额		
无形资产		
资产合计		
流动负债		
长期负债		
负债合计		
实收资本		
盈余公积		
未分配利润		
所有者权益合计		

2. 乙公司 2×21 年至 2×23 年主营业务收入和净利润资料如表 10-5 所示。

表 10-5　乙公司主营业务收入和净利润情况表　　　　　单位：万元

项目	2×21 年	2×22 年	2×23 年
主营业务收入	5 000	6 200	6 500
净利润	480	550	540

要求：以 2×21 年为基数，分别计算该公司 2×22 年、2×23 年主营业务收入和净利润的变动额与变动率，并作简要分析。

3. 丙公司是一家汽车销售企业，现对丙公司 2×23 年净资产收益率（净资产收益率＝销售净利率×总资产周转率×权益乘数）进行分析，以发现与主要竞争对手丁公司的差异。相关资料如表 10-6 所示。

表 10-6　丙、丁公司相关财务比率

公司名称	销售净利率	总资产周转率	权益乘数
丙公司	12%	1.25	2
丁公司	24%	0.6	1.5

要求：使用因素分析法，按照销售净利率、总资产周转率、权益乘数的顺序，对 2×23 年丙公司相对丁公司净资产收益率的差异进行定量分析。

任务二　财务指标分析

案例导入

小米与格力的 10 亿赌约

在 2013 年的中国经济年度评选活动中，小米雷军说："小米模式能否战胜格力模式，在未来五年，请全国人民见证。在五年之内，营业额击败格力的话，董明珠输我一块就行了。"没想到格力老总董明珠霸气回应："第一，告诉你们不可能会超过；第二，我跟你赌 10 个亿。"

而在那一年，格力的营业额是 1 200 亿元，小米的营业额只有 316 亿元，这差距还是挺大的！待 2018 年双方企业业绩发布后，最终格力胜出。2018 年格力实现营业收入 2 000.4 亿元，比小米 1 749.15 亿元的营收多出了 250 多亿元。

董明珠真的赢了这次赌约吗？什么是发展能力，衡量发展能力的指标主要有哪些？

（案例来源：http://www.shandonghsjx.com/news/show385611.html。）

财务指标也称财务比率，是通过财务报表数据的相对关系来揭示企业经营管理的各方面问题的，也是最主要的财务分析方法。财务分析的基本内容包括偿债能力分析、营运能力分析、盈利能力分析和发展能力分析四个方面，以下分别加以介绍。

为便于说明,本任务各项财务指标的计算,将主要采用爱华公司作为例子,该公司的资产负债表、利润表如表 10-7 和表 10-8 所示。

表 10-7　资产负债表

编制单位:爱华公司　　　　　　　　2×23 年 12 月 31 日　　　　　　　　单位:万元

资产	年末余额	年初余额	负债和所有者权益	年末余额	年初余额
流动资产:			流动负债:		
货币资金	260	135	短期借款	310	235
交易性金融资产	40	70	交易性金融负债	0	0
应收票据	50	65	应付票据	35	30
应收账款	2 000	1 005	应付账款	510	555
预付款项	70	30	预收款项	60	30
其他应收款	120	120	应付职工薪酬	90	105
其中:应收利息	0	0	应交税费	55	70
应收股利	0	0	其他应付款	295	180
存货	605	1 640	其中:应付利息	55	35
持有待售资产	0	0	应付股利	0	0
一年内到期的非流动资产	235	0	持有待售负债	0	0
其他流动资产	210	65	一年内到期的非流动负债	260	0
流动资产合计	3 590	3 130	其他流动负债	25	35
非流动资产:			流动负债合计	1 640	1 240
债权投资	0	0	非流动负债:		
其他债券投资	0	0	长期借款	2 260	1 235
长期应收款	0	0	应付债券	1 210	1 310
长期股权投资	160	235	长期应付款	0	0
投资性房地产	0	0	预计负债	0	0
固定资产	6 190	4 775	递延所得税负债	0	0
在建工程	100	185	其他非流动负债	360	385
无形资产	100	120	非流动负债合计	3 830	2 930
开发支出	0	0	负债合计	5 470	4 170
商誉	0	0	所有者权益(或股东权益):		
长期待摊费用	0	0	实收资本(或股本)	3 000	3 000
递延所得税资产	35	85	资本公积	90	60
其他非流动资产	25	70	减:库存股		

(续表)

资产	年末余额	年初余额	负债和所有者权益	年末余额	年初余额
			其他综合收益	0	0
			盈余公积	380	210
			未分配利润	1 260	1 160
非流动资产合计	6 610	5 470	所有者权益(或股东权益)合计	4 730	4 430
资产总计	10 200	8 600	负债和所有者权益(或股东权益)总计合计	10 200	8 600

表 10-8　利润表

编制单位：爱华公司　　　　　2×23 年度　　　　　单位：万元

项　目	本年金额	上年金额
一、营业收入	15 010	14 260
减：营业成本	13 230	12 525
税金及附加	150	150
销售费用	120	110
管理费用	240	210
研发费用	0	0
财务费用	560	490
资产减值损失	0	0
信用减值损失	0	0
加：公允价值变动收益（损失以"－"号填列）	110	190
其他收益	0	0
投资收益（损失以"－"号填列）	210	130
其中：对联营企业和合营企业的投资收益		
以摊余成本计量的金融资产终止确认收益		
资产处置收益	0	0
二、营业利润（亏损以"－"号填列）	1 030	1 095
加：营业外收入	60	95
减：营业外支出	110	35
其中：非流动资产处置损失		
三、利润总额（亏损总额以"－"号填列）	980	1 155
减：所得税费用	330	385
四、净利润（净亏损以"－"号填列）	650	770

(续表)

项 目	本年金额	上年金额
五、每股收益：		
（一）基本每股收益		
（二）稀释每股收益		

一、偿债能力分析

偿债能力是指企业偿还到期债务(包括本息)的能力。偿债能力分析则是对企业偿还到期债务能力的分析与评价。对企业的偿债能力科学、合理地评价，既关系到企业财务风险乃至经营风险是否得以有效地控制，又维系着与企业有利害关系的投资者、债权人及社会公众的经济利益。偿债能力指标包括短期偿债能力指标和长期偿债能力指标。

微课：财务分析——偿债能力分析

（一）短期偿债能力

短期偿债能力取决于可以在近期转变为现金的流动资产的多少。反映公司短期偿债能力的财务指标主要有营运资金、流动比率、速动比率和现金比率等。

1. 营运资金

营运资金是指流动资产超过流动负债的部分。其计算公式为：

$$营运资金=流动资产-流动负债$$

> **知识延伸**
> 营运资金＝流动资产－流动负债＝（总资产－非流动资产）－（总资产－所有者权益－长期负债）＝（所有者权益＋长期负债）－非流动资产＝长期资本－长期资产

营运资金越多，则偿债越有保障。当流动资产大于流动负债时，营运资金为正，说明企业财务状况稳定，不能偿债的风险较小。反之，当流动资产小于流动负债时，营运资金为负，此时，企业部分非流动资产以流动负债作为资金来源，企业不能偿债的风险很大。值得注意的是，营运资金是绝对数，不便于不同企业之间的比较。

牛刀小试

A 公司和 B 公司有相同的营运资金，见表 10-9，是否意味着它们具有相同的偿债能力？

表 10-9　A 公司和 B 公司营运资金表　　　　　单位：万元

项目	A 公司	B 公司
流动资产	600	2 400
流动负债	200	2 000
营运资金	400	400

2. 流动比率

流动比率是指公司一定时点流动资产与流动负债的比值。流动比率是衡量公司变现能力最常用的比率。其计算公式为：

$$流动比率=\frac{流动资产}{流动负债}$$

该指标用来衡量企业流动资产在短期债务到期前可以变为现金用于偿还流动负债的能力,表明企业每1元钱流动负债有多少流动资产作为支付的保障。一般情况下,流动比率越高,反映企业短期偿债能力越强,债权人的权益越有保障。通常认为流动比率为2是比较适宜的。

但分析时应注意,一般情况下,流动资产中的应收账款和存货的周转速度是影响流动比率的主要因素,应收账款和存货的周转速度快的企业其流动比率低一些也是可以接受的。流动比率的缺点是该比率比较容易被人为操纵,并且没有揭示流动资产的构成内容,只能大致反映流动资产整体的变现能力。

3. 速动比率

速动比率是指公司一定时点速动资产与流动负债的比率。速动资产是指流动资产中变现能力较强的那部分资产,是流动资产减去变现能力较差且不稳定的预付账款、存货等之后的余额,包括货币资金、交易性金融资产、应收票据、应收账款等。其计算公式为:

$$速动比率 = \frac{速动资产}{流动负债}$$

该指标用于衡量企业流动资产中可以立即用于偿还流动负债的能力。一般情况下,速动比率越高,表明企业偿还流动负债的能力越强。通常速动比率为1,表示企业有较好的偿债能力;如果速动比率大于1,说明企业有足够的能力偿还短期债务,同时,也表明企业有较多的不能盈利的现款和应收账款;如果速动比率小于1,则又表示支付能力不足。

但分析时应注意,如果速动比率过高,表明企业会因现金及应收账款占用过多,而增加企业的机会成本,影响此比率可信性的重要因素是应收账款的变现能力。但同时,也不能认为速动比率较低的企业的流动负债到期绝对不能偿还。如果存货流转顺畅,变现能力较强,即使速动比率较低,只要流动比率高,企业仍有可能偿还到期的债务。

4. 现金比率

现金比率是指现金类资产对流动负债的比率。现金类资产包括货币资金与短期有价证券。其计算公式为:

$$现金比率 = \frac{现金 + 短期有价证券}{流动负债}$$

该指标是衡量企业即时偿债能力的比率。现金比率剔除了应收账款对偿债能力的影响,最能反映企业直接偿付流动负债的能力,表明每1元流动负债有多少现金资产作为偿债保障。现金比率越高,说明现金类资产在流动资产中所占的比例越大,企业的应急能力也越强,具有较强的举债能力。

但分析时应注意,如果该项指标太高,意味着企业过多资源占用在盈利能力较低的现金资产上,从而影响企业盈利能力,同时,增加持有现金的机会成本也是不经济的。一般认为,现金比率以适度为好,既要保证偿还短期债务的现金需要,又要尽可能降低过多持有现金的机会成本。

(二) 长期偿债能力指标

长期偿债能力是企业偿还长期负债的能力。在一般情况下,公司长期负债的偿还主要是依靠实现的利润,因而,公司长期偿债能力的提高与其盈利能力的提高关系密切。反映公司长期偿债能力的财务指标主要有资产负债率、股权比率、产权比率、权益乘数和利息保障倍数等。

1. 资产负债率

资产负债率,是指企业负债总额与资产总额的比率。它表明在企业资产总额中,债权人提供的资金所占的比重,以及企业资产对权益的保障程度。其计算公式为:

$$资产负债率 = \frac{负债总额}{资产总额} \times 100\%$$

该指标用于衡量企业利用债权人提供资金进行经营活动的能力,也反映债权人发放贷款的安全程度。资产负债率越低,表明企业的长期偿债能力越强,企业偿债能力越有保障,贷款越安全。理论上资产负债率的评价标准一般以50%左右为好。

但分析时应注意,并非企业所有的资产都可以作为偿债的物质保证,比如,有形资产负债率相对于资产负债率而言更稳健。其计算公式为:

$$有形资产负债率 = \frac{负债总额}{有形资产总额} \times 100\%$$

其中,有形资产总额=资产总额-(无形资产+递延资产+待摊费用)

2. 股权比率

股东权益比率简称股权比率,是指企业的股东权益与资产总额的比率。该比率反映企业资产中有多少是股东投入的。其计算公式为:

$$股权比率 = \frac{股东权益总额}{资产总额} \times 100\%$$

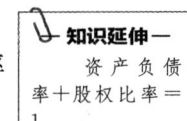

知识延伸——
资产负债率+股权比率=1

该比率越高,说明股东投入的资金在企业全部资金中所占的比例越大,则企业的偿债能力越强,财务风险越小。

3. 产权比率

产权比率又称负债与股东权益比率,是指负债总额与股东权益总额之比。它反映债权人提供的资本与股东提供的资本的相对关系,是企业财务结构稳健与否的重要标志,说明了债权人投入资本受到股东权益保障的程度。其计算公式为:

$$产权比率 = \frac{负债总额}{股东权益总额} \times 100\%$$

知识延伸——
产权比率=1/股权比率-1=权益乘数-1

该比率越低,表示企业的长期偿债能力越强,债权人所得到的保障越大,债权人就越有安全感;反之,比率越高,企业的长期偿债能力越弱,企业的风险主要由债权人承担。通常认为该指标应小于1。

该指标与资产负债率的经济意义是一致的,是从不同角度表示对债权的保障程度,两个指标具有相互补充的作用。与资产负债率的区别在于资产负债率侧重于分析债务偿付安全性的物质保障程度,产权比率侧重于揭示财务结构的稳健程度及自有资金对偿债风险的承受能力。

> **知识延伸**
> 权益乘数－产权比率＝1
> 权益乘数＝1/股权比率＝1/(1－资产负债率)

4. 权益乘数

权益乘数是股权比率的倒数，是指资产总额与股东权益的比率。它表明企业资产总额是所有者权益的倍数。其计算公式为：

$$权益乘数=\frac{资产总额}{股东权益总额}$$

权益乘数越大，表明所有者投入的资本在资产总额中所占比重越小，对负债经营利用得越充分，财务杠杆越高，财务风险也就越大，反映企业的长期偿债能力越弱；反之，该比率越小，反映所有者投入的资本在资产总额中所占比重越大，企业的长期偿债能力越强。产权比率和权益乘数是资产负债率的另外两种表现形式，是常用的反映财务杠杆水平的指标。

5. 利息保障倍数

利息保障倍数又称已获利息倍数，是指企业一定时期内息税前利润与债务利息之比。它是衡量企业偿付借款利息能力的指标，同时也反映了债权人投资的风险程度。其计算公式为：

$$利息保障倍数=\frac{息税前利润}{利息}=\frac{税前利润+利息费用}{利息}$$

其中，息税前利润＝净利润＋所得税费用＋利息费用，利息费用是指本期发生的全部应付利息，不仅包括财务费用中的利息费用，而且包括计入固定资产成本的资本化利息。

利息保障倍数不仅反映了企业获利能力的大小，而且反映了获利能力对偿还到期债务的保证程度，它既是企业举债经营的前提依据，也是衡量企业长期偿债能力的重要标志。利息保障倍数越大，说明公司支付利息费用的能力越强，对债权人越有吸引力；反之，如果利息保障倍数很小，则说明公司当期的利润不能为支付债务利息提供充分的保证，从而影响公司的再筹资。根据经验判断，该指标一般保持在3～5时即有较好的偿付利息的能力。

【例10-3】 根据表10-7、表10-8的资料，计算爱华公司2×22年、2×23年营运资金、利息保障倍数，2×23年年初、年末流动比率、速动比率、现金比率、资产负债率、产权比率、权益乘数。

1）短期偿债能力指标的计算

(1) 2×23年年初营运资金＝3 130－1 240＝1 890(万元)

2×23年年末营运资金＝3 590－1 640＝1 950(万元)

(2) 2×23年年初流动比率＝3 130÷1 240＝2.52

2×23年年末流动比率＝3 590÷1 640＝2.19

(3) 2×23年年初速动比率＝1 395÷1 240＝1.13

2×23年年末速动比率＝2 470÷1 640＝1.51

(4) 2×23年年初现金比率＝(135＋70)÷1 240＝0.17

2×23年年末现金比率＝(260＋40)÷1 640＝0.18

2) 长期偿债能力指标的计算

(1) 2×23年年初资产负债率＝4 170÷8 600×100％＝48.49％

2×23年年末资产负债率＝5 470÷10 200×100％＝53.63％

(2) 2×23年年初产权比率＝4 170÷4 430×100％＝94.13％

2×23年年末产权比率＝5 470÷4 730×100％＝115.64％

(3) 2×23年年初权益乘数＝8 600÷4 430＝1.94

2×23年年末权益乘数＝10 200÷4 730＝2.16

(4) 假定表中财务费用全部为利息费用,资本化利息为0。

该公司利息保障倍数为:

2×22年利息保障倍数＝(1 155＋490)÷490＝3.36

2×23年利息保障倍数＝(980＋560)÷560＝2.75

牛刀小试

某公司2×22年与2×23年财务报表中的部分数据如表10-10所示。

表10-10 某公司资产负债表部分数据　　　　　　　单位:万元

项目	2×23年	2×22年
应付职工薪酬	3 422	4 059
长期借款	4 359	5 293
其他债务	6 867	7 742
所有者权益	4 389	4 038
负债与所有者权益合计	19 037	21 132

要求:

(1) 计算该公司2×23年年末权益乘数,说明该指标的含义(按平均数计算);

(2) 计算该公司2×22年和2×23年年末的资产负债率、产权比率,并说明其变动趋势。

二、营运能力分析

营运能力主要是指资产运用、循环的效率高低。一般而言,资产周转速度快,说明企业的资金管理水平高,资金利用效果好,企业可以以较少的投入获得较多的收益。因此,营运能力主要通过投入与产出之间的关系来反映。企业的营运能力分析主要包括流动资产周转情况分析、固定资产周转情况分析、总资产周转情况分析三个方面。如图10-1所示:

资产的周转速度,通常用周转率和周转期来表示。周转率是企业在一定时期内资产的周转额(一般为企业的营业收入或者营业成本)与资产平均余额的比率,反映企业资产在一定时期的周转次数。周转次数越多,表明周转速度越快,资产营运能力越强。周转期是周转次数的倒数与计算期天数的乘积,反映资产周转一次所需要的天数。周转期越短,表明周转速度越快,资产营运能力越强。周转率和周转期公式为:

微课:财务分析——盈利能力分析

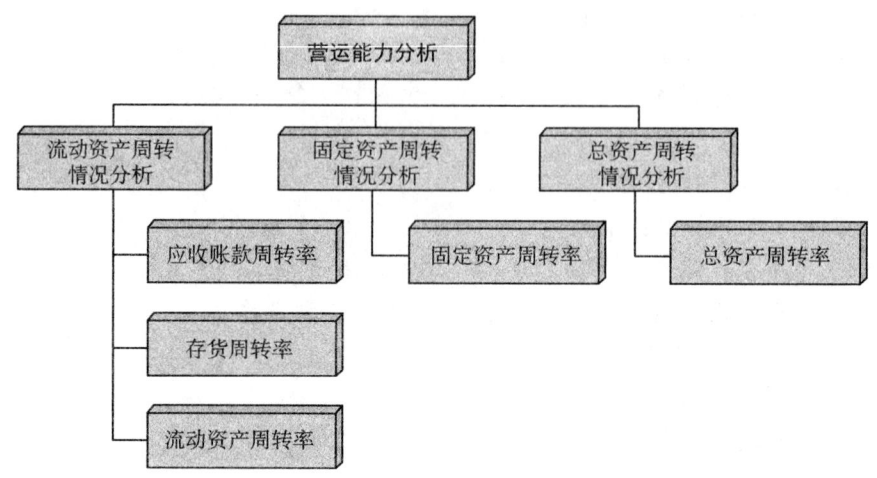

图 10-1 营运能力分析图

$$周转率(周转次数)=\frac{周转额}{资产平均余额}$$

$$周转期(周转天数)=\frac{计算期天数}{周转次数}=计算期天数\times\frac{资产平均余额}{周转额}$$

(一)流动资产周转情况分析

反映流动资产周转情况的指标主要有应收账款周转率、存货周转率和流动资产周转率。

1. 应收账款周转率

应收账款周转率是指企业一定时期赊销收入净额与应收账款平均余额的比率,反映企业应收账款变现速度的快慢和管理效率的高低。其计算公式为:

(1) $$应收账款周转率(周转次数)=\frac{赊销收入净额}{应收账款平均余额}$$

其中:赊销收入净额=销售收入-现销收入-销售退回、折让、折扣

$$应收账款平均余额=\frac{应收账款期初余额+应收账款期末余额}{2}$$

(2) $$应收账款周转期(周转天数)=\frac{计算期天数}{应收账款周转率}$$

$$=计算期天数\times\frac{应收账款平均余额}{赊销收入净额}$$

注意:公式中的应收账款包括会计核算中的应收账款与应收票据等全部赊销账款在内,但应为扣除坏账准备后的净值。

通常,应收账款周转率越高、周转天数越短,表明应收账款管理效率越高。在一定时期内,应收账款周转次数越多,表明应收账款回收速度越快,企业管理的工作效率越高,资产流动性大,短期偿债能力强。应收账款周转天数是一个反指标,周转天数越短,说明应收账款变现的速度越快,企业资金被其他单位占用的时间越短,管理效率越高。

2. 存货周转率

存货周转率是指企业销售成本与平均存货的比值,反映在一定时期内企业存货的周转次数。它是衡量和评价企业购、产、销等环节管理状况的综合性指标。其计算公式为：

(1)
$$存货周转率 = \frac{销售成本}{存货平均余额}$$

$$存货平均余额 = \frac{存货期初余额 + 存货期末余额}{2}$$

其中,销售成本是指企业当期已售商品的成本,是商品的进价成本或制造成本,其数额来自利润表。

(2)
$$存货周转天数 = \frac{计算期天数}{存货周转次数}$$

$$= 计算期天数 \times \frac{存货平均余额}{销售成本}$$

注意：存货计价方法及计算口径是否一致；分子、分母的数据应注意时间上的对应性。

一般来讲,存货周转率越高、周转期越短,表明存货周转速度越快,存货占用水平越低,流动性越强,存货转化为现金或应收账款的速度就越快,这样会增强企业的短期偿债能力及盈利能力。因此,提高存货周转率可以提高公司的变现能力。

3. 流动资产周转率

流动资产周转率是指销售收入与流动资产平均余额的比率,它反映的是全部流动资产的利用效率。流动资产周转率是分析流动资产周转情况的一个综合指标。其计算公式为：

(1)
$$流动资产周转率 = \frac{销售收入}{流动资产平均余额}$$

(2)
$$流动资产周转天数 = \frac{计算期天数}{流动资产周转率}$$

$$= 计算期天数 \times \frac{流动资产平均余额}{销售收入}$$

其中：流动资产平均余额 =（流动资产期初余额 + 流动资产期末余额）÷ 2

流动资产周转率反映了公司流动资产的周转速度和使用效率,体现每单位流动资产实现价值补偿的多少和补偿速度的快慢。在一定时期内,流动资产周转次数越多,表明以相同的流动资产完成的周转额越多,流动资产利用效果越好。在销售额既定的情况下,流动资产周转速度越快,流动资产占用额就越少；反之,则越多。流动资产周转天数是一个反指标,周转天数越短,说明流动资产利用效率越高,表明流动资产在经历生产、销售各阶段所占用的时间越短,可相对节约流动资产,增强企业盈利能力。

（二）固定资产周转情况分析

反映固定资产周转情况的指标为固定资产周转率。固定资产周转率是指企业年产品销售收入与固定资产平均余额的比率。它是反映企业固定资产周转情况,从而衡量固定资产利用效率的一项指标。其计算公式为：

$$固定资产周转率 = \frac{销售收入}{固定资产平均余额}$$

其中:固定资产平均余额=(期初固定资产余额+期末固定资产余额)÷2

固定资产周转率高,说明企业固定资产投资得当,结构合理,利用效率高;反之,如果固定资产周转率不高,则表明固定资产利用效率不高,提供的生产成果不多,企业的营运能力不强。

(三)总资产周转情况分析

反映总资产周转情况的指标为总资产周转率。总资产周转率是指企业在一定时期内销售收入和平均资产总额的比值,是综合评价企业全部资产的经营质量和利用效率的重要指标。其计算公式为:

$$总资产周转率 = \frac{销售收入}{平均资产总额}$$

其中:平均资产总额=(期初资产总额+期末资产总额)÷2

总资产周转率越高,说明公司资产周转速度越快,资产利用效率越高,营运能力越强;反之,说明公司资产周转速度越慢,资产利用效率越低,营运能力越弱。该指标用来衡量企业资产整体的使用效率。总资产由各项资产组成,在销售收入既定的情况下,总资产周转率的驱动因素是各项资产。因此,对总资产周转情况的分析应结合各项资产的周转情况,以发现影响企业资产周转的主要因素。

【例10-4】 根据表10-7和表10-8的资料,计算爱华公司2×23年应收账款周转次数、存货周转次数、流动资产周转次数、固定资产周转率和总资产周转率。

(1)应收账款周转次数=15 010÷[(2 050+1 070)÷2]=9.62(次)

应收账款周转天数=360÷9.62=37.42(天)

(2)存货周转次数=13 230÷[(1 640+605)÷2]=11.79(次)

存货周转天数=360÷11.79=30.53(天)

(3)流动资产周转次数=15 010÷[(3 130+3 590)÷2]=4.47(次)

流动资产周转天数=360÷4.47=80.53(天)

(4)固定资产周转率=15 010÷[(4 775+6 190)÷2]=2.74(次)

固定资产周转天数=360÷2.74=131.39(天)

(5)总资产周转率=15 010÷[(8 600+10 200)÷2]=1.60(次)

总资产周转天数=360÷1.60=225(天)

牛刀小试

某公司相关财务数据如表10-11所示。

表10-11 某公司部分财务报表数据　　　　单位:万元

项目	金额	项目	金额
销售收入	25 000	存货期初余额	2 000
销售成本	20 000	存货期末余额	2 300
应收账款平均余额	2 500		

要求：
(1) 计算该公司的存货周转天数；
(2) 计算该公司的应收账款周转天数。

三、盈利能力分析

微课：财务分析——运营能力分析

盈利能力是指企业获得利润、实现资金增值的能力。由于公司盈利能力的大小直接影响公司的偿债能力及未来发展能力，也反映了公司营运能力的强弱，因此，不论是股东、债权人还是公司经理人员，都日益重视和关心公司的盈利能力。

盈利能力指标主要通过收入与利润之间的关系、资产与利润之间的关系反映。反映企业盈利能力的指标主要有销售毛利率、销售净利率、总资产净利率和净资产收益率。股份制公司，尤其是上市公司，盈利能力指标除了这些，还有每股收益、每股股利、股利支付率、市盈率等。

(一) 一般盈利能力分析

1. 销售毛利率

销售毛利率是指销售毛利占销售收入的百分比，其中，销售毛利是销售收入减去销售成本的差额。其计算公式为：

$$销售毛利率 = \frac{销售毛利}{销售收入} \times 100\%$$

其中：销售毛利＝销售收入－销售成本

销售毛利率表示每 1 元销售收入扣除销售成本后，有多少可以用于各项期间费用的补偿和形成盈利，是公司获取利润的最初基础，没有足够大的销售毛利率便不能盈利。销售毛利率越高，表明产品的盈利能力越强。分析时应注意，销售毛利率会随着行业的不同而不同，但同一行业的毛利率一般相差不大。将销售毛利率与行业平均水平进行比较，可以反映企业产品的市场竞争地位。

2. 销售净利率

销售净利率是指净利润占销售收入的百分比。其计算公式为：

$$销售净利率 = \frac{净利润}{销售收入} \times 100\%$$

销售净利率反映每 1 元销售收入实现的净利润，反映收入的收益水平。将销售净利率按利润的扣除项目进行分解可以识别影响销售净利率的主要因素。该指标越高，说明企业盈利能力越强。

3. 总资产净利率

总资产净利率是指企业一定时期的净利润与平均资产总额的比值。其计算公式为：

$$总资产净利率 = \frac{净利润}{平均资产总额} \times 100\%$$

总资产净利率衡量的是企业资产的盈利能力。总资产净利率越高，表明企业资产的利用效果越好。影响总资产净利率的因素是销售净利率和总资产周转率。其计算公式为：

$$总资产净利率 = \frac{净利润}{销售收入} \times \frac{销售收入}{平均资产总额}$$

$$= 销售净利率 \times 总资产周转率$$

因此，企业可以通过提高销售净利率、加速资产周转来提高总资产净利率。

4. 净资产收益率

净资产收益率又称权益净利率、所有者权益报酬率或净资产报酬率，是指企业净利润与平均净资产（即平均所有者权益）的比值。其计算公式如下：

$$净资产收益率 = \frac{净利润}{平均净资产} \times 100\%$$

其中：平均净资产＝（年初净资产＋年末净资产）/2

净资产收益率用来衡量企业所有者投入资本的获利水平，是企业盈利能力指标的核心，也是杜邦财务指标体系的核心，更是投资者关注的重点。一般来说，净资产收益率越高，股东和债权人的利益保障程度越高。但是，该指标并不是越高越好，只有当企业的净资产收益率上升但财务风险没有明显加大时，才能说明企业财务状况良好。净资产收益率是综合性最强的财务比率，具体分析方法见本项目任务三杜邦分析法。

【例 10-5】 根据表 10-7 和表 10-8 的资料，计算爱华公司 2×22 年、2×23 年销售毛利率、销售净利率，2×23 年总资产净利率、净资产收益率。

(1) 2×22 年销售毛利率＝(14 260－12 525)÷14 260×100%＝12.17%

2×23 年销售毛利率＝(15 010－13 230)÷15 010×100%＝11.86%

(2) 2×22 年销售净利率＝770÷14 260×100%＝5.40%

2×23 年销售净利率＝650÷15 010×100%＝4.33%

(3) 2×23 年总资产净利率＝650÷[(10 200＋8 600)÷2]×100%＝6.91%

2×23 年净资产收益率＝650÷[(4 430＋4 730)÷2]×100%＝14.19%

牛刀小试

某公司 2×21—2×23 年度利润表部分数据如表 10-12 所示。

表 10-12 某公司 2×21—2×23 年度利润表部分数据　　　　单位：万元

项目	2×23 年	2×22 年	2×21 年
销售收入	32 168	30 498	29 248
销售成本	20 281	18 531	17 463
净利润	2 669	3 385	3 305

要求：

(1) 计算该公司 2×21—2×23 年度的销售净利率并作出简要分析；

(2) 计算该公司 2×21—2×23 年度的销售毛利率并作出简要分析。

(二)上市公司盈利能力分析

1. 每股收益

每股收益是衡量股份公司盈利能力的指标,是指企业净收益与流通在外普通股加权平均数的比率。其计算公式为:

$$每股收益 = \frac{净收益}{发行在外普通股加权平均数}$$

其中:净收益=净利润－优先股股利

发行在外普通股的加权平均数=期初发行在外普通股股数+当期新发普通股股数
　　×(已发行时间÷报告期时间)－当期回购普通股股数
　　×(已回购时间÷报告期时间)

该指标反映的是每一普通股的获利水平。指标值越高,表示每一普通股可得的利润越多,股东投资效益越好;反之,则越差。每股收益是衡量上市公司盈利能力最常用的财务指标。在分析时,既可以进行公司间的横向比较,以评价该公司的相对盈利能力;也可以进行同一公司不同时期的纵向比较,了解公司盈利能力的变化趋势。

分析时应注意,该指标不能反映每股收益增加的同时风险是否增加了。每股收益多,不一定意味着股利高,而且如果公司将留存的收益投资于效益低的项目,还会降低公司股票的价格,影响投资者的财富。

2. 每股股利

每股股利也是衡量股份公司盈利能力的指标,是指普通股股利总额与期末普通股股份总数的比率。其计算公式为:

$$每股股利 = \frac{现金股利总额－优先股股利}{期末普通股股数}$$

每股股利反映的是每一普通股所能获得的实际股利。从某种程度上说,每股股利比每股收益更直观,更受股票投资者特别是短期投资者的关注。

3. 股利支付率

股利支付率又称股利发放率,是指每股股利与每股收益的比率。该指标表明股份公司的净收益中有多少用于股利的分派。它反映公司的股利分配政策和股利支付能力。其计算公式为:

$$股利支付率 = \frac{普通股每股股利}{普通股每股收益} \times 100\%$$

股利支付率又在很大程度上决定着公司的成长和公司股票的价值。股利支付率越低,相对来说公司每股收益越高,公司股票的价值也越高。

4. 市盈率

市盈率又称盈余比率,是指上市公司普通股每股市价相当于每股收益的倍数,反映投资者对上市公司每股净利润愿意支付的价格,可以用来估计股票的投资报酬和风险,为投资者提供重要的决策参考。其计算公式为:

$$市盈率 = \frac{普通股每股市价}{每股收益} \times 100\%$$

> **知识延伸**
> 留存收益率,是指公司税后盈利减去应发现金股利的差额和税后盈利的比率。它表明公司的税后利润有多少用于发放股利,多少用于保留盈余和扩展经营。其计算公式为:留存收益率=1－股利支付率

市盈率反映投资者为每1元净利润所愿支付的价格,可以用来估计股票的投资风险和报酬。它是市场对公司的共同期望指标,市盈率越高,表明市场对公司的未来越看好。

四、发展能力分析

发展能力是指企业在生存的基础上,扩大规模、壮大实力的潜在能力。企业的发展能力,也称企业的成长性,它是企业通过自身的生产经营活动,不断扩大积累而形成的发展潜能。企业能否健康发展取决于多种因素,包括外部经营环境、企业内在素质及资源条件等。

分析企业发展能力的指标主要有销售收入增长率、总资产增长率、营业利润增长率、资本保值增值率和资本积累率等。

(一)销售收入增长率

销售收入增长率是指企业本年销售收入增长额与上年销售收入总额的比率,反映企业销售收入的增减变动情况。其计算公式为:

$$销售收入增长率=\frac{本年销售收入增长额}{上年销售收入总额}\times100\%$$

其中:本年销售收入增长额=本年销售收入总额-上年销售收入总额

该指标值大于零时,说明企业当年的销售收入有所增长,指标值越高,表明企业销售增长越快,市场前景越好;该指标值小于零时,说明企业当年产品销售不畅,或产品不能适销对路、质次价高,或服务存在问题,以致企业产品市场萎缩。

但在分析时,应结合企业历年的销售水平、企业市场占有情况、行业未来发展及其他影响企业发展的潜在因素,进行前瞻性预测,或者结合企业前三年的销售收入增长率作出趋势性分析判断。

(二)总资产增长率

总资产增长率是指企业本年资产增长额与年初资产总额的比率,可以用来衡量企业本期资产规模的增长情况,评价企业经营规模总量上的扩张程度。其计算公式为:

$$总资产增长率=\frac{本年资产增长额}{年初资产总额}\times100\%$$

其中:本年资产增长额=年末资产总额-年初资产总额

该指标越高,表明一个企业经营规模扩张的速度越快。但在分析时,应注意资产规模扩张的质与量的关系,以及企业的后续发展能力,避免资产盲目扩张。

(三)营业利润增长率

营业利润增长率是指企业本年营业利润增长额与上年营业利润总额的比率,反映企业营业利润的增减变动情况。其计算公式为:

$$营业利润增长率=\frac{本年营业利润增长额}{上年营业利润总额}\times100\%$$

寓德于技

邓小平同志强调,发展才是硬道理。

习近平总书记指出,发展是实现人民幸福的关键。

这说明了发展对于一个国家的重要性。同样,企业要谋发展才能不被淘汰,才能创造更多的收益,才能更好地承担起社会责任。

那么,个人也应该谋求发展,不能故步自封,否则终将被社会淘汰。我们应该加强学习,不断追求进步,争取让家人过上更美好的生活,争取为国家建设作出更大的贡献。

微课:财务分析——发展能力分析

其中：本年营业利润增长额＝本年营业利润总额－上年营业利润总额

该指标越高，表明企业的成长性越好，发展能力越强。

(四) 资本积累率(所有者权益增长率)

资本积累率是指企业本年所有者权益增长额同所有者权益年初数的比率，反映当年资本的积累能力，是评价企业发展潜力的重要指标。其计算公式为：

$$资本积累率 = \frac{本年所有者权益增长额}{所有者权益年初数} \times 100\%$$

其中：本年所有者权益增长额＝所有者权益年末数－所有者权益年初数

该指标值大于零时，表明企业资本积累多，应对风险持续发展的能力越强；该指标值小于零时，表明企业资本受到侵蚀，所有者权益受到损害。该指标越高，说明企业的所有者权益增长越快，资本积累的能力越强，保全状况越好，企业的持续发展能力越大。

【例 10-6】 根据表 10-7、表 10-8 的资料，计算爱华公司 2×23 年销售收入增长率、总资产增长率、营业利润增长率和资本积累率。

2×23 年销售收入增长率＝(15 010－14 260)/14 260×100％＝5.26％

2×23 年总资产增长率＝(10 200－8 600)/8 600×100％＝18.60％

2×23 年营业利润增长率＝(1 030－1 095)/1 095×100％＝－5.94％

2×23 年资本积累率＝(4 730－4 430)/4 430×100％＝6.77％

牛刀小试

某公司 2×20—2×23 年销售收入的相关数据如表 10-13 所示。

表 10-13　某公司 2×20—2×23 年销售收入数据表　　　　单位：万元

项目	2×23 年	2×22 年	2×21 年	2×20 年
销售收入	142 000	97 000	60 000	80 000

要求：计算该公司近 3 年的销售收入增长率。

知识检测

一、单项选择题

1. 下列各项中，不属于速动资产的是(　　)。
   A. 应收账款　　B. 预付账款　　C. 应收票据　　D. 货币资金
2. 下列各项中，可能导致企业资产负债率变化的经济业务是(　　)。
   A. 收回应收账款　　　　　　　B. 用现金购买债券
   C. 接受所有者投资的固定资产　　D. 以固定资产对外投资
3. 产权比率越高，通常反映的信息是(　　)。
   A. 财务结构越稳健　　　　　　B. 长期偿债能力越强
   C. 财务杠杆效应越强　　　　　D. 股东权益的保障程度越高
4. 利息保障倍数不仅反映了企业获利能力，而且反映了(　　)。

A. 总偿债能力 B. 短期偿债能力
C. 长期偿债能力 D. 经营能力

5. 下列财务比率中,反映企业营运能力的是( )。
A. 资产负债率 B. 流动比率
C. 存货周转率 D. 利息保障倍数

6. 某企业2×23年销售成本为1 500万元,年初存货余额为200万元,年末存货余额为300万元。假设一年按360天计算,则该企业2×23年度存货周转天数为( )天。
A. 36 B. 48 C. 60 D. 72

7. 某公司2×23年年初所有者权益为1.25亿元,2×23年年末所有者权益为1.50亿元。该公司2×23年的资本积累率是( )。
A. 16.67% B. 20.00% C. 25.00% D. 120.00%

8. 假定其他条件不变,下列各项经济业务中,会导致公司总资产净利率上升的是( )。
A. 收回应收账款 B. 用资本公积转增股本
C. 用银行存款购入生产设备 D. 用银行存款归还银行借款

9. 下列各项财务指标中,能够揭示公司每股股利与每股收益之间关系的是( )。
A. 市净率 B. 股利支付率 C. 每股市价 D. 每股净资产

10. 下列各项中,计算结果等于股利发放率的是( )。
A. 每股收益除以每股股利 B. 每股股利除以每股收益
C. 每股股利除以每股市价 D. 每股收益除以每股市价

二、多项选择题

1. 下列关于营运资本计算中,正确的有( )。
A. 营运资本=流动资产-流动负债
B. 营运资本=所有者权益-非流动负债
C. 营运资本=长期资本-长期资产
D. 营运资本=所有者权益-非流动负债-非流动资产

2. 利息保障倍数指标所反映的企业财务层面包括( )。
A. 盈利能力 B. 长期偿债能力
C. 短期偿债能力 D. 营运能力

3. 下列各项中,影响应收账款周转率指标的有( )。
A. 应收账款 B. 预付账款
C. 应收票据 D. 销售折扣与转让

4. 在一定时期内,应收账款周转次数多、周转天数少表明( )。
A. 收账速度快 B. 信用管理政策宽松
C. 应收账款流动性强 D. 应收账款管理效率高

5. 乙企业目前的流动比率为1.5,若赊购材料一批,将会导致乙企业( )。
A. 速动比率降低 B. 流动比率降低
C. 营运资本增加 D. 短期偿债能力增强

6. 下列各项中,能够影响资产周转率的有( )。

A. 销售收入　　　　B. 资产规模　　　　C. 利润总额　　　　D. 营业利润

7. 下列各项中,属于企业发展能力分析指标的有(　　)。

A. 资本积累率　　　　　　　　　B. 销售增长率

C. 总资产增长率　　　　　　　　D. 总资产周转率

8. 下列各项中,能够影响速动比率的因素有(　　)。

A. 应收账款　　　B. 存货　　　C. 短期借款　　　D. 应收票据

三、判断题

1. 从短期来看,如果利息保障倍数低于1,则企业将丧失利息支付能力。(　　)
2. 每股收益越高,必然每股股利也越高。(　　)
3. 分析企业的长期偿债能力除了关注企业资产和负债的规模与结构外,还需要关注企业的盈利能力。(　　)
4. 一般说来,如果资本保值增值率大于1,说明股东权益增加;如果小于1,说明股东权益遭受损失。(　　)

▶ 知识应用

1. 甲公司是一家上市公司,管理层要求财务部门对公司的财务状况和经营成果进行评价。财务部门根据公司2×22年和2×23年的年报整理出用于评价的部分财务数据,如表10-14所示。

表10-14　甲公司部分财务报表数据　　　　　　　　单位:万元

资产负债表项目	2×23年年末余额	2×22年年末余额
应收账款	65 000	55 000
流动资产合计	200 000	220 000
流动负债合计	120 000	110 000
负债合计	300 000	300 000
资产总计	800 000	700 000
利润表项目	2×21年	2×20年
营业收入	420 000	400 000
净利润	67 500	55 000

要求:

(1) 计算甲公司2×23年年末的下列财务指标:①营运资金;②权益乘数。

(2) 计算甲公司2×23年度的下列财务指标:①应收账款周转率;②净资产收益率。

2. 乙公司2×20年至2×23年的有关财务数据如表10-15所示。

表10-15　乙公司部分财务报表数据　　　　　　　　单位:万元

项目	2×20年	2×21年	2×22年	2×23年
资产总额	1 800	2 050	2 580	3 090

(续表)

项目	2×20年	2×21年	2×22年	2×23年
所有者权益	990	1 280	1 690	2 180
主营业务收入	5 860	6 580	7 850	8 860

要求：

(1) 根据上述资料填写表10-16空格数据。

表10-16 乙公司相关财务指标

财务指标	2×20年	2×21年	2×22年	2×23年
销售增长率	—			
资本积累率	—			
总资产增长率	—			

(2) 简要分析评价丙公司的发展能力。

3. 丙公司2×23年年末资产负债表有关资料如表10-17所示。

表10-17 丙公司资产负债表简表   单位：万元

资产	年初	年末	负债及所有者权益	年初	年末
流动资产：			流动负债合计	1 750	1 500
货币资金	500	450	长期负债合计	2 450	2 000
应收账款	400	800	负债合计	4 200	3 500
应收票据	200	100			
存货	920	1 440			
预付账款	230	360	所有者权益合计	2 800	3 500
流动资产合计	2 250	3 150			
固定资产净值	4 750	3 850			
总计	7 000	7 000	总计	7 000	7 000

该公司2×22年度、2×23年度销售收入分别为4 000万元、5 200万元。2×23年销售毛利率为20%，实现净利润780万元。

2×23年年初和年末的累计折旧分别为300万元和400万元，坏账准备余额分别为100和150万元。该公司所得税税率为25%。

要求：

(1) 计算2×23年的销售收入增长率；

(2) 计算2×23年年末的流动比率、速动比率；

(3) 计算2×23年年末的资产负债率、产权比率、权益乘数、2×22年的利息保障倍数；

(4) 计算2×23年的应收账款周转率、存货周转率、流动资产周转率、固定资产周转率和总资产周转率；

(5) 计算2×23年的销售净利率、总资产净利率和净资产收益率。

任务三　财务综合分析

> **案例导入**

盲人摸象的启示

很久以前，印度有几个盲人听说大象是个头巨大的动物，便请求国王让他们摸一摸大象。国王满足了他们的要求。摸过以后，盲人们各自发表了对大象的认识，有的说大象像根管子，有的说像把扇子，有的说像根大萝卜，有的说像堵墙，有的说是根柱子，还有的说像一条绳子。

盲人们为什么会犯这样的错误？如果你是企业的经营管理者，在分析企业财务状况的时候会不会和他们一样犯错？

一、财务综合分析的意义

所谓财务综合分析，就是将偿债能力、营运能力、盈利能力和发展能力等诸方面的分析纳入一个有机的整体，对企业各方面进行系统的、全面的、综合的分析，从而对企业的财务状况、经营成果和现金流量作出整体的评价和判断。

实际上，企业的各项财务活动、各个财务报表、各项财务指标之间相互联系并且相互影响，单独分析任何一项或一类财务指标，都难以全面评价企业的财务状况和经营成果。这就需要财务分析主体将企业财务活动看作是一个大系统，将不同财务报表和不同财务指标联系起来，对企业作出系统的、全面的评价。这样，有利于财务分析主体全方位地评价企业的财务状况、经营成果和现金流量，从而对企业经济效益作出准确的评价与判断。

二、财务综合分析的特点

财务单项分析与综合财务分析相比较，有以下特点，具体如表 10-18 所示。

表 10-18　单项分析与财务综合分析对比表

区别表现	单项分析	综合分析
分析的方法不同	是把企业财务活动的总体分解为每个具体部分，然后逐一加以考察分析	是通过归纳总结，把个别财务现象从营运能力、偿债能力及盈利能力等诸方面进行总体分析
分析的性质不同	具有实务性和实证性	具有高度的抽象性和概括性，着重从整体上概括财务状况的本质特征
分析的角度不同	重点和比较基准是财务计划、财务理论标准、行业标准	重点和比较基准是企业整体发展趋势
分析的侧重点不同	把每个分析指标视为同等重要的地位来处理，一般不考虑各种指标间的相互关系	强调各种指标有主辅之分，并强调抓住主要指标，在对主要指标分析的基础上再对辅助指标进行分析。在利用主辅指标时，应注意主辅指标的本质联系和层次关系

> **寓德于技**
>
> 我们看待问题不能以点带面，以偏概全，不能凭自己主观的片面了解就作出判断，应该了解事务的全貌。
>
> 事实上，很多时候我们每个人因角度或立场不同，都只能看到事物的某一个或者几个方面。因此，在对事物作出判断的时候，我们应强调团队的重要性，让团队里的每一个人发表自己的意见，进而作出更客观的判断。

> **新手提示**
>
> 上一个任务所介绍的财务指标仅仅反映公司财务活动某一方面的情况，而财务分析有时需要了解公司整体的财务状况和效益。因此，必须将孤立的财务指标相互联系起来，进行综合分析与评价。

微课：财务分析——财务综合分析

三、财务综合分析的常见方法

自亚历山大·沃尔创建沃尔分析法以来,财务评价问题一直是国外财务学界研究的热点,出了诸多财务综合评价方法,如杜邦分析法、平衡计分卡、雷达分析法等,并在我国的很多企业得到运用。我国在这方面的研究较晚,近年来理论界和实务界也研究出了适合我国国情的企业绩效评价指标体系,并在实践中逐步完善。本任务主要介绍在我国应用比较广泛的杜邦分析法、沃尔评分法和综合绩效评价法。

(一) 杜邦分析法

杜邦分析法也叫杜邦财务分析体系,是指利用各个主要财务比率之间的内在联系来综合评价公司财务状况的方法。由于该种方法由美国杜邦公司率先应用,因此被称为杜邦分析法。杜邦分析法从净资产收益率开始,将其层层分解直至公司财务报表中的单个项目,并在分解过程中体现各指标间的关系,形成杜邦分析体系。

现代财务管理理论把企业的经营绩效归因于生产经营和财务运作两个方面,并要求这两个方面保持高度协调。杜邦分析体系以净资产收益率(即所有者权益报酬率)为核心指标,将净资产收益率分解成三个具体指标。这三个指标分别是反映企业生产经营成果的销售净利率,反映企业生产经营效率的总资产周转率,以及反映企业资本结构的权益乘数。这个分解说明净资产收益率(对于上市公司则用股东权益收益率)这一综合指标,是企业生产经营活动和财务活动协调运作的最终结果。

1. 杜邦分析图

杜邦分析体系在反映以上财务比率及其相互关系的基础上,将净利润、总资产进行层层分解,全面、系统地揭示出公司的财务状况及各个因素之间的相互关系。该体系通过对主要财务指标之间关系的揭示,清楚地反映了公司的营运能力、短期偿债能力、长期偿债能力、盈利能力及其相互之间的关系,有助于对公司财务作出综合的分析与评价。

杜邦分析体系反映的财务比率及其相互关系主要有:

(1) 净资产收益率与总资产净利率及权益乘数之间的关系:

$$净资产收益率 = 总资产净利率 \times 权益乘数$$

(2) 总资产净利率与销售净利率及总资产周转率之间的关系:

$$总资产净利率 = 销售净利率 \times 总资产周转率$$

(3) 销售净利率与净利润及营业收入之间的关系:

$$销售净利率 = 净利润 \div 营业收入$$

(4) 总资产周转率与营业收入及平均资产总额之间的关系:

$$总资产周转率 = 营业收入 \div 平均资产总额$$

(5) 权益乘数与资产负债率之间的关系:

$$权益乘数 = 1 \div (1 - 资产负债率)$$

知识拓展一

1903年,由多个公司合并而成的杜邦公司在美国成立,面对需要协调的垂直式企业的多种经营市场组织及如何将资本投向利润最大的经济活动等问题,公司的经理们潜心研究并于1919年首创了以净资产收益率为核心的杜邦财务分析体系,这一方法提出后,即得到业界和学术界的广泛认同,并一直沿用至今,已经使用了近一个世纪。

由于杜邦分析法是利用各个主要财务比率之间的内在联系,建立财务比率分析的综合模型来综合地分析和评价企业财务状况和经营业绩的方法,所以,采用杜邦分析图将有关分析指标内在联系加以列示,从而直观地反映出企业的财务状况和经营成果的面貌。杜邦财务分析体系如图 10-2 所示。

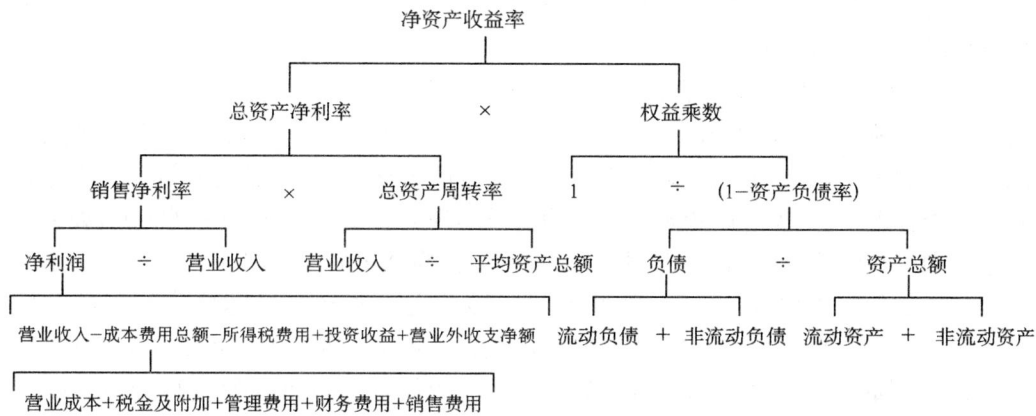

图 10-2 杜邦财务分析体系图

2. 主要财务指标分析

1) 对净资产收益率的分析

从杜邦分析图可以看出,净资产收益率是一个综合性极强、最有代表性的财务比率,它是杜邦分析体系的核心。公司财务管理的重要目标就是实现股东财富最大化,净资产收益率正是反映了股东投入资本的获利能力,这一比率反映了公司筹资、投资、生产经营等财务活动的效率。净资产收益率的大小取决于销售净利率、总资产周转率和权益乘数。权益乘数反映公司的资本结构,主要受资产负债率的影响。当资产负债率较大时,权益乘数就高,说明公司有较高的负债程度,能给公司带来较大的杠杆利益,同时也给公司带来较高的风险。通过提高负债比率,可以提高权益乘数,从而在总资产净利率不变的情况下,提高净资产收益率。但是,一味提高负债比率并不一定带来净资产收益率的提高。因为,负债比率过高,公司所负担的债务利息就会加大,致使公司净利润降低,从而总资产净利率不可能保持不变。

2) 对销售净利率的分析

从公司销售方面看,销售净利率是公司净利润与营业收入之比,反映公司的盈利能力。一般来说,营业收入增加,公司的净利润也会随之增加。但是,要想提高销售净利率,必须一方面提高营业收入,另一方面降低各种成本和费用,这样才能使净利润的增长大于营业收入的增长,从而使销售净利率得到提高。由此可见,提高销售净利率可以在以下两个方面下功夫:

(1) 开拓市场,增加营业收入。在市场经济中,公司必须深入调查研究市场情况,明确产品或劳务服务的对象,了解顾客期望的变化以及趋势,制定公司发展战略,并将其落实到生产经营的各个环节。同时,公司必须更加注重售后服务,加强员工的再教育和培训,提高服务质量,只有这样,才能占领市场,增加营业收入。

寓德于技

上市公司财务造假案例层出不穷,2020 年爆出的在纳斯达克交易所上市的瑞幸咖啡财务造假事件,就是典型的财务人员行为失范的案例。财务报表来不得半点虚假,我们应该贯彻实事求是的精神,践行社会主义核心价值观:诚信。我们应该明白财务造假的严重后果,并在今后的职业生涯中引以为戒。

(2) 加强成本与费用控制，降低耗费，增加利润。从杜邦分析图中可以分析公司的成本费用结构是否合理，以便发现公司在成本与费用管理方面存在的问题，为加强成本与费用管理提供依据。

3) 对总资产周转率的分析

总资产周转率是反映运用资产获取营业收入能力的指标。对总资产周转率的分析应从以下两方面入手：

(1) 分析资产结构是否合理，即流动资产和非流动资产的比例是否合理。资产结构实际反映公司资产的流动性，它不仅关系到公司的偿债能力，还影响公司的获利能力。一般来说，如果公司流动资产中货币资金所占比例较大，就要分析公司现金持有量是否合理、有无现金闲置现象。因为过量的现金会影响公司的盈利能力，如果公司存货和应收账款过多，就会占用大量的资金，影响公司的资金周转。

(2) 结合营业收入，分析公司的资产周转状况。资产周转速度直接影响公司的获利能力，如果公司的资产周转较慢，就会占用大量的资金，增加资金成本，减少公司的利润。分析资产周转率，需对影响资产周转的各个因素进行分析。除了分析资产各部分占用量是否合理外，还可以通过对流动资产周转率、存货周转率、应收账款周转率等各资产组成部分使用效率的分析，找出影响资产周转的主要原因。

3. 杜邦分析法的应用

杜邦分析体系的作用是解释指标变动的原因和变动趋势，为采取措施指明方向。下面就杜邦分析体系在分析变动趋势方面的应用进行简要的说明。

【例 10-7】 成万公司有关财务数据如表 10-19 所示，财务比率如表 10-20 所示。试分析该企业净资产收益率变化的原因。

表 10-19　成万公司基本财务数据　　　　单位：万元

年度	净利润	销售收入	平均资产总额	平均负债总额	全部成本	制造成本	销售费用	管理费用	财务费用
2×22	10 284.04	411 224.01	306 222.94	205 677.07	403 967.43	373 534.53	10 203.05	18 667.77	1 562.08
2×23	12 653.92	757 613.81	330 580.21	215 659.54	736 747.24	684 261.91	21 740.96	25 718.20	5 026.17

表 10-20　成万公司部分财务比率

财务比率	2×22 年	2×23 年
净资产收益率	10.23%	11.01%
权益乘数	3.05	2.88
资产负债率	67.2%	65.2%
总资产净利率	3.36%	3.83%
销售净利率	2.5%	1.67%
总资产周转率（次）	1.34	2.29

> **新手提示**
> 左侧数据重在体现各项指标间的关系，由于计算各项指标时四舍五入的原因，导致数据有一定偏差。如：3.05×3.36%=10.25%，与 10.23% 有出入，这是由于计算权益乘数和总资产净利率时四舍五入导致的。

(1) 对净资产收益率的分析。

该企业的净资产收益率在 2×22 年至 2×23 年间出现了一定程度的好转，从

2×22年的10.23%增加至2×23年的11.01%%,企业的投资者在很大程度上依据这个指标来判断是否投资或是否转让股份,考察经营者业绩和决定股利分配政策。这些指标对企业的管理者也至关重要。

净资产收益率＝权益乘数×总资产净利率
2×22年　　10.23%＝3.05×3.36%
2×23年　　11.01%＝2.88×3.83%

通过分解可以明显地看出,该企业净资产收益率的增长主要是由于资产利用效果(总资产净利率)的提升引起的。虽然总资产净利率有所提高,但还是太低,显示出很差的资产利用效果。此外,权益乘数的降低阻碍了净资产收益率的增长。

(2) 对总资产净利率的分析。

总资产净利率＝销售净利率×总资产周转率
2×22年　　3.36%＝2.5%×1.34
2×23年　　3.83%＝1.67%×2.29

通过分解可以看出,2023年总资产净利率提高的主要原因在于该企业的总资产周转率有所提高,说明资产的利用得到了比较好的控制,显示出比前一年较好的效果,表明该企业利用其总资产产生销售收入的效率在增加,总资产周转率提高的同时销售净利率的减少阻碍了总资产净利率的增长。

(3) 对销售净利率的分析。

销售净利率＝净利润÷销售收入
2×22年　　2.5%＝10 284.04÷411 224.01×100%
2×23年　　1.67%＝12 653.92÷757 613.81×100%

该企业2×23年的销售净利率有所降低,原因主要在于净利润的增长幅度(23.04%)相对收入的增长幅度(84.23%)要小很多,主要是由于成本费用增多。从表10-19可知:全部成本从2×22年的403 967.43万元增加到2×23年的736 747.24万元,增长幅度(82.38%)与销售收入的增长幅度相当。

(4) 对全部成本的分析。

全部成本＝制造成本＋销售费用＋管理费用＋财务费用
2×22年　　403 967.43＝373 534.53＋10 203.05＋18 667.77＋1 562.08
2×23年　　736 747.24＝684 261.91＋21 740.96＋25 718.20＋5 026.17

从前面分析得知,成本的增长幅度过大,导致销售净利率降低。通过对全部成本的分析可以看出,每一项成本都在2×22年的基础上有大幅度的增长,制造成本的增长幅度为83.19%,销售费用的增长幅度为113.08%,管理费用的增长幅度为37.77%,财务费用的增长幅度为221.76%。为了进一步找出成本增长的原因,还可以针对每一项成本作进一步的因素分析等,这里不作叙述。

(5) 对权益乘数的分析。

权益乘数＝资产总额÷权益总额
2×22年　　3.05＝306 222.94÷(306 222.94－205 677.07)
2×23年　　2.88＝330 580.21÷(330 580.21－215 659.54)

该企业权益乘数的下降,说明企业的资本结构在2×22年至2×23年发生了变动,2×23年的权益乘数较2×22年有所减小。权益乘数越小,企业负债程度越低,偿还债务能力越强,财务风险程度越低。这个指标同时也反映了财务杠杆对利润水平的影响。该企业的权益乘数一直处于2~5之间,即负债率在50%~80%之间,属于激进战略型企业。管理者应该准确把握企业所处的环境,准确预测利润,合理控制负债带来的风险。

（6）结论。

对于该企业,最为重要的就是要努力降低各项成本,在控制成本上下功夫。同时要保持较高的总资产周转率。这样,可以使销售净利率得到提高,进而使总资产净利率有大的提高。

牛刀小试

已知成达公司2×23年财务报表的有关资料如表10-21所示:

表10-21 成达公司部分财务报表数据　　　　单位:万元

资产负债表项目	年初数	年末数
资产	8 000	10 000
负债	4 500	6 000
所有者权益	3 500	4 000
润表项目	上年数	本年数
营业收入净额	（略）	20 000
净利润	（略）	500

要求:

（1）计算杜邦财务分析体系中的净资产收益率、总资产净利率、销售净利率、总资产周转率、权益乘数；

（2）分析该公司提高净资产收益率可以采取哪些措施？

(二) 沃尔评分法

1. 早期的沃尔评分法

企业财务综合分析的先驱者之一是美国亚历山大·沃尔教授。他在20世纪初出版的《信用晴雨表研究》和《财务报表比率分析》中提出了信用能力指数的概念,把流动比率、产权比率、固定资产比率、存货周转率、应收账款周转率、固定资产周转率、自有资金周转率七项财务比率用线性关系结合起来,分别给定各自的分数比重,总和为100分,然后确定标准比率,并与实际比率相比较,评出每项指标的得分及总体指标的综合得分,从而对企业的信用水平作出评价。

早期的沃尔评分法在理论上存在一定缺陷:即未能证明为什么要选择这七个指标,而不是更多或更少些,或者选择别的财务比率；未能证明每个指标所占比重的合理性；当某项指标严重异常时,会对总评分产生不合逻辑的重大影响,这个缺陷是由相对比率与比重相"乘"而引起的。财务比率提高一倍,其综合指数增加100%；而财务比率缩小一倍,其综合指数只减少50%。

【例10-8】 方文公司是一家中型电力企业,用早期的沃尔评分法评价其2023年的财务状况,评分结果如表 10-22 所示。

表 10-22 方文公司综合评分表

财务比率	比重 ①	标准比率 ②	实际比率 ③	相对比率 ④=③÷②	综合得分 ⑤=①×④
流动比率	25	2.00	1.66	0.83	20.75
产权比率	25	1.50	2.39	1.59	39.75
固定资产比率	15	2.50	1.84	0.736	11.04
存货周转率	10	8	9.94	1.243	12.43
应收账款周转率	10	6	8.61	1.435	14.35
固定资产周转率	10	4	0.55	0.1375	1.38
自有资金周转率	5	3	0.40	0.133	0.67
合计	100				100.37

2. 现代沃尔评分法

现代社会相较沃尔时代已经发生很大的变化。沃尔最初提出的七项指标已难以完全适用当前企业评价的需要。现在一般认为,企业财务评价的内容首先是盈利能力,其次是偿债能力,再次是成长能力,它们之间大致可按 5:3:2 的比重来分配。盈利能力的主要指标是总资产报酬率、销售净利率和净资产收益率,这三个指标可按 2:2:1 的比重来安排;偿债能力有四个常用指标;成长能力有三个常用指标(都是本年增量与上年实际量的比值)。

仍以 100 分为总分,如果企业的综合得分接近 100 分,则说明企业的综合财务状况接近于行业的平均水平;如果企业的综合得分明显超过 100 分,则说明企业的综合财务状况优于行业的平均水平;如果企业的综合得分大大低于 100 分,则说明企业的综合财务状况较差,应当积极采取措施加以改进。

【例 10-9】 仍以[例 10-8]方文公司 2×23 年的财务状况为例,以中型电力生产企业的标准值为评价基础,则其综合评分标准如表 10-23 所示。

表 10-23 综合评分标准

指 标	评分值	标准比率	行业最高比率	最高评分	最低评分	每分比率的差
盈利能力:						
总资产报酬率	20	5.50%	15.80%	30	10	1.03
销售净利率	20	26%	56.20%	30	10	3.02
净资产收益率	10	4.40%	22.70%	15	5	3.66
偿债能力:						
自有资本比率	8	25.90	55.80	12	4	7.475
流动比率	8	95.70	253.60	12	4	39.475
应收账款周转率	8	290	960	12	4	167.50
存货周转率	8	800	3 030	12	4	557.50

(续表)

指标	评分值	标准比率	行业最高比率	最高评分	最低评分	每分比率的差
发展能力：						
销售增长率	6	2.50%	38.90%	9	3	12.13
净利增长率	6	10.10%	51.20%	9	3	13.70
总资产增长率	6	7.30%	42.80%	9	3	11.83
合 计	100			150	50	

现代沃尔评分法在原有基础上的改进：

(1) 标准比率以本行业平均数为基础，在给每个指标评分时，应规定其上限和下限，以减少个别指标异常对总分造成不合理的影响。上限可定为正常评分值的1.5倍，下限可定为正常评分值的0.5倍。

(2) 给分不是采用"乘"的关系，而采用"加"或"减"的关系来处理。例如，总资产报酬率每分比率的差为1.03%＝(15.8%－5.5%)÷(30－20)。总资产报酬率每提高1.03%，多给1分，但该项得分不得超过30分。

(3) 得分＝标准评分值＋调整分，以总资产报酬率为例：调整分＝4.5÷1.03＝4.37。

根据这种方法，对该公司的财务状况重新进行综合评价，得124.94分（见表10-24），是一个中等略偏上水平的企业。

表10-24 方文公司财务情况评分表

指 标	实际比率 ①	标准比率 ②	差异 ③＝①－②	每分比率 ④	调整分 ⑤＝③÷④	标准评分值 ⑥	得分 ⑦＝⑤＋⑥
盈利能力：							
总资产报酬率	10	5.5	4.5	1.03	4.37	20	24.37
销售净利率	33.54	26.0	7.54	3.02	2.50	20	22.50
净资产收益率	13.83	4.4	9.43	3.66	2.58	10	12.58
偿债能力：							
自有资本比率	72.71	25.9	46.81	7.475	6.26	8	14.26
流动比率	166	95.7	70.3	39.475	1.78	8	9.78
应收账款周转率	861	290	571	167.5	3.41	8	11.41
存货周转率	994	800	194	557.5	0.35	8	8.35
发展能力：							
销售增长率	17.7	2.5	15.2	12.13	1.25	6	7.25
净利增长率	－1.74	10.1	－11.84	13.7	－0.86	6	5.14
总资产增长率	46.36	7.3	39.06	11.83	3.03	6	9.30
合 计						100	124.94

(三) 综合绩效评价法

综合绩效评价即我国的综合绩效评价方法,是指运用数理统计和运筹学的方法,通过建立综合评价指标体系,对照相应的评价标准,定量分析与定性分析相结合,对企业一定经营期间的盈利能力、资产质量、债务风险及经营增长等经营业绩和努力程度等各方面进行的综合评判。

1. 综合绩效评价的内容

企业综合绩效评价由财务绩效定量评价和管理绩效定性评价两部分组成。

财务绩效定量评价是指对企业一定期间的盈利能力、资产质量、债务风险和经营增长四个方面进行定量分析和评判。

管理绩效定性评价是指在企业财务绩效定量评价的基础上,通过采取专家评议的方式,对企业一定期间的经营管理水平进行定性分析和综合评判。

2. 综合绩效评价指标

(1) 财务绩效定量评价指标。

财务绩效定量评价指标是指对企业一定期间的盈利能力、资产质量、债务风险和经营增长四个方面进行定量对比分析和评判,分为基本指标和修正指标。

① 企业盈利能力指标——包括净资产收益率、总资产报酬率两个基本指标和销售(营业)利润率、利润现金保障倍数、成本费用利润率、资本收益率四个修正指标;

② 企业资产质量指标——包括总资产周转率、应收账款周转率两个基本指标和不良资产比率、流动资产周转率、资产现金回收率三个修正指标;

③ 企业债务风险指标——包括资产负债率、已获利息倍数两个基本指标和速动比率、现金流动负债比率、带息负债比率、或有负债比率四个修正指标;

④ 企业经营增长指标——包括销售(营业)增长率、资本保值增值率两个基本指标和销售(营业)利润增长率、总资产增长率、技术投入比率三个修正指标。

(2) 管理绩效定性评价指标。

管理绩效定性评价指标是指对企业一定期间的经营管理水平进行定性分析和综合评判,从而反映企业在一定经营期间所采取的各项管理措施及其管理成效。一般通过专家评议打分形式完成,聘请的专家应不少于 7 名。

管理绩效定性评价指标包括战略管理、经营决策、发展创新、风险控制、基础管理、人力资源、行业影响、社会贡献等方面。

各指标评价内容与权重如表 10-25 所示:

表 10-25 企业综合绩效评价指标及权重

评价内容与权重		财务绩效(70%)				管理绩效(30%)	
		基本指标	权重	修正指标	权重	评议指标	权重
盈利能力状况	34	净资产收益率 总资产报酬率	20 14	销售(营业)利润率 利润现金保障倍数 成本费用利润率 资本收益率	10 9 8 7	战略管理 发展创新 经营决策 风险控制 基础管理	18 15 16 13 14
资产质量状况	22	总资产周转率 应收账款周转率	10 12	不良资产比率 流动资产周转率 资产现金回收率	9 7 6	人力资源 行业影响 社会贡献	8 8 8

> **寓德于技——**
> 风险是客观存在的,我们要发挥主观能动性去预防、控制风险。

(续表)

评价内容与权重		财务绩效(70%)				管理绩效(30%)	
		基本指标	权重	修正指标	权重	评议指标	权重
债务风险状况	22	资产负债率 已获利息倍数	12 10	速动比率 现金流动负债比率 带息负债比率 或有负债比率	6 6 5 5	战略管理 发展创新 经营决策 风险控制	18 15 16 13
经营增长状况	22	销售(营业)增长率 资本保值增值率	12 10	销售(营业)利润增长率 总资产增值率 技术投入比率	10 7 5	基础管理 人力资源 行业影响 社会贡献	14 8 8 8

3. 企业综合绩效评价标准

表 10-26 企业综合绩效评价标准

评价标准		评价结果(档次及系数)
财务绩效定量评价标准	国内行业标准	优秀 A(1.0) 良好 B(0.8) 平均 C(0.6) 较低 D(0.4) 较差 E(0.2)
	国际行业标准	
管理绩效定性评价标准		优 A(1.0) 良 B(0.8) 中 C(0.6) 低 D(0.4) 差 E(0.2)

说明:国家每年颁布标准,企业可以自己查阅。

> 知识检测

一、单项选择题

1. 在杜邦财务分析体系中,综合性最强的财务比率是( )。
   A. 净资产收益率   B. 总资产净利率
   C. 总资产周转率   D. 销售净利率

2. 某企业 2022 年和 2023 年的销售净利率分别为 7% 和 8%,资产周转率分别为 2 和 1.5,两年的资产负债率相同,与 2022 年相比,2023 年的净资产收益率变动趋势为( )。
   A. 上升   B. 下降   C. 不变   D. 无法确定

3. 一般认为在综合评价体系中,企业财务评价的内容首先是( )。
   A. 偿债能力   B. 营运能力
   C. 盈利能力   D. 发展能力

4. 下列综合绩效评价指标中,属于财务绩效定量评价指标的是( )。
   A. 获利能力评价指标   B. 战略管理评价指标
   C. 经营决策评价指标   D. 风险控制评价指标

5. 下列各项中,不属于财务绩效定量评价指标的是(　　)。
   A. 盈利能力指标　　　　　　　　B. 资产质量指标
   C. 经营增长指标　　　　　　　　D. 人力资源指标
6. 下列财务绩效评价指标中,属于企业盈利能力基本指标的是(　　)。
   A. 营业利润增长率　　　　　　　B. 总资产报酬率
   C. 总资产周转率　　　　　　　　D. 资本保值增值率
7. 下列财务绩效定量评价指标中,属于债务风险基本评价指标的是(　　)。
   A. 资产负债率　　B. 权益乘数　　C. 流动比率　　D. 产权比率
8. 沃尔评分法下企业的综合得分接近100分,说明(　　)。
   A. 企业的综合财务状况优于行业的平均水平
   B. 企业的综合财务状况接近于行业的平均水平
   C. 企业的综合财务状况较差
   D. 企业的综合财务状况低于行业的平均水平

二、多项选择题

1. 下列各项中,可能直接影响企业净资产收益率指标的措施有(　　)。
   A. 提高销售净利率　　　　　　　B. 提高资产负债率
   C. 提高总资产周转率　　　　　　D. 提高流动比率
2. 下列各项中,可能直接影响企业总资产收益率指标的有(　　)。
   A. 提高销售净利率　　　　　　　B. 提高总资产周转率
   C. 提高资产负债率　　　　　　　D. 提高流动比率
3. 下列关于杜邦分析体系的说法中,正确的有(　　)。
   A. 该体系以净资产收益率为起点
   B. 权益乘数越高,说明企业的负债程度比较高
   C. 净资产收益率是综合性最强的财务分析指标
   D. 提高销售净利率的途径是扩大销售收入
4. 下列综合绩效评价指标中,属于管理绩效定性评价指标的有(　　)。
   A. 人力资源评价指标　　　　　　B. 战略管理评价指标
   C. 经营决策评价指标　　　　　　D. 风险控制评价指标
5. 下列各项中,属于综合绩效评价内容的有(　　)。
   A. 管理绩效定性评价　　　　　　B. 财务绩效定量评价
   C. 杜邦分析体系　　　　　　　　D. 沃尔评分法

三、判断题

1. 权益乘数的高低取决于企业的资金结构,资产负债率越高,权益乘数越高,财务风险越大。(　　)
2. 财务绩效定量评价指标是指对企业一定期间的盈利能力、资产质量、债务风险和经营增长四个方面进行定量对比分析和评判。(　　)
3. 某公司今年与上年相比,销售收入增长10%,销售净利润增长8%,资产总额增加12%,负债总额增加9%。可以判断,该公司净资产收益率比上年下降了。(　　)

知识应用

1. 甲公司近两年的有关资料如表 10-27 所示：

表 10-27　甲公司财务指标

项目	2022 年	2023 年
总资产(万元)	1 500	1 600
销售收入(万元)	3 900	3 500
流动比率	1.2	1.26
存货周转率(次)	7.8	6
平均收现期(天)	20	26
销售毛利率	17%	15%
销售净利率	5%	3%
总资产周转率(次)	2.6	2.3
总资产净利率	13%	6.9%

要求：
(1) 利用杜邦分析法全面分析甲公司运用资产获利能力的变化及其原因；
(2) 采用因素分析法确定各因素对总资产净利率的影响程度；
(3) 根据分析结果提出改进的措施。

项目小结与自我评价

本项目从财务分析概述、财务指标分析、财务综合分析三个方面进行了讲述。学生应掌握财务分析指标的计算，学会分析。任务总结及自我评价如表 10-28 所示：

表 10-28　财务分析主要内容及自我评价

任务名称	知识点			自我评价(得分)
任务一　财务分析概述	概念与意义			
	目的与内容			
	财务分析的方法	比较分析法		
		趋势分析法		
		比率分析法	成比率(结构比率) 效率比率 相关比率	
		因素分析法	环替代法(基本方法) 差额分析法	
任务二　财务指标分析	偿债能力分析	短期偿债能力：营运资金、流动比率、速动比率、现金比率		
		长期偿债能力：资产负债率、股权比率、产权比率、权益乘数、利息保障倍数		
	营运能力分析	应收账款周转率、存货周转率、流动资产周转率、固定资产周转率、总资产周转率		
	盈利能力分析	销售毛利率、销售净利率、资产净利率、净资产收益率、每股收益、每股股利、股利支付率、市盈率		
	发展能力分析	销售收入增长率、总资产增长率、营业利润增长率、资本积累率		

(续表)

任务名称			知识点	自我评价(得分)
任务三 财务综合分析	核心公式		杜邦分析法、沃尔评分法、综合绩效评价	
		(1) 偿债能力指标	营运资金＝流动资产－流动负债 流动比率＝流动资产÷流动负债×100% 速动比率＝速动资产÷流动负债×100% 现金比率＝(现金＋短期有价证券)÷流动负债×100% 资产负债率＝负债总额÷资产总额×100% 股权比率＝股东权益÷资产总额×100% 产权比率＝负债总额÷股东权益总额×100% 备注:产权比率＝1÷股权比率－1＝权益乘数－1 权益乘数＝资产总额÷股东权益×100% 备注:权益乘数－产权比率＝1 权益乘数＝1÷股权比率＝1÷(1－资产负债率) 利息保障倍数＝息税前利润÷利息＝(税前利润＋利息)÷利息	
		(2) 营运能力指标	应收账款周转率(周转次数)＝赊销收入净额÷应收账款平均余额 应收账款周转期(周转天数)＝计算期天数÷应收账款周转率 存货周转率＝销售成本÷存货平均余额 存货周转天数＝计算期天数÷存货周转次数 流动资产周转率＝销售收入÷流动资产平均余额 流动资产周转天数＝计算期天数÷流动资产周转率 总资产周转率＝销售收入÷平均资产总额 总资产周转天数＝计算期天数÷总资产周转率	
		(3) 盈利能力指标	销售毛利率＝销售毛利÷销售收入×100% 销售净利率＝净利润÷销售收入×100% 总资产净利率＝(净利润÷平均资产总额)×100% 净资产收益率＝(净利润÷平均净资产)×100% 每股收益＝净收益÷发行在外普通股加权平均数 每股股利＝(现金股利总额－优先股股利)÷普通股总股数×100%	

(续表)

任务名称	知识点		自我评价(得分)
任务三 财务综合分析	核心公式	（3）盈利能力指标	股利支付率＝普通股每股股利÷普通股每股收益×100% 市盈率＝普通股每股市价÷每股收益×100%	
		（4）发展能力指标	销售收入增长率＝本年销售收入增长额÷上年销售收入总额×100% 总资产增长率＝本年总资产增长额÷同年初资产总额×100% 营业利润增长率＝本年营业利润增长额÷上年营业利润总额×100% 资本积累率＝本年所有者权益增长额÷同年初所有者权益×100%	
		（5）杜邦分析核心指标：	净资产收益率＝销售净利率×总资产周转率×权益乘数 净资产收益率＝总资产净利率×权益乘数 总资产净利率＝销售净利率×总资产周转率 权益乘数＝1÷（1－资产负债率）	
说明	掌握：经过课前预习、教师讲解、课后复习，能理解相关知识；10分。 基本掌握：在教师、同学的课后帮助下，能理解相关知识；5分。 模糊：在教师、同学的课后帮助下，仍然不能理解相关知识；0分。		
成绩		学生签字	

项目综合训练

1. 甲公司2022—2023年资产负债表、利润表资料如表10-29和表10-30所示：

表10-29 资产负债表

编制单位：甲公司　　　　　　　　2023-12-31　　　　　　　　单位：万元

资产	2023-12-31	2022-12-31	负债	2023-12-31	2022-12-31
流动资产：			流动负债：		
货币资金	13 641 314.39	12 540 071.53	短期借款	2 030 438.47	1 594 417.65
交易性金融资产	37 082.05	95 520.86	吸收存款及同业存放	26 100.67	35 251.23
衍生金融资产	28 549.42	9 239.26	拆入资金	30 002.03	100 044.67
应收票据及应收账款	873 823.09	851 333.45	交易性金融负债	0.00	0.00
应收票据	0.00	0.00	应付票据及应付账款	5 303 173.11	6 694 202.36
应收账款	873 823.09	851 333.45	应付票据	2 142 707.20	2 528 520.78
应收款项融资	2 097 340.46	2 822 624.90	应付账款	3 160 465.92	4 165 681.58

(续表)

资产	2023-12-31	2022-12-31	负债	2023-12-31	2022-12-31
预付款项	312 920.20	239 561.06	预收款项	0.00	822 570.77
其他应收款（合计）	14 733.85	15 913.44	合同负债	1 167 818.04	731 180.44
其中：应收利息	0.00	0.00	应付职工薪酬	336 535.55	343 096.90
应收股利	0.00	0.00	应交税费	230 135.56	370 377.97
其他应收款	14 733.85	15 913.44	其他应付款（合计）	237 939.57	271 269.30
买入返售金融资产	0.00	0.00	其中：应付利息	0.00	0.00
存货	2 787 950.52	2 408 485.41	应付股利	698.66	70.79
合同资产	7 854.55	7 361.48	其他应付款	237 240.91	271 198.51
持有待售的资产	0.00	0.00	持有待售负债	0.00	0.00
一年内到期的非流动资产	0.00	44 539.77	一年内到期的非流动负债	0.00	0.00
待处理流动资产损溢	0.00	0.00	其他流动负债	6 438 225.43	5 994 418.74
其他流动资产	1 561 730.19	2 309 114.42	流动负债合计	15 847 871.81	16 956 830.03
流动资产合计	21 363 298.72	21 336 404.10	非流动负债：		
非流动资产：			长期借款	186 071.38	4 688.59
发放贷款及垫款	527 380.56	1 442 378.64	应付债券	0.00	0.00
债权投资	0.00	0.00	长期应付款	0.00	0.00
其他债权投资	50 220.23	29 683.63	长期应付职工薪酬	14 985.98	14 102.12
长期应收款	0.00	0.00	预计非流动负债		
长期股权投资	811 984.11	706 418.62	长期递延收益	43 703.37	24 050.43
其他权益工具投资	778 840.59	464 460.17	递延所得税负债	141 111.11	92 778.93
其他非流动金融资产	200 348.33	200 348.33	其他非流动负债	0.00	0.00
投资性房地产	46 342.09	49 864.87	非流动负债合计	385 871.84	135 620.07
固定资产及清理（合计）	1 899 052.51	1 912 193.08	负债合计	16 233 743.65	17 092 450.10
固定资产净额	1 898 348.51	1 911 102.48	所有者权益（股东权益）		
固定资产清理	704.00	1 090.60	实收资本（或股本）	601 573.09	601 573.09
在建工程	401 608.27	243 105.14	资本公积	12 185.03	9 337.95
无形资产	587 828.88	530 554.11	减：库存股	518 227.39	0.00
开发支出	0.00	0.00	其他综合收益	739 606.02	626 029.20
商誉	20 190.27	32 591.94	专项储备	0.00	0.00
长期待摊费用	856.79	271.81	盈余公积	349 967.16	349 967.16

(续表)

资产	2023-12-31	2022-12-31	负债	2023-12-31	2022-12-31
递延所得税资产	1 155 029.22	1 254 108.51	一般风险准备	49 757.58	48 985.58
其他非流动资产	78 811.80	94 832.80	未分配利润	10 284 159.64	9 379 464.35
			归属于母公司股东权益合计	11 519 021.12	11 015 357.33
			少数股东权益	169 027.59	189 408.32
非流动资产合计	6 558 493.65	6 960 811.65	所有者权益(或股东权益)合计	11 688 048.72	11 204 765.65
资产总计	27 921 792.37	28 297 215.75	负债和所有者权益(或股东权益)总计	27 921 792.37	28 297 215.75

表 10-30 利润表

编制单位:甲公司　　　　　　　　　2023 年度　　　　　　　　　单位:万元

项目	2023 年	2022 年
一、营业总收入	17 049 741.57	20 050 833.36
其中:营业收入	16 819 920.44	19 815 302.75
利息收入	229 597.27	235 147.20
手续费及佣金收入	223.86	383.41
二、营业总成本	14 626 068.19	17 072 357.38
营业成本	12 422 903.37	14 349 937.26
营业税金及附加	96 460.07	154 298.37
销售费用	1 304 324.18	1 830 981.22
管理费用	360 378.28	379 564.56
研发费用	605 256.31	589 121.97
财务费用	−193 750.47	−242 664.34
其中:利息费用	108 836.94	159 827.63
利息收入	370 831.29	369 838.72
加:其他收益	116 412.01	93 614.86
投资收益	71 301.01	−22 663.48
其中:对联营企业和合营企业的投资收益	3 531.43	−2 098.32
公允价值变动收益	20 015.35	22 826.41
信用减值损失	19 282.47	−27 944.86
资产减值损失	−46 627.03	84 289.33
资产处置收益	294.60	491.12
三、营业利润	2 604 351.78	2 960 510.71

(续表)

项目	2023年	2022年
加:营业外收入	28 716.07	34 570.67
减:营业外支出	2 174.11	59 810.66
其中:非流动资产处置损失	0.00	0.00
四、利润总额	2 630 893.74	2 935 270.72
减:所得税费用	402 969.52	452 546.36
五、净利润	2 227 924.22	2 482 724.36
归属于母公司所有者的净利润	2 217 510.81	2 469 664.14
少数股东损益	10 413.41	13 060.22
六、每股收益	0.00	0.00
基本每股收益(元/股)	0.00	0.00
稀释每股收益(元/股)	0.00	0.00
七、其他综合收益	113 598.17	688 014.31
八、综合收益总额	2 341 522.39	3 170 738.67
归属于母公司所有者的综合收益总额	2 331 087.64	3 157 717.99
归属于少数股东的综合收益总额	10 434.75	13 020.68

要求:请计算并简要分析甲公司的偿债能力、营运能力、盈利能力、发展能力,并运用杜邦分析法进行简要分析。

2. 分小组完成以下工作任务,收集上市公司财务报告,分析财务数据,制作PPT,交流汇报。通过本阶段学习,要求以任务为核心,以价值观为引领,充分调动学习的主观能动性,增强团队协作能力和职业规范意识。

项目十延伸阅读——造假300亿元康美药业财务造假案判了

附录

资金时间价值系数表

附表一　复利终值系数表

期数	1%	2%	3%	4%	5%	6%	7%	8%	9%	10%
1	1.010 0	1.020 0	1.030 0	1.040 0	1.050 0	1.060 0	1.070 0	1.080 0	1.090 0	1.100 0
2	1.020 1	1.040 4	1.060 9	1.081 6	1.102 5	1.123 6	1.144 9	1.166 4	1.188 1	1.210 0
3	1.030 3	1.061 2	1.092 7	1.124 9	1.157 6	1.191 0	1.225 0	1.259 7	1.295 0	1.331 0
4	1.040 6	1.082 4	1.125 5	1.169 9	1.215 5	1.262 5	1.310 8	1.360 5	1.411 6	1.464 1
5	1.051 0	1.104 1	1.159 3	1.216 7	1.276 3	1.338 2	1.402 6	1.469 3	1.538 6	1.610 5
6	1.061 5	1.126 2	1.194 1	1.265 3	1.340 1	1.418 5	1.500 7	1.586 9	1.677 1	1.771 6
7	1.072 1	1.148 7	1.229 9	1.315 9	1.407 1	1.503 6	1.605 8	1.713 8	1.828 0	1.948 7
8	1.082 9	1.171 7	1.266 8	1.368 6	1.477 5	1.593 8	1.718 2	1.850 9	1.992 6	2.143 6
9	1.093 7	1.195 1	1.304 8	1.423 3	1.551 3	1.689 5	1.838 5	1.999 0	2.171 9	2.357 9
10	1.104 6	1.219 0	1.343 9	1.480 2	1.628 9	1.790 8	1.967 2	2.158 9	2.367 4	2.593 7
11	1.115 7	1.243 4	1.384 2	1.539 5	1.710 3	1.898 3	2.104 9	2.331 6	2.580 4	2.853 1
12	1.126 8	1.268 2	1.425 8	1.601 0	1.795 9	2.012 2	2.252 2	2.518 2	2.812 7	3.138 4
13	1.138 1	1.293 6	1.468 5	1.665 1	1.885 6	2.132 9	2.409 8	2.719 6	3.065 8	3.452 3
14	1.149 5	1.319 5	1.512 6	1.731 7	1.979 9	2.260 9	2.578 5	2.937 2	3.341 7	3.797 5
15	1.161 0	1.345 9	1.558 0	1.800 9	2.078 9	2.396 6	2.759 0	3.172 2	3.642 5	4.177 2
16	1.172 6	1.372 8	1.604 7	1.873 0	2.182 9	2.540 4	2.952 2	3.425 9	3.970 3	4.595 0
17	1.184 3	1.400 2	1.652 8	1.947 9	2.292 0	2.692 8	3.158 8	3.700 0	4.327 6	5.054 5
18	1.196 1	1.428 2	1.702 4	2.025 8	2.406 6	2.854 3	3.379 9	3.996 0	4.717 1	5.559 9
19	1.208 1	1.456 8	1.753 5	2.106 8	2.527 0	3.025 6	3.616 5	4.315 7	5.141 7	6.115 9
20	1.220 2	1.485 9	1.806 1	2.191 1	2.653 3	3.207 1	3.869 7	4.661 0	5.604 4	6.727 5
21	1.232 4	1.515 7	1.860 3	2.278 8	2.786 0	3.399 6	4.140 6	5.033 8	6.108 8	7.400 2
22	1.244 7	1.546 0	1.916 1	2.369 9	2.925 3	3.603 5	4.430 4	5.436 5	6.658 6	8.140 3
23	1.257 2	1.576 9	1.973 6	2.464 7	3.071 5	3.819 7	4.740 5	5.871 5	7.257 9	8.954 3
24	1.269 7	1.608 4	2.032 8	2.563 3	3.225 1	4.048 9	5.072 4	6.341 2	7.911 1	9.849 7

续表

期数	1%	2%	3%	4%	5%	6%	7%	8%	9%	10%
25	1.282 4	1.640 6	2.093 8	2.665 8	3.386 4	4.291 9	5.427 4	6.848 5	8.623 1	10.835
26	1.295 3	1.673 4	2.156 6	2.772 5	3.555 7	4.549 4	5.807 4	7.396 4	9.399 2	11.918
27	1.308 2	1.706 9	2.221 3	2.883 4	3.733 5	4.822 3	6.213 9	7.988 1	10.245	13.110
28	1.321 3	1.741 0	2.287 9	2.998 7	3.920 1	5.111 7	6.648 8	8.627 1	11.167	14.421
29	1.334 5	1.775 8	2.356 6	3.118 7	4.116 1	5.418 4	7.114 3	9.317 3	12.172	15.863
30	1.347 8	1.811 4	2.427 3	3.243 4	4.321 9	5.743 5	7.612 3	10.063	13.268	17.449
40	1.488 9	2.208 0	3.262 0	4.801 0	7.040 0	10.286	14.975	21.725	31.409	45.259
50	1.644 6	2.691 6	4.383 9	7.106 7	11.467	18.420	29.457	46.902	74.358	117.39
60	1.816 7	3.281 0	5.891 6	10.520	18.679	32.988	57.946	101.26	176.03	304.48

期数	12%	14%	15%	16%	18%	20%	24%	28%	32%	36%
1	1.120 0	1.140 0	1.150 0	1.160 0	1.180 0	1.200 0	1.240 0	1.280 0	1.320 0	1.360 0
2	1.254 4	1.299 6	1.322 5	1.345 6	1.392 4	1.440 0	1.537 6	1.638 4	1.742 4	1.849 6
3	1.404 9	1.481 5	1.520 9	1.560 9	1.643 0	1.728 0	1.906 6	2.097 2	2.300 0	2.515 5
4	1.573 5	1.689 0	1.749 0	1.810 6	1.938 8	2.073 6	2.364 2	2.684 4	3.036 0	3.421 0
5	1.762 3	1.925 4	2.011 4	2.100 3	2.287 8	2.488 3	2.931 6	3.436 0	4.007 5	4.652 6
6	1.973 8	2.195 0	2.313 1	2.436 4	2.699 6	2.986 0	3.635 2	4.398 0	5.289 9	6.327 5
7	2.210 7	2.502 3	2.660 0	2.826 2	3.185 5	3.583 2	4.507 7	5.629 5	6.982 6	8.605 4
8	2.476 0	2.852 6	3.059 0	3.278 4	3.758 9	4.299 8	5.589 5	7.205 8	9.217 0	11.703
9	2.773 1	3.251 9	3.517 9	3.803 0	4.435 5	5.159 8	6.931 0	9.223 4	12.167	15.917
10	3.105 8	3.707 2	4.045 6	4.411 4	5.233 8	6.191 7	8.594 4	11.806	16.060	21.647
11	3.478 5	4.226 2	4.652 4	5.117 3	6.175 9	7.430 1	10.657	15.112	21.199	29.439
12	3.896 0	4.817 9	5.350 3	5.936 5	7.287 6	8.916 1	13.215	19.343	27.983	40.038
13	4.363 5	5.492 4	6.152 8	6.885 8	8.599 4	10.699	16.386	24.759	36.937	54.451
14	4.887 1	6.261 3	7.075 7	7.987 5	10.147	12.839	20.319	31.691	48.757	74.053
15	5.473 6	7.137 9	8.137 1	9.265 5	11.974	15.407	25.196	40.565	64.359	100.71
16	6.130 4	8.137 2	9.357 6	10.748	14.129	18.488	31.243	51.923	84.954	136.97
17	6.866 0	9.276 5	10.761	12.468	16.672	22.186	38.741	66.461	112.14	186.28
18	7.690 0	10.575	12.376	14.463	19.673	26.623	48.039	85.071	148.02	253.34
19	8.612 8	12.056	14.232	16.777	23.214	31.948	59.568	108.89	195.39	344.54
20	9.646 3	13.744	16.367	19.461	27.393	38.338	73.864	139.38	257.92	468.57
21	10.804	15.668	18.822	22.575	32.324	46.005	91.592	178.41	340.45	637.26

续表

期数	12%	14%	15%	16%	18%	20%	24%	28%	32%	36%
22	12.100	17.861	21.645	26.186	38.142	55.206	113.57	228.36	449.39	866.67
23	13.552	20.362	24.892	30.376	45.008	66.247	140.83	292.30	593.20	1 178.7
24	15.179	23.212	28.625	35.236	53.109	79.497	174.63	374.14	783.02	1 603.0
25	17.000	26.462	32.919	40.874	62.669	95.396	216.54	478.90	1 033.6	2 180.1
26	19.040	30.167	37.857	47.414	73.949	114.48	268.51	613.00	1 364.3	2 964.9
27	21.325	34.390	43.535	55.000	87.260	137.37	332.96	784.64	1 800.9	4 032.3
28	23.884	39.205	50.066	63.800	102.97	164.84	412.86	1 004.3	2 377.2	5 483.9
29	26.750	44.693	57.576	74.009	121.50	197.81	511.95	1 285.6	3 137.9	7 458.1
30	29.960	50.950	66.212	85.850	143.37	237.38	634.82	1 645.5	4 142.1	10 143
40	93.051	188.88	267.86	378.72	750.38	1 469.8	5 455.9	19 427	66 521	*
50	289.00	700.23	1 083.7	1 670.7	3 927.4	9 100.4	46 890	*	*	*
60	897.60	2 595.9	4 384.0	7 370.2	20 555	56 348	*	*	*	*

附表二　复利现值系数表

期数	1%	2%	3%	4%	5%	6%	7%	8%	9%	10%
1	0.990 1	0.980 4	0.970 9	0.961 5	0.952 4	0.943 4	0.934 6	0.925 9	0.917 4	0.909 1
2	0.980 3	0.961 2	0.942 6	0.924 6	0.907 0	0.890 0	0.873 4	0.857 3	0.841 7	0.826 4
3	0.970 6	0.942 3	0.915 1	0.889 0	0.863 8	0.839 6	0.816 3	0.793 8	0.772 2	0.751 3
4	0.961 0	0.923 8	0.888 5	0.854 8	0.822 7	0.792 1	0.762 9	0.735 0	0.708 4	0.683 0
5	0.951 5	0.905 7	0.862 6	0.821 9	0.783 5	0.747 3	0.713 0	0.680 6	0.649 9	0.620 9
6	0.942 0	0.888 0	0.837 5	0.790 3	0.746 2	0.705 0	0.666 3	0.630 2	0.596 3	0.564 5
7	0.932 7	0.870 6	0.813 1	0.759 9	0.710 7	0.665 1	0.622 7	0.583 5	0.547 0	0.513 2
8	0.923 5	0.853 5	0.789 4	0.730 7	0.676 8	0.627 4	0.582 0	0.540 3	0.501 9	0.466 5
9	0.914 3	0.836 8	0.766 4	0.702 6	0.644 6	0.591 9	0.543 9	0.500 2	0.460 4	0.424 1
10	0.905 3	0.820 3	0.744 1	0.675 6	0.613 9	0.558 4	0.508 3	0.463 2	0.422 4	0.385 5
11	0.896 3	0.804 3	0.722 4	0.649 6	0.584 7	0.526 8	0.475 1	0.428 9	0.387 5	0.350 5
12	0.887 4	0.788 5	0.701 4	0.624 6	0.556 8	0.497 0	0.444 0	0.397 1	0.355 5	0.318 6

续表

期数	1%	2%	3%	4%	5%	6%	7%	8%	9%	10%
13	0.878 7	0.773 0	0.681 0	0.600 6	0.530 3	0.468 8	0.415 0	0.367 7	0.326 2	0.289 7
14	0.870 0	0.757 9	0.661 1	0.577 5	0.505 1	0.442 3	0.387 8	0.340 5	0.299 2	0.263 3
15	0.861 3	0.743 0	0.641 9	0.555 3	0.481 0	0.417 3	0.362 4	0.315 2	0.274 5	0.239 4
16	0.852 8	0.728 4	0.623 2	0.533 9	0.458 1	0.393 6	0.338 7	0.291 9	0.251 9	0.217 6
17	0.844 4	0.714 2	0.605 0	0.513 4	0.436 3	0.371 4	0.316 6	0.270 3	0.231 1	0.197 8
18	0.836 0	0.700 2	0.587 4	0.493 6	0.415 5	0.350 3	0.295 9	0.250 2	0.212 0	0.179 9
19	0.827 7	0.686 4	0.570 3	0.474 6	0.395 7	0.330 5	0.276 5	0.231 7	0.194 5	0.163 5
20	0.819 5	0.673 0	0.553 7	0.456 4	0.376 9	0.311 8	0.258 4	0.214 5	0.178 4	0.148 6
21	0.811 4	0.659 8	0.537 5	0.438 8	0.358 9	0.294 2	0.241 5	0.198 7	0.163 7	0.135 1
22	0.803 4	0.646 8	0.521 9	0.422 0	0.341 8	0.277 5	0.225 7	0.183 9	0.150 2	0.122 8
23	0.795 4	0.634 2	0.506 7	0.405 7	0.325 6	0.261 8	0.210 9	0.170 3	0.137 8	0.111 7
24	0.787 6	0.621 7	0.491 9	0.390 1	0.310 1	0.247 0	0.197 1	0.157 7	0.126 4	0.101 5
25	0.779 8	0.609 5	0.477 6	0.375 1	0.295 3	0.233 0	0.184 2	0.146 0	0.116 0	0.092 3
26	0.772 0	0.597 6	0.463 7	0.360 7	0.281 2	0.219 8	0.172 2	0.135 2	0.106 4	0.083 9
27	0.764 4	0.585 9	0.450 2	0.346 8	0.267 8	0.207 4	0.160 9	0.125 2	0.097 6	0.076 3
28	0.756 8	0.574 4	0.437 1	0.333 5	0.255 1	0.195 6	0.150 4	0.115 9	0.089 5	0.069 3
29	0.749 3	0.563 1	0.424 3	0.320 7	0.242 9	0.184 6	0.140 6	0.107 3	0.082 2	0.063 0
30	0.741 9	0.552 1	0.412 0	0.308 3	0.231 4	0.174 1	0.131 4	0.099 4	0.075 4	0.057 3
35	0.705 9	0.500 0	0.355 4	0.253 4	0.181 3	0.130 1	0.093 7	0.067 6	0.049 0	0.035 6
40	0.671 7	0.452 9	0.306 6	0.208 3	0.142 0	0.097 2	0.066 8	0.046 0	0.031 8	0.022 1
45	0.639 1	0.410 2	0.264 4	0.171 2	0.111 3	0.072 7	0.047 6	0.031 3	0.020 7	0.013 7
50	0.608 0	0.371 5	0.228 1	0.140 7	0.087 2	0.054 3	0.033 9	0.021 3	0.013 4	0.008 5
55	0.578 5	0.336 5	0.196 8	0.115 7	0.068 3	0.040 6	0.024 2	0.014 5	0.008 7	0.005 3

期数	12%	14%	15%	16%	18%	20%	24%	28%	32%	36%
1	0.892 9	0.877 2	0.869 6	0.862 1	0.847 5	0.833 3	0.806 5	0.781 3	0.757 6	0.735 3
2	0.797 2	0.769 5	0.756 1	0.743 2	0.718 2	0.694 4	0.650 4	0.610 4	0.573 9	0.540 7
3	0.711 8	0.675 0	0.657 5	0.640 7	0.608 6	0.578 7	0.524 5	0.476 8	0.434 8	0.397 5
4	0.635 5	0.592 1	0.571 8	0.552 3	0.515 8	0.482 3	0.423 0	0.372 5	0.329 4	0.292 3

续表

期数	12%	14%	15%	16%	18%	20%	24%	28%	32%	36%
5	0.567 4	0.519 4	0.497 2	0.476 1	0.437 1	0.401 9	0.341 1	0.291 0	0.249 5	0.214 9
6	0.506 6	0.455 6	0.432 3	0.410 4	0.370 4	0.334 9	0.275 1	0.227 4	0.189 0	0.158 0
7	0.452 3	0.399 6	0.375 9	0.353 8	0.313 9	0.279 1	0.221 8	0.177 6	0.143 2	0.116 2
8	0.403 9	0.350 6	0.326 9	0.305 0	0.266 0	0.232 6	0.178 9	0.138 8	0.108 5	0.085 4
9	0.360 6	0.307 5	0.284 3	0.263 0	0.225 5	0.193 8	0.144 3	0.108 4	0.082 2	0.062 8
10	0.322 0	0.269 7	0.247 2	0.226 7	0.191 1	0.161 5	0.116 4	0.084 7	0.062 3	0.046 2
11	0.287 5	0.236 6	0.214 9	0.195 4	0.161 9	0.134 6	0.093 8	0.066 2	0.047 2	0.034 0
12	0.256 7	0.207 6	0.186 9	0.168 5	0.137 2	0.112 2	0.075 7	0.051 7	0.035 7	0.025 0
13	0.229 2	0.182 1	0.162 5	0.145 2	0.116 3	0.093 5	0.061 0	0.040 4	0.027 1	0.018 4
14	0.204 6	0.159 7	0.141 3	0.125 2	0.098 5	0.077 9	0.049 2	0.031 6	0.020 5	0.013 5
15	0.182 7	0.140 1	0.122 9	0.107 9	0.083 5	0.064 9	0.039 7	0.024 7	0.015 5	0.009 9
16	0.163 1	0.122 9	0.106 9	0.093 0	0.070 8	0.054 1	0.032 0	0.019 3	0.011 8	0.007 3
17	0.145 6	0.107 8	0.092 9	0.080 2	0.060 0	0.045 1	0.025 8	0.015 0	0.008 9	0.005 4
18	0.130 0	0.094 6	0.080 8	0.069 1	0.050 8	0.037 6	0.020 8	0.011 8	0.006 8	0.003 9
19	0.116 1	0.082 9	0.070 3	0.059 6	0.043 1	0.031 3	0.016 8	0.009 2	0.005 1	0.002 9
20	0.103 7	0.072 8	0.061 1	0.051 4	0.036 5	0.026 1	0.013 5	0.007 2	0.003 9	0.002 1
21	0.092 6	0.063 8	0.053 1	0.044 3	0.030 9	0.021 7	0.010 9	0.005 6	0.002 9	0.001 6
22	0.082 6	0.056 0	0.046 2	0.038 2	0.026 2	0.018 1	0.008 8	0.004 4	0.002 2	0.001 2
23	0.073 8	0.049 1	0.040 2	0.032 9	0.022 2	0.015 1	0.007 1	0.003 4	0.001 7	0.000 8
24	0.065 9	0.043 1	0.034 9	0.028 4	0.018 8	0.012 6	0.005 7	0.002 7	0.001 3	0.000 6
25	0.058 8	0.037 8	0.030 4	0.024 5	0.016 0	0.010 5	0.004 6	0.002 1	0.001 0	0.000 5
26	0.052 5	0.033 1	0.026 4	0.021 1	0.013 5	0.008 7	0.003 7	0.001 6	0.000 7	0.000 3
27	0.046 9	0.029 1	0.023 0	0.018 2	0.011 5	0.007 3	0.003 0	0.001 3	0.000 6	0.000 2
28	0.041 9	0.025 5	0.020 0	0.015 7	0.009 7	0.006 1	0.002 4	0.001 0	0.000 4	0.000 2
29	0.037 4	0.022 4	0.017 4	0.013 5	0.008 2	0.005 1	0.002 0	0.000 8	0.000 3	0.000 1
30	0.033 4	0.019 6	0.015 1	0.011 6	0.007 0	0.004 2	0.001 6	0.000 6	0.000 2	0.000 1
35	0.018 9	0.010 2	0.007 5	0.005 5	0.003 0	0.001 7	0.000 5	0.000 2	0.000 1	*
40	0.010 7	0.005 3	0.003 7	0.002 6	0.001 3	0.000 7	0.000 2	0.000 1	*	*

续表

期数	12%	14%	15%	16%	18%	20%	24%	28%	32%	36%
45	0.006 1	0.002 7	0.001 9	0.001 3	0.000 6	0.000 3	0.000 1	*	*	*
50	0.003 5	0.001 4	0.000 9	0.000 6	0.000 3	0.000 1	*	*	*	*
55	0.002 0	0.000 7	0.000 5	0.000 3	0.000 1	*	*	*	*	*

注：* < 0.000 1

附表三　年金终值系数表

期数	1%	2%	3%	4%	5%	6%	7%	8%	9%	10%
1	1.000 0	1.000 0	1.000 0	1.000 0	1.000 0	1.000 0	1.000 0	1.000 0	1.000 0	1.000 0
2	2.010 0	2.020 0	2.030 0	2.040 0	2.050 0	2.060 0	2.070 0	2.080 0	2.090 0	2.100 0
3	3.030 1	3.060 4	3.090 9	3.121 6	3.152 5	3.183 6	3.214 9	3.246 4	3.278 1	3.310 0
4	4.060 4	4.121 6	4.183 6	4.246 5	4.310 1	4.374 6	4.439 9	4.506 1	4.573 1	4.641 0
5	5.101 0	5.204 0	5.309 1	5.416 3	5.525 6	5.637 1	5.750 7	5.866 6	5.984 7	6.105 1
6	6.152 0	6.308 1	6.468 4	6.633 0	6.801 9	6.975 3	7.153 3	7.335 9	7.523 3	7.715 6
7	7.213 5	7.434 3	7.662 5	7.898 3	8.142 0	8.393 8	8.654 0	8.922 8	9.200 4	9.487 2
8	8.285 7	8.583 0	8.892 3	9.214 2	9.549 1	9.897 5	10.260	10.637	11.029	11.436
9	9.368 5	9.754 6	10.159	10.583	11.027	11.491	11.978	12.488	13.021	13.580
10	10.462	10.950	11.464	12.006	12.578	13.181	13.816	14.487	15.193	15.937
11	11.567	12.169	12.808	13.486	14.207	14.972	15.784	16.646	17.560	18.531
12	12.683	13.412	14.192	15.026	15.917	16.870	17.889	18.977	20.141	21.384
13	13.809	14.680	15.618	16.627	17.713	18.882	20.141	21.495	22.953	24.523
14	14.947	15.974	17.086	18.292	19.599	21.015	22.551	24.215	26.019	27.975
15	16.097	17.293	18.599	20.024	21.579	23.276	25.129	27.152	29.361	31.773
16	17.258	18.639	20.157	21.825	23.658	25.673	27.888	30.324	33.003	35.950
17	18.430	20.012	21.762	23.698	25.840	28.213	30.840	33.750	36.974	40.545
18	19.615	21.412	23.414	25.645	28.132	30.906	33.999	37.450	41.301	45.599
19	20.811	22.841	25.117	27.671	30.539	33.760	37.379	41.446	46.019	51.159
20	22.019	24.297	26.870	29.778	33.066	36.786	40.996	45.762	51.160	57.275
21	23.239	25.783	28.677	31.969	35.719	39.993	44.865	50.423	56.765	64.003
22	24.472	27.299	30.537	34.248	38.505	43.392	49.006	55.457	62.873	71.403

续表

期数	1%	2%	3%	4%	5%	6%	7%	8%	9%	10%
23	25.716	28.845	32.453	36.618	41.431	46.996	53.436	60.893	69.532	79.543
24	26.974	30.422	34.427	39.083	44.502	50.816	58.177	66.765	76.790	88.497
25	28.243	32.030	36.459	41.646	47.727	54.865	63.249	73.106	84.701	98.347
26	29.526	33.671	38.553	44.312	51.114	59.156	68.677	79.954	93.324	109.18
27	30.821	35.344	40.710	47.084	54.669	63.706	74.484	87.351	102.72	121.10
28	32.129	37.051	42.931	49.968	58.403	68.528	80.698	95.339	112.97	134.21
29	33.450	38.792	45.219	52.966	62.323	73.640	87.347	103.97	124.14	148.63
30	34.785	40.568	47.575	56.085	66.439	79.058	94.461	113.28	136.31	164.49
40	48.886	60.402	75.401	95.026	120.80	154.76	199.64	259.06	337.88	442.59
50	64.463	84.579	112.80	152.67	209.35	290.34	406.53	573.77	815.08	1 163.9
60	81.670	114.05	163.05	237.99	353.58	533.13	813.52	1 253.2	1 944.8	3 034.8

期数	12%	14%	15%	16%	18%	20%	24%	28%	32%	36%
1	1.000 0	1.000 0	1.000 0	1.000 0	1.000 0	1.000 0	1.000 0	1.000 0	1.000 0	1.000 0
2	2.120 0	2.140 0	2.150 0	2.160 0	2.180 0	2.200 0	2.240 0	2.280 0	2.320 0	2.360 0
3	3.374 4	3.439 6	3.472 5	3.505 6	3.572 4	3.640 0	3.777 6	3.918 4	4.062 4	4.209 6
4	4.779 3	4.921 1	4.993 4	5.066 5	5.215 4	5.368 0	5.684 2	6.015 6	6.362 4	6.725 1
5	6.352 8	6.610 1	6.742 4	6.877 1	7.154 2	7.441 6	8.048 4	8.699 9	9.398 3	10.146
6	8.115 2	8.535 5	8.753 7	8.977 5	9.442 0	9.929 9	10.980	12.136	13.406	14.799
7	10.089	10.731	11.067	11.414	12.142	12.916	14.615	16.534	18.696	21.126
8	12.300	13.233	13.727	14.240	15.327	16.499	19.123	22.163	25.678	29.732
9	14.776	16.085	16.786	17.519	19.086	20.799	24.713	29.369	34.895	41.435
10	17.549	19.337	20.304	21.322	23.521	25.959	31.643	38.593	47.062	57.352
11	20.655	23.045	24.349	25.733	28.755	32.150	40.238	50.399	63.122	78.998
12	24.133	27.271	29.002	30.850	34.931	39.581	50.895	65.510	84.320	108.44
13	28.029	32.089	34.352	36.786	42.219	48.497	64.110	84.853	112.30	148.48
14	32.393	37.581	40.505	43.672	50.818	59.196	80.496	109.61	149.24	202.93
15	37.280	43.842	47.580	51.660	60.965	72.035	100.82	141.30	198.00	276.98
16	42.753	50.980	55.718	60.925	72.939	87.442	126.01	181.87	262.36	377.69
17	48.884	59.118	65.075	71.673	87.068	105.93	157.25	233.79	347.31	514.66
18	55.750	68.394	75.836	84.141	103.74	128.12	195.99	300.25	459.45	700.94
19	63.440	78.969	88.212	98.603	123.41	154.74	244.03	385.32	607.47	954.28

续表

期数	12%	14%	15%	16%	18%	20%	24%	28%	32%	36%
20	72.052	91.025	102.44	115.38	146.63	186.69	303.60	494.21	802.86	1 298.8
21	81.699	104.77	118.81	134.84	174.02	225.03	377.46	633.59	1 060.8	1 767.4
22	92.503	120.44	137.63	157.42	206.34	271.03	469.06	812.00	1 401.2	2 404.7
23	104.60	138.30	159.28	183.60	244.49	326.24	582.63	1 040.4	1 850.6	3 271.3
24	118.16	158.66	184.17	213.98	289.49	392.48	723.46	1 332.7	2 443.8	4 450.0
25	133.33	181.87	212.79	249.21	342.60	471.98	898.09	1 706.8	3 226.8	6 053.0
26	150.33	208.33	245.71	290.09	405.27	567.38	1 114.6	2 185.7	4 260.4	8 233.1
27	169.37	238.50	283.57	337.50	479.22	681.85	1 383.1	2 798.7	5 624.8	11 198
28	190.70	272.89	327.10	392.50	566.48	819.22	1 716.1	3 583.3	7 425.7	15 230
29	214.58	312.09	377.17	456.30	669.45	984.07	2 129.0	4 587.7	9 802.9	20 714
30	241.33	356.79	434.75	530.31	790.95	1 181.9	2 640.9	5 873.2	12 941	28 172
40	767.09	1 342.0	1 779.1	2 360.8	4 163.2	7 343.9	22 729	69 377	207 874	609 890
50	2 400.0	4 994.5	7 217.7	10 436	21 813	45 497	195 373	819 103	*	*
60	7 471.6	18 535	29 220	46 058	114 190	281 733	*	*	*	*

注：* ＞999 999.99

附表四　年金现值系数表

期数	1%	2%	3%	4%	5%	6%	7%	8%	9%	10%
1	0.990 1	0.980 4	0.970 9	0.961 5	0.952 4	0.943 4	0.934 6	0.925 9	0.917 4	0.909 1
2	1.970 4	1.941 6	1.913 5	1.886 1	1.859 4	1.833 4	1.808 0	1.783 3	1.759 1	1.735 5
3	2.941 0	2.883 9	2.828 6	2.775 1	2.723 2	2.673 0	2.624 3	2.577 1	2.531 3	2.486 9
4	3.902 0	3.807 7	3.717 1	3.629 9	3.546 0	3.465 1	3.387 2	3.312 1	3.239 7	3.169 9
5	4.853 4	4.713 5	4.579 7	4.451 8	4.329 5	4.212 4	4.100 2	3.992 7	3.889 7	3.790 8
6	5.795 5	5.601 4	5.417 2	5.242 1	5.075 7	4.917 3	4.766 5	4.622 9	4.485 9	4.355 3
7	6.728 2	6.472 0	6.230 3	6.002 1	5.786 4	5.582 4	5.389 3	5.206 4	5.033 0	4.868 4
8	7.651 7	7.325 5	7.019 7	6.732 7	6.463 2	6.209 8	5.971 3	5.746 6	5.534 8	5.334 9
9	8.566 0	8.162 2	7.786 1	7.435 3	7.107 8	6.801 7	6.515 2	6.246 9	5.995 2	5.759 0
10	9.471 3	8.982 6	8.530 2	8.110 9	7.721 7	7.360 1	7.023 6	6.710 1	6.417 7	6.144 6
11	10.367 6	9.786 8	9.252 6	8.760 5	8.306 4	7.886 9	7.498 7	7.139 0	6.805 2	6.495 1
12	11.255 1	10.575 3	9.954 0	9.385 1	8.863 3	8.383 8	7.942 7	7.536 1	7.160 7	6.813 7
13	12.133 7	11.348 4	10.635 0	9.985 6	9.393 6	8.852 7	8.357 7	7.903 8	7.486 9	7.103 4

续表

期数	1%	2%	3%	4%	5%	6%	7%	8%	9%	10%
14	13.003 7	12.106 2	11.296 1	10.563 1	9.898 6	9.295 0	8.745 5	8.244 2	7.786 2	7.366 7
15	13.865 1	12.849 3	11.937 9	11.118 4	10.379 7	9.712 2	9.107 9	8.559 5	8.060 7	7.606 1
16	14.717 9	13.577 7	12.561 1	11.652 3	10.837 8	10.105 9	9.446 6	8.851 4	8.312 6	7.823 7
17	15.562 3	14.291 9	13.166 1	12.165 7	11.274 1	10.477 3	9.763 2	9.121 6	8.543 6	8.021 6
18	16.398 3	14.992 0	13.753 5	12.659 3	11.689 6	10.827 6	10.059 1	9.371 9	8.755 6	8.201 4
19	17.226 0	15.678 5	14.323 8	13.133 9	12.085 3	11.158 1	10.335 6	9.603 6	8.950 1	8.364 9
20	18.045 6	16.351 4	14.877 5	13.590 3	12.462 2	11.469 9	10.594 0	9.818 1	9.128 5	8.513 6
21	18.857 0	17.011 2	15.415 0	14.029 2	12.821 2	11.764 1	10.835 5	10.016 8	9.292 2	8.648 7
22	19.660 4	17.658 0	15.936 9	14.451 1	13.163 0	12.041 6	11.061 2	10.200 7	9.442 4	8.771 5
23	20.455 8	18.292 2	16.443 6	14.856 8	13.488 6	12.303 4	11.272 2	10.371 1	9.580 2	8.883 2
24	21.243 4	18.913 9	16.935 5	15.247 0	13.798 6	12.550 4	11.469 3	10.528 8	9.706 6	8.984 7
25	22.023 2	19.523 5	17.413 1	15.622 1	14.093 9	12.783 4	11.653 6	10.674 8	9.822 6	9.077 0
26	22.795 2	20.121 0	17.876 8	15.982 8	14.375 2	13.003 2	11.825 8	10.810 0	9.929 0	9.160 9
27	23.559 6	20.706 9	18.327 0	16.329 6	14.643 0	13.210 5	11.986 7	10.935 2	10.026 6	9.237 2
28	24.316 4	21.281 3	18.764 1	16.663 1	14.898 1	13.406 2	12.137 1	11.051 1	10.116 1	9.306 6
29	25.065 8	21.844 4	19.188 5	16.983 7	15.141 1	13.590 7	12.277 7	11.158 4	10.198 3	9.369 6
30	25.807 7	22.396 5	19.600 4	17.292 0	15.372 5	13.764 8	12.409 0	11.257 8	10.273 7	9.426 9
35	29.408 6	24.998 6	21.487 2	18.664 6	16.374 2	14.498 2	12.947 7	11.654 6	10.566 8	9.644 2
40	32.834 7	27.355 5	23.114 8	19.792 8	17.159 1	15.046 3	13.331 7	11.924 6	10.757 4	9.779 1
45	36.094 5	29.490 2	24.518 7	20.720 0	17.774 1	15.455 8	13.605 5	12.108 4	10.881 2	9.862 8
50	39.196 1	31.423 6	25.729 8	21.482 2	18.255 9	15.761 9	13.800 7	12.233 5	10.961 7	9.914 8
55	42.147 2	33.174 8	26.774 4	22.108 6	18.633 5	15.990 5	13.939 9	12.318 6	11.014 0	9.947 1
期数	12%	14%	15%	16%	18%	20%	24%	28%	32%	36%
1	0.892 9	0.877 2	0.869 6	0.862 1	0.847 5	0.833 3	0.806 5	0.781 3	0.757 6	0.735 3
2	1.690 1	1.646 7	1.625 7	1.605 2	1.565 6	1.527 8	1.456 8	1.391 6	1.331 5	1.276 0
3	2.401 8	2.321 6	2.283 2	2.245 9	2.174 3	2.106 5	1.981 3	1.868 4	1.766 3	1.673 5
4	3.037 3	2.913 7	2.855 0	2.798 2	2.690 1	2.588 7	2.404 3	2.241 0	2.095 7	1.965 8
5	3.604 8	3.433 1	3.352 2	3.274 3	3.127 2	2.990 6	2.745 4	2.532 0	2.345 2	2.180 7
6	4.111 4	3.888 7	3.784 5	3.684 7	3.497 6	3.325 5	3.020 5	2.759 4	2.534 2	2.338 8
7	4.563 8	4.288 3	4.160 4	4.038 6	3.811 5	3.604 6	3.242 3	2.937 0	2.677 5	2.455 0
8	4.967 6	4.638 9	4.487 3	4.343 6	4.077 6	3.837 2	3.421 2	3.075 8	2.786 0	2.540 4

续表

期数	12%	14%	15%	16%	18%	20%	24%	28%	32%	36%
9	5.3282	4.9464	4.7716	4.6065	4.3030	4.0310	3.5655	3.1842	2.8681	2.6033
10	5.6502	5.2161	5.0188	4.8332	4.4941	4.1925	3.6819	3.2689	2.9304	2.6495
11	5.9377	5.4527	5.2337	5.0286	4.6560	4.3271	3.7757	3.3351	2.9776	2.6834
12	6.1944	5.6603	5.4206	5.1971	4.7932	4.4392	3.8514	3.3868	3.0133	2.7084
13	6.4235	5.8424	5.5831	5.3423	4.9095	4.5327	3.9124	3.4272	3.0404	2.7268
14	6.6282	6.0021	5.7245	5.4675	5.0081	4.6106	3.9616	3.4587	3.0609	2.7403
15	6.8109	6.1422	5.8474	5.5755	5.0916	4.6755	4.0013	3.4834	3.0764	2.7502
16	6.9740	6.2651	5.9542	5.6685	5.1624	4.7296	4.0333	3.5026	3.0882	2.7575
17	7.1196	6.3729	6.0472	5.7487	5.2223	4.7746	4.0591	3.5177	3.0971	2.7629
18	7.2497	6.4674	6.1280	5.8178	5.2732	4.8122	4.0799	3.5294	3.1039	2.7668
19	7.3658	6.5504	6.1982	5.8775	5.3162	4.8435	4.0967	3.5386	3.1090	2.7697
20	7.4694	6.6231	6.2593	5.9288	5.3527	4.8696	4.1103	3.5458	3.1129	2.7718
21	7.5620	6.6870	6.3125	5.9731	5.3837	4.8913	4.1212	3.5514	3.1158	2.7734
22	7.6446	6.7429	6.3587	6.0113	5.4099	4.9094	4.1300	3.5558	3.1180	2.7746
23	7.7184	6.7921	6.3988	6.0442	5.4321	4.9245	4.1371	3.5592	3.1197	2.7754
24	7.7843	6.8351	6.4338	6.0726	5.4509	4.9371	4.1428	3.5619	3.1210	2.7760
25	7.8431	6.8729	6.4641	6.0971	5.4669	4.9476	4.1474	3.5640	3.1220	2.7765
26	7.8957	6.9061	6.4906	6.1182	5.4804	4.9563	4.1511	3.5656	3.1227	2.7768
27	7.9426	6.9352	6.5135	6.1364	5.4919	4.9636	4.1542	3.5669	3.1233	2.7771
28	7.9844	6.9607	6.5335	6.1520	5.5016	4.9697	4.1566	3.5679	3.1237	2.7773
29	8.0218	6.9830	6.5509	6.1656	5.5098	4.9747	4.1585	3.5687	3.1240	2.7774
30	8.0552	7.0027	6.5660	6.1772	5.5168	4.9789	4.1601	3.5693	3.1242	2.7775
35	8.1755	7.0700	6.6166	6.2153	5.5386	4.9915	4.1644	3.5708	3.1248	2.7777
40	8.2438	7.1050	6.6418	6.2335	5.5482	4.9966	4.1659	3.5712	3.1250	2.7778
45	8.2825	7.1232	6.6543	6.2421	5.5523	4.9986	4.1664	3.5714	3.1250	2.7778
50	8.3045	7.1327	6.6605	6.2463	5.5541	4.9995	4.1666	3.5714	3.1250	2.7778
55	8.3170	7.1376	6.6636	6.2482	5.5549	4.9998	4.1666	3.5714	3.1250	2.7778

参考文献

[1] 财政部会计资格评价中心. 财务管理[M]. 北京:中国财政经济出版社,2022.
[2] 孔德兰. 财务管理实务[M]. 北京:高等教育出版社,2019.
[3] 孔德兰. 财务管理实务教程[M]. 北京:人民邮电出版社,2019.
[4] 伍启凤,杨秀琼. 财务管理实务[M]. 北京:研究出版社,2018.
[5] 中国注册会计师协会. 财务成本管理[M]. 北京:中国财政经济出版社,2022.
[6] 财政部会计资格评价中心. 财务管理[M]. 北京:中国财政经济出版社,2021.
[7] 谢爱萍. 财务管理[M]. 北京:人民邮电出版社,2010.
[8] 王巧英. 财务管理实务[M]. 北京:中国商业出版社,2019.
[9] 郭红秋. 财务管理实务[M]. 北京:北京理工大学出版社,2020.
[10] 周阅,丁增稳. 管理会计实务[M]. 北京:高等教育出版社,2020.
[11] 陈兴述,李勇. 管理会计实务[M]. 北京:高等教育出版社,2020.
[12] 靳磊. 财务管理实务[M]. 北京:高等教育出版社,2022.
[13] 费琳琪,郭红秋. 财务管理实务[M]. 北京:北京理工大学出版社,2020.
[14] 常叶青. 财务管理[M]. 2版. 北京:高等教育出版社,2020.
[15] 郭复初,王庆成. 财务管理学[M]. 5版. 北京:高等教育出版社,2018.
[16] 黄倩,夏莉. 财务管理实务[M]. 北京:北京理工大学出版社,2017.
[17] 周星熠,邓燏. 财务管理实务[M]. 2版. 北京:人民邮电出版社,2017.